Finanzen und Staatsräson in Italien und Deutschland in der frühen Neuzeit

Schriften des
Italienisch-Deutschen Historischen Instituts in Trient

Band 4

Finanzen und Staatsräson in Italien und Deutschland in der frühen Neuzeit

Herausgegeben von

Aldo De Maddalena

Hermann Kellenbenz

Duncker & Humblot · Berlin

Italienisch-Deutsches Historisches Institut in Trient
Finanzen und Staatsräson in Italien und Deutschland
in der frühen Neuzeit
16. Studienwoche
6.-10. September 1982

Leiter der Studienwoche
Aldo De Maddalena
Hermann Kellenbenz

Italienische Ausgabe
Finanze e ragion di Stato in Italia e in Germania
nella prima Età moderna
(Annali dell'Istituto storico italo-germanico in Trento. Quaderno 14),
il Mulino, Bologna 1984

Übersetzung der italienischen Texte
Friederike Oursin

Die Deutsche Bibliothek – CIP-Einheitsaufnahme

Finanzen und Staatsräson in Italien und Deutschland in der frühen Neuzeit : 6. - 10. September 1982 / [Italienisch-Deutsches Historisches Institut in Trient]. Hrsg. von Aldo De Maddalena ; Hermann Kellenbenz. [Übers. der ital. Texte: Friederike Oursin]. – Berlin : Duncker und Humblot, 1992
(Schriften des Italienisch-Deutschen Historischen Instituts in Trient ; Bd. 4) (. . . Studienwoche / Italienisch-Deutsches Historisches Institut in Trient ; 16)
ISBN 3-428-07532-3
NE: De Maddalena, Aldo; Istituto Storico Italo-Germanico ⟨Trento⟩: Schriften des Italienisch-Deutschen . . .; Istituto Storico Italo-Germanico ⟨Trento⟩: . . . Studienwoche

Druck: Berliner Buchdruckerei Union GmbH, Berlin 61
Printed in Germany

ISSN 0939-0960
ISBN 3-428-07532-3

Vorwort

Den vorliegenden Band bilden die Vorträge, die im Rahmen der 16. Studienwoche „Finanzen und Staatsräson in Italien und Deutschland in der frühen Neuzeit“ vom 6.-10. September 1982 am „Italienisch-Deutschen Historischen Institut in Trient“ gehalten wurden. Die Ergebnisse des Seminars wurden bereits 1984 im 14. Band der Reihe „Quaderni“ des Trientiner Instituts unter dem Titel: „Finanze e ragion di Stato in Italia e in Germania nella prima Età moderna“, hrsg. von A. De Maddalena und H. Kellenbenz (il Mulino, Bologna 1984) veröffentlicht.

Diesem ersten Sammelband, der sich mit den Fragen der Auffindung von finanziellen Hilfsmitteln durch die werdenden Staaten am Anfang der Neuzeit beschäftigt, sollen zukünftig zwei weitere folgen, deren Schwerpunkte jeweils dem Staat, der Gesellschaft und dem Geld vom 15. bis 17. Jahrhundert, sowie Fiskus, Kirche und Staat im konfessionellen Zeitalter gewidmet sind. Durch die umfassenden Fragen und die mehrseitigen Perspektiven, unter die das Thema gestellt wird, erweist sich die deutsche Übersetzung dieser Arbeiten heute noch als aktuell und interessant.

Es soll schließlich vorausgeschickt werden, daß seitens der Autoren – mit Ausnahme von Rodolfo Savelli und Wolfgang Reinhard – auf eine Überarbeitung durch Hinweise auf neuere Literatur verzichtet worden ist.

Zum Abschluß, aber nicht zuletzt, ergeht unser Dank an Prof. Dr. Bernd Roeck, der mit unermüdlicher Sorgfalt und großer Sachkenntnis die Texte dieses Bandes revidiert hat. Zusammen mit seinen Studenten Anuschka Tischer, Marcella Tantardini und Andrea Grunau hat er dazu beigetragen, die Schwierigkeiten der wissenschaftlichen Übersetzung zu überwinden.

Inhaltsverzeichnis

Prolog zu einem Seminar

Von Aldo De Maddalena

Als mich vor nun fast einem Jahr die Freunde Paolo Prodi und Pierangelo Schiera baten, als „Koordinator“ neben dem geschätzten Kollegen Hermann Kellenbenz an einem Treffen von italienischen Historikern und angesehenen deutschen Kollegen teilzunehmen, um in diesem schönen Trienter Sitz und im Kontext einer inzwischen mehrjährigen, verdienstvollen und anerkannten Forschungsaktivität, das Thema, das uns heute hier vereint sieht, zu diskutieren, muß ich ehrlicherweise zugeben, daß ich – trotz der mir zukommenden Ehre – eine gewisse Perplexität darüber verspürte, ob ich die Einladung annehmen sollte. Wenn es wahr ist, daß seit einiger Zeit (einige Jahrzehnte inzwischen, die die vielen Etappen eines langen Marsches kennzeichnen, der mit den leuchtenden Zielen jugendlichen Aufbruchs vor Augen begonnen worden war!) – wenn es also wahr ist, daß seit nunmehr vielen Jahren das, was die angelsächsischen Freunde als „early modern history“ bezeichnen, meine Aufmerksamkeit als Wissenschaftler in ihrem Bann hält, dann ist genauso wahr, daß es mir hauptsächlich darum ging, die wirtschaftlich-sozialen Komponenten dieser Geschichtsperiode zu entfalten und dies darüber hinaus in räumlich überwiegend begrenzten Bereichen. Und die Tatsache, daß ich mich sicherlich unter anderem dem „Phänomen“ des Merkantilismus – verstanden und untersucht *sub specie doctrinae et sub specie praxis* – genähert habe, schien mir nicht ausreichend, um die Aufgabe, die mir großzügigerweise anvertraut wurde, mit Anstand zu bewältigen. Aus dem einfachen Grunde, daß ich mich (andere werden urteilen, ob schlecht oder recht), als besonderer Liebhaber der Wirtschaftsgeschichte auf der faktischen und doktrinären Ebene mit dem Merkantilismus auseinandergesetzt habe. Eine zu beschränkte Optik ist also die meine, um den weiten, äußerst weiten Horizont gut ins Auge zu fassen, der dem hier anstehenden Thema historisch zukommt, welches weite und solide epistemologische und exegetische Plattformen einschließt: von der institutionellen Plattform, über die juristisch-administrative, bis hin zu jener *latu sensu* kulturellen.

Wenn ich am Ende, trotz der Herzensangst und beträchtlicher Gewissenskonflikte, die freundliche Einladung nicht abgelehnt habe, so hing dies von drei Faktoren ab: einem angeborenen Hang zur Unvoreingenommenheit oder wenigstens zur Abenteuerlust; einem genauso angeborenen Hang, verflixt neugierig zu sein (eine etwas andere Neugier natürlich, als die der lustigen

Weiber von Windsor); und letztendlich vom Wunsch, nicht nur den wissenschaftlichen, sondern auch den menschlichen Umgang mit so vielen lieben Kollegen von diesseits und jenseits der Alpen zu erlangen. Ich rechne also – als Koordinator von Freundschaften – mit der Freundschaft, dem Verständnis und der Nachsicht der Redner und Teilnehmer dieses Symposiums.

Ein Symposium, zu welchem der liebenswerte und unvergeßliche Carmelo Trasselli einen intelligenten und leidenschaftlichen Beitrag geleistet hätte (was aus den „Aufzeichnungen" hervorgeht, die er mir rechtzeitig unterbreitete). Leider hat Carmelo im Januar dieses Jahres still die Grenze der Zeit überschritten, um jene Gestade zu erreichen, die er schon erahnte und wo er – so darf man hoffen – jene Anerkennung finden wird, die ihm hier unten nicht im Verhältnis zu seinen großen Verdiensten zuteil wurde: als großzügiger Mensch und scharfsinniger und tüchtiger Historiker.

Zweifelsohne hätte Trassellis Beitrag eine umfangreichere und akzentuiertere Behandlung Süditaliens begünstigt. Dennoch haben wir das Glück, Giuseppe Galasso trotz der Vielzahl seiner Verpflichtungen in unserer Mitte begrüßen zu können. Er wird uns seinerseits – in einer weiten Optik – das bunte Bild Süditaliens näherbringen und uns Meditiations- und Diskussionsmotive von Capua bis Marsala (wir befinden uns außerdem in einem garibaldinischen Gedenkjahr[*]) vorlegen.

Dank gebührt auch Enrico Stumpo, der die Güte besaß, die Einladung bereitwillig und mit aufgeschlossenem Geiste anzunehmen, die ihm mit so großer Verspätung ausgesprochen wurde. In seinem *Résumé*, das pünktlich eintraf, lassen sich – selbst wenn nur andeutungsweise – die Grundtendenzen eines Vortrags erkennen, der zweifelsohne reich sein wird an Anregungen und Aufforderungen dazu, die wirtschaftlich-soziale Geschichte zweier unterschiedlicher Staatsformen durch das finanzielle Prisma mit frischem Interpretationsgeist neu zu lesen: jene der Savoyer, Herrscher; jene der Medici, Herren.

Genauso muß ich Professor Reinhard, einem der führenden Experten für die Geschichte des Kirchenstaates, große Anerkennung aussprechen. In dessen genauem Entwurf kündigt sich schon eine interessante Ausführung seines Vortrages an, die sicherlich Material für fruchtbare Diskussionen liefern wird, nicht zuletzt in Anbetracht der Einzigartigkeit des institutionellen Gerüsts und der finanziellen Angelegenheiten eines Staates, der – in vielfacher Hinsicht *sui generis* – es also umso mehr verdient, in einen komparativen Rahmen aufgenommen zu werden.

Nach diesen Präzisierungen verbleibt uns nur noch, die Ablösung der deutschen und italienischen Freunde vor den Mikrofonen abzuwarten und das Holz aufzustapeln, das die Flammen der darauffolgenden Diskussion nähren

[*] Der Aufsatz geht auf das Jahr 1982 – d.h. auf das 100jährige Jubiläum des Todes Giuseppe Garibaldis – zurück.

wird. Vielleicht werde ich es an dieser Stelle – im Laufe der Diskussion – wagen, als halber Laie einige Erklärungen zu erbitten, die hoffentlich nicht zu banal ausfallen werden und mich auf einige Spekulationen einlassen, die hoffentlich nicht zu fade ausfallen werden.

Aber nun sei mir ein kurzer Umweg erlaubt, der auf die Formulierung des Themas dieses Symposiums hinausläuft. Ein Titel, den ich nicht nur aus ästhetischen Gründen in „Staatsräson und Finanzen usw." abändern würde. Das Vorausstellen der „Staatsräson" vor die Finanzen scheint mir persönlich der „Logik" und der „Geschichte" dessen, was der Gegenstand unserer Kolloquien sein wird, besser zu entsprechen. Es ist freilich wahr, daß die Finanzpolitik, die finanziellen Angelegenheiten auch existierten, bevor die Notwendigkeit verspürt wurde, den Ausdruck „Staatsräson" zu prägen, also sozusagen bevor Machiavelli und mehr oder weniger uneheliche Epigonen ihn einführten. Aber im Hinblick auf den hier zu untersuchenden Zeitraum, scheint es mir opportun, wenigstens in einer ersten Phase, in einer ersten Approximation die passende Reihenfolge festzusetzen.

Die „Formulierung" Staatsräson, über deren Bedeutung sich, glaube ich, alle einig sind, vereint tatsächlich in abgekürzter Form, „singularisiert" (man erlaube mir den Ausdruck), eine Pluralität von Absichten, von Umständen und Werten in sich, da sie „etymologisch" eine Pluralität genetischer Daten zum Ausdruck bringt, die sich in eine Pluralität von Absichten und Intentionen umsetzt. Im wesentlichen faßt das Wort „Räson" eine polyedrische Vielfalt von *rationes* in sich zusammen. Es existiert eine politische *ratio* (die eine dynastische oder herrschaftliche oder – warum auch nicht – demokratische *ratio* sein kann: waren die mittelalterlichen Kommunen nicht von einer politischen *ratio* gelenkt?); es existiert eine administrative, bürokratische und diplomatische *ratio*, es existiert eine wirtschaftliche und soziale *ratio*; es existiert sogar eine spirituelle *ratio*, die sich nicht nur für den eigentümlichen Kirchenstaat als gültig erweist (es genügt, an die oft dramatischen Verflechtungen von „Staatsräson" und „Staatsreligion" zu denken: in drei Jahren jährt sich die Aufhebung des Edikts von Nantes zum dreihundertsten Male; und obendrein sei an die – wenn auch diskutable – Etymologie von *religio: ligare ad res*, erinnert; wer, wenn nicht der sich modern konstituierende Staat, der seine „raison d'être" im wesentlichen in jene Bindungen projziert, möchte *ligatus ad res* sein?); es existiert – überhöht ausgedrückt – eine intellektuelle *ratio*, die jene „Philosophie des Staates" hervorbringt, welche zwischen dem 16. und 17. Jahrhundert überall Denker von verschiedenster kultureller Herkunft in Anspruch nimmt.

Es stützen sich letzten Endes all diese *rationes*, die in der „Staatsräson" vereinigt sind, unter klarem Verweis auf die finanzielle Doktrin und Praxis, auf eine mathematische, arithmetische und buchhalterische *ratio*. Der Staat verhält sich beim Anlegen und Betreiben seiner Steuerpolitik wie ein *rationator*, wie ein Buchhalter: die *ratio* identifiziert sich mit der Rechnung. Es sei nebenbei vermerkt, daß schon im Mittelalter, aber auch noch in den darauffolgenden Jahrhunderten, „far ragione" im Italienischen folgende Bedeutung hatte:

eine Rechnung abschließen, die Bilanz eines Unternehmens erstellen, die geschäftsführerischen Resultate überprüfen, indem die Eingänge und Ausgänge, die Kosten und Erträge einander gegenübergestellt werden.

Es liegt deshalb auf der Hand, daß die „Staatsräson" sich unter merkantilistischem Gesichtspunkt um so mehr mit einer *ratio* deckt, deren Bedeutung überwiegend statistisch und unternehmerisch ist, je mehr die „unternehmerischen" Werte des Staates (in seiner Natur, in seinen Funktionen, in seinen Aufgaben, in seinen Mechanismen) unterstrichen werden. Nicht ohne Grund wird William Petty seinen Traktat, der möglicherweise der Meilenstein auf dem Weg von der „Wirtschaftsdoktrin" zur „Wirtschaftswissenschaft" ist, „Political Arithmetic" betiteln und ihm – was für ein Zufall – den bewundernswerten wirtschaftspolitischen Aufsatz „Treatise of Taxes and Contributions" vorausschicken.

Ich wage es vorauszusehen, daß – explizit oder implizit – die nun anstehenden Arbeiten in den Vordergrund rücken werden, wie die Verflechtung von Steuer- und Finanzaktivität und „Staatsräson" auf der Basis einer statistisch-politischen, statistisch-wirtschaftlichen und statistisch-unternehmerischen Rechnung errichtet wurde und operiert hat. Eine Rechnung, die natürlich falsch aufgemacht worden sein kann; eine Rechnung, die sich als richtig oder falsch, als fruchtbar oder unfruchtbar erwiesen haben mag; eine Rechnung, die von einer gesunden oder krankhaften, realistischen oder größenwahnsinnigen Vision der Umstände, der Bedingungen, der zu erreichenden Ziele beeinflußt worden sein mag; aber trotz alledem eine Rechnung, der sich kein Staat je entziehen konnte oder wollte.

Ich bin davon überzeugt, daß die italienisch-deutsche Gegenüberstellung ausgesprochen interessant und wissenschaftlich fruchtbar sein wird. In der Tat scheinen die Erfahrungen und die Versuche, die in deutschen Landen aufeinander folgten, obwohl an den fundamentalen merkantilistischen Axiomen und Regeln festgehalten wurde, in der „kameralistischen" Lösung die Hauptsorge von Gelehrten, Beratern und Regierungsmitgliedern zum Ausdruck zu bringen: die Sorge darüber, wie der Steuer- und Finanzaktivität „rationell" in eine Korrelation mit einer statistisch-unternehmerischen *ratio* – dem Grundpfeiler der staatlichen Architekturen und Strukturen – zu bringen sein mag. Eine „kameralistische" Lösung, die in gewisser Hinsicht in Italien im Staat der Savoyer angedeutet zu sein und in jenem der Gonzaga schüchtern durchzuschimmern scheint.

Ich glaube, daß in Molières Jahrhundert kein Staat dem Geiz verfallen war. Besonders dann, wenn wir die effektvolle Definition des Heiligen Ambrosius akzeptieren (ich bitte als Lombarde und Mailänder um Nachsicht für dieses Zitat): „Avaro è colui che oggi beve tristemente un uovo, perché pensa che domani non potrà disporre di un pollo"*. Doch steht fest, daß um das 16. und

---

* „Geizig ist derjenige, der heute traurig ein Ei schlürft, weil er daran denkt, daß ihm morgen kein Huhn zur Verfügung stehen wird".

17. Jahrhundert die verbreitete Philosophie der „Macht", zu einer mehr oder weniger weisen, zu einer mehr oder weniger „kalkulierten" Steuer- und Finanzpolitik geführt hat. Dieses Symposium wird uns – davon bin ich überzeugt – die Möglichkeit bieten, zu klären, ob und wie weit die „Staatsräson" auf die „Vernunft" von Steuer- und Finanzbeschlüssen Einfluß ausübte. Zwischen dem Geiz, der Verschwendungssucht und der Vergeudung hat die „Räson" wahrscheinlich zu akzeptablen Kompromissen geführt – zu denjenigen, die der moderne „Sozialstaat" aufgrund einer degenerierten „Staatsräson" nicht mehr zu erlangen weiß.

Finanzen und Staatsräson in der frühen Neuzeit Europas

Von Hermann Kellenbenz

In seinem Buch „Die Idee der Staatsräson" hat Friedrich Meinecke mit viel Feingefühl die Gedanken analysiert, die den in der frühen Neuzeit im Ausbau befindlichen Staaten zugrunde lagen. Als einer der führenden Vertreter der geistesgeschichtlichen Richtung der deutschen historischen Schule hat Meinecke sein Thema auf einer besonders hohen Ebene abgehandelt, ohne sich mit der spezifischen Wirklichkeit des Staates oder, besser gesagt, der verschiedenen europäischen Staaten des 16. und 17. Jahrhunderts zu befassen[1]. So sind Niccolò Machiavelli, Jean Bodin, Giovanni Botero, Trajano Boccalini, Jacob Stuart, Cardin Le Bret, Gabriel Naudé, Thomas Hobbes, Hermann Conring und Samuel Pufendorf – um uns auf den Zeitraum zu beschränken, mit dem wir uns in diesem Seminar befassen werden – in den Ausführungen Meineckes gewissermaßen nur Leuchtfeuer, die den Weg andeuten, die Richtung weisen, in der sich die Entfaltung des modernen Staats bewegen wird. Auf diesem Weg haben Machiavelli und dann Bodin am besten gezeigt, welche Rolle die Wirtschaft im künftigen Staat haben wird. Es geht um eine neue „voluntaristische" Orientierung, um die wirtschaftlichen Kräfte in den verschiedenen Sektoren der Produktion und der Verteilung in den Dienst des Staats zu stellen[2].

Unsere Absicht geht in eine andere Richtung. Wir möchten wissen, welches die Grundlagen und die wirtschaftlichen, besonders finanziellen Hilfsmittel der verschiedenen Staaten in der hier zur Diskussion stehenden Zeit waren und in welcher Weise sich dies nicht so sehr im philosophisch-politischen

---

1 *F. Meinecke*, Die Idee der Staatsräson in der neueren Geschichte, (1924), 4. Aufl., München 1976. Zur Kritik vgl.: Friedrich Meinecke heute. Berichte über ein Gedenk-Kolloquium zu seinem 25. Todestag am 5. und 6. April 1979. Bearb. und hrsg. von M. Erbe, Berlin 1981; hier bes. *M. Stolleis*, Friedrich Meineckes Idee der Staatsräson und die neuere Forschung, ebd. S. 50 f.

2 *A. Fanfani*, Mercantilismo e Fisiocrazia, in: Questioni di storia moderna, hrsg. von E. Rota, Milano o.J., S. 465 f.; vgl. auch *H. Lutz*, Ragione di Stato und christliche Staatsethik im 16. Jahrhundert. Mit einem Textanhang: Die Machiavelli-Kapitel aus Kardinal Reginald Pole's „Apologia ad Carolum Quintum Caesarem" (Katholisches Leben und Kirchenreform im Zeitalter der Glaubensspaltung. Vereinsschriften zur Herausgabe des Corpus Catholicorum, hrsg. von E. Iserloh, 19), 2. Aufl., Münster 1976.

Denken über die Staatsräson äußerte als vielmehr im politischen Programm der Regierungen, die in den verschiedenen Staaten die Verantwortung hatten, und auf welche Weise ihr Programm verwirklicht wurde. Aus diesem Grund heißt das Thema unserer Diskussionen „Finanzen oder, besser gesagt, öffentliche Finanzen und Staatsräson". Die Staatsräson hat im Rahmen unserer Thematik durchaus ihren Platz, aber mehr als Gegenpol zu den Problemen der Wirtschafts- und Finanzpolitik im Sinne einer Dialektik zwischen den beiden Polen mit gegenseitiger Beeinflussung.

Die Begrenzung unserer Betrachtungen erweist sich als besonders geeignet, denn in der europäischen Entwicklung stellen Italien und Deutschland die Extreme dar. In Westeuropa, in Portugal, Spanien, Frankreich und England, wie auch in Skandiavien und Osteuropa ist der Staat mehr oder weniger identisch mit der Nation, in Italien und Deutschland dagegen zerfällt die Nation in verschiedene Territorien; deshalb empfiehlt sich gerade hier der Vergleich und die Frage, wo es Ähnlichkeiten und Unterschiede gibt.

Italien war das Zentrum des alten Römischen Reichs. Hier wurden die Traditionen des römischen Rechts am frühesten wiederaufgegriffen und an den italienischen Universitäten gelehrt, und bei einem Italiener, Machiavelli, hat das frühneuzeitliche Denken über den Staat den bezeichnendsten Ausdruck gefunden. Doch die Hindernisse waren gerade hier zu groß, um das zu verwirklichen, was er sich in seinem „Principe" als Ideal vorgestellt hatte. Der Kirchenstaat hätte wohl den Kern für eine Einigung bilden können, denn er umfaßte einen guten Teil der Mitte der Halbinsel von der adriatischen Küste im Osten bis zur Küste des Thyrrenischen Meeres im Westen, aber die partikularistischen Kräfte in der Toskana, im Raum von Ligurien und Piemont bis Venedig, im Königreich Neapel und auf den drei Inseln Sizilien, Sardinien und Korsika waren zu groß, und ihre Machthaber widersetzten sich erfolgreich den Bestrebungen einer Einigung, ja gaben den Versuchungen der großen auswärtigen Mächte nach, einzelne Teile dieses zersplitterten Italiens für ihre Interessen einer Vormachtpolitik zu nützen. Für sie war Italien nur ein Werkzeug auf der Ebene der europäischen Politik.

In Mitteleuropa, im Bereich des Heiligen Römischen Reiches Deutscher Nation war die Zersplitterung noch größer und die Verhältnisse besonders kompliziert wegen des Dualismus zwischen Reich und Territorien. Dieser Dualismus hatte sich mit dem Niedergang der Königsmacht nach dem Untergang der Hohenstaufer immer mehr verstärkt. Auf der einen Seite haben wir nun das Reich als Gesamtkomplex, auf der anderen Seite eine große Zahl von Territorien, von denen jedes bestrebt war, innerhalb seiner Grenzen möglichst viel Macht zu vereinen, um daraus schließlich einen möglichst souveränen Staat zu machen. Während das Reich ein Stück ums andere von seinen Regalien verlor, fanden die Territorien die Wege, um sich die finanziellen Mittel zu verschaffen, die zuvor einen Teil der Regalien ausgemacht hatten[3]. Die einzige Möglichkeit, die dem Inhaber der Kö-

---

[3] *H. Hassinger*, Politische Kräfte und Wirtschaft 1350-1800, in: Handbuch der deutschen Wirtschafts- und Sozialgeschichte, hrsg. von H. Aubin / W. Zorn, Bd. 1, Stuttgart 1971, S. 646 f.

nigskrone blieb, war, wenn wir von der Hausmacht der Dynastie absehen, das Aushandeln von Zugeständnissen mit den Vertretern der Territorien auf dem Reichstag[4]. Die Gesamtheit der auf dem Reichstag Vertretenen waren die Reichsstände, ein Begriff, der schwer in die romanischen Sprachen zu übersetzen ist. Die italienische Entsprechung z.B. ist „stato“, ein Wort, das im Deutschen gleichzeitig Staat bedeutet.

Auch in den Territorien gab es den Dualismus zwischen dem Fürsten und den Ständen. In diesem Fall ist die deutsche Bezeichnung Landstände, worunter man die Vertreter der hohen Geistlichkeit, des Adels und der Städte eines Territoriums versteht. Auf den Zusammenkünften der Landstände verhandelte der Fürst selbst oder er ließ durch seine Räte über den Umfang an Steuern verhandeln, den das betreffende Territorium entrichten sollte[5]. Dabei entwickelte jedes Territorium seine eigene Dynamik entsprechend der Stärke der Stände[6] und der Geschicklichkeit, mit der der Fürst die Regierung seines Landes zu gestalten vermochte, wobei es besonders darauf ankam, daß er sich gewandter Räte bediente, die das römische Recht studiert hatten und es verstanden, eine gute Außenpolitik zu führen, erfolgreich die Waffen einzusetzen und die Ausgaben des Hofes einzuschränken, so daß sie mit den Einkünften übereinstimmten, die der Hausmachtbesitz, die Regalien und die Steuern erbrachten[7]. So war es jedesmal notwendig, auf den Landtagen,

---

[4] *F. Hartung*, Die Reichsreform von 1485-1495, ihr Verlauf und ihr Wesen, in: Historische Vierteljahrsschrift, XVI (1913), S. 24-53, 181-209; *F. Lütge*, Finanzgeschichte, in: Handwörterbuch der Sozialwissenschaften, Bd. 3, 1961, S. 580-604; *H. Hassinger*, Politische Kräfte und Wirtschaft, S. 646; *H. Kellenbenz*, Die öffentlichen Finanzen im Reich von der Mitte des 17. Jahrhunderts bis ins 19. Jahrhundert, in: Finances publiques d'Ancien Régime, Finances publiques contemporaines. Processus de mutation. Continuités et ruptures. Colloque international, Spa 16-19.IX.1971, Actes (Pro Civitate, Collection Histoire, Serie in 8°, 34) 1972, S. 138 f.

[5] „Landstände“, in *H. Rössler / G. Franz*, Sachwörterbuch zur deutschen Geschichte, München 1958, S. 608 f.; Ständische Vertretungen in Europa im 17. und 18. Jahrhundert, hrsg. von D. Gerhard (Veröffentlichungen des Max-Planck-Instituts für Geschichte, 27), Göttingen 1969; *P. Blickle*, Landschaften im alten Reich, München 1973; *G. Oestreich*, Geist und Gestalt des frühmodernen Staates, Berlin 1969; *O. Hintze*, Typologie der ständischen Verfassungen des Abendlandes, in: Gesammelte Abhandlungen, Bd. 1: Staat und Verfassung, 3. Aufl., Göttingen 1970, S. 120 f.; *V. Press*, Steuer, Kredit und Repräsentation. Zum Problem der Ständebildung ohne Adel, in: Zeitschrift für historische Forschung, II (1975); *A. von Reden-Dohna*, Landständische Verfassung und fürstliches Regiment in Sachsen-Lauenburg 1543-1689 (Veröffentlichungen des Max-Planck-Instituts für Geschichte, 41), Göttingen 1974; *dies.*, „Landständische Verfassung“, in: Handwörterbuch zur deutschen Rechtsgeschichte, Bd. 2, Berlin 1978, Sp. 1578-1585.

[6] Zu den verschiedenen Arten von „Landständischer Verfassung“ vgl. den Artikel von *A. von Reden-Dohna*, Landständische Verfassung.

[7] Zu den verschiedenen Beispielen siehe: *E.B. Fryde / H.M. Fryde*, The public Credit with Special Reference to Western Europe, in: The Cambridge Economic History of Europe, Bd. 3, Cambridge 1963, S. 518 f.; *H. Hassinger*, Politische Kräfte und Wirtschaft, S. 652 f., *G. Droege*, Spätmittelalterliche Staatsfinanzen in Westdeutschland, in: Öffentliche Finanzen und privates Kapital im späten Mittelalter und in der ersten

auf denen sich die Stände versammelten, darüber zu verhandeln, was die Landstände dem Fürsten an Abgaben bezahlen wollten, sei es in der Form von Steuern, Kontributionen, Donativen usw. Die Bewilligungen der Stände erfolgten nur gegen bestimmte Zugeständnisse; insbesondere mußten der Fürst und seine Räte auf die *gravamina*, die Beschwerden der Stände, antworten und die Abschaffung oder Milderung der von den Ständen vorgebrachten Mißstände zugestehen[8]. Gleichzeitig benutzten die Stände die Zwangslage des Fürsten, mit ihnen über neue Steuern einig zu werden, als Druckmittel, um ihre Position gegenüber dem Fürsten zu stärken, ihm möglichst ihre eigene Finanzpolitik aufzuzwingen und sich besonders das Recht zu verschaffen, seine Rechnungsführung zu kontrollieren. Andererseits lag es dem Fürsten daran, den Einfluß der Stände zurückzudrängen, ihnen die Abgaben nach seinen eigenen Vorstellungen aufzuerlegen, mit dem schließlichen Ziel, die Stände überhaupt abzuschaffen. Bis ins 17. Jahrhundert entwickelten sich die Dinge in der Weise, daß in den meisten Territorien die Stände die Schulden der Fürsten übernahmen und die angelaufenen Zinsen entrichteten. Dafür sicherten sie sich von Seiten des Fürsten bestimmte Zugeständnisse, deren wichtigstes das Privileg der Befreiung von den Abgaben war. Zur Verwaltung der Einkünfte schufen die Stände besondere Einrichtungen wie den „Landkasten" in Mecklenburg, Schleswig-Holstein und Württemberg, das „Kreditwerk" in Brandenburg und das „Obersteuerkollegium" in Sachsen[9]. Inzwischen waren die Fürsten allerdings bemüht, eine eigene Organisation einzurichten, die dazu diente, ihre Finanzen zu verwalten. Das Ergebnis war ein Behördenapparat mit der Kammer als Zentrale. In ihr erledigten Räte und besondere Sekretäre die anfallenden Finanzangelegenheiten. Unter der Oberaufsicht der Kammer stand die Rentkammer oder Rentei, in der sich andere Beamte der Buchhaltung über die Einkünfte und Ausgaben widmeten[10]. Die Anpassung der fürstlichen Finanzverwaltung an die wachsenden Erfordernisse des Staats war freilich ein langsamer Prozeß, und man muß feststellen, daß in der hier in

---

Hälfte des 19. Jahrhunderts. Berichte über die 3. Arbeitstagung der Gesellschaft für Sozial- und Wirtschaftswissenschaften in Mannheim am 9. und 10. April 1969 (Forschungen zur Sozial- und Wirtschaftsgeschichte, 16), hrsg. von H. Kellenbenz, Stuttgart 1979, S. 5-13.

[8] Ein Klassiker ist das Buch von *A. Ipsen*, Die alten Landtage der Herzogtümer Schleswig-Holstein von 1588-1675, Kiel 1852. Vgl. auch *U. Lange*, Die politischen Privilegien der schleswig-holsteinischen Stände 1588-1675. Veränderungen von Normen politischen Handelns (Quellen und Forschungen zur Geschichte Schleswig-Holsteins, 75), Neumünster 1980.

[9] *R. Hoke*, „Landkasse", „Landkasten", in: Handwörterbuch zur deutschen Rechtsgeschichte, Bd. 2, Sp. 1508-1509.

[10] Vgl. die Artikel zum Stichwort „Kammer" von *R. Hoke* und *A. Erler* in: Handwörterbuch zur deutschen Rechtsgeschichte, Bd. 2, Sp. 570-574; *F. Beck*, Zur Entstehung der zentralen Landesfinanzbehörde im ernestinischen Sachsen im 16. und 17. Jahrhundert, in: Archivar und Historiker. Festschrift für Otto Meisner, Berlin 1956. Vgl. auch *K. Krüger*, Die Einnahmen und Ausgaben der dänischen Rentmeister 1588-1628. Ein Beitrag zur frühneuzeitlichen Finanzgeschichte, Phil. Diss., Hamburg / Marburg 1970.

Frage kommenden Zeit die Betriebsorganisation der großen Handelsgesellschaften z.B. in Augsburg und Nürnberg viel rationeller war als diejenige der Fürsten. Auch die Reichsstädte, von denen ich gleich sprechen werde, blieben in ihrer Finanzverwaltung altmodischer als ihre großen Kaufleute. Diese waren bemüht, ihre Betriebsorganisation nach dem Vorbild der Italiener zu gestalten, wobei sie sich insbesondere auf die Technik der doppelten Buchhaltung stützten[11]. Die Regierungen der Fürsten hatten allerdings auch mit Schwierigkeiten zu tun, die bei den kaufmännischen Unternehmen im allgemeinen nicht zutrafen. Ihre Einkünfte kamen nicht nur langsam herein, sondern wurden noch vielfach in Naturalien entrichtet, so daß es schwierig war, für die künftige Ausgabenplanung einen zuverlässigen Haushaltsvoranschlag zu machen.

Die Fürsten befanden sich ständig in Verlegenheit, wenn es darum ging, größere laufende Ausgaben zu bestreiten. Sie mußten sich deshalb der Hilfe von Leute bedienen, die über Barmittel verfügten. Die wichtigste Gruppe dieser Vermögenden waren eben die großen Kaufleute, besonders diejenigen der großen Handelszentren, voran Augsburg und Nürnberg, sowie der Meßstädte Frankfurt und Leipzig. Ein bezeichnender Zugang zum Kreditgeschäft dieser Kaufleute ergab sich, abgesehen vom Handel mit Luxuswaren, über das Metallgeschäft. Das Bergregal gab den Fürsten die Möglichkeit, den Verleger durch Überlassung von Silber-, Kupfer- oder sonstigem Erz zur Gewährung eines Darlehens zu veranlassen. Zum Teil kam auch der Adel als Kreditgeber in Frage, so besonders in Schleswig-Holstein, wo sich der im Januar abgehaltene Kieler Umschlag zu einem weit über die Landesgrenzen hinausreichenden Kreditmarkt entwickelte. Dabei bedienten sich insbesondere die Könige von Dänemark des Kieler Kredits.

Es ist nicht meine Absicht, hier weiter in die Details einzugehen. Hier nur einige Überlegungen zum Gang der Entwicklung. Gerhard Oestreich hat die Linien in einem seiner Aufsätze gezogen. Nach seinem Schema bildet der Dualismus zwischen dem Fürstenstaat und dem beherrschenden Einfluß der Stände eine erste Phase. Daran schließt sich der Finanzstaat des 16. Jahrhunderts an, d.h. ein Zustand, in dem Ausbau und Sicherung der Finanzen im Vordergrund stehen. In einer weiteren Phase rückten ab der Mitte des 17. Jahrhunderts neben den Ausbau der Finanzverwaltung das Militärwesen und die Wirtschaftspolitik[12]. Daß es dabei deutliche Unterschiede gab, ist bei der Vielfalt und der unterschiedlichen Größe der Territorien begreiflich. In den weltlichen Fürstentümern, wo die Erbfolge der Dynastie das Gegebene war, waren die Möglichkeiten zum Ausbau und zur Festigung der Herrschaftsformen

---

[11] Vgl. *H. Kellenbenz*, Die Buchhaltung des Unternehmens von Anton Fugger, in: Archiv und Wirtschaft, VIII (1975), S. 33-53 (mit Bibliographie).

[12] *G. Oestreich*, Geist und Gestalt, sowie: Das Reich, Habsburgische Monarchie, Brandenburg-Preussen von 1684 bis 1803, in: Handbuch der Europäischen Geschichte, hrsg. von Th. Schieder, Bd. 4, Stuttgart 1968, S. 378 f.

günstiger als in den geistlichen Fürstentümern, wo der Fürst seine künftige Position mit dem Wahlgremium aushandeln mußte, ähnlich wie es bei der Wahl des Inhabers der Reichskrone der Fall war. Schließlich wären auch die Reichsstädte in die Betrachtung einzubeziehen, die ja zum Teil beträchtliche Territorien besassen. Wir werden Gelegenheit haben, das Oestreich'sche Schema und andere einschlägige Probleme im Zusammenhang mit den Beiträgen der Kollegen Blaich, Blaschke, Dollinger und Stolleis zu diskutieren. Diese Gruppierung scheint mir eine gute Auswahl darzustellen, um den Gesamtkomplex der Fragen zu beleuchten, der sich im Rahmen des Reichs und der Territorien von Holstein im Norden bis Württemberg und Bayern im Süden ergibt[13].

Ich erwähnte eingangs das Beispiel der Reichsstädte als wichtiges Element des Reichs, wenn es auch bei der hier behandelten Thematik etwas am Rand liegt. Wenn die Idee der Staatsräson nicht aus dem Bereich der Stadtrepubliken kam, so war dies ganz natürlich, denn diese städtischen Gemeinwesen entwickelten unter dem Einfluß der gewerblichen und kaufmännischen Tätigkeit ihrer Bürgerschaft ein Wirtschafts- und Finanzsystem, das ihren staatlichen Zwecken auf ihre eigene Weise diente[14], und so darf es nicht wundern, daß das reichsstädtische System zum Teil den fürstlichen Räten als Vorbild diente. Überhaupt muß festgestellt werden, daß es die Reichsstädte im allgemeinen verstanden, den Gang ihrer Politik in einer Weise zu lenken, daß sie die Extreme der Fürstenstaaten vermeiden konnten. Gewiß, auch in den Kammern der Städte führte man das Rechnungswesen noch nicht nach der rationelleren Buchhaltung der großen Handelsgesellschaften[15], aber eben die Inhaber dieser kaufmännischen Unternehmen lenkten die Politik und damit die Finanzen der Städte. Schließlich haben Vertreter der Staatsräson wie Boccalini in der Signorie von Venedig das Modell des besten Staatswesens gesehen. Freilich, die Zukunft galt dem Fürstenstaat.

---

[13] *H. Dollinger*, Studien zur Finanzreform Maximilians I. von Bayern in den Jahren 1598-1618. Ein Beitrag zur Geschichte des Frühabsolutismus (Schriftenreihe der historischen Kommission bei der Bayerischen Akademie der Wissenschaften, 8), Göttingen 1968; *R. Hansen*, Die Anfänge des frühmodernen Staates in Schleswig-Holstein-Gottorf, in: Aus Reichsgeschichte und Nordischer Geschichte. Karl Jordan zum 65. Geburtstag (Kieler Historische Studien, 16), hrsg. von H. Fuhrmann / H.E. Meyer / K. Wriedt, 1972, S. 302-320; vgl. die Rezension von *K. Hector*, in: Zeitschrift der Gesellschaft für Schleswig-Holsteinische Geschichte, XCIX (1974), S. 291 f.

[14] *H. Kellenbenz*, Wirtschaftspolitik in Europa zu Beginn der Neuzeit, in: Jahrbuch der Akademie der Wissenschaften in Göttingen, (1974), S. 37 f.

[15] *H. Mauersberg*, Wirtschafts- und Sozialgeschichte zentral-europäischer Städte in neuerer Zeit, dargestellt an den Beispielen von Basel, Frankfurt a.M., Hamburg, Hannover und München, Göttingen 1960. Vgl. bes. das Beispiel Frankfurts. Vgl. auch: Ständisches Haushalts- und Rechnungswesen, 12. Arbeitstagung in Überlingen 9.-11. November 1979 (Stadt in der Geschichte. Veröffentlichungen des südwestdeutschen Arbeitskreises für Stadtgeschichtsforschung, 2), hrsg. von E. Maschke / J. Sydow, Sigmaringen 1977.

„Pecunia nervus rerum" – Die Finanzfrage in der deutschen Staatsräsonliteratur des 17. Jahrhunderts

Von Michael Stolleis

I.

Die Redewendung „Pecunia nervus rerum" ist antiken Ursprungs. Ihre Spur reicht bis zu den Vorsokratikern und den ältesten Dichtern zurück[1]. In der Neuzeit sind dann vor allem Cicero, Plutarch, Quintus Curtius Rufus, Tacitus und der Jurist Ulpian zitiert worden[2]. Alle haben einprägsame Sentenzen über die Macht des Geldes hinterlassen. Erst in der Neuzeit sind diese Wendungen wieder aufgegriffen worden. Berühmt ist das Wort des Heerführers Gian Giacomo Trivulzio über die drei für den Krieg notwendigen Dinge („Danari, danari e poi danari"[3]) und der Widerspruch Machiavellis, welcher der „allgemeine[n] Meinung, die da sagt, Geld wäre der Nerv des Krieges" pointiert entgegentrat: „Ich sage daher, nicht Gold, wie die allgemeine Meinung schreit, ist der Nerv des Krieges, sondern gute Soldaten: Denn Gold genügt nicht, um gute Soldaten zu schaffen, aber gute Soldaten genügen gar wohl, um Gold herbeizuschaffen"[4].

Damit ist schon angedeutet, warum die Wendungen „pecunia nervus rerum" oder „pecunia nervus belli" sich in der frühen Neuzeit so verbreiteten:

1. Im Kriegswesen stieg der Geldbedarf sehr schnell, seitdem die alten Lehensheere durch Söldnerheere abgelöst wurden. Die neue Kriegstechnik und die kostspielige Ausrüstung der Flotten kamen hinzu. Entsprechend wichtig wurden die ersten großen Finanziers, wie etwa Jacques Coeur, der die Endphase des 100jährigen Krieges finanzierte, Jakob Fugger bei der Kaiserwahl von 1519, Anton Fugger im Türkenkrieg Ferdinands I., im Krieg um Württemberg 1534 und im Schmalkaldischen Krieg.

---

[1] *K. Büchmann*, Geflügelte Worte, 32. Aufl., Berlin 1972, S. 517.

[2] *Erasmus*, Adagiorum Collectanea, Paris 1500, in: Opera omnia, Bd. II, Leiden 1703; *J. Lipsius*, Politicorum sive Civilis doctrinae libri sex, 1589, IV, S. 11; *S. Reifferath*, Delineatio totius iuris fisci, Basel 1621, Einleitung.

[3] *L. Guicciardini*, L'hore di recreatione, Venezia 1607, S. 197 f.

[4] *N. Machiavelli*, Discorsi. Gedanken über Politik und Staatsführung, 2. Aufl., Stuttgart 1977, II/10, S. 192.

2. Ein zweiter Grund ist der fundamentale Wandel der mittelalterlichen Ökonomie, den man den Übergang von der Natural- zur Geldwirtschaft nennt. Er ist gekennzeichnet durch die allmähliche Trennung von Arbeit und Kapital, Geld- und Warengeschäft durch die Schaffung umlauffähiger Papiere und die Entstehung der Börsen, schließlich durch den Aufstieg der großen europäischen Bankhäuser.

3. Der dritte Grund liegt in jener Ausweitung der Staatsaufgaben und des Staatsapparats, in der man herkömmlich den Übergang zum „modernen Staat" erblickt. Das zeigt sich in der Konzentration der Jurisdiktionsgewalt, in der Intensivierung der Gesetzgebung und vor allem im Aufbau neuer Verwaltungen (landesherrliches Kirchenregiment, Militärverwaltung, Finanzverwaltung, Diplomatie, Hofwesen).

Diese drei Gründe, der frühneuzeitliche Kapitalismus, die Revolution der Kriegstechnik und die Entstehung des modernen Staates, machten das Geld zum Angelpunkt aller Überlegungen in Staatspraxis und Staatstheorie. Geld in ausreichender Menge zu besitzen war die entscheidende Voraussetzung für eine selbständige Politik, oder, um es mit Giovanni Boteros, aus der aristotelischen „Politik" entnommenen Formel der „ragione di stato" zu sagen, um „eine Herrschaft zu begründen, zu erhalten und zu erweitern".

Die Formeln der „ragion di stato" und „pecunia nervus rerum" breiteten sich gemeinsam in Europa aus, weil die ideologische und praktische Verselbständigung und Abrundung des modernen Staates auf der geistigen Seite zur Ausbildung einer eigenständigen Ideologie politischen Handelns führte und auf der Seite der Staatspraxis eine enorme Steigerung des Geldbedarfs auslöste[5].

II.

Ich möchte im folgenden die Fragen nach dem Zusammenhang von Finanzfrage und Staatsräson eingrenzen auf deutsche Autoren des späten 16. und 17. Jahrhunderts. Dabei werden nicht nur „Staatsräson-Schriften" im engeren Sinne herangezogen, sondern gleichermaßen Werke der „Politik", des Kameralismus bzw. Merkantilismus und juristische Schriften über Fiskus, Aerarium, Steuern und Zölle. Referiert werden hier nur in knapper Form die Ergebnisse[6].

---

[5] *H. Lutz*, Ragione di Stato und christliche Staatsethik im 16. Jh., 2. Aufl. Münster 1976; *F. Meinecke*, Die Idee der Staatsräson, 4. Aufl., München 1976 (hierzu *M. Stolleis*, in: Friedrich Meinecke heute, hrsg. von M. Erbe, Berlin 1981, S. 50-75); Staatsräson, Studien zur Geschichte eines politischen Begriffs, hrsg. von R. Schnur, Berlin 1975; *W.F. Church*, Richelieu and Reason of State, Princeton 1972; *R. de Mattei*, Il Problema della ‚Ragion di Stato' nell' Età della Controriforma, Milano 1979.

[6] *M. Stolleis*, Pecunia Nervus Rerum. Zur Staatsfinanzierung in der frühen Neuzeit, Frankfurt a. Main 1983, S. 63-128.

1. Beginnt man mit den Füstenspiegeln des Humanismus und der Reformationszeit, so sieht man, daß die Finanzfragen noch eine ganz geringe Rolle spielen[7]. Der Fürst ist der gute Hausvater, der sein Geld nicht verschwenden, andererseits aber auch freigebig sein soll. Nur im Kriegsfall wird das Geld, aber auch mehr nebenbei, als wichtig erwähnt. Alle Autoren dieser Zeit gehen noch davon aus, daß sich der Fürst und sein Apparat aus eigenen Mitteln erhalten können. Die Kammer- und Tafelgüter, zusammen mit den Einkünften aus herkömmlichen Regalien, reichen aus. Steuern gelten als große Ausnahme für den Fall einer Staatskrise oder einen sonstigen ungewöhnlichen Anlaß[8].

2. Diese Einstellung setzt sich in Deutschland fort im sogenannten „Politischen Testament" von Melchior von Osse (1555)[9] – eine fromme, lutherisch-paternalistische Linie bis zu Seckendorffs „Teutscher Fürstenstaat" (1656)[10]. Die neue Lehre der Staatsräson wird von diesen Autoren scharf abgelehnt, sie ist des Teufels und führt zu Rechtsbruch und Sünde. Finanziell bedeutet dies, daß der Fürst ermahnt wird, seine traditionellen Einkommensquellen zu pflegen, gute Ordnung zu halten, keinen Krieg zu beginnen und die Untertanen nicht mit Steuern zu belasten. Die Untertanen sind (auch) Mit-Christen, die man nicht nach Belieben ausbeuten darf. Der Fürst ist der „bonus pastor", der seine Herde weidet und ihr die Wolle abnimmt, aber nicht das Fell abzieht[11].

Diese Einstellung, die vor allem in den lutherischen Kleinstaaten gepflegt wurde, entspricht der Verfassungsstruktur und den Lehren von den Pflichten eines „Princeps christianus". Recht, Religion und Ethik sind eng verbunden; eine isolierende Analyse der Finanzfragen und der Staatsräson findet nur in verdeckter Form und stets innerhalb der Rahmenbedingungen von Religion und Ethik statt.

Im ökonomisch fortgeschritteneren westlichen und südlichen Ausland, in Italien, Frankreich und den Niederlanden ist die gleichzeitige Diskussion über „Finanzen und Staatsräson" erheblich nüchterner, stärker empirisch fundiert und machtorientiert. Klassisches Beispiel dafür ist Machiavelli, der neben dem

---

7 *B. Singer*, Die Fürstenspiegel in Deutschland im Zeitalter des Humanismus und der Reformation, München 1981.

8 So etwa *R. Lorichius*, Wie iunge fursten vnd grosser herrn kinder rechtschaffen instituirt vnd vnterwisen … mögen werden, Marburg 1537; *W. Seidel*, Wie sich ain Christenlicher Herr, so Landt unnd Leüt zu Regieren under jm hat, vor schedlicher Phantasey verhuten unnd in allen noten trosten soll, 1545.

9 *M. von Osse*, Politisches Testament, 1555, in: Schriften Dr. Melchiors von Osse, hrsg. von O.A. Hecker, Leipzig 1922.

10 *M. Stolleis*, Veit Ludwig von Seckendorff, in: Staatsdenker im 17. und 18. Jahrhundert, hrsg. von M. Stolleis, 2. Aufl., Frankfurt a. Main 1987, S. 148-171.

11 *J.W. Neumayr*, Von Schatzungen und Steuern sonderbahrer Tractat, Schleusingen 1632, Titelblatt: „Ein guter Hirt die Woll nimbt ab / Zeucht aber nicht das Fell gar ab / So sol mit Maß die Obrigkeit / Auch schätzen jhre arme Leut / Auff daß sie können geben mehr / Deß wird sie haben Nutz vnd Ehr". Derartige Sentenzen waren sehr beliebt und verbreitet.

Geld die politischen und militärischen Energien betont[12] und der auch mit dem traditionellen Ideal des freigiebigen Fürsten bricht, indem er empfiehlt, großzügig zu scheinen, aber in Wirklichkeit hart zu sparen[13]. Die gleiche Nüchternheit in Geldsachen zeigen Justus Lipsius sowie die Franzosen Nicolas Froumenteau (1581) und Antoine de Montchrestien (1615)[14]. In Frankreich hatte die ganz andere verfassungsrechtliche Situation mit ausgepägt zentralistischen Tendenzen, ein im übrigen fortschrittlicheres geistiges Klima (Montaigne, Michel de l'Hopital, Bodin)[15] und der Übergang zum Silbersystem der Währung (1575-1580) zu einer intensiven Debatte über Währungs- und Steuerfragen geführt[16].

3. Lenken wir den Blick nach Deutschland zurück, so sehen wir aber, daß auch dort ähnliche Tendenzen zu rein rationalen Geldbeschaffungsmethoden, zur stärkeren empirischen Fundierung der Wirtschaftspolitik und zum Aufbau eines effektiven Steuersystems auftreten.

Sie gehen von Habsburg aus. Rudolf II.[17] war in ständigen Geldnöten und beauftragte den Straßburger Professor Georg Obrecht mit einem Gutachten, wie am einfachsten „ein *nervus belli* könne erlangt und zu wegen gebracht werden". Obrecht antwortete mit Empfehlungen zur Geldvermehrung, die einen deutlichen Zug ins Technische hatten (Bevölkerungsstatistik, Vermögenserfassung, Anlegung von Banken und Sonderfonds) und gleichzeitig den Absolutismus begünstigten[18].

Eng verwandt mit ihm ist Jakob Bornitz, sächsischer Finanzbeamter und kaiserlicher Rat in der Lausitz und in Schlesien, übrigens ein Autor, bei dem die Formel „ratio status" in Deutschland erstmals auftaucht (1602)[19]. Bornitz ist Anhänger von Bodin, seine Darstellungsweise ist ramistisch und sie ruht auf einem politischen Konzept, das deutlich vom niederländischen Späthumanismus beeinflußt ist. Er füllt dieses Konzept aus mit Arbeiten über die Souveränität, über das Münzwesen, den Staatsschatz und einem Werk über die Wirtschaftsförderung.

---

12 *N. Machiavelli*, Discorsi, II/10.

13 *N. Machiavelli*, Il Principe [deutsche Ausgabe: Der Fürst, Stuttgart 1986], XVI.

14 *N. Froumenteau*, Le Secret des Thrésors de France, Descouvert & departi en deux livres, Paris 1581; *A. de Montchrestien*, Traité d'économie politique, 1615.

15 *R. Schnur*, Die französischen Juristen im konfessionellen Bürgerkrieg des 16. Jahrhunderts, Berlin 1962.

16 *F.C. Spooner*, The International Economy and Monetary Movement in France 1493-1725, Cambridge/Mass. 1972.

17 *R.J.W. Evans*, Rudolf II. and his world. A Study in Intellectual History 1576-1612, Oxford 1973; *J. Müller*, Die Dienste Zacharias Geizkoflers um die Beschaffung der Geldmittel für den Türkenkrieg Rudolf II., in: Mitteilungen des Instituts für Österreichische Geschichtsforschung, 21 (1900).

18 *H. Maier*, Die ältere deutsche Staats- und Verwaltungslehre, 2. Aufl. München 1980, S. 122 ff.

19 *M. Stolleis*, Jakob Bornitz, in: *ders.*, Pecunia Nervus Rerum, S. 129-154.

Verfolgen wir die Linie anhand der Autoren weiter, die Traktate „De Aerario" geschrieben haben, so stoßen wir als nächsten auf Christoph Besold. Auch er hat sich bezeichnenderweise intensiv mit der Staatsräson auseinandergesetzt[20]. Ihm folgt, inhaltlich weniger bedeutend, Maximilian Faust, der sein „Aerarium" anpreist als Sammlung von „Artes quae in utilitatem Aeraii ... & pro *status Ratione* ... applicatae & observatae fuerunt"[21]. Das große Handbuch der Finanzwissenschaft aus der Mitte des Jahrhunderts stammt dann von Kaspar Klock, wie Faust ein Praktiker, dessen Interessen vor allem auf die Wiederbelebung der Wirtschaft nach dem großen Krieg und auf Steigerung der Staatseinnahmen gingen[22]. Sein theoretisches Gegenstück und in gewissem Sinn den Abschluß der Gattung im Rahmen der aristotelischen Politik bilden dann die Abhandlungen von Hermann Conring über Aerarium, Steuern, Zölle, Import und Export aus dem Jahren 1673 bis 1675[23].

Grundgedanke dieser Autoren ist die Mahnung an den Fürsten, sich um einen wohlgefüllten Staatsschatz zu kümmern. Die Begründungen („pro salute publica, ad utilitatem publicam, pro ratione status") meinen alle das gleiche: Ohne Staatsschatz kann sich ein Land nicht verteidigen, kann keine Macht erworben und erhalten werden. Wohlhabend zu sein, erscheint als elementares Gebot der Staatsräson.

Wie dies zu erreichen sei, ist nun Inhalt der Bücher im einzelnen. Erstes Gebot ist die Pflege der genuinen Einkünfte aus dem Kammergut und den Regalien. Reichen diese nicht aus, dann seien gezielt (im merkantilistischen Sinne) Verbrauchssteuern und Zölle zu erweitern. Erst in dritter Linie kommen die direkten Steuern, die, so heißt es einstimmig, nicht als ungerechte Kopfsteuern, sondern als gestaffelte Vermögenssteuern zu erheben seien. Diese Abgaben bedürfen aber einer „causa", d.h. einer rechtlichen Legitimation wie jeder hoheitliche Eingriff in die Rechte der Untertanen[24]. Als „causae" kamen

---

20 *Chr. Besold*, Dissertatio de Aranis Rerumpublicarum, 1615, hier nach der Ausgabe Amsterdam 1641; *ders.*, De Aerario Publico Discursus, Tübingen 1615.

21 *M. Faust*, Consilia pro Aerario sive Rationarium Mundi, der Welt Kammer-, Saal-, Renten- und Cassen-Buch, Frankfurt a. Main 1641, Vorrede.

22 *C. Klock*, Aerarium, 1651. Bemerkenswert ist die Auseinandersetzung mit der eingangs erwähnten Sentenz Machiavellis: „Quod omnes clamant, Pecunia nervum belli, id unus Machiavelli inficias ivit". Klock schließt sich, aller Bedeutung des Geldes ungeachtet, doch Machiavelli an: „Potior est tamen militum virtus, quam pecunia" (I, 1, 83). Vgl. dazu auch *Ph. Lau*, Discursus politicus in sententiam Machiavelli lib. II, c. 10 pecunia est nervus belli, Königsberg 1655.

23 *H. Conring*, De Aerario boni Principis, 1663; De Vectigalibus, 1663-1665, in: Opera, Braunschweig 1730, Bd. IV, S. 756-783, 933-938, 939-946. Vgl. dazu jetzt: H. Conring, 1606-1681. Beiträge zu Leben und Werk, hrsg. von M. Stolleis, Berlin 1983.

24 *F.K. Mann*, Steuerpolitische Ideale. Vergleichende Studien zur Geschichte der ökonomischen und politischen Ideen und ihres Wirkens in der öffentlichen Meinung 1600-1935, Jena 1937 (Neudruck Stuttgart 1978); *H. Schulz*, Das System und die Prinzipien der Einkünfte im werdenden Staat der Neuzeit, Berlin 1982; *M. Wachen-*

einmal ein enger Katalog traditioneller Steuerzwecke in Frage (Krieg, Gefangenschaft des Landesherren, überseeische Unternehmungen, insbesondere Kreuzzüge, Ritterschlag des Sohnes und Verheiratung der Töchter). Dieser Katalog war jedoch schon im 16. Jahrhundert sichtlich veraltet und wurde nun zunehmend durch die einfache Berufung auf „necessitas urgens", „utilitas publica", „salus publica" und „ratio status" verdrängt. Insofern liegt dem Thema „Finanzen und Staatsräson" auch in der Theorie ein enger Zusammenhang zugrunde und es ist kein Zufall, daß fast alle Finanzschriftsteller sich mit der „ratio status" eingehend auseinandergesetzt haben.

Keineswegs sind diese Autoren aber Vertreter einer Staatsräson im Sinne der antimachiavellistischen Propaganda. Alle zielen auf eine christliche überformte soziale Harmonie. Der Fürst ist immer noch ein von Gott eingesetzter Amtsträger mit ethischen und rechtlichen Bindungen; die Untertanen sind ihm anvertraut. Muß er seine Einnahmen steigern, wovon alle ausgehen, dann sind die Gebote der politischen Klugheit und des Rechts zu beachten. Nur in „casu extremae necessitatis" darf z.B. vom Konsens der Landstände abgesehen, dürfen sogar Geldwert- und Münzmanipulationen vorgenommen werden[25]. Schließlich läßt sich zwischen 1590 und 1670 bei allen diesen Autoren ein Wandel in der Auffassung von der Steuer beobachten:

1. Die Steuer wird (widerwillig) als Instrument auf Dauer akzeptiert. Einwände werden nur noch gegen die Höhe, den Maßstab und die Art der Erhebung vorgebracht.

2. Mit der Gewöhnung an die Steuer wird auch die Rechtsschranke „urgens necessitas" niedriger. Am Ende genügt der einfache öffentliche Bedarf. Entsprechend verstärken sich die Anstrengungen, wenigstens die Ausgabe dieser Gelder an öffentliche Zwecke zu binden. Ob der höfische Luxus zu öffentlichen oder privaten Ausgaben des Fürsten zu rechnen sei, bleibt in der Schwebe.

3. Die Erörterungen ändern im Laufe der Zeit ihren Stil. Die ethische Betrachtung tritt gegenüber einer stärkeren Rationalität und Technizität zurück. Die Entstehung des neuen Faches Statistik („notitia rerum publicarum", Staatenkunde)[26] begleitet diesen Prozeß, ebenso wie sich in der politischen Wissenschaft die nüchterne Analyse der „Interessen" durchsetzt und die Formel der „Staatsräson" allmählich akzeptiert wird[27].

---

hausen, Staatsausgaben und Öffentliches Interesse in den Steuerrechtfertigungslehren des naturrechtlichen Rationalismus, Berlin 1972.

[25] So z.B. *J. Bornitz*, De aerario sacro, civili, militari, communi et sacratiori, Frankfurt a. Main 1612.

[26] Die neuere Literatur hierzu bei *A. Seifert*, Conring und die Begründung der Staatenkunde, in: Hermann Conring 1606-1681, S. 201 ff.

[27] *M. Stolleis*, Arcana Imperii und Ratio Status, Göttingen 1980, S. 31 ff.

III.

Das 17. Jahrhundert ist wissenschaftsgeschichtlich eine Periode der Ausdifferenzierung einzelner Fachrichtungen. Allen Bemühungen zum Trotz, die „Einheit der Wissenschaften“[28] zu erhalten, brach die „wissenschaftliche Revolution“ in den aristotelischen Kosmos ein und setzte Einzeldisziplinen frei. So wie das 16. Jahrhundert, beginnend mit Machiavelli, zu einer Verselbständigung der Politik geführt hatte, so emanzipierte sich im 17. Jahrhundert die Erörterung ökonomischer Probleme in der kameralistischen-merkantilistischen Literatur aus dem bisherigen Kontext der „guten policey“. Waren bei Bornitz, Besold und auch noch bei Conring die ökonomischen Fragen Teile eines einheitlichen politischen Konzepts, so löste sich dieser Zusammenhang bei den klassischen Merkantilisten (Becher, Hörnigk, Schröder, Leib und Lau) zunehmend auf. Die Gebote der Staatsräson reduzierten sich allmählich auf die Machtsteigerung durch Verbesserung der Ökonomie. Die alte Formel „salus publica suprema lex“ wurde nun immer einseitiger mit dem „Flor“ eines Landes identifiziert.

Mit diesen Bemerkungen ist allerdings nur eine Tendenz umschrieben. In den Einzelheiten sind Autoren wie Becher und Hörnigk vielfach älteren Schichten des Denkens verbunden, genauer: einem aus der aristotelischen Wohlfahrtsidee gespeisten Staatseudämonismus, dessen „Staatsräson“ noch mit „bene et beate vivere“ umschrieben werden kann. Wilhelm von Schröder hingegen, dessen Jenaer Dissertation „De ratione status“ schon als staatsgefährdend verboten worden war[29], ist Hobbesianer, schroffer Absolutist und, sieht man genauer zu, auch ziemlich bedenkenlos in der Auswahl seiner Mittel. Die Zeitgenossen hatten aus ihrer Perspektive nicht Unrecht, wenn sie seine Schriften als „pestilentibus axiomatibus infectus“ ansahen; denn Schröders Souverän ist nicht mehr der gute Hausvater (wie etwa bei Seckendorff), sondern ein weitgehend ungebundener Potentat, der über einen entrechteten „Pövel“ herrschen und auch alle finanziellen Nervenstränge des Landes im Griff haben sollte[30].

Indem so die „Staatsräson“ einen ökonomischen Herrschaftszweck annahm, verloren Rechtsschranken, die sich diesem Zweck in den Weg stellten, an Kraft. Nur die Zweckmäßigkeit[31] zählte noch: es war zweckmäßiger, den Staat aus dem Kammergut zu finanzieren als über die Steuer, weil dadurch der

---

[28] *M. Stolleis*, Die Einheit der Wissenschaften. Zum 300. Todestag von Hermann Conring, Helmstedt 1982.

[29] Diss. academica, cuius prima pars de ratione status, secunda de Nobilitate, tertia De Ministrissimo, Jena 1663.

[30] *W. von Schröder*, Fürstliche Schatz- und Rent-Kammer, Leipzig 1686, insbes. Abschnitt V (Bankprojekt).

[31] *H. Wessel*, Zweckmäßigkeit als Handlungsprinzip in der deutschen Regierungs- und Verwaltungslehre der frühen Neuzeit, Berlin 1978.

Konsens der Landstände umgangen werden konnte; es war zweckmäßiger, die Steuervorrechte von Adel und Geistlichkeit abzubauen; es war zweckmäßig, die Lasten nach Vermögen zu staffeln, um politische Konflikte zu vermeiden, und es war zweckmäßig, die Akzise vor anderen Steuern zu bevorzugen.

Mit anderen Worten: Der Zusammenhang einer umfassend verstandenen und politisch gedeuteten „Staatsräson" mit der Finanzpolitik lockerte sich hier allmählich. Die Ökonomie wurde selbständig und begann eigenen Gesetzen zu gehorchen, nicht anders als Physik und Mathematik, Ethik und Rechtswissenschaft, weil der gesamte Zusammenhang der christlich geprägten Interpretation der Welt zu zerfallen begann.

IV.

Die Finanzfrage in der deutschen Staatsräsonliteratur ist von Anfang an auch unter juristischen Aspekten diskutiert worden. Hierin liegt kein spezifisches Merkmal des 16. oder 17. Jahrhunderts; denn Abgaben an geistliche und weltliche Obrigkeiten haben zu allen Zeiten Rechtsprobleme aufgeworfen, die letztlich verfassungsrechtlicher Natur waren. Insofern könnte man meinen, das „ewig gleiche" Problem sei im 17. Jahrhundert nur in eine neue Terminologie übersetzt worden. Damit wären aber wesentliche historische Unterschiede verwischt. Das Finanzproblem ist in der frühen Neuzeit von der Peripherie ins Zentrum gerückt, es ist die entscheidende Frage geworden. Entsprechend wichtig wurden auch die juristischen Legitimationen und Begrenzungen, die nun eine solche Intensität annahmen, daß allein schon daraus erkennbar wird, daß es nicht nur um einen terminologischen Wandel ging.

Die Interessen der Juristen wandten sich den einzelnen Sektoren staatlicher Einkünfte aber nicht in gleicher Intensität zu. Die traditionellen und ständigen Einkünfte blieben relativ im Hintergrund. Sie bedurften keiner besonderen Rechtfertigung mehr, sie waren „außer Streit". Dagegen war die juristische Diskussion um die Staatsräson bei nichtständigen Ausgaben sehr lebhaft. Speziell die Verwandlung der Steuer aus einer außerordentlichen in eine ordentliche Einkunftsquelle erregte die Gemüter.

Auf die Gefahr hin, etwas schematisch vorzugehen, dürfte es vielleicht am klarsten sein, die rechtlichen Argumente danach zu ordnen, ob sie einer Intensivierung der Geldabgaben oder ihrer Begrenzung das Wort redeten. Natürlich konnten einzelne Autoren bei verschiedenen Einkunftsarten beides gleichzeitig vertreten, also etwa verstärkte Nutzung der Regalien, aber Mäßigung bei der Besteuerung predigen. Manche Autoren haben auch klare Aussagen bewußt vermieden; immerhin handelte es sich um ein prekäres Gebiet, auf dem man sich leicht den Zorn des Fürsten oder der Landstände zuziehen konnte.

1. Wenn es richtig ist, daß die Juristen bei der Entstehung des modernen Staates eine entscheidende Rolle gespielt haben[32], dann haben sie zweifellos auch die Intensivierung der Geldaufbringung mit juristischen Argumenten unterstützt. Sie haben zunächst einmal nachgewiesen, daß das Recht, Abgaben zu erheben, uraltes und sakral begründetes, Hoheitsrecht sei. Im Bereich des *ius divinum* wurde auf die entsprechenden Stellen des Alten und Neuen Testaments verwiesen[33], meist mit der klassischen Begründung, „quod Deo magis parendum sit quam hominibus“[34].

Je mehr sich im Laufe des 17. Jahrhunderts das rationale Vertragsmodell neben die sakrale Begründung schob oder sie bereits ersetzte, desto plausibler wurde es auch, die Zahlung von Abgaben als Vertragspflicht aufzufassen. Die Abgabe war jetzt weniger hoheitlicher Eingriff auf der Grundlage des „dominium eminens“ des Herrschers als vielmehr Gegenleistung für Friedens- und Rechtssicherung. Diese Auswechselung der Begründung ist folgenreich: sie tendiert im Prinzip zur Gleichsetzung von Staatsbürgerstatus und Steuerpflicht, d.h. zur Beseitigung der Befreiungen von Adel und Geistlichkeit; sie enthielt gleichzeitig ein Element der Begrenzung und Kritik; denn ein Herrscher, der nicht in der Lage war, seine eigene Leistung zu erbringen (Schutz vor Feinden, Ruhe und Rechtswesen im Innern, Erhaltung von Verkehrswegen etc.), hatte auch kein Recht auf die entsprechenden Abgaben.

Im gleichen Zeitraum (etwa 1580 bis 1680) vollzog sich die Einfügung der Finanzgewalt samt der Münzhoheit in das Konzept der Souveränität. Wer über Krieg und Frieden bestimmte, wer „legibus solutus“ war, mußte auch über die Auferlegung von Steuern bestimmen können[35]. Die Schwierigkeit bestand allerdings darin, daß die einzelnen Rechtstitel für die staatlichen Einnahmen ganz verschiedenen Bereichen angehörten. Sie wuchsen aus dem Lehensrecht, Kirchenrecht, Zivilrecht, Reichsabschieden, hoheitlichen Verträgen und Privilegien. Erst allmählich verblaßten diese Ursprünge und es wurde möglich, die gesamte Staatsfinanzierung als einheitliches Hoheitsrecht mit dem Kern des Besteuerungsrechts zu verstehen.

2. Wohl die bedeutendste Rolle für die Begründung und Intensivierung der Abgabenleistungen haben die hier im Mittelpunkt stehenden Formeln der „utilitas publica“, „salus publica“, „ratio status“, „necessitas regni“ (imperii, reipublicae, communitatis) gespielt. Der gute Zweck des Gemeinwohls bot sich von Anfang an als ideale Legitimationsbasis dar. Diese Basis war religiös

---

[32] Die Rolle der Juristen bei der Entstehung des modernen Staates, hrsg. von R. Schnur, Berlin 1983.

[33] 5. Mose 14, 22; 5. Mose 20, 11; 1. Samuel 8, 10; Matthaeus 22, 15-21; Markus 12, 14-17.

[34] So z.B. *H. Conring*, De majestate civili, 1677 in: Opera, VI, 594, These LXII.

[35] Ausgangspunkt der Debatte ist *J. Bodin*, Les Six Livres de la République, 1576 (1583), VI, 2. Vgl. dazu *H. Quaritsch*, Staat und Souveränität, Frankfurt a. Main 1970.

neutral (ein großer Vorteil!) und sie kam der Tendenz entgegen, Rechtspflichten durch Hinweis auf den daraus erwachsenden Nutzen zu legitimieren. Sie war auch deswegen besonders beliebt, weil sie mit der bis in die Antike zurückreichenden Tradition der „salus publica“ verbunden und deshalb besonders unanfechtbar erschien.

Öffentliche Lasten, so hieß es, sind „pro commodo & necessitate Reipub. à Magistratu indictae, ut Salus Reip. (Quae Magistratui, bono Christiano & Civi bono lex est suprema) intacta & illaesa conservetur“[36]. Aber dies genügte als Rechtfertigung zunächst nicht. Vielmehr hielt man sich anfangs noch an den schon genannten Katalog legitimer Steuerzwecke. Erst im Laufe des 17. Jahrhunderts wurde dieser Katalog dann durch immer häufigere Berufung auf die „necessitas“ überspielt. Je häufiger man sich zur Steigerung der Lasten auf die „necessitas“, die „utilitas publica“ und die „ratio status“ stützte, desto intensiver wurde allerdings die Kritik an diesen Formeln. Insbesondere die Staatsräson wurde zum Signalwort dafür, was Fürsten und ihre Räte als Vorwand benutzen konnten, um das Volk auszusaugen und zu schinden. Besonders umstritten dabei war der von Juristen häufig gerechtfertigte Zugriff auf Kirchengut „in casu extremae necessitatis“ und die Beseitigung geistlicher und adeliger Privilegien: „Necessitatis tempore silent privilegia“[37].

So vernimmt man in der juristischen Literatur von der zweiten Hälfte des 17. bis zum Ende des 18. Jahrhunderts einen ständig stärker werdenden Chor von Stimmen des Mißtrauens gegen die Berufung auf „necessitas“, „utilitas publica“ und „ratio status“. Die Formeln werden immer verdächtiger, weil die Erfahrung lehrte, daß ihre Vagheit durch politische Entscheidungen aufgefüllt wurde, sobald der Kodex der traditionellen politischen Ethik an Verbindlichkeit verloren hatte[38]. Am Ende steht die entschiedene Ablehnung aller obrigkeitlichen Zwangsbeglückung und die Ersetzung von Nützlichkeitsargumenten durch „reine“ Prinzipien bei Kant.

3. Wichtiger als die hiermit umrissene Mitarbeit der Juristen bei der Begründung neuer oder der Erhöhung alter Steuern ist aber ihre regulierende und begrenzende Leistung. Von Anfang an haben sie durch Herausarbeitung von Grenzen der hemmungslosen Expansion des Geldbedarfs entgegenzuwirken versucht. Dabei zogen sie alle Register der Rechtsquellenhierarchie, vom *ius divinum* über das *ius naturale*, das *ius publicum* bis zum Herkommen, um dem Fürsten zu zeigen, wie weit er gehen dürfe.

a) Zunächst konnte mit dem Gewicht der Tradition argumentiert werden, der gute alte Zustand müsse beibehalten werden, die Obrigkeit solle sich mit

---

[36] Nachweise in *M. Stolleis*, Pecunia Nervus Rerum, S. 113.

[37] *D. Liebs*, Lateinische Rechtsregeln und Rechtssprichworter, München 1982.

[38] *J.W. von Tevenar*, Versuch über die Rechtsgelahrtheit, Marburg und Dessau 1777, S. 20: „Es sind wenig Wörter, die so sehr mißdeutend, und unrecht angewendet werden, als der Ausdruck gemeine Wohlfahrt“.

den Einkünften aus Kammergütern und Regalien genügen lassen. Dieses Argument hatte aber nicht nur eine traditionalistische Seite, es paßte auch gut in absolutistische Zusammenhänge, weil die Stände an Kammergütern und Regalien keine Mitwirkungsrechte hatten.

Andererseits war auch eine ständefreundliche Wendung des Arguments denkbar. Sie ging dahin, daß eine Steuerbewilligung erst dann in Frage komme, wenn die traditionellen Einkünfte des Fürsten vollständig erschöpft seien[39].

b) Je mehr sich allerdings die Selbstfinanzierung des Staatsapparates als Illusion erwies, desto wichtiger wurden die juristischen Argumente, die dem Landesherrn bei der Suche nach neuen Geldquellen Zügel anlegen sollten. Dazu dienten aus dem Bereich des *ius divinum* die Hinweise, der Fürst sei rechenschaftspflichtiger „Amtmann Gottes" und er besteuere Mitchristen. Aus dem Naturrecht wurde die limitierende Funktion des Vertrags- und Gegenleistungsgedankens benutzt, um auf der Einnahmenseite die Höhe zu begrenzen und auf der Ausgabenseite den Fürsten an öffentliche Zwecke zu binden. Aus dem römischen Recht diente die Lehre von der „justa causa" der Begrenzung bei der Erfindung neuer Steuern, der Festlegung ihrer Höhe und der Festlegung ihrer Verwendung; denn auch die Ausgabe war an die causa gebunden: „cessante causa, cessant tributa" war eine allgemein akzeptierte Maxime[40]. In die gleiche Richtung gingen die Argumente, die Bindungen aus der „causa finalis" der Abgaben zu entwickeln suchten. „Causa finalis" der Steuern waren „salus publica", „utilitas publica", „commodum omnium" und eben die allgegenwärtige „necessitas"[41].

Relativ selten wurde die „ratio status" eingesetzt. Dies liegt daran, daß die Staatsräson seit ihrem Auftauchen in deutschen juristischen Schriften (1602) im Verdacht des Machiavellismus, der Rechtswidrigkeit und des Verstoßes gegen die Moral stand. Die Polemik gegen das Handeln nach Staatsräson war in Deutschland besonders stark und zeigte, daß hier – auf der Grundlage einer altertümlichen Verfassungsstruktur, enger Verhältnisse und ausgeprägter Frömmigkeit – andere Maßstäbe galten als in Westeuropa. In den durch Hippolithus a Lapide (ca. 1640) und Samuel Pufendorf (1667) ausgelösten Debatten um die Staatsräson des Reiches und in den vielen juristischen Abhandlungen „De ratione status" ab 1650[42] hat die Staatsräson trotz zunehmender

[39] *C. Klock*, Aerarium VII, S. 59: „Et ante omnia Princeps proprium debet excutere marsupium prius quam deglubat et taliet subditos".

[40] *F. Suarez*, Tractatus de legibus, Mainz 1619, V, S. 15.

[41] *Chr. Wildvogel*, De iure Collectarum / vom Schoß- und Steuerrecht, Jena 1694, These XXXI. Zahlreiche weitere Nachweise bei *M. Wachenhausen*, Staatsausgaben und öffentliches Interesse, und *H. Schulz*, Das System und die Prinzipien der Einkünfte.

[42] Eine Zusammenstellung dieser Abhandlungen bei *M. Stolleis*, Friedrich Meineckes „Die Idee der Staatsräson" und die neuere Forschung, in: Friedrich Meinecke heute, hrsg. von M. Erbe, Berlin 1981, S. 73 Anm. 62.

Verrechtlichung nicht den Status eines voll akzeptierten juristischen Terminus gewonnen. Auf diesem Feld herrschte die „necessitas", die allein schon durch ihre Herkunft aus dem römischen Recht stärker in der juristischen Sprache verankert war als der politische Neologismus der „ratio status".

Gelegentlich erscheinen allerdings Formeln wie „ratio status" und „arcana imperii" im Zusammenhang mit Mahnungen zur Mäßigung bei der Belastung der Untertanen. Die politische Klugheit gebiete, so hieß es seit Machiavelli, zur Verhütung von Rebellion, die Last nicht zu schwer zu machen, insbesondere in neu erworbenen Gebieten. Die mindestens übergangsweise Erhaltung der alten Verfassung – auch in Steuerdingen – wurde sogar als spezielles „arcanum" empfohlen[43]; denn nichts schaffe mehr Erbitterung als eine mit dem Regierungsantritt verknüpfte Steuererhöhung, und nichts sei einer noch jungen Herrschaft gefährlicher. Diese Ratschläge sind aber nicht juristischer Natur, sondern gehören zur „prudentia politica", die gewissermaßen das wissenschaftlich systematisierte und vom Verdacht des Machiavellismus gereinigte Feld der Diskussion um die Staatsräson geworden war.

4. Die juristische Steuerliteratur hat schließlich eine ganze Reihe von Begrenzungs- und Kontrollmöglichkeiten sowie begriffliche Unterscheidungen entwickelt, die für die Verrechtlichung der Abgabenerhebung wesentlich geworden sind. Sie stehen zwar nicht im unmittelbaren Zusammenhang mit den Topoi der Staatsräson und der „necessitas", sie dienen aber den gleichen legitimierenden und limitierenden Zwecken. Ihre Betrachtung vermag das Bild juristischer Argumentationsmöglichkeiten im Bereich der Staatsfinanzierung komplettieren.

Sieht man von den marginalen Möglichkeiten ab, mit völkerrechtlichen Argumenten und Warnungen von Retorsionen bei extremen Importzöllen oder Einfuhrverboten Eindruck zu machen, so handelt es sich im wesentlichen um die Auslegung des positiven *ius publicum*, sowohl des Reichs als auch der Territorien. Sie eröffnete dem Juristen, der die Staatseinnahmen steigern wollte, die Chance der Wiederauffindung und Reaktivierung alter positivrechtlich anerkannter Rechtstitel sowie ihre Abkoppelung von ständischen Zustimmungsrechten. Hierzu bedurfte es eingehender Überlegungen nach dem Verfassungsrecht des jeweiligen Territoriums. Gerade die Hauptfrage, wer im Dualismus von Landesherr und Ständen das Verfügungsrecht über die Geldquellen habe, hat der praktischen und wissenschaftlichen Pflege des „jus publicum" an den Landesuniversitäten einen bedeutenden Auftrieb verschafft[44].

---

[43] So – im Anschluß an Tacitus und Machiavelli – insbesondere Lipsius, Clapmarius und Conring.

[44] *N. Hammerstein*, Jus Publicum Romano-Germanicum, in: Diritto e Potere nella Storia Europea. Atti del quarto Congresso internazionale della Società Italiana di Storia del Diritto in onore di Bruno Paradisi, Firenze 1982, S. 717-753.

Die Sätze „Princeps legibus solutus" und „Quod omnes tangit, ab omnibus approbetur"[45], standen sich hier diametral gegenüber. Im Ergebnis wurde der Satz „Princeps legibus solutus" durch den klassischen Zusatz „attamen lege vivimur" (Justinian, Inst. 2.17.8) erträglich gemacht. Ohne diesen Zusatz wurde „princeps legibus solutus" als Kennzeichen eines tyrannischen, nach der „schlechten" Staatsräson verfahrenden Regiments verstanden. Dieser Sprachgebrauch ist schon früh festgelegt. Ein Tyrann, so sagt etwa Jakob Bornitz 1625, meine „quod libet, licet" und er halte für erlaubt, was nütze „sub praetexto boni publici (Itali la ragion di stato; Galli le droict de la bonne séance, vocant, de qua Tacitus I, 1 Hist ...)"[46].

Die deutsche staatsrechtliche Literatur hat entsprechend der verfassungsrechtlichen Lage in den Territorien, in denen meist ein ständisch gemäßigter Absolutismus herrschte, den „Consensus statuum" durchweg für notwendig gehalten[47]. Für das Reich war ohnehin selbstverständlich, daß der Kaiser, gebunden an die *leges fundamentales* und das Reichsherkommen, der Zustimmung der Kurfürsten und Reichsstände bedurfte, wenn er Reichssteuern auferlegen wollte. Eine wohl mehr theoretische Ausnahme vom Konsensprinzip wurde auch hierbei „in casu extremae necessitatis" gemacht[48].

In den Territorien sind die Landstände meist unterlegen, wenn nicht rechtlich, so doch der Sache nach: „Der obsiegende landesherrliche Absolutismus drückte das Steuerbewilligungsrecht der Stände zur leeren Form herab"[49]. Nicht unwesentlich war dabei die Bevorzugung der Verbrauchssteuern, die, wenn sie einmal bewilligt waren, den Ständen keinerlei Mitbestimmungsmöglichkeit mehr gaben. Insofern hat der Streit um die Akzise auch verfassungsrechtliche Bedeutung gehabt[50].

Die juristische Steuerliteratur hat sich jedoch nicht nur der ständischen und der Individualrechte im Konflikt mit Rechten des Landesherren angenommen. Sie hat darüberhinaus Trennlinien zwischen Fiskalrechten und anderen Hoheitsrechten gezogen, indem sie dem Fiskus die Jurisdiktionsgewalt absprach. Weiter zog sie eine Linie zwischen Fürstengut und Staatsgut, die aller-

---

45 *Chr. Link*, Herrschaftsordnung und Bürgerliche Freiheit, Wien 1979, S. 89 ff.; *D. Wyduckel*, Princeps Legibus Solutus, Berlin 1979; *A. Maravall*, La Formula „Quod omnes tangit" y la Corriente democratica medieval in España, in: Album E. Lousse, Louvain / Paris 1964, Bd. XIV, S. 1-13.

46 *J. Bornitz*, De instrumentis sive Documentis literariis, Dresden 1625, Epistola Dedicatoria.

47 So z.B. *Chr. Wildvogel*, De iure Collectarum, These XXIV.

48 Ebd., These XXV.

49 *H. Mitteis / H. Lieberich*, Deutsche Rechtsgeschichte, 16. Aufl., München 1981, S. 341.

50 *K.Th. von Inama-Sternegg*, Der Accisestreit deutscher Finanztheoretiker im 17. und 18. Jahrhundert, in: Zeitschrift für die gesamten Staatswissenschaften, 21 (1865); *F.K. Mann*, Steuerpolitische Ideale, S. 50 ff.

dings erst im Konstitutionalismus des 19. Jahrhunderts mit Schärfe deutlich wurde. Der Fiskus als unsterbliche moralische Person („fiscus nunquam moritur")[51], gegen die nach der „Fiskustheorie" ohne Verletzung von Majestätsrechten geklagt werden konnte, war eine bekannte Voraussetzung hierfür.

5. Nimmt man alles dies zusammen, so heben sich die juristisch geprägten Beiträge zur Debatte um das Thema „Finanzen und Staatsräson" durch einige charakteristische Merkmale von den übrigen ab. Am wichtigsten ist dabei wohl die Tatsache, daß sie die Formel von der Staatsräson, deren Hauptstoßrichtung in der Befreiung politischer Interessenbestimmung von den Fesseln der Religion und Ethik lag, nun in ein juristisches Konzept einbeziehen und mit den traditionellen Formeln „salus publica" und „necessitas" verbinden. Auf diese Weise „verrechtlicht", war die Staatsräson zwar einerseits in den Kreis der Rechtsargumente aufgenommen worden und hatte, etwa ab 1650, den gefährlichen Klang der Rechtswidrigkeit allmählich abgelegt. Andererseits waren damit aber auch Verengungen und Bindungen verknüpft: die finanzielle Belastung der Untertanen wurde an eine „justa causa" geknüpft (1); die Verbindung von Geldleistung und Sicherheitsgewähr im Prinzip der Gegenseitigkeit war ein deutlicher Vorbote der gegen Ende des 17. Jahrhunderts durchgesetzten naturrechtlichen Lehre vom Gesellschaftsvertrag (2); „salus publica" und „necessitas" erlaubten eine Begrenzung der Abgaben nach oben (3); die Gerechtigkeit forderte ungleiche Belastung bei ungleichem Vermögen (4) sowie gleichzeitigen Abbau „ungerechtfertigter" Exemtionen, die der natürlichen Gleichheit aller Menschen widerstritten (5). Die Juristen wirkten auch insofern tendenziell bremsend, als sie durch Bearbeitung des Reichs- und Länderverfassungsrechts der angestrebten Omnipotenz des Fürsten Schranken aufwiesen (6). Schließlich wirkte die „Verrechtlichung" der Politik durch das aufblühende „jus publicum" insgesamt verlangsamend und verfestigend, weil Rechtsformen und Verfahren an die Stelle eines machtpolitischen Dezisionismus traten (7). Die Trennung etwa von Kammergut, landesherrlichem Fiskus und Aerarium als „Landes-Cassa"[52] zwischen fürstlichem Privat- und Staatsvermögen wirkte ebenso regulierend wie eine Unterscheidung der einzelnen Arten des Staatseinkommens. Je weiter die staats- und steuerrechtliche Literatur sich ausbreitete, desto enger wurden die Spielräume, innerhalb deren nach „Willkür" verfahren werden konnte. Dies ist freilich ein Effekt juristischer Tätigkeit, der sich überall beobachten läßt. Der Preis für die rechtliche Eindämmung der Willkür ist stets die Formalisierung, samt ihren lästigen Nebenfolgen der Verlangsamung und Komplizierung, der Bürokratisierung und der Tendenz zur Bewahrung des *status quo*.

---

[51] *E. Kantorowicz*, Mysteries of State. An absolutist concept and its late medieval origins, in: *ders.*, Selected Studies, New York 1965, S. 381-399 (394).

[52] *J.J. Moser*, Neues Teutsches Staats-Recht, Bd. 16/5, Frankfurt a. Main / Leipzig 1773, Kap. 5, § 3.

V.

Die Fronten der gesamten Diskussion um Geld und Staatsräson sind verwickelt. Direkter als auf allen anderen Gebieten setzen sich hier materielle Interessen in Argumente um: „In Geldsachen hört die Gemüthlichkeit auf“[53]. Städtische, ständische und fürstliche Interessen waren in unterschiedlichen Stärkeverhältnissen an der großen Umschichtung der Lasten beteiligt, wie sie sich im Entstehungsprozeß des modernen Staates überall in Europa vollzog. Seitdem die klangvolle Formel der „ragion di stato“ ihre Faszination ausübte, war die Verbindung von Staatsräson und Finanzproblem ein wichtiger Punkt in der politischen, ökonomischen und juristischen Literatur. Die unablässige Zitierung des Satzes „Pecunia nervus rerum“ ist Ausdruck dieser Situation.

Die Verwendung des Wortes „ratio“ im Sinne von „Bilanz“ und „Rechnung“ weist in die Richtung einer mit der Geldwirtschaft einhergehenden Rationalisierung und Entethisierung der Politik. Sie ist tendenziell nicht mehr normativ gebundene Herstellung einer guten Ordnung, sondern Kalkulation mit materialen Hilfsquellen. Bei dieser Kalkulation wirken ethische Positionen eher störend, wenn die Fragen der „Zweckmäßigkeit“ und des „Gut und Böse“ nicht auseinandergehalten werden. Das schließt nicht aus, die ethischen Überzeugungen der Umwelt als „Rechnungsfaktoren“ einzubeziehen und z.B. Prognosen zu wagen, von welcher Höhe an eine Belastung mit Abgaben als „ungerecht“ empfunden wird und Empörung auslöst. Dies ist die Kalkulation dessen, der die Ethik für sich selbst nicht mehr akzeptiert, wohl aber klug in Rechnung stellt, daß andere sehr wohl an sie gebunden sind.

Sobald der Staat nicht mehr das „gute Leben“, sondern lediglich das „Überleben“ garantiert, reduziert sich auch die ethische Rechtfertigung des neuen Zwangsapparates „Staat“ auf die Gewähr von Sicherheit. Nur die Wertentscheidung, daß Ordnung besser sei als Unordnung, bleibt als „metaphysischer“ Restbestand einer ehemals umfassenden normativen Durchdringung öffentlicher Herrschaft zurück. Insofern kann man sagen, auch die mächtige Tendenz des modernen Staates zur Säkularisierung und Rationalisierung der Herrschaft habe ein metaphysisches Fundament.

Aber diese „Metaphysik“ ist im 17. Jahrhundert auf dem Rückzug, sie wird brüchig und bleibt nur im Minimalbereich als Wille erhalten, das Chaos zu vermeiden. Hierfür lassen sich freilich auch utilitaristische Begründungen geben, die – selbst wenn sie die Kluft zwischen Sein und Sollen letztlich nicht zu überwinden vermögen – jedenfalls keiner metaphysischen Annahmen mehr bedürfen. In der Tat zeigen sich Argumente, die den Nutzen der Ordnung gegenüber dem Chaos betonen, vom 16. Jahrhundert an immer häufiger. Gerade die Finanzdiskussion kann dies belegen. Die Bekämpfung der Türken und die

---

[53] Ein Wort des Abgeordneten David Hansemann im Vereinigten Preußischen Landtag am 8. Juni 1847.

damit verbundene Belastung mit Steuern wird z.B. immer weniger als Christenpflicht denn als Gebot des Eigennutzes begründet. Nicht umsonst wird es jetzt möglich, im Gegensatz zur traditionellen Verpflichtung auf das „Gemeinwohl", den Eigennutz als treibende Kraft zu loben[54]. Die Zahlung von Abgaben, so heißt es, sei eigennütziges Handeln; denn die Leistung etwa von Wegegeld komme in Form guter und sicherer Wege wieder an den Einzelnen zurück. Langsam werden auf diese Weise auch die indirekt zurückfließenden Vorteile der eigenen Steuerzahlung erkennbar. Das gesamte Staatsgebäude wird schließlich zu einem Geflecht rational faßbarer Vorteils- und Nachteilsbeziehungen, bei dem sowohl Herrscher als auch Beherrschte auf ihre Kosten kommen. Der Staat wird vom traditionellen „Organismus" zur „Maschine", die sakrale Herrschaft verwandelt sich in das vertraglich begründete Mandat. Der Herrscher verliert die Aura des „Heiligen" und definiert sich schließlich selbst als ersten Diener seines Staates. Diese Entwicklung ist im Finanzwesen deshalb so deutlich greifbar, weil sich dort die Frage nach Legitimation und Nutzen des abverlangten Opfers am ehesten und dringlichsten stellte.

[54] *L. Fronsperger*, Von dem Lob deß Eigen Nutzen, Frankfurt a. Main 1564; *B. de Mandeville*, The fable of the bees, London 1705.

Wirtschaft und Finanzen im Mezzogiorno im 16. und 17. Jahrhundert

Von Giuseppe Galasso

Die Diskussion und die Forschung zur Wirtschafts- und Finanzgeschichte Süditaliens haben erst nach der Mitte der 50er Jahre dieses Jahrhunderts das Kielwasser der Tradition[1] endgültig verlassen, das in Neapel und im restlichen Europa für das kanonisch gewordene negative Urteil des frühen 18. Jahrhunderts über das moderne Spanien, über seinen parasitären und destruktiven Imperialismus verantwortlich war. Es handelte sich außerdem um einen Perspektiven- und Methodenwandel, der sich aber anscheinend noch nicht in Forschungen niedergeschlagen hat, die der Ausdehnung und Wichtigkeit des Themas angemessen wären. Die archivalische und – allgemeiner – die dokumentarische Forschung war sicher ausgedehnt, wie die Arbeiten von Giuseppe Coniglio erkennen lassen, der sich um sie besonders verdient gemacht hat. Was Strenge und Klarheit der Analysen und Urteile betrifft, läßt die Sekundärliteratur hingegen zu wünschen übrig; angefangen bei Coniglio selbst und weiter bei Francesco Caracciolo und Tommaso Pedio. Befriedigender erweisen sich die Ergebnisse, wenn es um spezifische Probleme und Prozesse geht: von Alfonso Silvestri über die öffentlichen Banken bis zu Giovanni Masi und anderen über die Landwirtschaft, von John Marino über die *dogana* von Foggia bis hin zu Anthony Calabria über die Staatsfinanzen usw. Die größten Fortschritte erzielten Luigi De Rosa über Devisenhandel und Verbrauchssteuern, Giuseppe Galasso über die Finanzen des Königreichs im Vizekönigreich des Grafen von Lemos (1610-1616), über die Verflechtungen von Wirtschaft und Finanzen unter Karl V., die regionale Wirtschaft Kalabriens sowie über den süditalienischen Feudalismus im 16. Jahrhundert, Rosario Villari über die Beziehungen zwischen Regierung, Großgrundbesitzern und Finanzwesen in der ersten Hälfte des 17. Jahrhunderts[2].

---

[1] Vgl. die verschiedenen Beobachtungen bei *G. Galasso*, Mezzogiorno medioevale e moderno, 2. Aufl., Torino 1975; *ders.*, Il Mezzogiorno nella storia d'Italia, Firenze 1977; *ders.*, Croce, Gramsci e altri Storici, 2. Aufl., Milano 1978. Vgl. außerdem E. Sestans Rezension von Pepes Buch in: Belfagor VIII (1953), S. 232-235.

[2] Einige bibliographische Hinweise zum Mezzogiorno unter spanischer Herrschaft sind in den folgenden Fußnoten enthalten. Man konsultiere auf jeden Fall: Storia di Napoli, hrsg. von E. Pontieri, Napoli 1967-1974.

Der unbefriedigende Forschungszustand wird indes nicht das besondere Interesse für Wirtschafts- und Finanzgeschichte übersehen lassen, das im Rahmen der Erforschung des Mittelmeerraumes und Europas im 16. und 17. Jahrhundert geweckt wurde. In dieser Hinsicht muß man sogar anerkennen, daß die Studien über Neapel und den Mezzogiorno auch schon in ihrem jetztigen Stadium drei Resultate gezeigt haben: 1. das allgemeine Bild jener Epoche und seiner Probleme wird um grundlegende und bemerkenswerte Elemente vervollständigt; 2. neben der historischen Dimension wird auch die theoretische Dimension der so einmalig komplexen Geschichte des modernen Europa weiter hervorgehoben; 3. der endgültige Übergang der Geschichte des Mezzogiorno zu den Techniken und Methoden der fortgeschritteneren Geschichtsschreibung wird bestätigt. Unter dem ersten Gesichtspunkt hat man hervorheben können, daß Neapel einer der wichtigsten Handels- und Finanzplätze in der gesamten Epoche zwischen der allerersten Phase der „Preisrevolution" und der „allgemeinen Krise des 17. Jahrhunderts" sowie natürlich auch eine der wichtigsten Hauptstädte des Reiches und damit auch der Finanzpolitik der großen spanischen Monarchie von Karl V. bis zu Philipp IV. ist[3]. Dies hat einerseits zu einer Ausweitung der Thematik der europäischen und spanischen Geschichte geführt, so daß die Effizienz der Fragestellung stark zugenommen hat, und andererseits zur Eingliederung der neapolitanischen Geschichte in einen breiteren Kontext, der über den traditionellen hinausreicht. Unter dem zweiten Gesichtspunkt bringt die Neapel-Forschung erneut das Thema der Inflation aufs Tapet und bestätigt den Befund anhand eines klassisch gewordenen Beispiels sowohl in einer Phase der Expansion als auch in einer Phase der Rezession, welche als Grundmotiv die gesamte Geschichte Europas jener Epoche durchzieht[4]. Unter dem dritten Gesichtspunkt sind die Zeiten der moralistischen und polemischen Kriterien und Vorurteile überwunden, mit denen man gewöhnlich die Beziehungen zwischen Spanien und Neapel (und auch dessen anderen italienischen Besitztümern, angefangen mit der Lombardei Manzonis) beurteilte[5]. Und in dieser als relativ einseitig beurteilten Beziehung wurde eine

---

[3] Diese Tatsache kommt bes. zum Vorschein in *F. Braudel*, Civilisation matérielle, économie et capitalisme: (XV-XVIII siècles). Les structures du quotidien, 3 Bde., Paris 1979; dt. Ausgabe München 1986, und bes. in Bd. 2., Les jeux de l'éxange. Aber Braudel hatte dies selbst schon zu einem Großteil in *ders.*, La Méditerranée et le monde méditerranéen à l'époque de Philippe II, 2 Bde., 2. Aufl. Paris 1966 hervorgehoben.

[4] The Cambridge Economic History, hrsg. von M.M. Postan / H.J. Habakkuk, Cambridge 1963 und: The Fontana Economic History of Europe, hrsg. von C.M. Cipolla, Glasgow 1974 liefern die heute noch gültigen Grundinformationen für das Phänomen als Ganzes aus europäischer Sicht. Siehe außerdem den klaren Problemansatz in *C.M. Cipolla*, Storia economica dell'Europa pre-industriale, 3. Aufl., Bologna 1980 (bes. S. 210 ff.).

[5] Zur spanischen Lombardei, dem anderen hier angesprochenen thematischen Schwerpunkt, vgl. *A. De Maddalena*, Dalla città al borgo. Avvio di una metamorfosi economica e sociale nella Lombardia spagnola, Milano 1982; *D. Sella*, L'economia lombarda durante la dominazione spagnola, Bologna 1982. Außerdem *A. De Mad-*

historische Entwicklung erschöpfend behandelt, die dem gesamten damaligen Europa gemein ist, von der finanziellen Ebene bis hin zur Gründung der modernen Gesellschaft und des modernen Staates[6].

Die Chronologie, in der sich die geschichtlichen Ereignisse so vieler und so unterschiedlicher Teilgebiete präsentieren, weist nicht in jedem einzelnen Fall absolute Parallelität auf. Wie in vielen anderen Fällen, so hat auch hier das Verlangen nach synchronen Prozessen, denen sich weder das Leben noch die Logik verpflichtet fühlen, zu großen und eindeutigen Verzerrungen der Versuche einer historischen Rekonstruktion geführt. Auch in diesem Fall zeigt sich, daß die Zeitmarken der Politik keineswegs denjenigen der Wirtschaft entsprechen und umgekehrt. Noch sind die Epochen der Wirtschaftsgeschichte notwendigerweise diejenigen der Finanzentwicklung. Ganz im Gegenteil, innerhalb der Wirtschaft erweist sich die Produktion als etwas anderes als der Handelsverkehr; und im finanziellen Bereich sind Geld- und Kapitalbewegungen getrennte Angelegenheiten.

Im Mittelpunkt der neapolitanischen und europäischen Ereignisse des 16. Jahrhunderts steht auf jeden Fall das starke demographische und wirtschaftliche Wachstum. Zeiten und Ausmaß dieser Expansion können nicht genau erfaßt werden, da die Quellen – die in Neapel außerdem noch knapper sind als anderswo[7] – den Historiker kaum befriedigen. An erster Stelle wäre das Verhältnis demographischer Trends zu wirtschaftlichen zu diskutieren. Ohne einen Aspekt überbetonen zu wollen, ist es möglich, für Neapel die Hypothese aufzustellen, daß der wirtschaftliche Aufschwung bis in die 80er Jahre des 16. Jahrhunderts den demographischen an Intensität übertraf, obwohl der letztere früher eingesetzt hatte. Im Gegenteil scheinen aber für die Zeit seit den 80er Jahren, die vorliegenden Indizien eher eine Präponderanz des Ausmaßes der demographischen Expansion gegenüber der wirtschaftlichen anzudeuten. Die Inkongruenz der jeweiligen Trends will aber nicht heißen, daß die Wirtschaft am Ende dieser Jahre stagniert oder rückläufig ist und daß die Bevölkerungsentwicklung andererseits gegenläufig wäre. Zweifelsohne scheint die wichtigste agrarische und gewerbliche Produktivität im Königreich

---

dalena, Vespri e Mattutino in una società preindustriale. Un saggio fondamentale sulla Lombardia spagnola e qualche divagazione feudalistica, in: Rivista Storica Italiana, XCIII (1981), S. 559-614.

[6] Obwohl es in vielerlei Hinsicht bekanntermaßen diskutabel ist, kann *I. Wallerstein*, The Modern World System: Capitalist Agriculture and the Origins of the European World Economy in the Sixteenth Century, New York / London 1974, in dieser Hinsicht als obligatorische Lektüre gelten, die dem schon zitierten *F. Braudel*, Civilisation matérielle, économie et capitalisme, nicht nachsteht. Wallerstein enthält auch eine umfangreiche Bibliographie.

[7] Vgl. bes. *C. Petraccone*, Napoli dal'500 all'800. Problemi di storia demografica e sociale, Napoli 1974.; *R. Romano*, Napoli: dal Viceregno al Regno. Storia economica, Torino 1976 (bes. S. 4 ff.); *G. Delille*, Agricoltura e demografia nel Regno di Napoli nei secoli XVIII e XIX, Napoli 1977.

(Weizen, Seide, Öl, Wein, Schafzucht) Ende der 80er Jahre ihren Höhepunkt erreicht zu haben und in einigen Fällen (Weizen, Wein) scheint sie auch eher zurückzugehen als sich auf dem erreichten Niveau zu konsolidieren. Es handelt sich aber im Vergleich zum Beginn der Expansionsphase, die ein halbes Jahrhundert zurückliegt, auf jeden Fall um hohe Niveaus. Auch wenn – und dies ist der wichtigste Punkt – die Hauptsektoren Anzeichen eines Stillstandes oder einer Abschwächung aufweisen, so scheinen die Manufakturen (besonders des Textilsektors) und andere Aktivitäten (weiterverarbeitende, spezialisierte usw.) ihren Expansionskurs zu halten. Vom demographischen Gesichtspunkt aus scheint das negative Bevölkerungswachstum im Gegenteil in den 90er Jahren des 16. Jahrhunderts allgemeiner zu werden. So kann man mit guten Gründen behaupten, daß dem Bevölkerungswachstum von 100% im Zeitraum von 1540-1590 (von 250.000 auf 500.000 Feuerstellen) im darauffolgenden halben Jahrhundert ein Anstieg der Bevölkerung von nicht mehr als 20% (um weitere 100.000 Feuerstellen also) gegenübersteht. Die mangelnde Übereinstimmung zwischen wirtschaftlichem und demographischem Trend scheint so in den 80er und 90er Jahren des 16. Jahrhunderts den graphischen Schnittpunkt zweier sich kreuzender Linien darzustellen.

Auf den Hauptsektoren der neapolitanischen Wirtschaft ist die Verdoppelung der Produktion, die zu Beginn der 80er Jahre erreicht wurde, der Verdoppelung der Bevölkerung um zehn Jahre voraus. Nachdem die Kreuzung der 80er-90er Jahre überquert worden ist, zieht die Bevölkerungszahl, wenn auch sehr viel langsamer und in geringerem Maße nach; die Produktivität tut sich im Gegenteil schwer daran, das Niveau zu erhalten oder sinkt deutlich unter das erreichte Niveau ab; angefangen – und das muß an dieser Stelle noch einmal betont werden – bei der Landwirtschaft (den anderen Sektoren gelingt es noch, sich drei oder vier Jahrzehnte zu halten)[8].

---

[8] Zur Wirtschaft Neapels in dem von uns betrachteten Zeitraum verweise ich auf die bekannten Werke von *G. Coniglio*, Il Regno di Napoli al tempo di Carlo V, Napoli 1951, und *ders.*, Il Viceregno di Napoli nel secolo XVII, Roma 1955; außerdem auf *R. Romano*, Napoli; *G. Galasso*, Momenti e problemi di storia napoletana nell'età di Carlo V, in: Mezzogiorno medioevale e moderno; *ders.*, Economia e società nella Calabria del Cinquecento, 3. Aufl., Milano 1975; *A. Di Vittorio*, Gli Austriaci e il Regno di Napoli (1707-1734), Napoli 1969-1973; *P. Macry*, Mercato e società nel Regno di Napoli. Commercio del grano e politica economica del '700, Napoli 1974; Problemi di storia delle campagne meridionali nell'eta moderna e contemporanea, hrsg. von A. Mussafra, Bari 1981; *S. Zotta*, Momenti e problemi di una crisi agraria in uno „stato" feudale napoletano (1585-1615), in: Mélanges de l'École Française de Rome. Moyen-Age, Temps Modernes, XC (1978), S. 715-796; *L. De Rosa*, Potere ed élites nella storia economica del Viceregno, in: Annuario dell'Istituto Storico Italiano per l'Età moderna e contemporanea, XXIX-XXX (1977-1978), S. 309-333; *J.A. Marino*, „Professazione voluntaria" e „pecore in aerea". Ragione economica e meccanismi di mercato nella Dogana di Foggia nel secolo XVI, in: Rivista Storica Italiana, XCIV (1982), S. 5-43; und schließlich auf die Arbeiten von L. De Rosa, die ich weiter unten zitieren werde, sowie *G. Muto*, La economia del Mezzogiorno continental de la segunda mitad del Cinquecento a la crisis de los años '40 del siglo XVII, in: Cuadernos de investigación histórica, (1977), S. 191-213.

In dieses Diagramm muß natürlich auch das Verhältnis von Bevölkerungszahl zur Produktion sowohl am Anfang als auch am Ende des in Frage kommenden Zeitraums eingefügt werden. Die Wirtschaft Süditaliens erfährt im 16. Jahrhundert keine grundlegenden Strukturveränderungen. Das Wachstum beruht im wesentlichen auf einer Intensivierung schon vorhandener Aktivitäten, die auch für das Erscheinungsbild des Landes charakteristisch sind: Weizen – wie gesagt –, Öl, Wein, Seide, Schafzucht, einige Rohstoffe oder halbfertige Produkte. Es gibt – das ist wahr – einige Gewichtsverschiebungen. Die Seide (besonders als zum Export bestimmtes Rohprodukt) und die Schafzucht sind die stark expandierenden Sektoren; das Öl konsolidiert proportional seine schon wichtige Position; der Weizen pendelt sich nach einer bedeutenden Expansionsphase auf einem Niveau ein, das niedriger erscheint als die Höhepunkte um die Mitte des 16. Jahrhunderts; der Wein macht hingegen mit der Rezession Bekanntschaft, von der er sich erst einige Jahrhunderte später wieder erholen wird. Dies betrifft aber die Auswirkungen des Expansionsprozesses auf den Außenhandel des Königreichs, der zur Zahlungsbilanz und damit zur finanziellen und monetären Entwicklung beiträgt. Etwas anderes ist das absolute Produktionsniveau, das sich am Ende des 16. Jahrhunderts auf einer Höhe eingependelt zu haben scheint, die für einen langen Zeitraum als der durchschnittliche Standard des Königreichs zu gelten hat. Um diese Behauptung in ihrer vollen Tragweite ermessen zu können, muß man sich vor Augen halten, daß der wichtigste Wirtschaftszweig des Mezzogiorno der Eigenverbrauch oder – auf jeden Fall – der innere Verbrauch bleibt. Die Verdoppelung der Bevölkerung Ende des 16. Jahrhunderts läßt zwingend auf einen Anstieg der landwirtschaftlichen Produktion aufgrund der erhöhten Zahl der zur Verfügung stehenden Arbeitskräfte schließen. Aber von einem noch zu bestimmenden Moment an läßt der Anstieg der Produktion nach und sinkt – wie schon gesagt – unter die Wachstumskurve der Bevölkerung ab. So lassen sich also zwei Phasen unterscheiden: eine Phase, in der die Produktionszunahme einer expandierenden Gesellschaft Mittel zur Verfügung stellt, die deren Bedarf übertreffen; sowie eine Phase, in der die Produktion hinter den absoluten Bedürfnissen jener Gesellschaft, gemessen am Niveau des Verbrauchs Ende des 16. Jahrhunderts, zurückbleibt, obwohl deren demographisches und wirtschaftliches Wachstum – im Ganzen gesehen – fortschreitet.

Worauf beruht eine solche Inversion? Ein Faktor ist allgemeiner Natur, ja gewissermaßen technischer Art. In einem Wirtschaftssystem – und besonders in einer Agrarwirtschaft – des vorindustriellen Zeitalters verringert sich der Produktionsanstieg, der in der Hauptsache an die zur Verfügung stehenden Arbeitskräfte geknüpft ist, progressiv, sobald Sektoren und Zonen mit weniger hoher Ergiebigkeit betroffen sind, solange, bis die größere Anzahl an Arbeitskräften nicht mehr in der Lage ist, die höhere Anzahl der hungrigen Mäuler zu stopfen[9]. Die von Malthus behandelte Problematik bleibt in einem ähnlichen

---

[9] Einige Elemente historischer Natur liefert *C.M. Cipolla*, Uomini - tecniche - economie, Milano 1966. Die Essayistik, die sich nach 1945 mit den Problemen der

Kontext immer aktuell als Reflex einer Gesellschaft, die von einer tendenziell starren Beziehung der Zahl der Arbeitskräfte gegenüber der Produktion charakterisiert ist. Genauso ist aber zu vermeiden, die Tendenzen in geometrisierenden Formeln versteinern zu lassen. Die Tendenz muß als eine historische Disposition verstanden werden, die mannigfachen Einflüssen im geschichtlichen Prozeß unterliegt. Der glückliche Augenblick, den das Land durchlebte, entzog sich dem Wahrnehmungsvermögen des Beobachters des italienischen Mezzogiorno im 16. Jahrhundert keineswegs. Gerade in diesem Zeitraum begründete sich der moderne Ruhm des Königreiches als großer Produzent und landwirtschaftlicher Exporteur, wovon Girolamo Lippomano – 1575 der Gesandte Venedigs – in einem Ausdruck, der ein geflügeltes Wort bleiben sollte[10], berichtete, und worüber Camillo Porzio[11] ungefähr in den gleichen Jahren Ähnliches verlauten ließ. Die zur Verfügung stehenden Informationen erlauben es, den großen Sprung der süditalienischen Wirtschaft zwischen 1540 – das Jahr einer großen Hungersnot – und 1580 einzuordnen. Die Verschiebung des Verhältnisses zwischen Bevölkerung und Ressourcen scheint nicht in ihrem ganzen realen Ausmaß wahrgenommen zu werden. Oder besser, das, was wahrgenommen wird, bezieht sich auf die Auswirkungen eines wucherischen und unvernünftigen Fiskalismus[12], und diese Ablenkung der Aufmerksamkeit stellt ihrerseits ein historiographisches Faktum von großem Interesse dar.

Andere Faktoren, die sich direkter als Konkurrenten zur Umstrukturierung der Beziehung von Bevölkerung und Mitteln am Ende der intensivsten Periode der großen wirtschaftlichen Expansion Neapels im 16. Jahrhundert nennen lassen, sind direkt an spezifische Umstände Süditaliens gebunden. Auf der einen Seite gibt es tatsächlich von der Mitte der 80er Jahre an bis in die frühen 90er Jahre hinein eine Serie von landwirtschaftlichen Krisen, die zu einer allgemeinen Umstellung der Produktion führen, weil das Auftauchen von balkanisch-anatolischem und polnischem Getreide die Preise auf dem Markt des Mittelmeerraumes sinken ließ. Auf der anderen Seite steht das allgemeine Phänomen der Urbanisierung, das mehr oder weniger im ganzen Land verbreitet war, aber allein im Falle Neapels etwa 20% der Bevölkerung des gesamten Königreiches betrifft und eine beträchtliche Anzahl von Landarbeitern von den Feldern – und so auch von der Produktion – fernhielt, was zwar keinen Mangel an landwirtschaftlichen Arbeitskräften bedingte (wenigstens im allgemeinen, auch wenn es in bestimmten Gebieten dazu kommen konnte),

Dritten Welt beschäftigt hat, hat dieses Problem lebendig widergespiegelt. Eines von vielen Beispielen: *A. Sauvy*, Croissance zéro?, Paris 1973.

[10] Vgl. *E. Alberi*, Le relazioni degli ambasciatori veneti al Senato durante il secolo XVI, Firenze 1839-1863, 2. Folge, Bd. 2, S. 265 ff.

[11] Vgl. *C. Porzio*, La congiura de' Baroni etc., hrsg. von E. Pontieri, Napoli 1964, S. 311-312.

[12] Siehe die Texte in *G. Galasso*, Contributo alla storia delle finanze del Regno di Napoli nella prima metà del Seicento, in: Annuario dell'Istituto Storico Italiano per l'Età moderna e contemporanea, XI (1959), S. 39-44.

aber sicherlich die Quote der Bevölkerung erhöhte, die das süditalienische Ackerland ernähren mußte. Und drittens kommt – was die weitere Expansion betrifft – das Problem der Verteilung der verfügbaren Mittel in den „fetten Jahren" auf; und hierauf wird man noch zurückkommen müssen[13].

Trotz der jeweils unterschiedlichen Stärken des produktiven und des demographischen Schubes bleibt das Königreich weiterhin ein großes Ausfuhrland, natürlich mit jährlichen und periodischen Schwankungen, aber – wie schon gesagt – weiterhin mehr oder weniger auf dem Niveau der 70er und 80er Jahre des 16. Jahrhunderts, also auf dem Maximum des wirtschaftlichen Wachstums und auf dem höchsten Produktionsstand, den dieses ermöglichte. Wie läßt sich also die produktive Stabilisierung jener Jahre sowohl mit dem Fortdauern des demographischen Schubes als auch mit der Rolle des Königreiches als wichtiges Ausfuhrland von Agrarprodukten in Übereinstimmung bringen? Die Antwort liegt in der großen sozialen Repression und in der entscheidenden Einschränkung des Massenkonsums, denen das Land unterworfen wird.

Für die Zeit vom Ende des 16. Jahrhunderts an läßt sich die Behauptung aufrechterhalten, daß die eigentliche Wirtschaftsgeschichte des Reiches in seiner Sozialgeschichte liegt. Das Land weiß sich auf der Schwelle einer stagnierenden Produktion einzurichten, die – abgesehen von den natürlichen und oft ansehnlichen Konjunkturschwankungen – von den ersten Jahrzehnten des 17. Jahrhunderts bis in die ersten Jahrzehnte des 18. Jahrhunderts bleibt. Dies besiegelt die Außenseiterposition des Königreiches, gemessen an den großen Antriebszentren der mediterranen und europäischen Wirtschaft im 17. Jahrhundert. Das Königreich wird in die zweitrangige und periphere Position zurückgedrängt, in der es sich schon 1300-1450 befunden hatte und die die folgenden anderthalb Jahrhunderte zwar deutlich ins Positive wandten, ohne daß es aber zu qualititativen und strukturellen Veränderungen gekommen wäre, die den erneuten Rückschritt verhindert hätten. Der immerhin noch beträchtliche Anteil, den der Mezzogiorno im gesamten 17. Jahrhundert und in den ersten Jahrzehnten des 18. Jahrhunderts am mediterranen und europäischen Handel hat, gründet auf der sozialen Repression und der Einschränkung des Konsums, worauf oben schon hingewiesen worden ist, und später, als es um die Mitte des 17. Jahrhunderts zu einer erneuten Bevölkerungsabnahme kommt, auf der Entlastung, die diese auf den demographischen Druck ausübt. Deshalb ist in diesem außergewöhnlich prägnanten Fall die Interdependenz zwischen der wirtschaftlichen und der finanziellen Entwicklung herauszu-

[13] Von den drei hier gestreiften Punkten wurden nur der erste (man vgl. die Hinweise in den schon zitierten Werken von G. Coniglio und R. Romano) und der dritte (der sich mit dem Problem des Fiskalismus beschäftigt) in der vorhandenen Literatur behandelt. Dem Phänomen der Urbanisierung wurde hingegen keineswegs die Aufmerksamkeit zuteil, die es verdient. Vgl. trotzdem *H.G. Koenigsberger / G.L. Mosse*, Europe in the Sixteenth Century, London 1968; *G. Duby / R. Mandrou*, Histoire de la civilisation française, Paris 1968.

streichen. Die Wirtschaft Süditaliens bildet sich noch vor dem Auftreten des königlichen Fiskalismus und dem Einfluß des Kapitals aus, und zwar nicht historisch, sondern einer eigenen inneren Logik folgend. Aus der Expansionsphase geht sie als eine Realität hervor, die nach den großen Erschütterungen zu einer Jahrhunderte währenden Stagnation bestimmt ist, als ein System mit schwach ausgeprägtem Profil und niedrigen Profiten, mit geringen Kapitalansammlungen und niedrigem Wachstum[14].

Die jüngsten Untersuchungen berücksichtigen die Widersprüche innerhalb der süditalienischen Entwicklung gegenüber der internationalen Konjunktur in besonderem Maße. Vorher war das Herstellen der Verbindung zwischen den wirtschaftlichen Angelegenheiten Süditaliens und den Tendenzen des großen mediterranen und europäischen Marktes ein Fortschritt in den Studien zur neapolitanischen Wirtschaftsgeschichte. Abgesehen davon, daß sie endlich die ihr zustehende internationale Bedeutung gewann, wurde die neapolitanische Wirtschaft so einer provinziellen Enge entzogen, die außerdem noch die Einsicht in bedeutende Faktoren ihres Dynamismus' erschwerte oder verhinderte. Die Einordnung in den internationalen Markt, die Berücksichtigung der in ihm operierenden Kräfte und Anreize würde aber zu einer neuen historiographischen Verzerrung führen, wenn den inneren Mechanismen, die sich nachteilig auf seine Dynamik auswirken, nicht wiederum die ihnen gebührende Beachtung geschenkt würde; wenn so die Wirtschaft des Mezzogiorno in reiner Abhängigkeit vom großen Markt dargestellt würde, welche auf seine Einflüsse einfühlsam reagiert und von ihm nur von Mal zu Mal in Gang gesetzt oder angehalten wird. Anreize der internationalen Märkte überlagern sich eigentlich mit den regionalen konjunkturellen Tendenzen und deren historischen Folgen. Abhängig, aber nicht passiv[15], so bleibt der wirtschaftliche Raum Süditaliens – für die gesamte Zeitspanne der mehr als zwei Jahrhunderte währenden Expansionsphase und der darauffolgenden Stagnationsphase von der zweiten Hälfte des 15. Jahrhunderts bis in das frühe 18. Jahrhundert – einer der wichtigsten Pole für die Entstehung der modernen europäischen Wirtschaft. Und dies ist umso wichtiger, da der große mediterrane und euro-

---

[14] Zum Versiegen der neapolitanischen Partizipation an der Ökonomie des großen zwischenstaatlichen Güteraustausches vgl. z.B. *L. De Rosa*, I cambi esteri del Regno di Napoli dal 1591 al 1707, Napoli 1955 und *ders.*, Napoles Mercado de cambios desde fines del siglo XVI al siglo XVIII, in: Dinero y credito (siglos XVI al XIX), Madrid 1978, S. 141-155. Aber auch wer wie *R. Villari*, La rivolta antispagnola; Le origini (1585-1647), Bari 1967 von einer anderen Sicht der Entwicklungsperspektiven ausgeht, die sich dem Mezzogiorno bis in die erste Hälfte des 17. Jahrhunderts boten, gegenüber der von G. Galasso in den oben angeführten Werken aufgestellten Hypothese, kann dieses Versiegen nicht ignorieren.

[15] Ich möchte in diesem Satz den Sinn der Überlegungen und der Nachforschungen zusammenfassen, die ich im Zusammenhang mit dem Problem der internationalen Zuordnung der neapolitanischen Wirtschaft ausgeführt habe. Zur Differenzierung von Ober- und Unteritalien verweise ich auf *D. Abulafia*, The Two Italies. Economic Relations Between the Norman Kingdom of Sicily and the Northern Communes, Cambridge 1977 (von mir in „The Times Literary Supplement", 1978, rezensiert).

päische Markt des 16. und 17. Jahrhunderts weit davon entfernt ist, eine reine Fortsetzung der vorhergehenden internationalen wirtschaftlichen Realität zu sein, sondern im Gegenteil selbst eine wesentlich neue Realität darstellt. Es handelt sich um eine Wirklichkeit, die – von den geographischen Entdeckungen und deren enormen Folgen für die Struktur einer neuen Geographie und Soziologie der Weltwirtschaft, zusammen mit den neuen Kräften des politischen und sozialen Lebens der alten Welt – der Notwendigkeit entspringt, auf unvorhergesehene Anforderungen zu reagieren, und der Möglichkeit, die aus einschneidenden sozialen und kulturellen Veränderungen erwachsenden Techniken zu entwickeln[16]. Und sowohl der Ansporn von außen, auf den der Mezzogiorno reagiert, als auch die inneren Bedingungen seiner Entwicklung sind eine essentielle Kehrseite der Herausbildung jenes neuen Systems, nämlich der europäischen Wirtschaft der Neuzeit.

Was auf dieser Ebene auch die jüngsten Forschungsarbeiten bestätigen, ist hingegen die fehlende Bildung von wirtschaftlichen Gruppen und Kräften im Mezzogiorno, die in der Lage gewesen wären, eine Hauptrolle auf der neuen internationalen Wirtschaftsszene zu spielen. Auch die einheimischen Kräfte, die im Inneren des Mezzogiorno ein großes Wachstum verzeichnen, überschreiten nie die Grenzen der Region. Der Mezzogiorno bleibt der alleinige Bereich ihrer Aktivitäten. So steht der sozialen Entwicklung eines geschichtlichen Zeitabschnitts Süditaliens, der von einem großen Dynamismus gekennzeichnet ist, das fortdauernde Fehlen von süditalienischen Kaufleuten und Finanziers auf dem Niveau der internationalen Wirtschaft gegenüber. Der Unterschied ist offenkundig und eines der grundlegenden Charakteristika der gesamten Geschichte Süditaliens. Dieser Tatsache das ihr gebührende Gewicht[17] beigemessen zu haben, ist Teil jenes schon erwähnten wissenschaftlichen Fortschritts, der auf die Einordnung der süditalienischen Problematik in den internationalen Rahmen zurückzuführen ist.

Zu den inneren Widersprüchen der neapolitanischen Entwicklung muß auch der Einfluß der Staatsfinanzen auf das wirtschaftliche Leben gerechnet werden. Nicht, daß es sich hierbei um einen spezifisch und exklusiv zum Mezzogiorno gehörenden Faktor handelt[18]. Im Gegenteil, die Staatsfinanzen

---

[16] Auch dieser Punkt muß betont werden. Zur Bibliographie vgl. in der Hauptsache: The Cambridge Economic History, und The Fontana Economic History of Europe. Aber siehe auch – abgesehen von den schon angeführten Werken Braudels – die Artikel, die in: The New Cambridge Modern History, Cambridge 1957 ff., dem Mittelmeerraum gewidmet sind. Vielleich muß die Protagonistenrolle des mediterranen Pols in der Herausbildung der modernen Wirtschaft noch genauer harausgearbeitet und analysiert werden. Braudels Buch ist nach wie vor das Beste, was wir zu diesem Thema haben.

[17] Dies ist einer der Punkte, die meiner Meinung nach im Rahmen der Ergebnisse und Perspektiven meiner schon angeführten Arbeiten am besten geschildert werden.

[18] Vgl. *G. Ardant*, Financial Policy and Economic Infrastructure of Modern States and Nations, in: The Formation of National States in Western Europe, hrsg. von Ch. Tilly, Princeton 1975, S. 164-242.

sind ein konstitutives Element des wirtschaftlichen und sozialen Lebens aller europäischen Länder[19], wo sie wenigstens mit dem Beginn der Italienischen Kriege – eine nie dagewesene Bedeutung annehmen. Die moderne Bedeutungszunahme der Staatsfinanzen wäre eigentlich nicht nur was die wirtschaftliche Seite anbelangt, sondern auch von ihrer politischen, sozialen und institutionellen Kehrseite her aufmerksamer zu betrachten, als dies bisher geschehen ist. Die Formierung des modernen Staates macht sich in der europäischen Gesellschaft hauptsächlich über die Staatsfinanzen in ihrer gesamten materiellen Tragweite und mit ihren spürbarsten Folgen bemerkbar. Außerdem wird die internationale Dimension der neuen modernen Wirtschaft gerade durch die Entwicklung der öffentlichen Finanzen umschrieben, wo der Historiker sie erfassen kann. Am Falle Neapels läßt sich gut feststellen, wie sich dem Außenhandel die Staatsfinanzen als grundlegendes Element jenes europäischen Kontextes zur Seite stellen, auf den die historische Betrachtung nicht verzichten kann, wenn sie die authentische Physiognomie des neapolitanischen und europäischen Wirtschaftslebens im 16. und 17. Jahrhundert darstellen will[20]. Und dies war außerdem von dem Moment an selbstverständlich und unumgänglich, als – mit dem Beginn des 16. Jahrhunderts – eine der mächtigsten europäischen Dynastien auf den neapolitanischen Thron kam; als Philipp II. sich genötigt sah, die unter Karl V. erlangte europäische Hegemonie Spaniens zu erhalten.

Trotzdem müssen aber Auswirkungen und Geschichte der Staatsfinanzen des modernen Europa getrennt und innerhalb des Kontextes jedes Landes einzeln rekonstruiert und analysiert werden, aus institutioneller, politischer und sozialer Perspektive. Eine Geschichte der modernen öffentlichen Finanzen, welche die spezifischen staatlichen und sozialen Bedingungen, unter denen sie sich entwickeln, außer acht ließe oder sie für zweitrangig erklärte, könnte sicherlich Beziehungen zum internationalen politischen und wirtschaftlichen Leben erfassen. Aber mit genauso großer Sicherheit wäre es ihr unmöglich, die tatsächlichen Quellen der enormen finanziellen Mittel namhaft zu machen, die die internationale Politik benötigt und die die europäischen Staaten unter großen Mühen pausenlos flüssig machen. Noch weniger ließen sich die Zusammenbrüche erklären, denen die Finanzen der wichtigsten Staaten periodisch ausgesetzt sind, sobald sich bei der Kapitalbeschaffung Schwierigkeiten

---

[19] Auch jener wie Frankreich und Spanien, die im Vergleich zu den Ländern, mit denen die neapolitanische Geschichte näher verwandt ist, größere Unterschiede in der Entwicklung aufweisen. Vgl. *R. Braun*, Taxation, Sociopolitical Structure and State-Building: Great Britain and Brandenburg-Prussia in: The Formation, S. 243-327; und die Akten der Tagung „La fiscalité et ses implications sociales en Italie et en France aux XVIIe et XVIIIe siècles", Roma 1980. Was Frankreich betrifft, findet sich eine wichtige Vertiefung des Problems bei *R. Bonney*, The King's Debts. Finance and Politics in France, 1589-1661, Oxford 1981, siehe auch die wichtige Bibliographie auf S. 327 ff.

[20] Vgl. als ein Beispiel der umfangreichen Literatur zu diesem Thema *J. van Klaveren*, Europäische Wirtschaftsgeschichte Spaniens im 16. und 17. Jahrhundert, Stuttgart 1960.

oder Krisen ergeben oder es unmöglich ist, die Nachfrage zu befriedigen, deren Ausmaß unerbittlich zunimmt.

Nach einer langen historiographischen Tradition, in der die Geschichte der modernen Staatsfinanzen auf den Horizont der einzelnen Länder begrenzt worden war, neigen die modernen Studien nun vielleicht auch aus diesem Grund dazu, die internationalen Strukturen der Richtungen der großen Kapitalströme bevorzugt zu berücksichtigen, die die politische Macht in Bewegung setzt. Was Neapel betrifft, braucht man sich nur das klassische Werk von Ludovico Bianchini vor Augen zu halten, der 1834 die erste kohärente Rekonstruktion der Verwaltung und Probleme der öffentlichen Finanzen Neapels vorlegte[21], und die Art wie demgegenüber die finanziellen Probleme Neapels (aber auch der anderen europäischen Länder) in den klassischen modernen Sammelwerken, so in „The Cambridge Economic History", erscheinen. So kann man nicht umhin, die Zweckmäßigkeit in Betracht zu ziehen, einen Text wie den Bianchinis aus der Perspektive der neueren Untersuchungen über die internationale Wirtschaft und Finanz neu zu schreiben. Aber das Problem liegt natürlich nicht in mehr oder weniger prägnanten und glücklichen Formulierungen, sondern in einer genauen Darlegung und Analyse der Probleme in ihrer Gesamtheit und unter Berücksichtigung des aktuellen Standes der Forschung: und was die herausragenden oder grundlegenden Aspekte betrifft, läßt sich dieses Ziel mit Sicherheit schon heute verfolgen.

Auch für Neapel beginnt die moderne Finanzgeschichte in den 30er Jahren des 16. Jahrhunderts. Ein wichtiger Punkt, der sogleich vorausgeschickt werden muß, ist die Tatsache, daß sich der zunehmende finanzielle Druck und die entscheidende Phase des Durchbruchs des königlichen Absolutismus absolut synchron entwickeln. Der Vizekönig, der Marchese von Villafranca, Pedro de Toledo, der während seiner langen Herrschaft (1532-1553) der Initiator des „nuovo regno"[22] war, ist auch – wie Galanti feststellte – „der Urheber der ersten Änderungen des königlichen Tributs, den Alfonso I. festgelegt hatte"[23] gewesen. Schon 1540 gibt er in einem Bericht an Karl V. selbst zu, daß die Völker des Königreiches „pagano di presente cinco pagamenti tra l'ordinario et servitù facti a Vostra Maestà"[24] [von den ordentlichen Abgaben bis zum Servitium derzeit fünf Zahlungen an Eure Majestät leisten] und hält ein weiteres Anziehen der Steuerschraube für unmöglich und ungerecht. So kam es in Neapel zwischen ca. 1540 und 1550 zu Entwicklungen auf allen Gebieten der königlichen Finanzen. Diese Prozesse stellen sich in vielerlei Hinsicht als

21 Vgl. *L. Bianchini*, Storia delle finanze del Regno delle Due Sicilie, hrsg. von L. De Rosa, Napoli 1971.

22 Zu seiner Handlung vgl. *G. Galasso*, Momenti e problemi di storia napoletana nell'età di Carlo V.

23 Vgl. *G.M. Galanti*, Della descrizione geografica e politica delle Sicilie, hrsg. von F. Assante / D. Demarco, Napoli 1969, Bd. 1, S. 343.

24 Zitiert in *G. Coniglio*, Il Regno di Napoli al tempo di Carlo V, Napoli 1951, S. 247-248.

„klassische“, typische Entwicklungen in der Geschichte der Staatsfinanzen in der Neuzeit dar.

Der steigende Steuerdruck ist nur der erste Aspekt. Es werden die direkten und die indirekten Steuern erhöht und die außerordentlichen Forderungen nehmen ununterbrochen zu. Einige Zahlen können davon ein relativ übersichtliches Bild vermitteln.

Was die direkten Steuern betrifft, die pro Feuerstelle festgesetzt wurden, so stieg die Steuerbelastung jeder einzelnen Feuerstelle im Laufe von gerade 75 Jahren – von 1540 bis 1616 – von 1,52 auf 4,89 1/4 Dukaten, also um mehr als das Dreifache, während die Bevölkerung des Königreiches – wie schon gesagt – ihrerseits um mehr als das Doppelte zunahm. Die Zahlung von 1,52 Dukaten setzte sich zusammen aus 1 Dukat pro Feuerstelle, 1/2 Dukat, der für die kostenlose Verteilung von einem *tomolo* [Hohlmaß] Salz auf jede Feuerstelle erhoben wurde, und 2/100 für den Transport und das Abmessen des Salzes. Die 4,89 1/4 Dukaten des Jahres 1616 setzten sich hingegen folgendermaßen zusammen:

Ordentliche Steuer	D.	1,52
48 Grana für die spanische Infanterie	»	0,48
Fehlbeträge der genannten 48 gr.	»	0,08 1/2
3/4 der jährlichen Schenkung von 600.000 Dukaten	»	0,93
Ausgleichsschenkung	»	0,63 1/2
Königliche Garde	D.	0,17
Statthalter	»	0,31
Hälfte der Gebührenfreiheit des Battaglione	»	0,01 1/2
Straßenbau und -unterhalt	»	0,09
Turmbau	»	0,01 1/2
Tumvache	D.	0,04 3/4
lagni[25]	»	0,15
Münzstätte	»	0,25
Gemeindebodensteuer	»	0,12
Gefängnis	»	0,07 1/2

Die zeitlich verteilte Erhöhung des Steuerdrucks folgte ihrerseits einem bezeichnenden Rhythmus. Der größte Teil war so schon vor 1570 durchgesetzt. Zwischen 1542 und 1544 hatte der Vizekönig Pedro de Toledo die 48 Grana pro Feuerstelle für den Unterhalt der im Reich stationierten spanischen Infanterie festgesetzt. Darauf ließ er weitere 7 1/2 pro Feuerstelle für die Entlohnung der Landtruppen erfolgen, die der „Landpolizei“ in den Provinzen zugeteilt waren. Zwischen 1555 und 1558 kam es zur Steuerauflage zum Unterhalt der bewaffneten Kräfte, denen die Verteidigung des Königreichs unterlag; diese Steuer wurde zuletzt auf 17 Grana festgesetzt. Der Vizekönig und Duque de Alcalà besteuerte dann 1559 jede Feuerstelle mit 9 Grana für die Straßen und Brük-

25 „Lagni“ hießen die Kanäle zur Wasserregulierung bei der Trockenlegung des volturnesischen Gebietes.

ken; im Jahr 1556 kamen 93 Grana pro Feuerstelle hinzu, da die seit einiger Zeit übliche zweijährliche Schenkung von 1.200.000 Dukaten zur ordentlichen Abgabe geworden war; und zwischen 1566 und 1567 noch weitere 6 1/4 Grana für den Bau und die Bewachung von Leuchttürmen.

So war um 1560 die ordentliche Steuerlast schon von 1,52 auf 3,32 3/4 Dukaten pro Feuerstelle angestiegen, sie hatte sich also in weniger als 30 Jahren verdoppelt. Zu einem erneuten Sprung kam es Anfang des 17. Jahrhunderts, aufgrund der Erhebung neuer Beitragszahlungen für die *lagni*, die Statthalter, die Münzstätte, die Gemeindebodensteuer, die „Schenkung" von 300.000 Dukaten (als Ausgleich, um eine Verschiebung der 15jährlichen Numerierung der Feuerstellen zu erreichen und um die Steuergelder für die spanische Infanterie zu integrieren). So war man schon bei 4,87 3/4 Dukaten angelangt, aber der drastischste Anstieg der Steuern im Jahre 1611 sollte erst noch kommen.

Keineswegs geringer, sondern größer war der Anstieg der indirekten Steuern, selbst wenn dieser nur an den wichtigsten, nämlich den Verbrauchssteuern (oder Verpachtungen) gemessen wird. So stiegen sie von ca. 200.000 Dukaten in der ersten Hälfte des 16. Jahrhunderts auf 600.000 Ende des Jahrhunderts und auf über anderthalb Millionen um 1620, gemäß der Vorausberechnung der jährlichen Eingänge des Königreiches. Aber bei diesen Ziffern handelt es sich nur um grobe Schätzungen, und es kann auch aufgrund der sehr annäherungsweisen Klassifikation der Einnahmen, die die Quellen hergeben, gar nicht anders sein. Außerdem wurde der indirekten Besteuerung – und auch der direkten – zwischen 1625 und 1647 kein Einhalt mehr geboten (also von der entschiedeneren Beteiligung Spaniens am Dreißigjährigen Krieg bis zum Beginn des Aufstandes von Masaniello). Die neuen Gefälle, die in zwei Jahrzehnten pausenlos aufeinanderfolgten, standen längst in keinem Verhältnis mehr zur realen Entwicklung der Wirtschaft, zur Steuerkraft des Königreiches und zu den beständigen und alltäglichen Bedürfnissen der Staatsausgaben. Sie wurden im Gegenteil „allein als Mittel zur Ausweitung der öffentlichen Verschuldung geschaffen"[26], die sich in schwindelerregenden Höhen bewegte. Was die außerordentlichen Steuern und Einnahmen betraf, so versuchte die Regierung des Vizekönigs wirklich, aus allem nur Erdenklichen Geld zu pressen, um den Anforderungen Madrids genügen zu können. Traditionell befaßte man sich unter diesem Gesichtspunkt hauptsächlich mit den Schenkungen, oder besser den gelegentlichen Beiträgen – wie aus ihrem Namen hervorgeht –, die das Königreich dem König auf dessen Verlangen hin unter bestimmten Umständen darbot. Schon Galanti schätzte sie unter den Regierungen Karls V. und Philipps IV. auf 80 Millionen Dukaten, er rechnete jedoch die zweijährige Schenkung von 1.200.000 Dukaten und die Transaktionsschenkung von 300.000 Dukaten mit[27]. Um diesen Teil des erhöhten

[26] *R. Villari*, La rivolta antispagnola, S. 144.

[27] *G.M. Galanti*, Della descrizione geografica, Bd. 1, S. 342-351.

Steuerdrucks richtig einzuschätzen, müßte man zahlreiche wirklich zufällige Bilanzposten betrachten: vom Verkauf und Weiterverkauf von Staatsländereien, von Ämtern und anderen Ertragsquellen der königlichen Domäne bis hin zu besonderen und gelegentlichen Steuern und Erhebungen. Leider wurde genau dieser Teil des vizeköniglichen Steuersystems bis heute sträflich vernachlässigt. Dies läßt so nicht einmal eine ungefähre Bewertung zu.

Eine umfassende Bewertung des gesamten Zuwachses der Steuererträge, wobei diese aber unvermeidbar approximativ ist, läßt sich hingegen aus dem progressiven Anstieg der in den jährlichen Bilanzen des Königreiches vorgesehenen Einnahmen ablesen. Ihr progressiver Anstieg im Verlauf von anderthalb Jahrhunderten bis hin zu dem Aufstand des Masaniello ist beeindrukkend[28].

1507-1508	D.	438.845	1626	D.	4.428.000
1595	»	2.496.283	1646	»	11.709.000

Und dennoch wird die königliche Kasse mit der Zeit zu einer nicht weniger eindrucksvollen Ohnmacht verurteilt. Der Saldo der Bilanz, der 1507-1508 ein Guthaben von 218.368 Dukaten aufwies, verzeichnete 1595 ein Defizit von 431,676 Dukaten, also 20% der Eingänge; und 1636 ein Defizit von knapp 3,5 Millionen Dukaten, also 70% der Eingänge. Der Passivsaldo war umso bedeutender, als die Veräußerung der finanziellen Einnahmen des Staates den vorgesehenen Kassenbestand für die wesentlichen laufenden Ausgaben im Königreich auf ein Minimum reduzierte. Im April des Jahres 1646 erstattete die „Camera della Sommaria" dem Vizekönig in dieser Angelegenheit Bericht. Daraus ging hervor, daß vom Bestand der „Cassa Militare" – im Jahre 1612 vom Vizekönig Graf von Lemos mit 1.533.718 Dukaten eingerichtet und mit weiteren 720.150 Dukaten für in kurzer Zeit einzulösende Leibrenten aufgestockt (insgesamt 2.253.868 Dukaten) – der Verwaltung nur 292.926 Dukaten zu Verfügung verblieben seien, da der Rest veräußert und in der Zwischenzeit nichts eingelöst worden sei; vom Bestand der Kasse der „Tesoreria Generale" – den Lemos auf 244.146 Dukaten bemessen hatte – verblieb sogar nur ein unerheblicher Betrag, von dem unklar war, ob er eingetrieben werden konte[29].

Die Verpflichtungen gegenüber der Staatsschuld – ein anderer herausragender Aspekt der Geschichte der öffentlichen Finanzen Neapels[30] – hatten so

---

[28] Für die hier genannten Bilanzwerte ist – neben den in den Arbeiten von *G. Coniglio* und *G. Galasso* genannten – die wohl am besten strukturierte Quelle die Faszikel 26-30 der *Dipendenze della Sommaria* im Staatsarchiv Neapel.

[29] Über die *consulta* des Jahres 1646 gibt *G.M. Galanti*, Della descrizione geografica, Bd. 1, S. 360 ff. minutiös und präzise Auskunft.

[30] Vgl. auch *R. Mantelli*, Burocrazia e finanze pubbliche nel Regno di Napoli a metà del Cinquecento, Napoli 1981, S. 301 ff., zur zweiten Hälfte des 16. Jahrhunderts; sowie *S. Zotta*, Problemi politici, finanziari, annonari e sociali nel Regno e nella città di Napoli, Bari 1977 (wo eine *consulta* des Regenten de Ponte aus dem Jahr 1594 wiedergegeben wird).

trotz des erstaunlichen Einnahmenzuwachses die Mittel des Ressorts, das für die Ausgaben und den laufenden Bedarf zuständig war, fast ausschließlich für sich in Anspruch genommen. Das gesamte öffentliche Finanzwesen wies so zusehends den Charakter eines ungeordneten Gebarens auf. Laufend neue Anleihen wurden notwendig, um nicht nur den von Jahr zu Jahr drückenderen Anforderungen des Hofes in Madrid nachzukommen[31], sondern auch um die unmittelbaren, täglich anfallenden Forderungen der neapolitanischen Verwaltung zu decken: von den Lohn- und Gehaltszahlungen bis hin zur Finanzierung der weiteren staatlichen Aufgaben der Institution. Und folglich waren neue Steuern nötig, um die Befriedigung der Gläubigerkredite sicherzustellen. Der Rhythmus, mit dem die Veräußerung der steuerlichen Einnahmequellen in diesem Zeitraum vor sich ging, läßt sich danach beurteilen. Die „Sommaria" selbst hatte dem Vizekönig 1637 mitgeteilt, daß von den Posten, die an die „Cassa Militare" vergeben worden waren, noch 999.163 Dukaten zur Verfügung standen, da bis dato nur ein Drittel der Dotation von 1.533.718 Dukaten 1612 sofort der „Cassa" zugeteilt worden war[32]: die Abnahme auf 292.926 Dukaten war also im Verlauf von nur 9 Jahren von 1637 bis 1646 zustande gekommen. In diesem letztgenannten Jahr teilte die „Sommaria" mit, daß auf den Verbrauchssteuern im Besitz des Fiskus, die auf 1.511.550 Dukaten berechnet wurden, Belastungen in Höhe von 1.813.106 Dukaten lagen. Und ebensowenig konnte auf den vollbesteuerten Ertrag der „Dogana delle Pecore" – durchschnittlich 300.000 Dukaten – verzichtet werden[33].

Der Fiskus geriet unter diesen Bedingungen unweigerlich von zwei Seiten unter Druck. Einerseits machte es die Notwendigkeit, die neuen, vom Finanzmarkt geforderten Anleihen zu placieren, erforderlich, die neuen Kreditgeber gegenüber den „assegnatari di giustizia"[34] zu bevorzugen – also gegenüber den Beziehern von Renditen, die für vorhergehende Schulden oder Assignaten bemessen worden waren, was eine starke Abwertung ihrer Papiere zur Folge hatte. Und außerdem machte das äußerst hohe Abgabenniveau – das, wie schon gesagt, ohne Rücksicht auf die reale Steuerkraft des Königreiches nur den Forderungen Madrids entsprechend festgesetzt wurde – die Eintreibung der auferlegten Abgaben immer ungewisser. Typisch ist das Beispiel der enormen „Schenkung" von 11 Millionen Dukaten, die im Jahr 1642 festgesetzt worden war und in sieben jährlichen Raten von jeweils 1.571.451 Dukaten ab

---

[31] *R. Mantelli*, Burocrazia e finanze, S. 333 ff., für den Zeitraum von 1541-1559; sowie die Hinweise von *L. De Rosa*, Crise financière, crise économique et crise sociale: le Royaume de Naples et la dernière phase de la Guerre de Trente ans (1630-1644), in: Bulletin de l'Institut Historique Belge de Rome, (1974), 44, S. 175-199.

[32] Vgl. *G. Galasso*, Mezzogiorno medievale e moderno, S. 214 ff.

[33] *G.M. Galanti*, Della descrizione geografica, Bd.1, S. 365.

[34] In der *consulta* des Jahres 1646, die *G.M. Galanti*, Della descrizione geografica, S. 367 beschreibt, beschloß die „Sommaria" für die Verbrauchssteuern, daß „aufgrund der schlechten Zeiten notwendig war, anzuordnen, daß nur die nach 1630 veräußerten Einkommen gefordert würden".

Januar 1643 zu zahlen war. In den drei Jahren von 1643-1645 hätte man also 4.714.353 Dukaten einnehmen sollen. In Wirklichkeit kamen trotz aller Anstrengungen und zunehmender Verbesserung des Erhebungsmodus nur 2.366.767 Dukaten zusammen, 2.347.586 Dukaten blieben unkassiert[35]. Die Steuer für die spanische Infanterie, die eigentlich durch den *donativo* ersetzt werden sollte, aber dennoch beibehalten wurde, brachte ihrerseits in den gleichen Jahren nur 701.828 Dukaten ein[36]. Auch diese Tatsache führte zu einer zunehmenden Entwertung der Wertpapiere gegenüber dem Fiskus. Einer der größten zeitgenössischen Experten, der Genueser Konsul in Neapel, Cornelio Spinola, stellte 1644 fest, daß bei staatlicher Schuldverschreibung das Verhältnis von effektivem Wert und Nennwert der Papiere 20% nicht überschritt[37]. Und auf der anderen Seite folgen die Zinssätze der vom Staat aufgenommenen Darlehen mit rasender Geschwindigkeit einer gegenläufigen Kurve. Die mit Bartolomeo d'Aquino auf ein Wertpapier von 7% vereinbarten und auf die direkten Steuern abgewälzten Zinsen sahen den Agiogewinn zugunsten des Kreditgebers zwischen 1634 und 1640 von 18% auf 40% im Jahre 1641 ansteigen, auf 55-59% im Jahr 1642 und sogar auf 70% im Jahr 1643[38], was die Einschätzung Spinolas gänzlich bestätigte. Der Mißkredit der Staatsfinanzen läßt sich außerdem noch besser an der grundsätzlichen Stabilität der zwischen Privatleuten in Neapel ausgehandelten Zinsen ablesen: zwischen 8% und 10% und auf einem leicht höheren Niveau in einer im Handel recht aktiven Provinz wie Bari[39]. Und daraus ergeben sich offensichtlich zwei weitere Implikationen: daß 1) der Geldbedarf anscheinend im privaten Bereich nicht so stark wie im öffentlichen war, und daß 2) die Kredite dort besser gedeckt waren, daß aber im öffentlichen Bereich die Möglichkeit zur Spekulation und zu großem Agiogewinn auf jedem Niveau geboten war, auch wenn dies in Anbetracht des Zustandes der öffentlichen Finanzen unsicher war.

---

[35] Ebd., S. 365-366.

[36] Ebd., S. 366. Zum Erhebungsmodus der Steuern vgl. *G. Muto*, Una struttura periferica del governo nell'economia del Mezzogiorno spagnolo: i percettori provinciali, in: Società e Storia, VI (1983), S. 1-36 (auf einer allgemeinen Ebene vgl. *ders.*, Magistrature finanziarie e potere ministeriale a Napoli alla metà del Cinquecento, in: Diritto e potere. Atti del IV Congresso etc. in onore di B. Paradisi, Firenze 1982, S. 481-500).

[37] Das königliche Vermögen, schrieb Spinola zwischen 1636 und 1644, „venuto in tanto discredito che hoggi mai di cento ducati di capitale non se ne trova più a far esito per 20 ducati effettivi", so daß, um für die jährlichen Ausgaben von 3,5 Millionen Dukaten „per l'assistenza delle guerre di Lombardia, per le provisioni delle armate marittime e per lo mantenimento della guardia del Regno" [für die Unterstützung der Kriege in der Lombardei, für die Verpflegung der Marine und für den Unterhalt der königlichen Garde] aufzukommen, es notwendig war „trovare 18 milioni di effetti" [18 Millionen Dukaten aufzutreiben]. Zu diesen und anderen Einschätzungen Spinolas vgl. *G. Galasso*, Contributo alla storia delle finanze del Regno di Napoli.

[38] Zu den Kreditangelegenheiten d'Aquinos vgl. *R. Villari*, La rivolta antispagnola und *A. Musi*, Finanze e politica nella Napoli del '600: Bartolomeo d'Aquino, Napoli 1976.

[39] Vgl. *G. Coniglio*, Il Viceregno di Napoli, S. 65-70.

So ist das Ausmaß der öffentlichen Verschuldung Neapels in der ersten Hälfte des 16. Jahrhunderts tatsächlich ungeheuer. In der Bilanz des Jahres 1595 verschlang der Verkauf der staatlichen Einnahmen für die Zahlung der relativen Rendite etwas mehr als ein Drittel der Ausgaben, mit 1.154.000 von 3 Millionen Dukaten der Gesamtausgaben. Im Jahr 1626 war man schon bei 57% mit 2.637.000 Dukaten von 4.564.000 der berechneten Gesamtausgaben. An diesem Punkt läßt sich die Staatsverschuldung mit 30 Millionen Dukaten ansetzen. In den folgenden Jahren ging es entsprechend weiter und die erhöhten Einnahmen und somit die Steuern dienten – wie schon gesagt – nur dazu, die Zahlung der Zinslast der öffentlichen Verschuldung zu decken. Einige Zahlen zur Verdeutlichung: 1646 belief sich die *terza*, also die viermonatige Fälligkeit, die allein durch die Verbrauchssteuern gedeckt wurde, auf 1.800.000 Dukaten, also auf jährlich 5.400.000 Dukaten[40]. Wenn man noch einmal mindestens die Hälfte dieses Betrages für die Zahlungen auf die direkten Steuern hinzurechnet, kommt man auf einen Betrag, der über 8 Millionen Dukaten jährlich beträgt, bezüglich einer Nominalschuld, die leicht 80 Millionen Dukaten übertreffen konnte.

Die Staatsverschuldung macht aber nur einen Teil der effektiven Außenstände der öffentlichen Finanzen aus. Fürs erste müssen wenigstens die Schulden der Gemeinden hinzugefügt werden. Neapel allein verzeichnete 1610 – als die Verschuldung des Staates 24.544.766 Dukaten mit jährlich 1.869.156 Dukaten Zinsen erreicht hatte – eine eigene Schuld von gut 13 Millionen Dukaten, also mehr als die Hälfte der staatlichen[41]. 1596 hatte die Verschuldung bei nur 3 Millionen Dukaten gelegen[42]. Ohne an eine ähnliche Progression denken zu wollen, kann man auch für die Folgezeit annehmen, daß sich die Verschuldung der Hauptstadt am Vorabend des Aufstandes von Masaniello mindestens verdoppelt hatte; noch 1625 war nichts davon getilgt, und auch die Steuern der Stadt für die Verpflichtungen der Krone stiegen mit einem galoppierenden Rhythmus. Würde man die Verschuldung der 1700 Gemeinden des Königreiches mit einem entsprechenden Betrag ansetzen, ergäbe das insgesamt eine Verschuldung von Staat und Gemeinden zwischen 120 und 150 Millionen Dukaten. Ein Betrag in dieser Größenordnung kann auf jeden Fall als glaubwürdig erachtet werden, da zu der Verschuldung von Staat und Gemeinden auch jene vieler öffentlicher Verwaltungsbehörden hinzugerechnet werden muß.

Wenn man versucht, den Wert dieses Betrages von mindestens 120 Millionen Dukaten irgendwie konkret darzustellen – indem Gewichte und Werte neapolitanischer Gold- und Silbermünzen im Zeitraum von 1622 bis 1629 zu-

40 Vgl. die Nachricht des „agente medico" in Neapel vom 11. September 1646 in: Narrazioni e documenti sulla storia del Regno di Napoli dall'anno 1522 al 1667, hrsg. von F. Palermo, in: Archivio Storico Italiano, IX (1846), S. 342, Anm. 277. Zu den vorausgehenden Ziffern wird auf die schon angeführten Werke verwiesen.

41 Narrazioni e documenti, S. 272, n. 70.

42 Ebd., S. 249, n. 6.

grunde gelegt werden – so entspräche dieser Betrag nicht weniger als 272.172 kg Gold oder 3.556.800 kg Silber: das wäre anderthalb mal der gesamte Goldimport Spaniens aus Amerika zwischen 1500 und 1650, oder, wenn man diesen Vergleich vorzieht, auch ein wenig mehr als das amerikanische Silber, das zwischen 1620 und 1640 dort eingeführt wurde[43].

Das gewaltige Ausmaß dieser Summe muß am Verhältnis zu den Mitteln eines kleinen Landes von nicht einmal 3 Millionen Einwohnern mit einer für seine Zeit sicherlich nicht allzu widerstandsfähigen Wirtschaft gemessen werden, außerdem an dem damals recht unterschiedlichen Wert von Münzgeld im Verhältnis zu späteren Zeiten und am Kapitalverkehr der Epoche. Von jedem Gesichtspunkt aus betrachtet, mußte der Grad der öffentlichen Verschuldung Neapels diese praktisch als unüberwindbar erscheinen lassen, und auch ein langfristig angelegter Plan zur Sanierung mußte gerade deshalb, weil er langfristigen Charakter hätte haben müssen – um das mindeste zu sagen – unrealistisch sein. Und so konnten tatsächlich erst die traumatischen Ereignisse der Jahre 1647-1648 zu Entschlüssen führen, die – zwar ohne das weiterhin chronische Problem zu lösen – die unerträglichen Spannungen wenigstens minderten, zu welchen der Kapitalbedarf der öffentlichen Hand in den Jahren unmittelbar vor 1647 geführt hatte. Aus diesem Grund ist die Tatsache wirklich von hohem symbolischen Wert, daß der Aufstand dieses Jahres von der Erhebung eines x-ten Gefälles ausgelöst wurde.

Zu den Faktoren, die den Fall Neapel zusätzlich belasten, muß auch noch folgendes hinzugezählt werden. Abgesehen von der Ausweitung des Steuerdrucks und der öffentlichen Verschuldung stand die ruinöseste und akuteste Ausweitungsphase – ungeachtet kürzerer positiver Konjunkturperioden – nicht länger wie um 1620 unter dem Vorzeichen steigender Preise und inflationärer Entwicklungen, sondern fand in einem Zeitraum mit gegenläufigen Tendenzen statt. Und hier haben wir den dritten Aspekt, der untersucht werden sollte. Die Hyperinflation des Jahres 1622 hatte unter diesem Gesichtspunkt sicherlich eine stark diskriminierende Wirkung[44]. Denn weder die Einkommen noch die Preise erreichten je wieder ihren alten Stand[45]. Da keine Aussicht auf

---

[43] Zu den Ausgangspunkten dieser Berechnungen vgl. *G.D. Turbolo*, Breve Relatione di diverse qualità di monete, costrutte nelle Regia Zecca di Napoli etc., jetzt in: Problemi monetari negli scrittori napoletani del Seicento, hrsg. von R. Colapietra, Roma 1973, S. 339 ff. Die Quelle zu den Angaben über das amerikanische Gold und Silber ist natürlich *E.I. Hamilton*, American Treasure and the Price Revolution in Spain, Harvard 1934.

[44] Zu der Währungskrise des Jahres 1622 fehlt – abgesehen von den zeitgenössischen Texten – eine ausführliche Detailstudie. Außer den oben schon angeführten Werken vgl. *G. Coniglio*, La crisi napoletana del 1622 in una memoria del tempo, in: Partenope, 2 (April/Juni 1961); sowie *L. De Rosa*, Il Banco dei Poveri e la crisi del 1622, Pompei 1958.

[45] Vgl. die Hinweise bei *G. Galasso*, Economia e società nella Calabria del Cinquecento.

Konsolidierung des Staatshaushaltes bestand und die Maßnahmen dieses Jahres die Möglichkeit blockiert hatten, den Geldkreislauf anzukurbeln, blieb der Regierung – um das Defizit zu decken, das an der Ausweitung der öffentlichen Verschuldung sichtbar wurde – keine andere Wahl, als an der Steuerschraube zu drehen. Die Steuermaschine kam indessen ins Stocken – unterhalb einer Grenze, die in den 40er Jahren des 17. Jahrhunderts nur zu deutlich wurde, die aber im Grunde genommen schon viele Jahre vorher erreicht worden war. Mit der Ausweitung der Staatsbilanz in den 30er Jahren fuhren die öffentlichen Finanzen praktisch zweigleisig auf der progressiven Anhäufung ihrer in die Zukunft projektierten Schulden und einer unkontrollierten Steigerung von Agiogewinnen und Zinsen, welche die Schulden weiter belasteten, bis an die äußersten Grenzen, so daß sich die Gläubiger angesichts des Risikos sehr hoher Verluste durch die notorische und regelmäßig wiederkehrende Zahlungsunfähigkeit des Staates geschützt fühlten. Eine solche Finanzpolitik mußte auf einen virulenten Inflationsprozeß hinauslaufen, der sowohl die Ersparnisse als auch die Einnahmen des Landes zunichte machen sollte. Für den Staat konnte dieser Mechanismus solange funktionieren, wie die Liquidität – spontan oder erzwungen, intern oder von außen unterstützt – des Wirtschaftssystems gewährleistet war; eine Liquidität, die in der öffentlichen Verschuldung einen Sektor hat, der – abgesehen von den Risiken – in der Lage ist, größere Gewinn- und Spekulationsmöglichkeiten als jeder andere Wirtschaftszweig zu bieten.

Die Zuspitzung des sozialen Drucks besonders auf dem Land, analog zu einem Anziehen der Steuerschraube und der gewichtige Beitrag ausländischer Kreditgeber stellten tatsächlich diese Liquidität bis zu der 1647 erreichten obersten Grenze sicher – dies auch dank der starken Impulse, welche die Wirtschaft des Landes in den 30er und 40er Jahren aufgrund der Bedürfnisse der Kriegswirtschaft stimulierten. Damals praktizierte die einheimische und die internationale Finanz eine ebenso unvorsichtige wie aggressive Kredit- und Spekulationspolitik gegenüber dem Staat, ohne die Risiken abzuwägen. Das hätte einen Zusammenbruch des Finanzsystems bewirken können[46]. Am Ende der 40er Jahre kam es in der Tat zu einem Zusammenbruch, den man hätte vorhersehen können und sollen und gleichzeitig zu der schwerwiegendsten politischen Krise, die den neapolitanischen Staat seit weit mehr als einem Jahrhundert traf: nicht die Krise des Aufstandes von Masaniello und dessen Folgen, denn diesmal handelt es sich um viel mehr, nämlich die Krise der spanischen Krone und ihres europäischen Herrschaftssytems.

Zusammenbruch und Krise ließen einen Großteil jener 150 Millionen Dukaten in Rauch aufgehen, die die Staatsschuld des Königreiches Neapel ausmachten und deren effektiver Wert auf knapp ein Drittel des Nominalwertes sank. Ohne Kenntnis dieser Zusammenhänge ist es unmöglich, die militär-

---

[46] Vgl. die Arbeiten von R. Villari und A. Musi über d'Aquino, sowie jene von Colapietra über die Genueser im Königreich, die an anderer Stelle angeführt werden.

politische und finanzielle Geschichte Europas in der ersten Hälfte des 17. Jahrhunderts zu rekonstruieren, als Neapel nur Kastilien darin nachstand, das gewaltige und wachsende Gewicht der imperialen Verpflichtungen Madrids zu tragen. Allein in den Jahren 1631-1636 hatte der Vizekönig Graf von Monterey 48.000 Infanteristen, 5.500 Pferde und 3,5 Millionen Scudi aus dem Königreich geschickt. Und die Genueser Finanz, die unumgängliche Stütze der großen Monarchie, hatte ihrerseits in Neapel einen Sektor des Systems gefunden, der ihr erlaubt hatte, in Madrids Schatten ihr dichtes Geflecht von Spekulation und Gewinn zu weben.

1611 traf die Genuesen eine Kürzung der Renditen um 250.000 Dukaten auf 400.000 Dukaten, die auf die jährlichen Einnahmen des Staates geschuldet wurden; und im Vorjahr hatte der Genueser Konsul in Neapel bestätigen können, daß von den Einkünften, welche Ausländer im Königreich hatten, 1.250.000 Dukaten, die Genuesen allein 1.120.000 Dukaten besaßen[47].

Der starke Rückgang dieses Investitions- und Spekulationsprozesses sollte seinen letzten bezeichnenden Ausdruck in der Abwertung des neapolitanischen Geldes und hier besonders des Kupfergeldes in den 80er Jahren finden[48]. Man könnte sogar sagen, daß der gesamte Zeitraum zwischen der Münzprägung von 1622 und jener von 1683 eine lange Phase der neapolitanischen Wirtschaftsgeschichte darstellt, in der sich deren Stabilität erwies und sich ihre finanziellen Grundlagen und Möglichkeiten zeigten. Dies wird nicht behauptet, um eine monetaristische Betrachtung der Expansions- und Deflationsprozesse, denen die Wirtschaft und die Finanzen Neapels in jenen 60 Jahren ausgesetzt waren, in den Vordergrund zu rücken. Im Gegenteil, eben am Fall Neapels scheint deutlich bewiesen werden zu können, daß der Ausgangspunkt für ein Verständnis dieser Prozesse, auch was ihren internationalen Kontext betraf, gar nichts anderes sein konnte und kann – wie Antonio Serra seinerzeit schon intuitiv genau erkannt hatte – als die Struktur und die Entwicklung der wirtschaftlichen Prozesse insgesamt (Produktion, Handel und Finanzen).

Außerdem wird am Fall Neapel die äußerst enge Verknüpfung der wirtschaftlich-finanziellen mit den politischen und sozialen Entwicklungen deutlich. Der wirtschaftlich-finanzielle Organismus des Landes wurde vom politischen Willen der Zentralgewalt stark geschunden, als die gegenläufigen Entwicklungen, die sich bereits im 16. Jahrhundert abgezeichnet hatten, ihre Pe-

---

[47] Vgl. *G. Galasso*, Mezzogiorno medievale e moderno; S. 213, Anm. 11; Economia e società nella Calabria del Cinquecento, S. 209; Narrazioni e documenti, S. 223, Anm. 45.

[48] Vgl. *G. Galasso*, Napoli spagnola dopo Masaniello, 2. Aufl., Firenze 1982, S. 326 ff.; *L. De Rosa*, Alle origini della questione meridionale: problema e dibattito monetario al tramonto del viceregno spagnolo di Napoli (1690-1706), in: Rassegna Economica, XXXIV (1970), S. 439-465; und *ders.*, Svalutazione monetaria e crisi economica nel Regno di Napoli (1683-1689), in: Studi in memoria di Luigi Dal Pane, Bologna 1982.

ripetie erreichten. Keiner einzigen Krise – und mochte sie auch noch so akut und markant wie jene von 1619-1620 gewesen sein – konnte es gelingen, den festen Knoten aus Interessen und Kräften zu entwirren, der sich Dank der Achse Neapel-Madrid in Neapel gebildet hatte. Es war notwendig, daß die Akteure im wirtschaftlichen Geschehen – wie das schon vor der Krise der Fall gewesen war – ihre Kräfte richtig abschätzten, daß Wirtschaftskraft, Finanzen und die anderen Elemente des ökonomischen Geschehens zu einem Gleichgewicht gelangten, das sich in besserer Übereinstimmung befand mit den jeweiligen Möglichkeiten und mit den neuen Gegebenheiten in Europa besser harmonisierte. Die Währungskrisen der Jahre 1622 und 1683 waren so eine fast notarielle Bestätigung der Entwicklungen der vorausgegangenen Phase und der eingetretenen Neuordnung.

Außerdem lohnt es sich festzustellen, daß die Prägung von Gold- und Silbermünzen in Neapel zwischen 1599 und 1629 insgesamt auf 12.962.305,88 Dukaten anstieg; die Prägung von Silbermünzen zwischen 1688 und 1693 auf 15.429.920,29 Dukaten. Die spezifische Aussagekraft dieser beiden Zahlen liegt darin, daß sie eine Bewertung des Konjunkturverlaufs der damaligen neapolitanischen Wirtschaft ermöglichen. So kann es z.B. überraschen, daß die erste Ziffer – aus einer Zeit als Neapels Wichtigkeit im europäischen Kontext größer war – kleiner als die zweite ist, die demgegenüber aus einer Epoche stammt, als das Königreich mit den Folgen einer langen Anpassungsphase an die Verhältnisse im 17. Jahrhundert zu kämpfen hatte. Aber dieses Interpretationsproblem könnte auch nur scheinbar sein, wenn man bedenkt, daß in Neapel im frühen 17. Jahrhundert der „Glaube an den Kredit" triumphiert. Die darauf beruhenden Zahlungsmittel potenzierten die Umlaufgeschwindigkeit des verfügbaren Geldbestandes deutlich. Es wäre sogar unmöglich, die damaligen finanziellen Angelegenheiten Neapels zu untersuchen, ohne sich diesen Aspekt vor Augen zu halten, welcher die fieberhafte Aktivität auf dem Handels- und Finanzplatz Neapel bezeugt und paradoxerweise dazu beitrug, daß es zu einer zusehends geringeren Ausstattung mit Nominalen kam, wurde es doch einfacher, bargeldlos zu agieren. Auch das trug dazu bei, den Druck auf den Finanzmarkt in den kritischen Jahren zwischen 1630 und 1647 zu verstärken, als die Wirtschaft von sich aus eher auf eine Phase der Deflation drängte, Fiskus und Spekulation aber in die entgegengesetzte Richtung zogen. Die neapolitanischen Banken erwiesen sich sodann als ein ausgereifter Mechanismus, der in der Lage war, unvorhergesehene Forderungen zu befriedigen. Aber sie litten auch sehr unter dem Druck, der wegen dem hektischen Verkehr auf ihnen lastete, den ihnen das Publikum aufzwang, sowie unter der Verpflichtung zu Zwangskrediten und zur Unterstützung des Falschgeldes, das sich im Umlauf befand, wozu der Vizekönig sie aufgefordert hatte[49]. Es verwundert

[49] Zur Praxis der alten neapolitanischen Banken vgl. *M. Rocco*, De' Banchi di Napoli e della loro ragione. Trattato, Napoli 1785, außerdem *M. De Stefano*, Banchi e vicende monetarie nel Regno di Napoli, 1600-1625, Livorno 1940; *A. Silvestri*, Sui banchieri pubblici napoletani, in. Bollettino dell'Archivio Storico del Banco di Napoli, (1951

daher nicht, daß der „agente medico“ 1623 berichtet, wie es notwendig sei, „di levare e' banchi, perché devon tre milioni e non han page per uno e mezzo“[50] [die Banken zu beseitigen, da sie 3 Millionen schulden und nicht einmal 1,5 Millionen aufbringen können]. Die Banken hielten dann doch schlecht und recht stand und erst Ende des Jahrhunderts ging eine von ihnen in Konkurs[51]. Die intensivere Münzung gegen Ende des Jahrhunderts ist also von diesen Ereignissen getrennt zu betrachten; das steht nicht im Widerspruch zu dem Moment der Stagnation, in dem sie stattfindet. Außerdem wird der neapolitanische Geldbestand erst um die Mitte des 18. Jahrhunderts 18 Millionen Dukaten erreichen – wie uns Galiani[52] informiert – und sie auch bei weitem übertreffen.

Vom wirtschaftlichen Standpunkt aus scheint der finanzielle Zusammenbruch der 40er Jahre keine verheerenden Auswirkungen auf die Physiognomie und die Struktur des Landes gehabt zu haben. So gesehen waren die Rechnungen noch offen; zum Teil waren sie schon vor 20-30 Jahre beglichen worden. Im Verhältnis zu den neuen großen Zentren der europäischen Wirtschaft und der Weltwirtschaft jenseits der Alpen führt die Entwicklung des italienischen Mezzogiorno parallel zur gesamten Wirtschaft des Mittelmeerraumes in einem langsamen Prozeß der relativen Verarmung, der zunehmenden Unterordnung und der allmählichen Marginalisierung. Im Falle des Mezzogiorno wurde dieser Prozeß durch die althergebrachte Struktur des Landes als Exporteur in erster Linie – wenn nicht ausschließlich – von landwirtschaftlichen Produkten und wegen mangelnder struktureller Veränderungen, trotz zeitweilig gegenläufiger Entwicklungen auch während der langen Expansionsphase des 16. Jahrhunderts noch verschlimmert. Die Rolle als Staat, der die Madrider Monarchie politisch und finanziell unterstützte, hatte Neapels Stellenwert als Handels- und Finanzplatz in der gesamten ersten Hälfte des 17. Jahrhunderts erhöht. Als diese Funktion dann nebensächlicher wurde und der Vorhang sich über die zentrale Stellung der spanischen Monarchie im internationalen Leben Europas der Neuzeit senkt, kommt der Mezzogiorno bescheidener und realistischer als schwacher und armer Landstrich[53] zum Vorschein. Neapel büßt einen

---

1953); *L. De Rosa*, Rivoluzione dei prezzi, guerre e banchi pubblici a Napoli, in: Rassegna Economica, XXXVI (1972), S. 295-316.

[50] Vgl. Narrazioni e documenti, S. 295, Anm. 135.

[51] Es handelte sich um den Banco dell'Annunziata: vgl. *G. Galasso*, Napoli spagnola dopo Masaniello, S. 616 ff.

[52] Vgl. *F. Galiani*, Della moneta e scritti inediti, hrsg. von A. Caracciolo / A. Merola, Milano 1964, S. 232: „etwas weniger als 1,5 Millionen Dukaten in Kupfergeld, fast 6 Millionen in Silber und höchstens 10 in Gold, auch das Geld mitgerechnet, das in den Banken ist und wobei es sich um nicht mehr als 3 Millionen Dukaten handelt“. Aber Galiani selbst gab zu (S. 233-234), daß er seine Berechnungen relativ niedrig angesetzt hatte; und in einer späteren Anmerkung (S. 344) verbesserte er sie und setzte 3 Millionen Dukaten in Kupfergeld, 8 Millionen in Silber und 20 in Gold an, er gelangte also so zu einem Wert, der fast dem Doppelten der ersten Berechnungen entsprach.

[53] Siehe die Schlußfolgerungen von *L. De Rosa*, I cambi esteri.

Großteil seiner ehemaligen Bedeutung ein. Wenn die Wirtschaft des Landes als Ganzes und trotz eines von Epidemien geförderten demographischen Rückganges nichts durchlebt, was der Krise der öffentlichen Finanzen gleichkommt und sich im Gegenteil im Kontext einer internationalen Rezession auf einem im Verhältnis zu den geschäftigen Jahren des vorausgegangenen Jahrhunderts niedrigeren Niveau einpendelt, so beruht diese Tatsache hauptsächlich auf zwei Faktoren. Einerseits schloß die Rückständigkeit gegenüber anderen Ländern Neapel auch in den besten Zeiten von einer übermäßig exponierten Stellung gegenüber den großen Krisen der internationalen Wirtschaft aus. In der Mitte des 17. Jahrhunderts wird Ferdinando Galiani[54] der Ökonomie des Selbstverbrauchs und der Zahlung in Naturalien noch 50% des neapolitanischen Wirtschaftsvolumens zuordnen. Diese große Lunge belastete die strukturelle Basis des Landes – schützte sie aber auch gleichzeitig in ihrer Schwäche. Andererseits kommt es zu einer drastischen Senkung der Profite, und nicht nur auf dem Finanzsektor, sondern in allen produktiven Bereichen. In der zweiten Hälfte des 17. Jahrhunderts waren die großen Vermögen der neapolitanischen Händler von 100 oder 50 Jahren zuvor – Roemer, Vaaz, Vandeneinden, d'Aquino – undenkbar geworden. Die Boden- und Feudalrente pendelte sich zwischen 3% und 5% ein[55]. Der geringe Profit läßt den Stillstand fortdauern. Aber mehr als um eine wirtschaftliche Option handelt es sich hierbei um eine soziale: es ist jene Wahl der aristokratischen und bürgerlichen Klassen, die die Kontrolle über das Land behalten.

Vom sozialen Gesichtspunkt aus sind es die Spekulanten, die mit dem finanziellen Zusammenbruch der 40er Jahre des 17. Jahrhunderts verschwinden und denen es – gleichgültig was selbst die angesehensten Wissenschaftler Gegenteiliges behauptet haben – nie gelingen wird, eine Führungselite der Wirtschaft des Landes zu werden. Bartolomeo d'Aquino, der größte Spekulant um die Mitte des 17. Jahrhunderts, führte keine Aktivität fort, die über die Grenzen Neapels hinausreichte und erlebte in Folge der Ereignisse von 1647-1648 sofort den Zusammenbruch seiner Unternehmung. Der Kern der Genueser Unternehmer, die sich im Königreich niederließen, veränderte sich; dort wo früher Händler und Finanziers das Sagen hatten, gab es nun Großgrundbesitzer und Feudalherren: es erfolgte also eine grundsätzliche Assimilation an die traditionelle Aristokratie Neapels, von der sie sich im 18. Jahrhundert schon nicht mehr unterschieden[56]. Die großen Spekulanten der ersten Hälfte des 17.

---

[54] *F. Galiani*, Della moneta, S. 234.

[55] Vgl. die Arbeiten von M. Aymard, A. Lepre, G. Galasso, sowie deren Beiträge im Band: Problemi di storia delle campagne meridionali.

[56] Zu den Genuesen im Königreich – abgesehen von dem, was sich in den schon angeführten Werken von G. Galasso, L. De Rosa usw. findet – vgl *R. Colapietra*, Dal Magnanimo a Masaniello. Studi di storia Meridionale nell'età moderna, Salerno 1973, Bd. 2; Genovesi in Calabria nel Cinque e Seicento, in: Rivista Storica Calabrese, Neue Folge, II (1981), S. 15-89; sowie Genovesi in Puglia nel Cinquecento, in: Archivio Storico Pugliese, XXXV (1982), S. 21-71.

Jahrhunderts hatten in der Aristokratie eine Basis und Solidarität hinsichtlich jener Bestrebungen gefunden, die für ihre Aktivitäten und ihre Erfolge ausschlaggebend gewesen waren. Seit 1611 – als das Verhältnis zwischen Großgrundbesitzern und Finanz noch weit von den Formen und dem Niveau entfernt war, die es zwei oder drei Jahrzehnte später annehmen sollte – wies der Agent des Herzogs von Urbino in Neapel darauf hin, daß durch die Senkung der Zinsen auf die öffentlichen Schuldverschreibungen „i cavalieri napoletani sono quelli che sentono il danno maggiore, per aver quasi tutte le loro facoltà in tali rendite"[57] [die neapolitanischen Ritter den größten Schaden erleiden, da sie fast ihre gesamten Mittel so angelegt hatten]. Aber nachdem erst einmal die politischen und finanziellen Mißstände des Königreiches überwunden waren, verblieb der Aristokratie ihre soziale Position; eine Stellung die durch die allgemeinen Vorgänge im Königreich konsolidiert worden war. Weder in der Expansionsphase des 16. Jahrhunderts, noch in der finanziellen Erschütterung des darauffolgenden Jahrhunderts und auch nicht in der sehr ruhigen nachfolgenden Phase machte die alte Aristokratie jemals intensiv oder entschlossen von den ihr zur Verfügung stehenden Mitteln Gebrauch. Im 16. Jahrhundert war die endgültige Übersiedlung eines Großteils der Provinzaristokratie in die Hauptstadt von zentraler Bedeutung, da sie außerordentlich hohe Ausgaben für die Niederlassung und den folglich veränderten Lebensstandard mit sich brachte. In der ersten Hälfte des 17. Jahrhunderts verschlang die Versuchung, in Staatsschuldverschreibungen zu investieren, einen Großteil der verfügbaren Mittel der Großgrundbesitzer. Endlich setzt sich in der zweiten Hälfte des 17. Jahrhunderts das aristokratische Modell auf der Basis von inzwischen reduzierten Profiten im Wertekanon des Adeligen durch, der – typisch für das *ancien régime* – allen „mechanischen" Geschäften fremd gegenübersteht und als reiner Rentenempfänger lebt. Wenig anders verhielt es sich mit der Entwicklung jenes in Ämtern und anderen Berufen tätigen Bürgertums, das mit den Standards der Aristokratie erfolgreich Schritt halten konnte – und mit denen es sich in eine Reihe stellen wollte, was es dann auch ohne zu zögern nach Möglichkeit tat. Wenn man bedenkt, daß zu den Privilegien des Adels noch die der Kleriker hinzukommen, läßt die Analyse der neapolitanischen Eliten zugleich Grenzen und Entwicklung der Wirtschaft dieser Stadt erkennen. Zusammenfassend kann man sagen, daß sich ein Großteil der ökonomischen Ressourcen – und mit ihm jener Teil, der als Motor für die strukturelle Transformation der Wirtschaft des Landes hätte dienen können – in Parasitismus, Luxus, Horten, als Abgaben nach Rom, ferner im Ruhm und Elend der imperialen spanischen Politik durchgebracht wurde. Dabei handelt es sich weder um eine großartige oder originelle Schlußfolgerung, aber mehr geben die Untersuchungen nicht her; und es war auf jeden Fall alles, was von neapolitanischer Seite im Verlauf von zwei Jahrhunderten, randvoll mit großer und kleiner Geschichte für Neapel und Europa, zum Experimentieren und Schlußfolgern geliefert wurde.

---

[57] Vgl. Narrazioni e documenti, S. 224, Anm. 45.

Ein weiteres Thema liegt in der Frage nach der Rolle, die die öffentlichen Finanzen Neapels im Rahmen der allgemeinen politischen und wirtschaftlich-finanziellen Entwicklung der „großen Spanischen Monarchie" spielen, der Neapel und das Königreich das gesamte 16. und 17. Jahrhundert hindurch angehörten. Die althergebrachte Art, das Verhältnis zwischen Krone und Königreich im Sinne einer mehr oder weniger kolonialen Ausbeutung der Wirtschaft und eines Raubes der finanziellen Mittel Neapels durch Spanien zu beurteilen, ist – seit langem – überholt. Man kann sagen, daß Gabriele Pepes Buch aus dem Jahr 1952 der letzte wichtige und leidenschaftliche Beitrag zu dieser alten Interpretation ist[58].

Inzwischen hat sich das Wissen um Spanien gewandelt[59]. Es ist jetzt eindeutig, daß die spanische Krone, die 1516 dem Hauptzweig des Hauses Habsburg zufiel, über einen Komplex von Gebieten regierte, die nie zu einem effektiven politisch-administrativen Zusammenschluß mit wirklich einheitlichen Regierungsstrukturen zusammengefügt werden konnten. Das Mutterland selbst machte gegenüber dem außeriberischen Bereich des Königreichs der Monarchie keine Ausnahme. Denn Spanien setzt sich in Wirklichkeit aus zwei getrennten Königreichen zusammen: Kastilien und Aragonien (denen sich zwischen 1580 und 1640 noch Portugal anschloß); und diese Königreiche waren in ihrer ausgeprägten Eigenart und ihrem institutionellen Leben jeweils autonom. Das tatsächliche Kräfteverhältnis brachte die Monarchie dazu, aus Kastilien den Stützpunkt des dynastischen Gesamtkomplexes zu machen und Aragonien im Gegensatz dazu eine zweitrangige Rolle zukommen zu lassen, obwohl die spanische Dynastie in der männlichen Linie aus Aragonien stammte und das Land lange Zeit eine dynamische Kraft gewesen war, die der Krone den Mezzogiorno und die italienischen Inseln eingebracht hatte. Und außerdem umfaßten Aragonien und Kastilien ihrerseits institutionelle Strukturen und politisch-administrative Wirklichkeiten, welche die allgemeine Struktur der dynastischen Komplexe, denen sie zugehörten, abbildeten.

Vom modernen Einheitsstaat, der Ende des 18. Jahrhunderts aus der Französischen Revolution hervorgeht, ist die institutionelle und politische Realität der spanischen Monarchie des 16. und 17. Jahrhunderts daher noch sehr weit

---

[58] Vgl. *G. Pepe*, Il Mezzogiorno d'Italia sotto gli Spagnoli. La tradizione storiografica, Firenze 1952. Zu einer diesbezüglichen Wertung vgl. die Zitate unter der vorausgehenden Anm. 1.

[59] Abgesehen von der schon angeführten Literatur, ist noch besonders zu verweisen auf *A. Dominguez Ortiz*, El antiguo régimen. Los Reyes Católicos y los Austrias, in: Historia de España, Bd. III, Madrid 1979; *J. Perez*, L'Espagne des Rois Catholiques, Paris 1971; *M.A. Ladero*, España en 1492, Madrid 1978; *L. Suarez / J. de M. Carriazo / M. Fernandez Alvarez*, La España de los Reyes Católicos (1474-1516), sowie *M. Fernández Alvarez*, Carlos V, in: Historia de España, Bde. XVII und XIX, Madrid 1965 und 1969; *V.V. Vazquez de Prada*, Los siglos XVI y XVII, in: Historia económica y social de España, Madrid 1987; *M. Fernández Alvares*, España y los Españoles en los tiempos modernos, Salamanca 1979.

entfernt. Das bestimmende Element liegt im Verhältnis des Souveräns zu seinen Dominien, aber jeweils einzeln betrachtet; es liegt nicht im Verhältnis zwischen diesem und jenem Land innerhalb des dynastischen Komplexes. Der Souverän regiert nicht in Neapel, weil es die Könige von Aragon mit der Eroberung des Landes zu Beginn des 16. Jahrhunderts dem iberischen Reich einverleibt hätten, sondern weil die Eroberung das Recht des Souveräns auf diesen Teil Italiens wiederhergestellt hat: ein Recht, das die königliche Staatsrechtslehre auf die Hohenstaufen zurückführt. Daraus ergibt sich ein Verhältnis zwischen dem Souverän und Neapel, welches eine Parallele zu jenem zwischen dem Souverän und Aragonien bildet. Über Mailand regiert der Souverän aufgrund der Rechte, die ihm durch die kaiserliche Investitur 1535 übertragen worden waren; über die Niederlande, sowie über Franche-Comté und die iberischen Reiche aufgrund von Erbrecht; über Sardinien und Sizilien aus Gründen, die den für Neapel angedeuteten ähneln. Die bewaffnete Eroberung – wenn es sie gab – hatte immer eine instrumentale Bedeutung der „Bestätigung", war aber kein konstitutives Element des herrscherlichen Rechtes. Und dies ist so weit davon entfernt, nur eine Frage der Form zu sein, daß sich andererseits die Praxis darauf zurückführen läßt, daß sich der Souverän in jedem seiner Herrschaftsgebiete an das *jus loci* hält und daher mit einer Reihe von landesüblichen, verfassungsrechtlichen und institutionellen Beschränkungen leben muß, die seinen politisch-administrativen Spielraum grundsätzlich einschränken[60]. Hinsichtlich dieser Einschränkungen ist es die absolutistische Initiative des Souveräns als solche, die eine weitere Bestätigung seiner Macht bezweckt sowie eine Ausweitung seiner Kompetenzen- und Einflußsphären, nicht bereits das Recht eines Landes, das ein anderes beherrscht.

Vom Gesichtspunkt des äußeren Anscheins sowie der institutionellen und politisch-administrativen Praxis her betrachtet, ist das Verhältnis Neapels zu Spanien grundsätzlich paritätisch. So empfand es außerdem auch das zeitgenössische öffentliche Bewußtsein Neapels (und Europas). Die kritischen oder polemischen Äußerungen, die ab und an gegen die Spanier und die spanische Nation als Herren und Herrscher mit negativen oder verwerflichen Eigenschaften gemacht wurden (Hochmut, Raubgier, pompöses Auftreten usw.)[61], sind aber nicht Ausdruck der gängigen und verbreiteten öffentlichen

[60] Dies entspricht im Großen und Ganzen den Lehren jener Zeit. Man entwickelte diesen Punkt des Gewohnheitsrechtes auch im Sinne einer Theorie der organischen Funktionsfähigkeit der königlichen Macht in der Gesellschaft, so daß der Pflicht der Untertanen gegenüber dem Souverän jene des Souveräns gegenüber den Untertanen gegenübersteht und man bekräftigt, daß „los vasallos de las monarquias non son esclavos cuya sujección es servil, sino subditos de una sujección civil, en que el principe debe mirar al util y bien común de los que gobierna": vgl. *A. Maravall,* Teoria española del Estado en el siglo XVII, Madrid 1944, S. 322.

[61] Zur zeitgenössischen neapolitanischen und italienischen anti-spanischen Einstellung hat es, abgesehen von den bekannten Werken von Negri, Dei Tocco und anderen Autoren nach dem Zweiten Weltkrieg, keine spezifische Untersuchung mehr gegeben, während das Thema sicherlich erneut Aufmerksamkeit verdienen würde.

Meinung. Der treueste Vertreter dieser Meinung ist Manzonis Tischgast, der von den „22 Reichen des Königs, unseres Herrn, den Gott bewahren möge"[62], spricht, wo die Reiche den Souveran umgeben und es der Souverän in seiner übergeordneten und zentralen Position ist, der dem Gesamtkomplex Einheit verleiht.

Das spanische „impero" nimmt so als „impero" der Dynastie Gestalt an. Sein kastilisches Fundament ist eine Tatsache, ein Ergebnis – wie schon bemerkt wurde – der Machtverhältnisse, die Kastilien über die anderen Dominien des Souveräns dominieren lassen. Ohne diese Prämisse wäre es schwierig, die weitgehend autonome Gestaltung der eigenen Verhältnisse sowie die Kohärenz der jeweiligen wirtschaftlich-sozialen Entwicklungen und Gleichgewichte zu verstehen, die das Leben der von der spanischen Krone abhängigen Gebiete kennzeichnet. Überall souverän, so war es der König doch nicht überall mit gleicher Macht. Der absolutistische Druck, den er zusehends steigert, gehorcht überall mehr oder weniger der gleichen Logik, erfährt aber in den verschiedenen Gebieten des Reichs unterschiedliche Ausprägungen. Genauso sind die Einflüsse unterschiedlich, die auf lokaler Ebene auf das königliche Handeln einwirken, es konditionieren und ihm Grenzen setzen. Dies bedingt, daß sich in den verschiedenen dem König untertanen Regionen unterschiedliche Grade auch ganz konkreter politischer Autonomie entwickeln – entsprechend der differenzierten Gestalt der institutionellen Ausprägung dieser Autonomie innerhalb des dynastischen Komplexes, dem sie angehören. Das ist Ort für Ort durch die Forschung zu verifizieren.

Freilich hat die Historiographie noch keinen zufriedenstellenden Zugriff zur Analyse der Regierungspraxis und der Politik im neuzeitlichen Europa jener Epoche, die weiterhin als „absolutistisch" definiert wird. Es sind die hier umrissenen Prämissen, die noch nicht in zufriedenstellender Weise rezipiert worden sind. Die Relevanz des Themas wird keineswegs nur durch die Bedeutung jener dynastischen Komplexe begrenzt, die – wie die Krone der Habsburger von Madrid und jene der Habsburger in Wien – verschiedene und vielleicht räumlich weit voneinander entfernt liegende Länder umfaßten. In einem Land wie Frankreich – Prototyp des historiographischen Modells von moderner und absoluter Monarchie, konzentriert auf der territorialen Ebene und im Besitz einer starken und einheitlichen kulturellen und sprachlichen Berufung – ist die Vielfalt von Physiognomie und Ausdruck ebenfalls groß, mit der sich die königliche Macht auf dem territorialen Gebiet der Monarchie entfaltet. Überall König, ist es auch der König von Frankreich nicht im ganzen Reich in gleicher Weise. Noch 1789 ist das französische Gebiet in fünf Ämter aufgeteilt, die sich selbst als „pays d'états" regieren; zwanzig, die sich selbst als „pays d'élection" regieren; und neun, die als eroberte Länder regiert werden. Die erstgenannten, die eine gewisse Autonomie besaßen, waren die Regionen, die im Laufe der Zeit von Frankreich annektiert worden waren. Eher am Rand

---

[62] *A. Manzoni*, Die Verlobten, Kap. V.

des Reiches gelegen, umfaßten sie ca. ein Viertel der Bevölkerung und standen im Genuß einer Provinzverfassung, aufgrund derer Sitzungen der drei *ordres* einberufen wurden, um Steuerangelegenheiten zu diskutieren. Nach de Toqueville umgaben die „pays d'élection" Paris von jeder Seite, sie waren alle benachbart und bildeten quasi das Herz und den besten Teil des Körpers Frankreich[63]. Die Finanzverwaltung hatte dort zuerst in Händen der gewählten Abgeordneten der Generalstände gelegen (woher sie ihren Namen bezogen), war aber später an die königlichen Intendanten übergegangen. Die eroberten Länder besaßen besondere Verwaltungen. Nach de Toqueville zeichnet sich daher beim ersten Blick auf die alte Verwaltung des Reiches eine unbegrenzte Vielfältigkeit von Regeln und Verwaltungseinrichtungen ab, welche ein wahres Knäuel von Mächten ergaben[64]. Auch in diesem Fall – und mag er sich strukturell noch so sehr von der dynastischen Realität Spaniens unterscheiden, deren Besitz überall in Europa verstreut war und die allein schon auf der iberischen Halbinsel bipolar war – blieb die unterschiedliche und heterogene Realität des Landes nicht ohne Folgen für die königliche Politik; in jedem Fall war die Dynastie die zentrale und einende Antriebskraft der Macht und deren Maßnahmen.

Was die Forschung über diese Fragen betrifft, so müßte sich die Richtung der historischen Analysen und Betrachtungen radikal ändern, so wie es freilich schon längst mit anderen, nicht weniger grundlegenden Themenkomplexen in der Geschichte der absoluten Monarchie der Neuzeit geschehen ist. Dazu gehört – und daran soll an dieser Stelle erinnert werden, da dies in engerer Beziehung zu dem spezifischeren, jetzt behandelten Thema steht – jener der sozialen Allianzen der Monarchie.

Nach Richet blieb die Unterstützung der einflußreichsten sozialen Schichten für die Herrscher nicht aus. Dies gilt jedoch nicht für die Allianz von Monarchie und „Bürgertum" gegen Feudalität und Kirche, von der die Historiker der Zeit der Restauration (Augustin Thierry, Guizot) sprachen. Wenn einerseits die Bürger, deren Interessen nie übereinstimmten, auf verschiedene Art und Weise, je nach der Situation reagierten (z.B. wurden die städtischen Oligarchien, welche in der zweiten Hälfte des 14. Jahrhunderts die verläßlichsten Kräfte für die königliche Verwaltung gestellt hatten, gegen Ende des 16. Jahrhunderts mehr für die Autonomieansprüche als für den Staatsdienst ansprechbar), gewannen andererseits die Funktionäre, die Adeligen und der hohe Klerus, Vorteile durch die Verflechtung ihres Schicksals mit dem des Königs. Gelder, Renten, Kriegsgewinne, die Vorteile des Konkordats von 1516 zwischen Franz I. und dem Papst, all dies bewegte die Elite zum königlichen Dienst[65].

---

[63] Vgl. *A. de Tocqueville*, L'ancien régime et la Révolution, Œuvres complètes, Bd. II, 10. Aufl., Paris 1953.

[64] Vgl. ebd.

[65] Vgl. *D. Richet*, La France moderne. L'esprit des institutions, Paris 1973, S. 40 f.

Mutatis mutandis gilt dies für den gesamten europäischen Raum. Und noch einmal sind wir auf diesem Wege zur zentralen Rolle der Dynastie in der Festsetzung des politischen und sozialen Kurses zurückgekehrt[66].

Daß die Monarchie in Kastilien ihre Residenz und ihr Handlungszentrum hatte und daß sie sich fast ausschließlich kastilischer Männer und Organe zur Führung fast der gesamten dynastischen Politik bediente, vermindert die Bedeutung der dynastischen und eben nicht kastilischen Grundlage dieser Politik keineswegs; sie erklärt sich anhand der bekannten Kräfteverhältnisse und der – schon angesprochenen – verschiedenen Optionen, die innerhalb des dynastischen Komplexes gegeben waren. Wer eine vollständige Deckungsgleichheit von kastilischer „Staatsräson" und „dynastischer Räson" suchen sollte, müßte zu dem Schluß gelangen, daß eine solche Deckungsgleichheit nicht existiert und daß die äußerst enge Beziehung zwischen diesen beiden „Räsons" eine ganz eigenwillige Gestalt und Entwicklung besitzt. Schon in der zweiten Hälfte der Regierungszeit Karls V. gibt es eine „Kastilisierung" der internationalen Probleme der Dynastie[67]. Auf Kastilien kommen die aragonischen Probleme der Pyrenäengrenze, des Widerstandes gegenüber der ottomanischen Expansion im Mittelmeerraum und jene des Gleichgewichts in Italien zu; die habsburgischen Probleme des europäischen Streites mit der Dynastie Frankreichs, der Hegemonie in der Poebene, des Gleichgewichts zwischen den deutschen Fürsten und dem Kaiser, der Verteidigung gegenüber den Türken im Donautal und der Unterstützung der Erbansprüche der regierenden Dynastie; die burgundischen Probleme der Verteidigung der Autonomie der Niederlande gegenüber dem französischen Expansionismus und gegen eine eventuell zu direkte Abhängigkeit vom Reich.

Die Reformation und die daraus erwachsenden religiösen Kämpfe hatten diese Probleme besonders in Deutschland und den Niederlanden nur verstärkt. Die typisch kastilischen Probleme (Sicherheit der iberischen Halbinsel, Beziehungen zu Westeuropa, Schutz der Seerouten, Verwaltung und Verteidigung der außereuropäischen Besitzungen der Dynastie) deckten sich nur teils mit jenen, welche durch die Machtübernahme der österreichischen Dynastie über das Land kamen; sie konnten nur teilweise gelöst werden. Das Ergebnis war ein Spektrum von kaiserlichen Verpflichtungen und ein Netz von diplomatisch-militärischen Anweisungen, die in einigen Phasen der Herrschaft Philipps II.

66 Hiermit soll auch gesagt sein, daß die Monarchie nicht nur eine Werteordnung darstellt und nicht nur als solche von der Gesellschaft und vom modernen Staat abhängig betrachtet werden darf. Sie ist die Grundlage der Loyalität, welche die ethisch-politische Basis der Staaten mit monarchischem Regime im Europa der frühen Neuzeit darstellt; aber sie ist dennoch ein Machtsystem und ein System des „sottogoverno", der Verfilzung und Klientelbildung, eine materielle Struktur der dominanten Partei.

67 Genauer läßt sich beobachten, daß die Kastilisierung die konkrete Tendenz ist, welche der Hispanisierungsprozeß der Habsburger aufgrund der Sukzessionen von 1504 und von 1516 in ihrer Hauptlinie angenommen hat.

und der Regierung des Grafen Olivares größte Bedeutung gewannen und in einen großen Kraftakt zur Gewinnung der kontinentalen Hegemonie mündeten[68].

Diese Anstrengung war nicht gänzlich kraftlos und ohne innere Logik, obwohl sie im nachhinein – nach dem endgültigen Mißerfolg – in der europäischen historiographischen Tradition so erscheinen mag. Kastilien, das die Hauptlast trug, paßte sich an; zum einen, weil es aufgrund seiner Kräfte und Mittel dazu in der Lage war, zum anderen aufgrund der Vorteile, die der führenden Schicht daraus erwuchsen, an die Spitze der Monarchie gestellt zu werden (Ämter, Würden, Einnahmen in der halben Welt) und die auch der anfänglich relativ großen Bevölkerung auf lange Sicht daraus erwuchsen (amerikanische Kolonialisierung, Anstellungen und Miliz, Schutz und Prestige). Diese Umstände waren es, die Kastilien von Anfang an gegenüber den Maßnahmen (auch den inneren) und dem Druck der Dynastie gefügiger machten[69], was dann wiederum zur Führungsrolle führte, die die Dynastie dem Land zukommen ließ, in welchem sie effektiv auch residierte. Erst der Fehlschlag des großen dynastischen Projektes der kontinentalen Hegemonie um die Mitte des 17. Jahrhunderts sollte – mit dem Erbe der Politik Olivares' und der Reaktion auf die Revolte Portugals und Kataloniens – zu einer beginnenden, wirklichen Tendenzwende in der konsolidierten Vorherrschaft der „dynastischen Räson“ über die schon eher als kastilisch identifizierbare „Staatsräson“ führen. Und außerdem handelte es sich keineswegs um ein rein kastilisches Phänomen. Nach der Mitte des 17. Jahrhunderts nimmt der dynastische Tatendrang überall auf die lokalen Interessen Rücksicht. Das letzte halbe Jahrhundert der Regierung der Dynastie über ihre europäischen Besitzungen außerhalb Spaniens, war ein Zeitraum, zu dem die verschiedenen Länder der Krone die Möglichkeit hatten, mit größerer Aussicht auf Erfolg, konkrete Ergebnisse zu erzielen, ihre jeweiligen Bedürfnisse im Komplex der königlichen Politik zur Geltung zu bringen[70].

Der institutionellen und administrativen Unterscheidung zwischen Land und Kronland entsprach die Unterscheidung der Steuerquellen der Monarchie. Die *Hacienda Real*, in der die Einnahmen der verschiedenen Reiche der Monar-

---

[68] Diese Verpflichtungen beginnen erst mit den jüngsten Untersuchungen deutlicher in ihren militärischen Aspekten ans Tageslicht zu treten. Vgl. die Zusammenfassung von *G. Parker*, Warfare, in: The New Cambridge Modern History, Bd. XIII (The Companion Volume ed. by Peter Burke), Cambridge 1979.

[69] Die These, derzufolge die größere „Gefügigkeit“ Kastiliens gegenüber der Monarchie auf den Erfolg des absolutistischen Drucks der Monarchie zurückzuführen sei, der in Kastilien stärker als in Aragonien gewesen sei, ist nicht ganz unhaltbar. Sie muß aber aus den Gründen, die wir im Text vorgebracht haben, verworfen werden, insofern als sie einerseits eine Passivität des Landes gegenüber der Bestimmung seines Schicksales durch fremde Mächte voraussetzt und andererseits die Gründe ignoriert oder unterbewertet, die den Kastiliern den imperialen Schutz der Dynastie als kongruent und mit ihren Interessen annehmbar erscheinen ließen.

[70] Vgl. hierzu *G. Galasso*, Napoli spagnola dopo Masaniello.

chie zusammenflossen, stellte nur teilweise eine Einheit dar. Wie schon bemerkt wurde, „war die Tatsache ausschlaggebend, daß jedes Reich, was die Steuern betraf, seinen eigenen Weg ging. Das Überleben der je nach Königreich unterschiedlichen Steuersysteme und das Fehlen einer gemeinsamen Finanzverwaltung minderte die Probleme der Autoren", die sich mit Finanzfragen beschäftigten, indem es erlaubte, sich auf das Studium regional begrenzter Gegebenheiten zu beschränken[71]. So ist es denn auch kein Zufall, daß praktisch nur die kastilischen Schriftsteller das Problem der Finanzen der Krone von einem allgemeinen Gesichtspunkt aus behandeln. Es waren – wie man weiß – die kastilischen Finanzen, auf die sich die *Hacienda Real* stützte, um den Bedarf der Krone zu ermitteln und zu bewerten und um diesen Bedarf, unter der Mithilfe der *servicios* anderer Herrschaftsgebiete, zu decken[72]. Auch in Spanien selbst „ist es sicher, daß die katholischen Könige gegen die Steueranarchie innerhalb der einzelnen Reiche kämpften, aber erst mit dem 18. Jahrhundert kam es ansatzweise zu einer administrativen Einheit in der *Hacienda*"[73]. Aus dieser unterschiedlichen Steuerpolitik ergaben sich auch einige Folgen für die Wirtschaft, besonders was die Grenzzölle betrifft, da „die Gebiete der Monarchie, wo die von Kastilien festgesetzten Steuern nicht bezahlt werden mußten, als fremde Länder zu betrachten waren, was Importe und Exporte betraf. Und war die Unterteilung der Monarchie in verschiedene Steuergebiete erst einmal beschlossen, so mußte sie in getrennte Zollgebiete unterteilt bleiben; und so kam ihre Unterteilung in verschiedene unabhängige Wirtschaftseinheiten zustande"[74]. Organische Linien einer Handels- und Wirtschaftspolitik der Krone im Rahmen all ihrer Herrschaftsgebiete zu verfolgen, erweist sich tatsächlich als noch umständlicher, als dort eine einheitliche Finanzverwaltung ausfindig zu machen. Einzelne Maßnahmen zum Schutze besonderer kastilischer Produkte (wie Seidenstoffe) sind zu sporadisch, als daß eine politische Linie zu erkennen wäre. Die *unión*, die – besonders in den harten Jahren des Dreißigjährigen Krieges – auf der Ebene des Militärwesens gefordert wurde, blieb (dank der so zaghaften Weise, mit der sie verfolgt wurde) weiterhin ein Ziel und war auf der wirtschaftlichen und finanziellen Ebene noch weiter entfernt.

Die öffentlichen Finanzen Neapels folgten also im 16. und 17. Jahrhundert denselben allgemeinen Linien, die für die Gesamtheit der Herrschaftsgebiete der spanischen Krone sowie für jedes einzelne gelten, ohne eine besondere Ausnahme darzustellen. Daß die „dynastische Räson" auch in Neapel nicht ganz einer für das Land spezifischen „Staasträson" entsprechen konnte, war genauso vorauszusehen wie selbstverständlich. Auch in Neapel stellte ein

---

[71] *J.L. Sureda Carrion*, La Hacienda castellana y los economistas del siglo XVII, Madrid 1949, S. 109-110.

[72] Diese Situation ergibt sich sofort im Verlauf der Herrschaft Karls V. Vgl. unter anderem *R. Carande*, Carlos V y sus banqueros, Madrid 1943-1967.

[73] *J.L. Sureda Carrion*, La Hacienda castellana, S. 110.

[74] Ebd.

Großteil der Kritik, die in jenen beiden Jahrhunderten gegenüber der Steuerpolitik der Regierung und dem Steuerdruck, dem das Königreich ausgesetzt war, laut wurde, die internationale Politik der Monarchie und die militärischen Verpflichtungen, die sich daraus ergaben, nicht in Frage. Die Kritik prangert immer die Verschwendung an, den administrativen Wirrwarr, technische Fehler, die Ungerechtigkeiten des Steuersystems, das Elend und die Verzweiflung derjenigen, die die Steuern nicht aufbringen können, das Risiko, die Reichtümer und damit auch die Steuerkraft des Königreichs zum Versiegen zu bringen, die schlechte Verwertung der Rohstoffe, Spekulationen und privilegierte Einkommen usw. Aber daß die Räson des Königs der einzige Anhaltspunkt und Maßstab ist, stand nicht zur Diskussion. Im Gegenteil, Vorschläge und Kritik werden vorgebracht, um es dem königlichen „Betrieb" zu ermöglichen, seinen Verpflichtungen und Bedürfnissen besser nachzukommen. Die dynastische Verzerrung der Bedürfnisse und der Möglichkeiten des Landes war ein anerkanntes Prinzip des öffentlichen Rechtes und der Politik[75].

Diese Tatsache erhöht das Interesse an einer Studie, welche die Mitwirkung Neapels an den finanziellen Bemühungen einer Macht wie der Krone von Spanien absolut und relativ mäße; Madrid hatte, den kastilischen *Cortes* zufolge, allein zwischen 1621 und 1646 von jenem Königreich 188.500.000 Dukaten in *servicios* erhalten, welche auf 509.189.000 Dukaten aufzustocken sind, wenn man die anderen Posten und den Beitrag der anderen iberischen Königreiche hinzuzählt und die Einlagen von anderen königlichen Besitztümern nicht mitrechnet[76]. Die Rolle Neapels als italienisches Kastilien der Krone und als zweitgrößter Beitragzahlender an die königlichen Kassen – wenn auch mit großem Abstand hinter Kastilien –, würde sehr wahrscheinlich gänzlich bestätigt werden. Ebenso ist es ein Desiderat, in Madrid und in Neapel die Männer und die Gruppen ausfindig zu machen, die, im Zentrum der Macht, das Ausmaß der Bedürfnisse der Monarchie festsetzen und an der Peripherie die spezifische wirtschaftliche und soziale Realität des neapolitanischen Königreichs entsprechend der ausdrücklichen und parallellaufenden Logik des dynastischen Komplexes verwalten. Wenn die Realität des „impero" der spanischen *Austrias* reich an verstreuten und widersprüchlichen Bestimmungen war, so kann es die Geschichtsschreibung sicher nicht weniger sein, die – mit der Geschichte der *Austrias* und der von ihnen regierten Ländern – die Herausbildung und die Erfahrungen des Europa der frühen Neuzeit dokumentiert.

---

[75] Ebd., S. 72, man stellt korrekterweise fest, daß niemand die „gastos de conservación y defensa de la Monarquía" in Frage stellt; Angriffsziele sind hingegen die Ausgaben für den Hof, die Feste, für Begnadigungen, Pensionen usw., deren negative Auswirkungen durch Verschwendungssucht und Unordnung noch vervielfältigt werden.

[76] Ebd., S. 86.

Der Landesfürst und die abhängigen Gemeinschaften

Die Steuerhandhabung von den „Herrschaftsverträgen" bis zum „Buongoverno"

Von Carla Penuti

Derselbe Prozeß, der im Italien der frühen Neuzeit zu Staatsbildungen geführt hatte – Stadtstaaten, die zu Landerwerb schreiten (der Staat Mailand, die Republik Venedig, das Großherzogtum Toskana), aber auffällige Analogien weist auch die Rückgewinnung der Städte und Ländereien seitens des Kirchenstaates oder die Neuverhandlung der Steuererlässe der süditalienischen Gemeinschaften (*universitates*) nach dem Kampf gegen die Feudalherren auf –, dieser Prozeß erfordert zusätzlich zum Staat die Berücksichtigung eines anderen Elements: nämlich jener Körper, wie Städte, Grundherrschaften, Fronhöfe und feudale Gerichtsbarkeiten, die die institutionellen Wortführer der Interessen des „Bezirks"[1] sind. Insbesondere erweist sich das an der Praxis, die Beziehungen zur zentralen Gewalt zum Zeitpunkt der Unterwerfung mittels Kapitulationen und Herrschaftsverträgen zu regeln. Interessant ist es, Gruppen von Kapitulationen, die sich auf Gemeinden eines Staates beziehen, in ihrer Gesamtheit zu untersuchen (wie es Chittolini für das Mailänder Herzogtum getan hat[2]), nicht nur um die Bestrebungen von Städten, *borghi* und Dörfern zu rekonstruieren, sondern auch, um so die politischen Linien des Landesfürsten auszumachen und sei es auch nur durch Analyse der vorsichtigen Antworten oder Verweigerungen gegenüber den Steuerforderungen, die in den Petitionen enthalten waren und von den Gemeinden zu dem Zweck eingefügt worden waren, sich Nachlässe oder die Befreiung von Steuerzahlungen zu verschaffen.

Die Praxis war relativ einheitlich: in der Absicht, ihre Rechte zu wahren, richteten die Gemeinden nach der Unterwerfung ihre Gesuche entweder an den Herren oder den Souverän, an den Papst oder die vorherrschende Stadt

---

1 Dies wird deutlich in: La crisi degli ordinamenti comunali e le origini dello stato del Rinascimento, hrsg. von *G. Chittolini*, Bologna 1979; *G. Chittolini*, La formazione dello stato regionale e le istituzioni del contado, secoli XIV e XV, Torino 1979.

2 *G. Chittolini*, I capitoli di dedizione delle comunità lombarde a Francesco Sforza: motivi di contrasto fra città e contado, in: Felix olim Lombardia. Studi di storia padana dedicati dagli allievi a Giuseppe Martini, Milano 1978, S. 673-698

(*Dominante*). Auf diese wurde dann mit dem *placet* oder den eventuellen Änderungen geantwortet.

Einige Aspekte sind es wert, hervorgehoben zu werden: das Mißverhältnis zwischen den eingereichten Gesuchen und den erzielten Ergebnissen; die Häufigkeit der Abweichungen von den Konzessionen seitens der Territorialstaaten, sowie die Tatsache, daß die Kapitulationen selbst zu verschiedenen Zeitpunkten in der Geschichte der Gemeinde mit nicht unähnlichen Forderungen wiederholt vorkommen, so aus Anlaß von zeitweiligen Besetzungen oder der Sukzession neuer Souveräne und dem darauffolgenden Treueschwur. Die Beispiele, die ich hier im Folgenden anführen werde, reflektieren zweifellos den Einfluß verschiedener politischer Beweggründe, die militärische Lage, während derer die Verträge stipuliert wurden und die verschiedenen Kräfteverhältnisse. Dennoch bleibt die Tatsache bestehen, daß eine Vielzahl der Steuerforderungen, die in den Petitionen enthalten waren und von den Gemeinschaften zu dem Zweck eingefügt worden waren, sich Nachlaß und Befreiung von Steuerzahlungen zu verschaffen, ohne Erfolg blieben. So antwortete Francesco Sforza in einer ganzen Reihe von Herrschaftsverträgen, die mit den Gemeinden in den Jahren zwischen 1447 und 1454[3] stipuliert worden waren, einmal entschieden abgeneigt, einmal allgemein oder nicht endgültig. Ein Grenzfall ist die Stadt Monza, die es auf eine Steuermilderung abgesehen hatte: was den Wein- und Getreidezoll betraf, wurde ihr „zugebilligt", das Doppelte dessen zu zahlen, was sie zahlen wollte[4].

In den Beziehungen zwischen der *Dominante* und den abhängigen Städten schränkte Venedig die Zugeständnisse ähnlich ein: Crema wurde 1449 die geforderte Immunität auf zwanzig Jahre um die Hälfte gekürzt. Venedig behielt es sich vor, kriegsbedingte Abgaben zu erheben und forderte die Stadt außerdem dazu auf, in der Zukunft die Kosten der eigenen Verteidigung selbst zu tragen[5]. So hatte auch Brescia im Jahr 1428 nach seiner Unterordnung eine Befreiung von allen ordentlichen und außerordentlichen Abgaben erhalten, aber „schon 1442 forderte Venedig 24000 Dukaten"[6]. Und bereits 1406 wandelten sich dann auch für Padua die Beteuerungesformen, die im übrigen in ihrer Behandlung der *cives Paduae* in Sachen Zölle und Gefällen vorsichtig und unverbindlich gehalten waren (die Paduaner sollten dann wie vor dem Krieg und – was all die anderen außerordentlichen Steuern betraf – wie alle anderen Untertanen behandelt werden), zu jener Strenge, mit der den Pa-

---

[3] Ebd., S. 692-693.

[4] *G.L. Barni*, Storia di Monza e della Brianza. Le vicende politiche dalla preistoria all'età sforzesca, Milano 1973, S. 350-352.

[5] *G. Albini Mantovani*, Aspetti della finanza di un Comune lombardo tra dominante milanese e veneziana: dazi e taglie a Crema dal 1445 al 1454, in: Felix olim Lombardia, S. 721-722.

[6] *A. Zanelli*, La devozione di Brescia a Venezia e il principio della sua decadenza economica nel secolo XVI, in: Archivio Storico Lombardo, 4. Folge, XVII (1912), S. 25.

duanern die geforderte Senkung der Zölle nicht zugestanden wurde[7]. Cosimo I. verletzte einen bestimmten Artikel der Kapitulation, durch die sich Pisa 1509 Florenz wieder unterworfen hatte, als er – nach Maßgabe der eingeführten Steuerdekrete – die Schätzung der Liegenschaften in Pisa im Jahr 1547 beschloß[8]. Ein schneller Blick auf den „Codice Aragonese", der die statutarische Gesetzgebung und die Ausstattung der *universitates* des Königreichs Neapel mit Privilegien im Zeitraum von 1490-1493 enthält, rückt eine Reihe von vorläufigen Urteilen („Camera Summaria de supplicatis se informet et provideat de justitia") oder von Hinweisen auf die Pragmatiken des Reichs in den Vordergrund, welchen genausoviele Ablehnungen gleichkamen: in Steuersachen verweist man auf die *Sommaria* für Steuererlässe wegen zu zahlreich veranschlagter Feuerstellen (*fuochi*; Amatrice, Belvedere), zur Bestätigung von Zollbefreiungen für das gesamte Reich (Castella, Taverna) und für die Festlegung gewisser kommmunaler Gefälle, zum Wiederaufbau der Mauern (Oria, Brindisi)[9].

Andere *universitates* (Castelvetere, Vasto Aimone, Pescocostanzo, Lanciano), denen das Vorrecht eingeräumt worden war, als Domäne verwaltet zu werden, wurden zu Lehen umgewandelt[10].

Man kann nun versuchen, aus den Herrschaftsverträgen einige steuerpolitische Leitlinien des Landesfürsten gegenüber den untergebenen Ländern zu entnehmen: so scheint es eine weitverbreitete Praxis des Landesfürsten oder der *Dominante* zu sein, den Grenz- oder Bergländern im Tausch gegen militärisches Engagement oder Kontrollmaßnahmen gegen den Schmuggel Erlässe und Privilegien zu gewähren[11]. Weiterhin wurden die Verpflichtungen

---

[7] *A. Pino-Branca*, Il Comune di Padova sotto la Dominante nel sec. XV (Rapporti amministrativi e finanziari), Venezia 1934, S. 334 und 336; in der Steuerpolitik wird jene größere Sicherheit des Rechts nicht angewendet, auf die in: *A. Ventura*, Il Dominio di Venezia nel Quattrocento, in: Florence and Venice: Comparisons and Relations, (Actes of two Conferences at Villa I Tatti in 1967-1977, organized by S. Bertelli / N. Rubinstein / C.H. Smith), Bd. 1: Quattrocento, Firenze 1979, S. 177 als Garantie der aristokratischen venezianischen Republik gegenüber den Fürstentümern hingewiesen wird.

[8] *F. Diaz*, Il Granducato di Toscana. I Medici, in: Storia d'Italia, geleitet von G. Galasso, Bd. XIII 1, Torino 1976, S. 152, sieht darin einen Akt der Behauptung der Autorität des Landesfürsten.

[9] *F. Trinchera*, Codice aragonese, Bd. 3, Napoli 1866, resp. S. 48, 319, 49, 348, 278 und 165.

[10] *N.F. Faraglia*, Il comune nell'Italia meridionale (1100-1806), Napoli 1883 (unveränderter Neudruck 1978); siehe S. 121-123 für die Gemeinden Pescocostanzo und Vasto in den Abruzzen und S. 193 für Lanciano, die dem königlichen Domäneamt für das Privileg gezahlt hatten, nicht belehnt zu werden, dann aber trotzdem 1640 an den Herzog Alessandro Pallavicino abgetreten wurde. Vgl. auch *G. Galasso*, Economia e società nella Calabria del Cinquecento, Napoli 1967, S. 83.

[11] *R. Colapietra*, Gli aspetti interni della crisi della monarchia aragonese, in: Archivio Storico Italiano, CXIX (1961), 430, S. 195: Cittaducale erhält 1491 als Vergü-

zu außerordentlichen Steuerleistungen bekräftigt, und es wurde festgelegt, welchen Spielraum die lokalen Verwaltungen bei der Festsetzung der kommunalen Gefälle hatten. Schließlich wurden die Belastungsgrenzen der Gemeinden sowie der Umfang ihrer Handelsprivilegien (Marktrechte, Einfuhr- und Ausfuhrzölle) bestimmt[12]. Was dann insbesondere die Steuerpolitik Venedigs auf der Terraferma betrifft, wurde festgestellt, daß ein Modell administrativer Geographie verfolgt wurde, welches eine wirksame Unterwerfung der Kernprovinzen (wie z.B. das Paduanische) anstrebte, aber den Grenz- oder Bergprovinzen, im Friaul, in den Tälern um Bergamo und Brescia, in Udine sowie in Crema und Brescia größere Autonomie und größere steuerliche Zugeständnisse einräumte[13].

Die florentinische Politik tendierte dahin, die einzelnen Gemeinden des Pisaner Umlandes unter die Kontrolle der Signoria zu stellen und sie so aus der Abhängigkeit von der alten *Dominante* (Pisa) zu befreien. Diese Politik wird – wenn auch mit Einschränkungen und Widersprüchen – im wesentlichen von Cosimo beibehalten. Arezzo, das von der *Dominante* auf dem Finanzsektor völlig entmachtet worden war und vielleicht deshalb rebellisch war, erlangte mit der Etablierung des Fürstentums eine relative Autonomie in Sachen Erhebung und Verwaltung der eigenen Einnahmen[14].

Das Fortleben bestimmter Einrichtungen und der lokalen statutarischen Gesetzgebung, die so lange geachtet wurde, als sie nicht mit dem Unterwerfungsakt kontrastierte und an verschiedenen Stellen sogar erneuert wurde, sowie die Tatsache, daß die Kapitulationen zu einer konstanten Bezugsgröße in den Beziehungen zwischen der Zentralgewalt und den lokalen Gemeinden

tung für die Überwachungstätigkeit, die die *universitas* in den Abruzzen und im Sabinergebirge ausüben muß, eine Abschreibung auf Steuerzahlungen.

[12] So besaß z.B. Crema sowohl in der kurzen Zeit unter der Ambrosianischen Republik als auch nach der Unterwerfung unter Venedig eine Autonomie von der zentralen Regierung und konnte im Bedarfsfall Zusatzsteuern zu Zöllen und Wegegeldern zu erheben: *G. Albini Mantovani*, Aspetti della finanza, S. 715 und S. 723. Arezzo erhielt mit der Herrschaft der Medici die Erträge aus Akzisen: *P. Benigni*, Oligarchia cittadina e pressione fiscale: il caso di Arezzo nei secoli XVI e XVII, in: La fiscalité et ses implications sociales en Italie et en France au XVIIe et XVIIIe siècles, Florences, 5-6 Décembre 1978, Colloque organisé par l'Ecole française de Rome en collaboration avec l'Archivio di Stato di Firenze et l'Institut français de Florence, Roma 1980, S. 55-56. Cervia konnte für den täglichen Bedarf vollständig über sie verfügen: *U. Foschi*, La bolla di Giulio II alla comunità di Cervia (1511), in: Studi Romagnoli, XXII (1971), S. 74-75.

[13] *M. Knapton*, Il fisco nello Stato veneziano di Terraferma tra '300 e '500: la politica delle entrate, in: Il sistema fiscale veneto. Problemi e aspetti XV-XVII secolo. Atti della prima giornata di studio sulla Terraferma veneta (Lazise, 29 Marzo 1981), hrsg. von G. Borelli / P. Lanaro / I. Vecchiato, Verona 1982, S. 19.

[14] Für Pisa vgl. *E. Fasano Guarini*, Città soggette e contadini nel dominio fiorentino tra Quattro e Cinquecento: il caso pisano, in: Ricerche di Storia Moderna, Bd. 1, Pisa 1976, S. 5-13. Für Arezzo vgl. *P. Benigni*, Oligarchia cittadina, S. 55-56.

wurden, lassen eine außerordentliche Zersplitterung der steuerlichen und rechtsprechenden Tätigkeit erkennen. Darin spiegelt sich der Gründungsprozeß der Territorialstaaten, welcher sich im 16. Jahrhundert mit Einrichtungen vollzog, die in der Lage waren, das Abgaben-, Militär- und Ernährungswesen zu koordinieren.

Um das politische Programm zur Umstrukturierung der zentralen, peripheren und lokalen finanziellen Einrichtungen und deren Anpassung an den erhöhten finanziellen Bedarf der italienischen Staaten zu umschreiben, wird in Italien die Formel des „buon governo" angewandt. Dieses Konzept regte sowohl Maßnahmen gegen die Staatsverschuldung an – so die Einrichtung eines Depots als Ergebnis des Schuldentilgungsplans aus dem Jahr 1584 in Venedig[15] –, als auch Maßnahmen zum *buon governo* und zur Verwaltung der Eingänge und Besitztümer der Gemeinden des Kirchenstaates. So wurde zu diesem Zweck 1592 eine Kongregation „De Bono Regimine" ins Leben gerufen[16]; am analogen Ideal einer „bene administrata republica" waren die Statuten von Borgo San Sepolcro bezüglich der Verwaltung der lokalen Einnahmen orientiert[17]. Der Zentralisierungsprozeß der finanziellen Einrichtungen interessiert uns an dieser Stelle nicht so sehr; auch nicht die Leitlinien, die Ergebnisse und die charakteristischen Eigenheiten der Staatsbildungen im 16. und 17. Jahrhundert[18], sondern vielmehr der Gebrauch, der in der Beziehung zwischen Zentralgewalt und abhängigen Gemeinschaften von schon existenten Einrichtungen und der konkreten Regierungspraxis – abgesehen von der formellen Anerkennung der Autonomien – gemacht wird: also ein Sprung vom institutionellen Rahmen zum konkreten Funktionieren der Magistraturen, die der Aufsicht über die lokalen Administrationen zur Verwaltung der Einnahmen an die Spitze gestellt wurden.

---

15 *F. Besta*, Bilanci generali, 2. Folge, Bd. 3: Bilanci dal 1736 al 1755, Venezia 1903, S. XVII, „Poiché per gratia del Signor Dio si è ridotta a fine la francation della Cecca nostra ... conviene al buon governo della Repubblica nostra provedere che il danaro di questi pro' francadi (il quale hora sopravanza alla spesa) sia talmente custodito che in ogni occasione di bisogno si possa haver in pronto".

16 Zur Kongregation des „de bono regimine" siehe *P.A. de Vecchis*, Collectio costitutionum, chirographum et brevium Romani Pontificis pro bono regimine universitatum ac communitatum Status ecclesiastici, Bd. 3, Romae 1732-1748.

17 „In qualibet bene administrata republica operae pretium est presidere et curare quod pecuniae cuiuscumque proventus recto quodam ordine recipiantur custodianturque et persolvantur" – dies ist ein Passus, der in die neue statutarische Stadtverfassung aus dem Jahr 1571 aufgenommen wurde; zitiert in *E. Fasano Guarini*, Camerlenghi ed esazione locale delle imposte nel Granducato di Toscana dal '500-'600, in: La fiscalité, S. 32-33, wo das Bewußtsein der städtischen Dimension betont wird. Vgl. auch *D. Marrara*, Studi giuridici sulla Toscana medicea, Milano 1965, S. 47.

18 Die Zentralisierungsbestrebungen der finanziellen Einrichtungen in den italienischen Staaten im 16. und 17. Jahrhundert untersucht *G. Muto*, Le finanze pubbliche napoletane tra riforme e restaurazione (1520-1634), Napoli 1980, S. 125-144. Vgl. auch die Einleitung von *A. Ventura* zu: *F. Besta*, Bilanci generali, 2. Folge, Bd. 4: 1756-1783, Padova 1972.

Eine kurze Untersuchung dieser Elemente im Mediceischen Großherzogtum, das von der florentinischen Republik ein komplexes und stark variierendes System von steuerlichen Strukturen und Regelungen erbt (und das sich dann mit dem Erwerb von Siena dort reproduziert), kann helfen, die konkrete Interventionsfähigkeit im Territorium sowie die Spannungen und die Widerstände zu klären, die aus der Präsenz von politisch äußerst vitalen Städten mit einer jahrhundertealten Autonomietradition resultieren.

Der Reform der Kontrollorgane der lokalen Finanz – also der „Cinque Conservatori" des Umlandes und des florentinischen Staates (1550-1551) und der „Otto di Pratica", die schon in republikanischer Zeit eingerichtet worden waren, sowie der von Cosimo I. durchgeführten darauffolgenden Fusion und Neuorganisation der Gerichtsbarkeit und des florentinischen Staates[19] in der Magistratur der „Nove Conservatori", welche die Verbindung zwischen den Bezirken des Territoriums und der zentralen Regierung sicherstellte – gelingt es, wenigstens zum Zeitpunkt ihrer Einrichtung, nicht, die Unterteilung des Territoriums des Großherzogtums Toskana, was die Verwaltung der Eingänge betraf, zu vereinheitlichen. Was die örtliche Organisation betrifft, so ist es angebracht, zwischen dem alten Staat (dem florentinischen Staat zur Zeit der Republik), dem neuen Staat nach der Eroberung Sienas, der Cosimo I. 1557 als Lehen gegeben wurde und eine Art „Personalunion" mit autonomer Verwaltungsstruktur im Verhältnis zu den „Nove Conservatori" darstellte, und anderen unabhängigen Körperschaften zu unterscheiden, die auch in Personalunion (Portoferraio, Filattiera, Castiglione della Pescaia)[20] geführt wurden. Ein unterschiedliches Abgabensystem für Umland und Bezirk hebt außerdem innerhalb des alten Staates das Territorium um Florenz von denjenigen Städten und Territorien mit einem autonomen kommunalen Leben ab, die sich mit Kapitulationen an Florenz gebunden hatten. Florenz hatte außerdem nicht mit Pisa und seinem Umland Herrschaftsverträge abgeschlossen, sondern mit den verschiedenen Gemeinden des Umlandes[21]; hatte sie unter die strenge Kontrolle der Signoria gestellt, ihnen aber eine Reihe von besonderen Exemtionen zugestanden, die das System der Gefälle als Ganzes sehr differenziert erscheinen lassen[22].

Die Beschränkungen der Gerichtsbarkeit der „Nove Conservatori" hatten also praktische Auswirkungen und werden unter Cosimo I. weiterhin Gültig-

---

[19] *F. Diaz*, Il Granducato, S. 85 und S. 104: die Verbindung von zentraler Regierungsgewalt und den Magistraturen der Länder der Herrschaft kam mit den Reformen der Jahre 1549, 1551 und zuletzt 1560 zustande.

[20] Ebd., S. 123-124 und *D. Marrara*, Studi giuridici, S. 244-249.

[21] *E. Fasano Guarini*, Città soggette e contadi, S. 5, die die Kapitulationen, die Florenz mit den verschiedenen Gemeinschaften des Pisaner Umlandes aufstellte, als Anzeichen für die schwächer werdende Subordination der Umgebung unter die alte *Dominante* hält.

[22] Ebd., S. 17.

keit haben: die Liste der abgetrennten Gerichtsbarkeiten[23] enthält unter anderem Pisa, Volterra, Montepulciano, Cortona, Borgo S. Sepolcro, Arezzo, Pistoia und Montagna di Pistoia. Diese Administration zählte die Aufsicht über die Gemeindeverwaltungen – in Sachen Verwaltung der Einnahmen, Abfassung der Steuerlisten und Instandhaltung der Gemeindegüter – als Garantie für die Zahlungen der verschiedenen Gemeinden für die ansteigenden allgemeinen Aufwendungen des Fürstentums zu ihren Hauptfunktionen. Geht man von der institutionellen Übersicht zum konkreten Funktionieren der Verwaltung über, läßt sich von der Mitte der 60er Jahre des 16. Jahrhunderts an eine neue Praxis bei den Sondergerichtsbarkeiten feststellen. Hier ist nicht so sehr die Entsendung von Visitatoren „pro tempore" gemeint, als vielmehr die Ernennung von „Cancellieri fermi"[24] in verschiedenen Gemeinden, also von zentralen Beamten mit der Aufgabe, die *Camerlenghi* [Kammerherren] der Gemeinden, die Disziplin bei außerordentlichen Ausgaben, die Entsendung von Gesandten nach Florenz und später der jährlichen Abrechnung zu kontrollieren[25]. Es blieb also bis auf wenige Ausnahmen bei der administrativen Autonomie bei der Wahl des *Camerlengo*, durch Auslosung oder Versteigerung und immer unter den waffenfähigen Bürgern, aber seine Aufgaben standen seit 1551 fest; die Abfassung des Steuerbuches jedoch, auf dem die Erhebungen und die Revision der lokalen Buchführung basierten, war diesem Netz von Beamten anvertraut, die bei den „Nove" dem Oberbürgermeister (*soprassindaco*) unterstanden[26]. Deren Kontrollfunktion bei der Versteigerungen und über die kommunitativen Steuerpächter wird in einer „Istruzione" im Jahr 1635 präzisiert werden, die zwischen den Zeilen Amtsmißbräuche und Unterschlagungen der lokalen Behörden aufdeckt, sowie den Willen der „Nove", sich zu informieren und ihnen gegenüber persönlich Bewilligungen auszusprechen[27].

Trotz der unbedeutenden Rolle, welche die als Lehen vergebenen Gemeinden im Großherzogtum spielen[28], gelingt es im 17. Jahrhundert, weder die

---

[23] *A. Anzilotti*, La costituzione interna dello Stato Fiorentino sotto il duca Cosimo I de' Medici, Firenze 1910, S. 70-71 und *E. Fasano Guarini*, Potere centrale e comunità soggette nel ducato di Cosimo I., in: Rivista Storica Italiana, LXXXIX (1977), S. 492.

[24] Zur Ernennung der „cancellieri fermi", die ihren Ursprung in einem „pragmatischen" Bedürfnis der „Nove Conservatori" nimmt vgl. *E. Fasano Guarini*, Potere centrale e comunità, S. 513 f.

[25] Ebd., S. 518.

[26] *E. Fasano Guarini*, Camerlenghi ed esazione locale delle imposte nel Granducato di Toscana del '500-'600, in: La fiscalité, S. 38-39. Der Aufgabenbereich dieser zentralen Beamten, die den „Nove Conservatori" unterstanden, wird in einer Instruktion aus dem Jahr 1575 festgelegt.

[27] Zum wachsenden Einfluß der „cancellieri" auf das kommunitativen Leben im 17. Jahrhundert, vgl. ebd., S. 40-41.

[28] *G. Pansini*, Per una storia del feudalesimo nel Granducato di Toscana durante il periodo mediceo, in: Quaderni storici, (1972), 19, S. 183-184, erklärt die Bedeutung des Phänomens der Refeudalisierung in der Toskana anhand der Daten der

Einmischung des Feudalherren auf die Ernennung des kommunitativen Schreibers zu verhindern, noch die Abtretung der Güter und Einnahmen der an sich schon defizitären als Lehen vergebenen Gemeinden (als Ausgleich für die Risiken der Landveredelung). Bestätigt wird aber die Regel, daß die Finanzkontrolle denselben Magistraturen in die Hand gegeben werden sollte, die sie schon auf jene nicht als Lehen vergebenen Gemeinden ausübten: die „Nove Conservatori" für den Staat, die „Surrogati dei Nove" für Pisa und die „Conservatori" für Siena[29].

Nicht einmal wenn explizit auf Kapitulationen und Privilegien verwiesen wird, darf man folgern, daß das Landesfürstentum unter Rücksichtnahme auf diese handelte: der Verweis auf sie im Jahre 1547 aus Anlaß des Benefiziums der Exemtion, das den Bürgern Pisas zugestanden wurde, und das Cosimo I. gemäß der Vorschriften der Herrschaftsverträge aus dem Jahr 1509 nur begrenzt für alle diejenigen gelten läßt, die schon 1494 Bürgerrechte hatten und im Jahre 1509 verbuchte Güter besaßen, bewirkt tatsächlich eine Einschränkung der alten Privilegien der Bürger Pisas[30].

Im vollen Bewußtsein dessen, daß tiefgreifende Unterschiede zwischen den politisch-sozialen Gegebenheiten der italienischen Staaten substantielle Differenzierungen erforderlich machen würden, scheinen mir aber trotzdem einige signifikante Übereinstimmungen, was die zeitlichen Abläufe betrifft, eine kurze vergleichende Untersuchung des Interesses der Zentralgewalt an der Peripherie – bezüglich fiskalischer Bedürfnisse – lohnend zu machen. Der Fall Venedigs, das in Sachen Institutionen und Probleme gewisse Parallelen sowie auch grundlegende Unterschiede[31] gegenüber der Toskana aufweist, sich aber für den Fiskus der Terraferma frühzeitig und beharrlich interessiert, kann diese Parallelen erklären. Venedig überzieht die wichtigsten Städte mit einem leistungsfähigen Netz aus fiskalischen Behörden. Frühzeitig wird durch die Entsendung außerordentlicher Funktionäre und eben durch die Präsenz von Kammern (Steuerkammern, Salzkammern) mit der Einschränkung ihrer auto-

---

Volkszählung von 1640-1642: 4,3% der Einwohner (oder besser 4,03% der *fuochi*) des gesamten Staates gehörten zu Lehen gegebenen Gemeinden an, davon jeweils 14% der Bevölkerung (oder 9% der *fuochi*) dem Sieneser Staat und 2,7% der Einwohner (oder 2,8% der *fuochi*) dem Florentiner Staat.

[29] Ebd., S. 148-153: es sind die Belehnungsakten, die dies ab 1601 festlegen, und das Prinzip wurde auch beibehalten, als man eine Ausnahme vom Prinzip der Trennung von Gütern und Einnahmen machte, die dem Lehnsherren zustanden und jenen der zu Lehen gegebenen Gemeinden. Diese letzteren wurden dem Lehnsherren auf der Basis der erprobten Zweckmäßigkeit für die öffentlichen Finanzen zur Verwaltung gegeben.

[30] *E. Fasano Guarini*, Città soggette e contadi, S. 48-52: der restriktive Gebrauch der städtischen Privilegien ist unter die Besorgnis, neue Zuwanderer zu begünstigen, einzuordnen und auf den wirtschaftlichen Aufschwung und die Wiederbevölkerung jenes *contado* ausgerichtet.

[31] Vgl. die Überlegungen von *A. Ventura*, Il Dominio di Venezia nel Quattrocento, in: Florence and Venise, S. 167-190.

nomen Kompetenzen begonnen; alles Organisationen, die in der Lage waren, den Städten der Terraferma die Verteidigungsausgaben in der Zeit zuerst der viskontinischen und dann der italischen Kriege aufzubürden. Hier liegen die Oppositionsmotive, die – laut Knapton – zum Abfall Paduas im Jahre 1509 führten[32]. Andererseits wird dem Landadel die gewohnte Aufteilung der Steuerbelastung über die Revision der Schätzungen weiterhin überlassen und Venedig greift nur in seltenen Fällen ein, um die Neufestsetzung der Steuern zu beschleunigen und um Konflikte zwischen den verschiedenen Körperschaften beizulegen[33]. Außerdem ist Venedig wegen der Vielzahl an Kassen, die durch den Pluralismus der Ratsgremien noch unterstrichen wird, nicht in der Lage, eine effektive Kontrolle über die Einzahlungen und den internen Austausch von Depositen auszuüben[34]. Im Laufe des 16. Jahrhunderts lassen sich Tariferhöhungen verzeichnen sowie verschiedene Vorschläge, die Zölle der Terraferma zu systematisieren und die alten Quoten mit den Zusätzen zusammenzufassen. Erst nach der Finanzkrise der Jahre 1582-1584 wird man sich darum bemühen, die Ausgaben und Einnahmen der Terraferma neu zu organisieren[35]. Durch zahllose Senatsbeschlüsse wurde versucht, die Steuerkammern wieder in Ordnung zu bringen, aber es ist eher angebracht, sich auf die Inspektionen von Inquisitoren in den ersten Jahrzehnten des 17. Jahrhunderts zu konzentrieren – insbesondere auf die bekannte Figur des Zaccaria Bondumier, Inquisitor für das Gebiet östlich des Mincio in den Jahren 1625 und 1626, der sich um das Eintreiben von nicht zurückgezahlten Krediten bemühte und eine allgemeine Regulierung des Zollwesens sowie der Rechnungsführung besorgte[36]. Um die Verschuldung von Städten und Ländern zu bremsen, beschloß der Senat im darauffolgenden Jahr, daß die Aufnahme von Anleihen nur vorbehaltlich einer Mitteilung an den „Consiglio dei Pregadi“

---

32 *M. Knapton*, I rapporti fiscali tra Venezia e la Terraferma: il caso padovano nel secondo ’400, in: Archivio veneto, 5. Folge, CXVII (1981), S. 1-65.

33 *A. Ventura*, Nobilità e popolo nella società veneta del ’400 e ’500, Bari 1964, S. 408.

34 *A. Ventura*, Bilanci generali, S. XXXII-XXXIII; ein Korrektiv zu der verwaltungstechnischen Zersplitterung der Finanzen, nach dem Fehlschlag der Zentralisierungsbestrebungen des „Consiglio dei Dieci“ von 1582-1583, ergab sich 1658 mit der Einrichtung der „Deputati e aggiunti alla provvisione del denaro pubblico“.

35 *A. Stella*, La regolazione delle pubbliche entrate e la crisi politica veneziana del 1582, in: Miscellanea in onore di Roberto Cessi, Bd. 2, Roma 1958, S. 158-171. Die Besteuerungseingriffe der Venezianischen Republik, die wichtigsten Zusatzsteuern sowie die neuauferlegten Zölle und Abgaben für das 16. und 17. Jahrhundert liefert *G. Gullino*, Considerazioni sull’evoluzione del sistema fiscale veneto tra il XVI e il XVIII secolo, in: Il sistema fiscale veneto, S. 59-91.

36 *A. Tagliaferri*, Ordinamento amministrativo dello Stato di Terraferma, in: Atti del Convegno Venezia e la Terraferma attraverso le relazioni dei rettori, Milano 1981, S. 30. Zur spezifischen Magistratur der Inquisitoren des 18. Jahrhunderts für die Eintreibung von öffentlichen Krediten und zu ihren Aktivitäten im Paduanischen zwischen 1787 und 1789 vgl. *G. Gullino*, Considerazioni, S. 81.

sowie die Einwilligung des „Pien collegio" möglich sei[37]. In Anbetracht der steuerlichen Immunitäten entschließt man sich dazu, die Angelegenheit in den Griff zu bekommen, indem man die alten Privilegien umgeht. Zuerst werden widerrechtliche Steuererlässe zur Anzeige gebracht und möglichst eingeschränkt; später versucht man, die Privilegien zu umgehen, indem man alte Zölle gegen andere mit neuen Bezeichnungen austauscht[38].

Abschließend läßt sich sagen, daß eine verbesserte Kenntnis des finanziellen Zustandes der Gemeinden und ihrer Solvenz – angesichts der Möglichkeit, die örtlichen Ressourcen zu kontrollieren und diese im Hinblick auf die steigenden Gemeinkosten aufs Wirksamste auszunutzen – von den 80er Jahren des 16. Jahrhunderts an in den italienischen Städten notwendig wird. In den 20er Jahren des 17. Jahrhunderts wird dies in Anbetracht der Verschuldung von Städten und Grundherrschaften erheblich verschärft. Institutionelle Instrumente sind die Inspektionen (*inquisitori* in Venedig, *visitatori generali* in Neapel, *visitatori economici* im Kirchenstaat), während die „Steuergleichheit", die mehrfach in die Bekräftigungen der Landesfürsten für das „öffentliche Wohl" zu handeln, miteinbezogen wurde, dahingehend interpretiert wird, Korrektive einzuführen, um wenigstens die Ausweitung des Kreises der Privilegierten zu verhindern.

---

37 *G. Borelli*, Questioni relative al sistema fiscale veneto, in: Economia e storia, (1981), S. 261, jetzt in: *G. Borelli*, Einleitung zu: Il sistema fiscale veneto, S. 11-12.

38 *G. Gullino*, Considerazioni, S. 70-73.

Die Bedeutung der Reichstage auf dem Gebiet der öffentlichen Finanzen im Spannungsfeld zwischen Kaiser, Territorialstaaten und Reichsstädten (1495-1670)

Von Fritz Blaich

I.

Die Geschichte der öffentlichen Finanzen im Heiligen Römischen Reich Deutscher Nation ist durch den Gegensatz zwischen der Zentralgewalt, repräsentiert durch den Kaiser, und den Partikulargewalten, verkörpert durch die Territorialstaaten und die Reichsstädte, gekennzeichnet. Zwar hatten sich die Landesfürsten und die Magistrate der freien Städte schon frühzeitig den Zugriff auf die wichtigsten Einnahmequellen gesichert. Dennoch konnten oder wollten sie nicht auf bestimmte Leistungen der Zentralgewalt verzichten, namentlich auf den Gebieten der Rechtsprechung und des Militärwesens. Mithin stellte sich die Frage der Finanzierung der Aufgaben, welche das Reich übernehmen sollte. Zu Beginn der Neuzeit schien es, als könne auch der Zentralgewalt der Zugang zu ständig und reichhaltig fließenden Einnahmen geöffnet werden[1].

Den Anstoß zur Durchführung einer Finanzreform gab der Vormarsch der türkischen Heere in Ungarn. Als die reichsunmittelbaren Stände – Kurfürsten, Fürsten, Grafen, Prälaten und Reichsstädte – im Jahre 1495 zu einem Reichstag in Worms zusammenkamen, beschlossen sie, eine allgemeine direkte Reichssteuer unter der Bezeichnung „Gemeiner Pfennig" einzuführen[2]. Zur Verwal-

---

[1] Die folgenden Ausführungen stützen sich auf *A. Teicke*, Reichssteuerbestrebungen unter Karl V. (bis zum Sturze des zweiten Nürnberger Reichsregiments), Diss., Leipzig 1910, S. 17 f.; *T. Mayer*, Geschichte der Finanzwirtschaft vom Mittelalter bis zum Ende des 18. Jahrhunderts, in: Handbuch der Finanzwissenschaft, Bd. 1, 1952, S. 242 f., *F. Lütge*, Finanzgeschichte, in: Handwörterbuch der Sozialwissenschaften, Bd. 3, 1961, S. 585 f.; Von der Reichsschatzkammer zum Bundesfinanzministerium. Geschichte, Leistungen und Aufgaben eines zentralen Staatsorganes, hrsg. vom Bundesministerium der Finanzen, Köln-Marienburg 1969, S. 50 f.; *S.W. Rowan*, A Reichstag in the Reform Era: Freiburg im Breisgau, 1497-98, in: The Old Reich. Essays on German Political Institutions 1495-1806, hrsg. von J.A. Vann, Brüssel 1974, S. 34 f.; *K. Häuser*, Abriß der geschichtlichen Entwicklung der öffentlichen Finanzwirtschaft, in: Handbuch der Finanzwissenschaft, Bd. 1, 1977, S. 31 f.

[2] Die Einführung einer solchen Reichssteuer wurde schon 1422 angesichts der Bedrohung des Reiches durch die Hussiten erwogen. *J. Siobor*, Zur Geschichte des

tung des Steueraufkommens wurden „Reichsschatzmeister" eingesetzt, die als Vertreter aller Reichsstände in Frankfurt am Main eine Schatzbehörde gründeten. Die Befugnisse dieser zentralen Finanzbehörde mißfielen jedoch nicht nur den Landesfürsten, sondern auch dem Kaiser, welcher die Steuerbeträge, die in seinen österreichischen Stammlanden eingehoben wurden, ebenfalls in Frankfurt abliefern sollte. Kurzerhand errichtete Maximilian I. 1496 in Innsbruck eine „Schatzkammer", welche den Finanzdienst für alle habsburgischen Länder abwickeln sollte. Mit dieser Gründung zerschlug der Kaiser selbst den Ansatz zu einer Finanzverwaltung des Reiches. Angesichts seines Verhaltens erstaunt es nicht, daß auch andere Reichsstände begannen, den in ihrem Gebiet eingehobenen Gemeinen Pfennig nur schleppend und unvollständig bei der Reichsschatzbehörde einzuzahlen. Die Reichsritterschaft und die Eidgenossen lehnten die Entrichtung dieser Steuer ohnehin ab.

Auf dem Reichstag zu Nürnberg 1522 kam es nochmals zu einem bemerkenswerten Versuch, das Reich auf eine solide finanzielle Grundlage zu stellen. Die Reichsstände berieten einen Entwurf, welcher die Einführung eines „Reichsgrenzzolls" und den Aufbau einer Reichszollverwaltung vorsah. Gedacht war zunächst an einen Wertzoll mit einem Satz von 4%, der an den Grenzen des Heiligen Römischen Reiches bei der Ausfuhr von Waren durch „Reichszöllner" erhoben werden sollte. Indessen scheiterten auch diese Pläne am Widerstand der Reichsstände. Gegen das Projekt eines Reichszolls lehnten sich vor allem die Vertreter der Reichsstädte auf[3].

Diese Entscheidungen erniedrigten das Reich zum finanziellen Kostgänger der Landesherren und der freien Städte. Auf den nun folgenden Reichstagen bewilligten die Reichsstände von Fall zu Fall für genau umgrenzte Aufgaben des Reiches jeweils einen bestimmten Geldbetrag, dessen Aufbringung sie nach einem festen Schlüssel – der „Reichsmatrikel" – unter sich aufteilten. Das Reich blieb darauf angewiesen, daß jeder Reichsstand den auf ihn entfallenden „Matrikularbeitrag" pünktlich und vollständig bezahlte[4]. Die beiden wichtigsten Formen der Matrikularbeiträge waren die „Kammerzieler" die zur Deckung der Unterhaltskosten des Reichskammergerichts dienten, sowie die „Römermonate", welche die Finanzierung eines Reichskrieges sichern sollten.

Folgt man der einschlägigen Literatur, so litt freilich auch dieses System der Finanzierung der Ausgaben des Reiches an der Gleichgültigkeit vieler Reichs-

Reichsmatrikelwesens, Leipzig 1910, S. 1 f.; *A. Werminghoff*, Die deutschen Reichskriegssteuergesetze von 1422 bis 1427 und die deutsche Kirche. Ein Beitrag zur Geschichte des vorreformatorischen deutschen Staatskirchenrechts, Weimar 1916, S. 31 f.

[3] Siehe hierzu: Deutsche Reichstagsakten unter Kaiser Karl V., Bd. 2, bearbeitet von A. Wrede, Gotha 1896, S. 412 f.; Bd. 3, bearbeitet von A. Wrede, Gotha 1901, S. 188 f., 622 f.; Teutsche Reichsabschiede. Neue und vollständige Sammlung der Reichsabschiede, hrsg. von E.A. Koch, 4 Teile, Frankfurt a. Main 1747.

[4] Vgl. z.B. *A.K. Mally*, Der Österreichische Kreis in der Exekutionsordnung des römisch-deutschen Reiches, Wien 1967, S. 32.

stände und am Fehlen einer Reichsexekutive[5]. „Alles in allem war die Situation dieser Zeit gekennzeichnet dadurch, daß es schlecht und recht gelang, durch Kammerzieler und Römermonate die Aufwendungen für Reichskammergericht und Reichskriege einigermaßen zu decken"[6].

Eine in jüngster Zeit durchgeführte Untersuchung legt es freilich nahe, „das Urteil von dem nicht existierenden Finanzwesen des Reiches zu revidieren"[7]. Trotz aller Hemmnisse gelang es im späten 16. Jahrhundert einem relativ kleinen Beamtenkörper unter der Leitung des „Reichspfennigmeisters"[8], das Reich als handlungsfähige Einheit auf finanziellem Gebiet zu erhalten. Für die Jahrzehnte zwischen 1576 und 1606 konnte nämlich im Durchschnitt ein mit weit über 80 sehr hoch liegendes Maß an tatsächlicher Bezahlung der Reichssteuer nachgewiesen werden. Auch die Summe von über 30 Millionen Gulden, welche die Reichsstände zwischen 1556 und 1606 an Türkensteuer aufbrachten, bürgt für die erstaunliche Funktionsfähigkeit des Reiches im finanziellen Bereich[9]. Offensichtlich war der Kaiser keineswegs in die Rolle eines Bittstellers abgedrängt worden, der auf den Reichstagen mit zahlungsunwilligen Reichsständen um die Höhe der Matrikularbeiträge feilschen mußte.

An diese Vermutung knüpft die folgende Untersuchung an. Sie stellt die Frage, ob außer dem Kaiser auch die Reichsstände Veranlassung hatten, den Reichstag als Forum zur Lösung besonderer Probleme der öffentlichen Finanzwirtschaft zu nutzen. Hinter dieser Frage stehen die beiden folgenden Überlegungen. Der Dualismus prägte nicht allein die Beziehungen zwischen dem Reich und den Reichsgliedern. Innerhalb der Territorialstaaten bestand eine vergleichbare Frontstellung zwischen dem Landesfürsten und den Landständen, die meistens durch die Geistlichkeit, den Adel und die Städte vertreten wurden. Ähnlich wie der Kaiser auf den Reichstagen mußte der Landesfürst mit den Landständen jedes Jahr auf den Landtagen darüber verhandeln, welche Geldmittel diese in Form von Steuern und Kontributionen zu bewilligen gedachten. Oft mußte er solche Genehmigungen durch politische Zugeständnisse und durch wirtschaftliche Gegenleistungen regelrecht erkaufen[10].

---

[5] Zum Forschungsstand über das Reichsfinanzwesen vgl. *W. Schulze*, Reich und Türkengefahr im späten 16. Jahrhundert. Studien zu den politischen und gesellschaftlichen Auswirkungen einer äußeren Bedrohung, München 1978, S. 369.

[6] *F. Lütge*, Finanzgeschichte, S. 585.

[7] *W. Schulze*, Reich und Türkengefahr, S. 369.

[8] Zur Institution des Reichspfennigmeisters und zu Zacharias Geizkofler, dem bedeutendsten Inhaber dieses Amts, siehe *J. Müller*, Zacharias Geizkofler 1560-1617. Des Heiligen Römischen Reiches Pfennigmeister und oberster Proviantmeister im Königreich Ungarn, Baden bei Wien 1938, und *F. Blendinger*, Geizkofler, in: Neue Deutsche Biographie, Bd. 6, 1964, S. 167.

[9] *W. Schulze*, Reich und Türkengefahr, S. 360 f., ferner *W. Steglich*, Die Reichstürkenhilfe in der Zeit Karls V., in: Militärgeschichtliche Mitteilungen, 11 (1972), S. 7 f.

[10] Vgl. *H. Kellenbenz*, Die öffentlichen Finanzen im Reich von der Mitte des 17. bis ins 19. Jahrhundert, in: Pro Civitate. Collection Histoire, Historische Uitgaven, 34 (1972), S. 136.

Doch nicht allein der territoriale Dualismus mochte einen Landesherrn dazu bewegen, in der Auseinandersetzung mit den Landständen Rückhalt bei der Reichsgesetzgebung zu suchen. Man muß sich ferner von der Vorstellung lösen, als hätten alle reichsunmittelbaren Stände die erforderliche politische Macht besessen, um erfolgreich als Gegenspieler des Kaisers auftreten zu können. Die Mehrzahl der Reichsstände setzte sich vielmehr aus räumlich engen und politisch unbedeutenden Herrschaften zusammen. „Sie wahrten den Schein der Staatlichkeit vor allem durch die eigene Dynastie, waren aber praktisch ... Verwaltungsbezirke mit größeren Selbstverwaltungskompetenzen und eigener Gerichtsbarkeit“[11]. Für diese Stände, zu denen die reichsunmittelbaren Herrschaften, die meisten Reichsstädte, viele kleinere Fürstentümer, die Fürstbischöfe und die Fürstäbte zählten, war eine Anlehnung an einen übergeordneten Verband gerade im Bereich der Wirtschaft und der Finanzen unerläßlich.

II.

In der Steuergesetzgebung des Reiches, die in den „Reichsabschieden“ bzw. „-schlüssen“ sowie in den Wahlkapitulationen des Kaisers niedergelegt wurde, erblickten viele Landesherren ein Werkzeug, welches ihnen helfen konnte, das Bewilligungsrecht der Landstände bei der Besteuerung ihrer Untertanen zu untergraben und statt dessen ihren Herrschaftsanspruch auch im Bereich der öffentlichen Finanzen durchzusetzen[12]. Steuern zur Abwehr der Türkengefahr konnten Adel, Geistlichkeit und fürstliche Städte schlechthin nicht verweigern. „Welcher Christ hätte sich dieser Aufgabe entziehen wollen, ohne sich selbst außerhalb der moralischen Normen der Zeit zu stellen?“[13]. Außerdem konnten die Landstände die Bewilligung der Türkensteuern kaum mit der Forderung nach Gegenleistungen verknüpfen. Der Landesherr konnte nämlich darauf verweisen, daß nicht er, sondern der Kaiser und das Reich die Urheber der neuen Steuerlasten seien. Die Vorlagen für die Landtage, in denen die Reichsfürsten von ihren Landständen die Übernahme von Türkensteuern verlangten, enthielten deshalb in der Regel gleich zu Beginn einen Hinweis auf die zuvor gefaßten Beschlüsse des Reichstags[14].

---

[11] Vgl. *W. Fürnrohr*, Der immerwährende Reichstag zu Regensburg, in: Verhandlungen des Historischen Vereins für Oberpfalz und Regensburg, 103 (1963), S. 169, ferner *H.H. Hofmann*, Reichskreis und Kreisassoziation, in: Zeitschrift für bayerische Landesgeschichte, 25 (1962), S. 409.

[12] *O. Schöneweis*, Die Wirtschafts- und Finanzpolitik der waldeckischen Landesherren im 16., 17. und 18. Jahrhundert, Diss., Würzburg 1932, S. 60 f.

[13] *W. Schulze*, Reichstage und Reichssteuern im späten 16. Jahrhundert, in: Zeitschrift für Historische Forschung, 2 (1975), S. 50.

[14] Ebd., S. 50, Anm. 15, ferner *P. Blickle*, Gemeiner Pfennig und Obrigkeit (1495), in: Vierteljahrschrift für Sozial- und Wirtschaftsgeschichte, 63 (1976), S. 180 f.

Das Ziel der Landesherren, die Steuerhoheit in ihrem Territorium durchzusetzen, erklärt, warum 1495 nicht nur die Reichsstädte, sondern auch die Reichsfürsten die Einführung einer allgemeinen und direkten Reichssteuer billigten. Den Gemeinen Pfennig erhob das Reich unmittelbar von den Untertanen. Steuerpflicht und Steuerart waren unantastbar für die Landstände durch einen Beschluß des Reichstags festgelegt[15]. Der „Römermonat" galt hingegen als monetäre Abgeltung für die nicht geleistete Heerfahrt des Reichsfürsten und sollte deshalb auch aus dessen Kameraleinkünften bestritten werden. Reichten diese Einnahmen nicht aus, so mußte sich der Landesherr – um 1495 – an den Landtag wenden, um dort die Bewilligung zusätzlicher Mittel zu erbitten[16].

Der finanzielle Ertrag des Gemeinen Pfennigs blieb jedoch hinter den Erwartungen zurück. Die Einhebung einer direkten Reichssteuer, die alle Vermögen und Einkommen gleichmäßig belasten sollte, stieß auf zwei Widerstände. Zum einen fehlte dem Reich ein geschulter Beamtenapparat, zum anderen beriefen sich der Adel und die Geistlichkeit auf ihre Steuerprivilegien. Andererseits spitzte sich die Bedrohung des christlichen Abendlandes durch den Vormarsch der Türken zu. 1529 standen die Heere des Sultans zum ersten Mal vor Wien. Die finanziellen Anforderungen der Verteidiger schwollen rasch an[17]. An einer angemessenen Beteiligung der Landstände an der Türkenhilfe hatten die Reichsfürsten aber schon deshalb großes Interesse, weil die blutigen Bauernaufstände um 1525 gelehrt hatten, daß die Bauern nicht in beliebiger Höhe mit Abgaben belastet werden konnten[18].

Die Erfahrungen der Bauernkriege standen hinter der grundlegenden Entscheidung zur Türkenhilfe, welche der Reichstag zu Speyer 1542 traf. Im § 49 des Reichsabschieds drückten die Reichsstände ihre Befürchtung aus, die Fortführung der bisherigen Finanzierung der Türkenkriege könne den einfachen Bauern „über sein Vermögen" belasten. Um eine einseitige Besteuerung der Landwirtschaft zu vermeiden, verfügten sie sodann, daß in Zukunft alle Stände, Städte und Einwohner des Heiligen Römischen Reiches ohne Rücksicht auf ihre bisherigen Steuerfreiheiten „nach ihrem Vermögen" zur Türkenhilfe veranschlagt werden sollten. Niemand solle von dieser Steuer ausgeschlossen werden, er sei hohen oder niederen Standes[19].

Mit diesem Reichsgesetz, das auf den folgenden Reichstagen erneut eingeschärft wurde[20], hatten die Reichsfürsten eine wichtige Etappe in ihrer fi-

---

15 *K. Krüger*, Finanzstaat Hessen 1500-1567. Staatsbildung im Übergang vom Domänenstaat zum Steuerstaat, Marburg 1980, S. 62.

16 Vgl. *P. Blickle*, Gemeiner Pfennig, S. 181 f.

17 Siehe hierzu *W. Steglich*, Die Reichstürkenhilfe, S. 7 f.

18 *W. Schulze*, Reichstage und Reichssteuern, S. 54 f.

19 Teutsche Reichsabschiede, II, S. 453. Neu eingeschärft auf dem Reichstag zu Speyer 1544, ebd., S. 500.

20 Vgl. z.B. Teutsche Reichsabschiede, II, S. 488.

nanzpolitischen Strategie erreicht. Im Rahmen der Türkenhilfe konnte die Steuerpflicht auf den Adel, die Geistlichkeit und die landesherrlichen Städte ausgedehnt werden. Stichproben über die Erhebung des Gemeinen Pfennigs in den Territorien – in der Grafschaft Saarbrücken 1542, in der Kurpfalz 1551 und in der Oberpfalz 1566 – ergaben übereinstimmend, daß sich die Landesherrschaft die Gelegenheit nicht entgehen ließ, Adel, Städte und Geistlichkeit im Auftrag des Reiches direkt zu besteuern. Selbst Pfarrer, Kapläne, Stiftungen und Bruderschaften wurden nun in der Steuerliste aufgeführt, ebenso wie Kirchen- und Schuldiener. Ausgenommen von der Besteuerung blieben lediglich Spitäler, Almosen- und Siechenhäuser[21]. Auf dem Reichstag zu Augsburg 1566 legten die Reichsstände weiterhin fest, daß säumige Steuerschuldner „in poenam dupli" fallen sollten, also zur Strafe den doppelten Betrag an ihren Landesherrn zu zahlen hätten[22].

Das Verhalten der Reichsritterschaft gegenüber der Türkenhilfe bestätigt die Zielrichtung der fürstlichen Steuerpolitik. Diese dem Personenverbandstaat ähnelnden Adelsbündnisse, die zwar keine Reichsstandschaft, wohl aber die Reichsunmittelbarkeit besaßen, wehrten sich 1495 gegen die Belastung durch den Gemeinen Pfennig, um Versuche der Mediatisierung durch die Territorialherren von sich abzuwehren. Schließlich spürte die Reichsritterschaft aber, daß ihre Weigerung, unmittelbar zur Türkenhilfe beizutragen, den Bestrebungen der Reichsfürsten entgegenkam. Daher erstaunt es nicht, daß 1532 die fränkische Reichsritterschaft dem Kaiser zum ersten Mal die Türkensteuer bezahlte. 1542, als die Würzburger Landschaft dem Bischof Konrad die Umlage einer Türkensteuer bewilligte, bestand sie ausdrücklich darauf, ihren Beitrag zur Türkenhilfe unmittelbar an den Kaiser zu leisten. Für die Steuerzahlung der Reichsritterschaft bürgerte sich bald die dem kanonischen Recht entnommene Bezeichnung: „Subsidium charitativum" ein. Die Entrichtung dieser Steuer wurde zum sinnfälligsten Ausdruck der institutionellen Bindung der Ritterschaft an Kaiser und Reich. Sie legte ferner den Grundstein für das Gebäude kaiserlicher Privilegien, welches die Reichsunmittelbarkeit der Adelsbündnisse gewährte[23].

Der nächste Schritt auf dem Weg zur landesherrlichen Steuerhoheit bestand nun darin, die direkte Besteuerung, auf welche auch noch die Türkenhilfe von 1542 zurückgriff[24], durch das Repartitionsverfahren zu ersetzen. Aus

---

[21] *L. Blasse*, Die direkten und indirekten Steuern der Churpfalz, Diss., Heidelberg 1914, S. 50 f.; *H.-H. Gerhard*, Das Steuerwesen der Grafschaft Saarbrücken, Saarbrücken 1960, S. 123 f.; *K. Köhle*, Landesherr und Landstände in der Oberpfalz von 1400-1583. Sozialstruktur und politische Repräsentanz eines frühneuzeitlichen Territoriums, München 1969, 140 f.

[22] Teutsche Reichasbschiede, III, S. 200.

[23] Vgl. *E. Schubert*, Die Landstände des Hochstifts Würzburg, Würzburg 1967, S. 124 f.

[24] Vgl. Geschichte des Fränkischen Kreises. Darstellung und Akten, bearbeitet von F. Hartung, Bd. 1: Die Geschichte des Fränkischen Kreises von 1521-1559, Leipzig 1910, S. 191.

der Sicht der Reichsfürsten versprach die Aufbringung der Türkenhilfe durch Matrikularbeiträge die folgenden Vorteile:

1. Obwohl, wie bereits erwähnt, nach dem Reichsrecht der Fürst verpflichtet war, die fälligen Römermonate aus seinem Kammergut aufzubringen, verschaffte ihm die Einbindung der Matrikularbeiträge in die Türkenhilfe die Möglichkeit, die auf ihn entfallende Steuerlast nach eigenem Ermessen auf seine Untertanen abzuwälzen. Er haftete dem Kaiser lediglich für die Ablieferung der Gesamtsumme[25].

2. Während der Gemeine Pfennig von seinen Untertanen unmittelbar an die Reichsorgane gezahlt worden war, sammelte nun der Landesherr die einzelnen Beiträge zum Römermonat ein. Aus der Vollständigkeit und der Schnelligkeit der Zahlungseingänge konnte er z.B. Rückschlüsse auf die Besitz- und Vermögensverhältnisse in einer zu seinem Territorium gehörenden Stadt ziehen. Diese Kenntnis konnte er für die Ausschreibung künftiger Landessteuern verwerten[26].

3. Das Repartitionsverfahren eröffnete einen Weg, um den Untertanen zu Gunsten der Schatzkammer des Landesherrn höhere Beitragslasten aufzubürden, als sie vom Reich verlangt worden waren. Ein Mißbrauch des Besteuerungsrechtes, den der Vertreter der Reichsstadt Straßburg bereits auf dem Reichstag von 1544 vorausgesagt hatte[27], läßt sich für die zweite Hälfte des 16. Jahrhunderts in den folgenden drei Fällen sogar rechnerisch nachweisen. Der Bischof von Würzburg, die Markgrafen von Brandenburg-Ansbach und der Reichsgraf von Nassau-Dillenburg überwiesen nur einen Teil der von ihren Untertanen aufgebrachten Türkensteuer an den Kaiser[28]. Die erfolgreiche Wiederholung dieses gegen die Reichsgesetze verstoßenden Verfahrens[29] konnte überdies auf dem Wege des Gewohnheitsrechtes zur Einrichtung einer zusätzlichen Landessteuer führen.

4. Die Absicht des Reichsabschieds von 1495, mit dem Gemeinen Pfennig eine gleichmäßige Verteilung der Lasten auf alle Bewohner vorzunehmen, widersprach den hierarchischen Vorstellungen der Reichsfürsten von der politischen Ordnung und dem gesellschaftlichen Aufbau des Reiches. „Ohnehin auf die wirtschaftlich bedingte Bedeutungssteigerung der Städte und ihres Handels neidisch und mißtrauisch zugleich, mußte in dieser Situation alles,

---

[25] *W. Schulze*, Reichstage und Reichssteuern, S. 46 f.

[26] Vgl. *K. Friedland*, Der Kampf der Stadt Lüneburg mit ihren Landesherren. Stadtfreiheit und Fürstenhoheit im 16. Jahrhundert, Hildesheim 1953.

[27] *A. De Boor*, Beiträge zur Geschichte des Speirer Reichstages vom Jahre 1544, Diss., Straßburg 1878, S. 54.

[28] *R. Glawischnig*, Niederlande, Kalvinismus und Reichsgrafenstand 1559-1584. Nassau-Dillenburg unter Graf Johann VI., Marburg 1973, S. 249; *W. Schulze*, Reichstage und Reichssteuern, S. 51 f.

[29] *W. Schulze*, Reichstage und Reichssteuern, S. 52.

was tendenziell auf eine Nivellierung der gesellschaftlichen Ordnung hinauslief, scharf abgeblockt werden"[30].

Vor diesem Hintergrund wird die Stellungnahme verständlich, welche eine Gruppe von Kurfürsten und Fürsten auf dem Reichstag zu Speyer 1544 gegen die direkten Reichssteuern, die sie polemisch „Kaufmanns Anschlag" nannten, abgaben[31]. Den Vertretern der Reichsstädte warfen sie vor, den Gemeinen Pfennig als Werkzeug zu benutzen, um die Reichsfürsten ihrer Freiheiten zu berauben und sie dem städtischen Bürger oder gar dem „gemeinen Mann" gleichstellen zu können[32].

Erstaunlicherweise waren es dann aber gerade die wirtschaftlich bedeutenden Reichsstädte Augsburg, Köln, Nürnberg und Ulm, welche dazu beitrugen, daß ab 1566 bei der langfristigen Türkenhilfe der Römermonat den Gemeinen Pfennig allmählich verdrängte[33]. Den Sinneswandel der reichsstädtischen Vertreter bewirkten die folgenden Ereignisse und Überlegungen:

1. In der Reichsmatrikel von 1521 waren die Reichsstädte im Vergleich zu den Kurfürsten und zu den Fürsten mit ausgedehnten Territorien recht hoch veranschlagt worden[34]. Zwischen 1545 und 1548 hatte jedoch ein Ausschuß des Reichstags bei der Berichtigung der Matrikel den Anschlag der Städte für den Römermonat um 27% verringert[35].

2. Bereits um 1544 wies Nürnberg darauf hin, daß die Aufbringung des Gemeinen Pfennigs den Territorialherren Einblicke in die finanzielle Kraft der Reichsstädte verschaffen könne[36]. Die Preisgabe ihrer Vermögensverhältnisse konnte indessen nicht nur zu weiteren finanziellen Belastungen führen, sondern auch die Wehrfähigkeit einer Stadt mindern[37].

---

30 Ebd., S. 48. 1544 setzten die Reichsstädte – Nürnberg ausgenommen – für die neu bewilligte Türkenhilfe die Form des Gemeines Pfennigs durch. *A. De Boor*, Beiträge zur Geschichte des Speirer Reichstages, S. 80.

31 *W. Schulze*, Reichstage und Reichssteuern, S. 47 f.

32 *W. Schulze*, Reich und Türkengefahr, S. 183 f.

33 Vgl. *E. Franz*, Nürnberg, Kaiser und Reich. Studien zur reichsstädtischen Außenpolitik, München 1930, S. 152.

34 Siehe z.B. die außergewöhnlich hohe Belastung der Reichsstädte Nürnberg und Ulm auf dem Reichstag von 1521. Deutsche Reichstagsakten, Jüngere Reihe, Bd. 2, S. 426, Anm. 2.

35 *J. Müller*, Veränderungen im Reichsmatrikelwesen um die Mitte des sechzehnten Jahrhunderts, in: Zeitschrift des Historischen Vereins für Schwaben und Neuburg, 22 (1895), S. 123, 154.

36 *E. Franz*, Nürnberg, Kaiser und Reich. Studien zur reichsstädtischen Außenpolitik, München 1930, S. 152.

37 Z.B. betrieb der Rat der Stadt Nürnberg aus militärischen Gründen die sorgfältige Geheimhaltung aller Maßnahmen und Zahlen, die mit seiner Getreidevorratspolitik in Verbindung standen. *H. Hofmann*, Die Getreidehandelspolitik der Reichsstadt Nürnberg insbesondere vom 13. bis zum 16. Jahrhundert, Diss., Erlangen 1912, S. 88 f.

3. Der Rat der Stadt Köln berichtete 1594 von Schwierigkeiten bei der Ermittlung der einzelnen Vermögen der Bürger und Einwohner. Aus Rücksicht auf ihren Kredit seien vor allem die Kaufleute nicht mehr bereit, ihre Besitzverhältnisse offenzulegen[38].

Daher erstaunt es nicht, daß auf dem Reichstag zu Regensburg 1603 der Rat der Städte ebenfalls für das Repartitionsverfahren in Form der Römermonate eintrat[39]. Dieser Sinneswandel änderte auch die Form der Steuererhebung. In Hamburg wurde z.B. 1609 zum letzten Mal eine Türkensteuer als „Kopfgeld" von jedem Haushaltsvorstand eingefordert. Danach wurden Leistungen an das Reichsoberhaupt aus dem Geldvorrat der Kämmerei bestritten, zum Teil unter Zuhilfenahme des Ertrags außerordentlicher Steuern[40]. Eine ähnliche Erscheinung ist in manchen Territorialstaaten zu beobachten. Dort wurde im 17. Jahrhundert die Trennung von Reichssteuern und landesherrlichen Steuern bei der Repartition ebenfalls nicht mehr scharf durchgeführt[41].

Auch nach dem Dreißigjährigen Krieg wollten viele Reichsstände nicht auf Reichsgesetze verzichten, wenn es darum ging, ihre Steuerhoheit auszudehnen. Im § 180 des Reichsabschieds von 1654 wurde festgelegt, daß die Reichsstände berechtigt seien, alle ihre Untertanen mit finanziellen Beiträgen zur Erhaltung und zum Ausbau von Festungen und Garnisonen heranzuziehen[42]. Die Wahlkapitulation Kaiser Leopolds I. aus dem Jahre 1658 untersagte den Landständen jede selbständige Handlung bei der Ausschreibung und Einhebung der Landessteuern. Auch durften sich die Stände ohne Zustimmung des Landesherrn nicht mehr versammeln, um z.B. steuerpolitische Fragen zu erörtern[43]. Der Reichsschluß von 1670 erlaubte den Fürsten, die zum Besuch der Reichs-, Deputations- und Kreiskonvente notwendigen „Legationskosten" von ihren Untertanen einzuheben[44].

III.

Die Aufgabe der Reichstage erschöpfte sich freilich nicht im Verfahren der Gesetzgebung. Als Ort regelmäßiger Zusammenkünfte der Reichsstände bilde-

---

38 *W. Schulze*, Reich und Türkengefahr, S. 190.

39 Ebd.

40 *F. Voigt*, Der Haushalt der Stadt Hamburg 1601 bis 1650, Hamburg 1916, S. 62 f., ferner *K. Zeiger*, Hamburgs Finanzen von 1563-1650, Rostock, S. 27.

41 *H.-H. Gerhard*, Das Steuerwesen, S. 130 f.

42 Teutsche Reichsabschiede, III, S. 674, ferner *O. Schöneweis*, Die Wirtschafts- und Finanzpolitik, S. 61 f.

43 *Ch. Ziegler*, Wahl-Capitulationen, welche mit denen Römischen Kaysern und Königen ... auffgerichtet, vereiniget und verglichen, Frankfurt a. Main 1711, S. 206.

44 Teutsche Reichsabschiede, IV, S. 80, ferner *H.-H. Gerhard*, Das Steuerwesen, S. 132.

ten sie eine Informationsquelle ersten Ranges[45]. Im Bereich der öffentlichen Finanzen dienten sie als Stätte des Austausches von Erfahrungen auf den Gebieten der Steuertechnik und der -verwaltung, wobei die Vertreter der Reichsstädte eindeutig die Rolle des Lehrmeisters übernahmen.

Die unter den Bewohnern der Stadt auftretenden Wohlstandsunterschiede zwangen den Stadtrat bereits im Mittelalter, die Besteuerung an die Ergiebigkeit der Steuerquellen und an die Leistungsfähigkeit der Bürger, Einwohner und Besucher anzupassen. Um die Steuerbemessung gerechter zu gestalten, errichtete der Magistrat eine ständige Steuerverwaltung, welche Steuerregister und -kataster anlegte. Als Ergebnis entstand eine der Leistung angemessene direkte Besteuerung in Form der Vermögen- oder Schoßsteuern, der dann ab dem 14. Jahrhundert die Einführung indirekter Abgaben folgte[46]. Kennzeichnend für die städtische Vermögensbesteuerung war, daß sie in der Regel auch die Einkommen der Bürger und Einwohner in kapitalisierter Form erfaßte[47].

In der mittelalterlichen Domänenwirtschaft[48] bildete hingegen der Grundbesitz die wirtschaftlich ausschlaggebende Einnahmequelle des Fürsten. Daneben spielten die finanzielle Ausbeutung der Regalien, z.B. die „Geleitsabgaben", und der Verkauf von Ämtern eine Rolle. Nur in Ausnahmefällen, wenn die ordentlichen Einkünfte nicht ausreichten, trat der Fürst mit der Bitte um die Bewilligung einer einmaligen Steuer an die Stände heran[49].

Angesichts der unterschiedlichen Stufen der Entwicklung des öffentlichen Finanzwesens in der Stadtwirtschaft und in den Territorialstaaten nimmt es nicht wunder, daß es 1495 auf dem Reichstag zu Worms vor allem die reichsstädtischen Gesandten waren, die sich um das Zustandekommen einer direkten Reichssteuer bemühten[50]. Ihr Bestreben, alle Bewohner des Reiches ähnlich

---

[45] Diese Feststellung gilt erst recht für den ab 1663 „immerwährenden" Reichstag. *W. Fürnrohr*, Kurbaierns Gesandte auf dem Immerwährenden Reichstag. Zur baierischen Außenpolitik 1663 bis 1806, Göttingen 1971, S. 11.

[46] Vgl. *F. Bothe*, Die Entwicklung der direkten Besteuerung in der Reichsstadt Frankfurt bis zur Revolution 1612-1614, Leipzig 1906, S. 38 f.

[47] Nachweise bei *U. Dirlmeier*, Untersuchungen zu Einkommensverhältnissen und Lebenshaltungskosten in oberdeutschen Städten des Spätmittelalters (Mitte 14. bis Anfang 16. Jahrhundert), Heidelberg 1978, S. 511 f.

[48] *J.A. Schumpeter*, Die Krise des Steuerstaates, in: *ders.*, Aufsätze zur Soziologie, Tübingen 1953, S. 6 f.

[49] Vgl. *E. Trescher*, Die Entwicklung des Steuerwesens im Herzogtum Sachsen-Gotha, Jena 1906, S. 5; *F.K. Mann*, Steuerpolitische Ideale. Vergleichende Studien zur Geschichte der ökonomischen und politischen Ideen und ihres Wirkens in der öffentlichen Meinung 1600-1935, Jena 1937, S. 39 f.; *R. Nöll von der Nahmer*, Lehrbuch der Finanzwissenschaft, Bd. 1: Allgemeine Finanzwissenschaft, Köln usw. 1964, S. 26; *K. Blaschke*, Frühkapitalismus und Verfassungsgeschichte, in: Wissenschaftliche Zeitschrift der Karl-Marx-Universität Leipzig, Gesellschafts- und Sprachwissenschaftliche Reihe, 14 (1965), S. 436.

[50] Siehe hierzu Reichs Tags Theatrum (1718), Cap. XLII, S. 429 f., ferner: Ein Neu: Nutzlich - und Lustigs Colloquium von etlichen Reichstags-Puncten. Insonderheit die

wie die Bürger und Einwohner der Städte nach Maßgabe ihrer individuellen Steuerkraft zu belasten[51], führte zum Entwurf des Gemeinen Pfennigs[52].

Der Gemeine Pfennig setzte sich aus zwei Teilen zusammen. Zunächst erfaßte eine laufende Vermögensteuer die in drei Klassen eingeteilten Vermögen mit den folgenden jährlichen Steuersätzen (in Gulden = fl.):

1. Steuerklasse: Vermögen von 500 fl. = 0,5 fl.
2. Steuerklasse: Vermögen von 1.000 fl. = 1 fl.
3. Steuerklasse: Vermögen über 1.000 fl. = Selbsteinschätzung

Den Steuergegenstand bildeten die beweglichen und die unbeweglichen Güter des Steuerpflichtigen, aber auch die Einkommen, die ihm als Rente oder Zins zuflossen. Um diese Einkommen der Vermögensteuer unterwerfen zu können, wandte der Reichsabschied eine Faustregel an, die sich am damals üblichen Zinssatz von 5% orientierte. Ein Steuerpflichtiger, der ein Jahreseinkommen von 50 fl. an Renten oder Zinsen deklarierte, wurde so besteuert, als ob er ein Vermögen von 1.000 fl. besäße. Das Verfahren der Selbsteinschätzung bei hohen Vermögen verriet unverkennbar die Handschrift der reichsstädtischen Vertreter. In den bedeutenden Handelszentren nämlich galt Steuerehrlichkeit gegenüber der Vaterstadt als Ehrenpflicht des wohlhabenden Patriziers[53].

Die Reichsstände beabsichtigten ferner, auch diejenigen Bewohner des Reiches zur Türkenhilfe heranzuziehen, deren Vermögen unter 500 fl. lag. Zu diesem Zweck ergänzten sie die Vermögensteuer durch eine allerdings recht primitive „Kopfsteuer". Wer in diese Vermögensgruppe gehörte und das 15. Lebensjahr vollendet hatte, sollte mit einem Steuerbetrag von 1/24 fl. veranlagt werden.

Mit einer vergleichsweise hohen Kopfsteuer wurde schließlich auch eine nichtchristliche Minderheit zu den Lasten der Verteidigung des christlichen Abendlandes herangezogen. Jeder im Reich wohnende Jude wurde ohne Rücksicht auf das Geschlecht und auf das Lebensalter mit einem jährlichen Steuersatz von 1 fl. belegt. Die einzelnen Judengemeinden hafteten dem Reich für das Aufkommen der gesamten auf ihre Mitglieder entfallende Steuersumme[54]. Allerdings dürfte mancher Reichsstand in dieser Regelung einen Freibrief erblickt haben, um die auf seinen jüdischen Untertanen bereits lastende besondere Besteuerung fortzuführen oder auszubauen[55].

Reformation der Zöllen, Zinszahlung und Verbesserung der Matricul antreffend, hrsg. von E. Gothein, Leipzig 1893, S. 28 f.

[51] Vgl. *T. Mayer*, Geschichte der Finanzwirtschaft, S. 267.

[52] Reichs Tags Theatrum (1718), S. 437 f.; Teutsche Reichsabschiede, II, S. 15.

[53] Vgl. *P. Sander*, Die reichsstädtische Haushaltung Nürnbergs. Dargestellt auf Grund ihres Zustandes von 1431 bis 1440, Leipzig 1902, S. 229 f.; *K. Zeiger*, Hamburgs Finanzen, S. 25.

[54] Reichs Tags Theatrum (1718), S. 437; Teutsche Reichsabschiede, II, S. 15.

[55] Siehe z.B. *K. Zeiger*, Hamburgs Finanzen, S. 27; *H. Caselmann*, Das Finanzwesen der Markgrafschaft Bayreuth und Markgraf Christian (1603 1655), Diss., Erlan-

Das noch recht plumpe Grundmodell des Gemeinen Pfennigs wurde unter tatkräftiger Mithilfe des reichsstädtischen Kollegiums in den folgenden Jahrzehnten verfeinert[56]. Im Vordergrund der Änderungen stand natürlich die Absicht, den Ertrag dieser Quotitätssteuer[57] zu erhöhen. Dieses Ziel sollte jedoch auf dem Wege einer leistungsgerechten Belastung der Steuerpflichtigen erreicht werden.

Seine endgültige Form erhielt der Gemeine Pfennig im Reichsabschied von 1542[58]. Die Reichsstände gestalteten die Tarife zur Erfassung der Vermögen beweglicher, und sie ersetzten die Kopfsteuer durch eine rudimentäre Einkommensteuer:

1. Die Vermögensteuer sah die folgenden jährlichen Steuersätze vor (1 fl. = 60 kr.):

1. Steuerklasse: Vermögen über 100 fl. = für jeweils 100 fl. 30 kr.
2. Steuerklasse: Vermögen zwischen 20 und 100 fl. = für jeweils 20 fl. 6 kr.
3. Steuerklasse: Vermögen unter 20 fl. = pauschal pro Kopf 4 kr.

Kleidungsstücke, Schmuck, Silbergeschirr und „anderer Hausrat" wurden nicht als Vermögen veranschlagt, wenn sie zum täglichen Lebensbedarf des Steuerpflichtigen gehörten. Während diese Steuerbefreiung ein Zugeständnis an den ständischen Aufbau der Gesellschaft enthielt, entsprang eine zweite Ausnahme überwiegend militärischen Erwägungen. „Hohe Standespersonen" und „reisige Knechte", also Söldner, mußten Pferde, Waffen und Munition nicht als Vermögen deklarieren.

2. Dem Vorbild der städtischen Vermögensteuer entsprechend, erfolgte getrennt von der Erfassung der Vermögen die Besteuerung der Gehälter und Löhne[59]:

---

gen 1950, Maschinenschrift, S. 40; *J. Heidemann*, Das lippische Wirtschaftsleben und Finanzwesen in der zweiten Hälfte des 17. Jahrhunderts, in: Westfälische Forschungen, 15 (1962), S. 153; *W. Kern*, Die Finanzwirtschaft des Hochstifts Bamberg nach dem Dreißigjährigen Kriege (1648-1672), Diss., Erlangen / Nürnberg, S. 73, 215 f.; *D. Hellstern*, Der Ritterkanton Neckar-Schwarzwald 1560-1805. Untersuchungen über die Korporationsverfassung, die Funktionen des Ritterkantons und die Mitgliedsfamilien, Tübingen 1971, S. 131; *S. Wagner*, Staatssteuern in Jülich-Berg von der Schaffung der Steuerverfassung im 15. Jahrhundert bis zur Auflösung der Herzogtümer in den Jahren 1801 und 1806, Köln 1977, S. 39.

56 Vgl. *W. Steglich*, Die Reichstürkenhilfe, S. 29 f. und den bei *A. Neukirch*, Der niedersächsische Kreis und die Kreisverfassung bis 1542, Leipzig 1909, S. 197 f. abgedruckten Entwurf des Esslinger Reichsregiments über die „beharrliche Türkenhilfe" 1526.

57 Zum verwaltungstechnischen Unterschied zwischen der Quotitätssteuer und der kontingentierten Reparationssteuer siehe *R. Nöll von der Nahmer*, Lehrbuch der Finanzwissenschaft, S. 234.

58 Teutsche Reichsabschiede, II, S. 453 f. Auf dem Reichstag zu Speyer 1544 wurde die Regelung des Jahres 1542 erneut eingeschärft. Ebd., S. 500 f.

59 Ebd., S. 456.

1. Steuerklasse: „Dienst- und Amtsgelder“, deren Summe jährlich 15 fl. überstieg, wurden mit 30 kr. je 100 fl. besteuert.

2. Steuerklasse: „Lohn“, dessen Jahressumme unter 15 fl. lag, wurde mit 1 kr. für jeden Gulden belegt.

Als Steuerpflichtige dieser vergleichsweise hoch belasteten Klasse hebt der Reichsabschied ausdrücklich Diener, Dienstboten, Knechte und Mägde hervor, also eine breite Schicht der Bevölkerung[60]. In der Grafschaft Saarbrücken z.B. traf im Jahre 1542 die geringste Veranschlagung eine Magd, die 1 kr. „Türkensteuer“ zu zahlen hatte, und die mithin einen jährlichen Geldlohn von nur 1 fl. angegeben hatte[61].

Die Früchte der Arbeit, welche der Reichstag auf dem Felde des Steuerrechts geleistet hatte, ernteten die Territorialherren. Bei ihren Bemühungen, die spätmittelalterliche Domänenwirtschaft in den frühneuzeitlichen „Finanzstaat“ zu überführen[62], nutzten sie die steuertechnischen Erfahrungen des Reiches. Das Vorbild des Gemeinen Pfennigs aufgreifend, versuchte der Landgraf von Hessen bereits 1504, ohne Bewilligung des Landtags eine Vermögensteuer mit einem Satz von 2 fl. je 100 fl. einzuführen. Doch erst die Türkensteuer von 1542 entwickelte sich in der Landgrafschaft zum Muster einer Vermögensteuer, welche der Landesherr in finanziellen Notlagen erhob[63]. Auch in anderen Territorien förderte das Reich durch seine Vorgaben die Entwicklung einer eigenständigen Steuergesetzgebung, namentlich auf dem Gebiet der direkten Besteuerung[64].

Das Projekt des Gemeinen Pfennigs hatte überdies die Bedeutung einer leistungsfähigen Steuerverwaltung hervorgekehrt. In den Städten vollzog sich nämlich die Einhebung dieser Reichssteuer ziemlich reibungslos. In Frankfurt konnte der Rat bereits im Februar 1496 seine Steuerbeamten einfach von Haus zu Haus schicken, die dort nach Maßgabe bereits vorhandener Steuerunterlagen den Gemeinen Pfennig einkassierten[65]. In den Territorien hingegen verzögerte sich die Festsetzung der einzelnen Steuerbeträge, weil vielfach erst genaue Vermögensregister angelegt werden mußten[66].

---

60 Zur Höhe der Gesindelöhne zu den Einkommen aus Tagelöhnen zu Beginn des 16. Jahrhunderts siehe *U. Dirlmeier*, Untersuchungen, S. 67 f., 129 f.

61 *H.-H. Gerhard*, Das Steuerwesen, S. 136.

62 Vgl. *J. Schumpeter*, Die Krise des Steuerstaates, S. 6 f. und *G. Oestreich*, Geist und Gestalt des frühmodernen Staates. Ausgewählte Aufsätze, Berlin 1969, S. 279 f.

63 *K. Krüger*, Finanzstaat Hessen 1500-1567, S. 63, 255.

64 Vgl. *A. Brand*, Die direkten Staatssteuern im Fürstbistum Paderborn, Diss., Münster 1912, S. 56; *H.-H. Gerhard*, Das Steuerwesen, S. 130 f.; *D. Hellstern*, Der Ritterkanton, S. 126 f.

65 *E. Zieben*, Frankfurt, Reichsreform und Reichsgedanke 1486-1504. Ein Beitrag zur deutschen Geschichte in landschaftlich geprägter Form, Berlin 1940 S. 58.

66 Vgl. *K. Krüger*, Finanzstaat Hessen 1500-1567, S. 62.

IV.

Zu den steuertechnischen Leistungen, die den einzelnen Reichsständen zugutekamen, zählt ferner das „Matrikelwesen". Die Grundlage des Umlageverfahrens der Repartitionssteuern bildete die Reichsmatrikel, die 1521 auf dem Reichstag zu Worms ausgearbeitet worden war und die bis 1577 entsprechend der sich wandelnden Leistungsfähigkeit bzw. -willigkeit der Steuerpflichtigen verschiedene, mitunter erhebliche Abänderung meist in Form von Ermäßigungen der einzelnen Anschläge erfuhr[67]. Diese „Moderationen" vermochten allerdings den grundlegenden und schwerwiegenden Mangel der Reichsmatrikel nicht zu verdecken. Zu keinem Zeitpunkt unternahmen die Reichsstände nämlich den Versuch, das tatsächliche Leistungsvermögen der Steuerpflichtigen zu ermitteln[68]. Zumindest Anhaltspunkte hätten z.B. die Einkünfte des Landesherrn oder die Steuereinnahmen der Reichsstadt geben können. Zwar besaß die Eintragung in die Reichsmatrikel und damit auch die Zahlung der Umlage hohen politischen Wert, denn sie galten als unwiderlegbarer Beweis für die Reichsunmittelbarkeit und verbürgten Sitz und Stimme auf dem Reichstag. Dennoch geht man wohl nicht fehl in der Annahme, daß spätestens seit 1577 der Anschlag in der Matrikel in der Regel nur den Betrag wiedergab, den der betreffende Reichsstand für die Aufgaben des Reiches zu zahlen gedachte oder den er aufzubringen hoffte.

Bei dieser Kritik drängt sich die Frage auf, ob im 16. und 17. Jahrhundert überhaupt ein gerechteres Umlageverfahren durchführbar gewesen wäre. 1544 unterbreitete der Bischof von Würzburg einen Vorschlag zur Schaffung eines „ganz neuen Reichsanschlags". Zu diesem Zweck sollten der Kaiser und die Reichsstände Kommissare ernennen, denen jeder Stand „bei fürstlichen Ehren und Pflichten" sein Vermögen an Grund und Boden, Leuten, Kammergut, Bergwerken, „großen" Städten, Ämtern, Zöllen und Geleitsgeldern anzuzeigen habe[69]. Angesichts der zu erwartenden Schwierigkeiten bei der Erfassung und der Bewertung des landesherrlichen oder städtischen Vermögens landete man am Ende wieder beim Verfahren der Selbsteinschätzung des Fürsten oder des Rates.

Dieser Sachverhalt erklärt wohl auch, warum das Matrikelwesen des Reiches von verschiedenen föderativen Staatsgebilden als Vorbild benutzt wurde, wenn es darum ging, gemeinsame Aufgaben durch Beiträge der einzelnen Mitglieder zu finanzieren. Einige Beispiele seien hierfür angeführt:

---

[67] Siehe hierzu *J. Müller*, Veränderungen im Reichsmatrikelwesen, passim; *H. Rabe*, Reichsbund und Interim. Die Verfassungs- und Religionspolitik Karls V. und der Reichstag von Augsburg 1547/48, Köln usw. 1971, S. 332 f.; *W. Schulze*, Reich und Türkengefahr, S. 337 f. Das seit 1548 vom Reichstag entwickelte Moderationsverfahren, für welches es kein Vorbild gab, zählt Schulze (ebd., S. 244), „zu den institutionell beachtlichen Leistungen in dieser Epoche". Die Moderationsvorschriften sind abgedruckt in: Teutsche Reichsabschiede, II, S. 535 f.

[68] *W. Schulze*, Reich und Türkengefahr, S. 347 f.

[69] Geschichte des Fränkischen Kreises, S. 348 f.

1. Zwischen 1500 und 1512 wurde das Reich in zehn Reichskreise eingeteilt. Die Kreisversammlung sollte als Mittelinstanz zwischen Reich und Reichsstand Aufgaben regionaler Bedeutung regeln, für deren Lösung der Reichstag zu schwerfällig schien. Während im Norden des Reiches die flächenmäßig großen Territorien die Reichskreise vielfach an der Ausübung ihrer Funktionen hinderten, entfaltete diese Einrichtung im territorial zersplitterten Südwesten des Reiches beachtliche innenpolitische Wirksamkeit[70]. Gerade die drei Reichskreise in Schwaben, Franken und am Oberrhein, die eine Vielzahl kleiner Territorialstaaten und Reichsstädte unterschiedlicher Größe umschlossen hielten, griffen dankbar nach dem Vorbild der Reichsmatrikel, um die Finanzierung der „Kreisexekutivgewalt" sicherzustellen. In der Regel richtete sich die Höhe der Kreisumlage nach dem Verhältnis der Reichsanschläge[71].

2. Bei den Verhandlungen über die Bildung eines Schutzbundes der evangelischen Reichsstände, der schließlich 1608 zur Gründung der Union führte, stellte sich ebenfalls die Frage der Beteiligung der einzelnen Mitglieder an der Finanzierung gemeinsamer Aufgaben. Wiederum bot sich als Lösung die enge Anlehnung an das Matrikelwesen des Reiches an. Diejenigen Hansestädte, welche keine Reichsstandschaft besaßen, sollten ihre Zahlungen an den Matrikularbeiträgen der Reichsstadt Lübeck ausrichten[72].

3. Der Friedensvertrag von Osnabrück bewilligte 1648 Schweden eine Summe von 5 Millionen Reichstalern zur Demobilisierung seines in Deutschland stehenden Heeres. Diese „Satisfaktionsgelder" sollten die Reichskreise Oberrhein, Kurrhein, Franken, Schwaben, Westfalen, Ober- und Niedersachsen in drei Raten aufbringen. Im Hinblick auf die Bemühungen um einen dauerhaften Frieden erwies es sich als Vorteil, daß in Gestalt der Reichsmatrikel sofort ein Verteilungsschlüssel zur Hand war, auf den sich die Vertragspartner einigen konnten[73].

---

[70] *H. Kellenbenz*, Die öffentlichen Finanzen, S. 143.

[71] Vgl. *T. Malzan*, Geschichte und Verfassung des Oberrheinischen Kreises von den Anfängen bis zum Beginn des Dreißigjährigen Krieges, Diss., Mainz 1951, Ms., S. 63 f.; *B. Sicken*, Der Fränkische Reichskreis. Seine Ämter und Einrichtungen im 18. Jahrhundert, Würzburg 1970, S. 266 f.; *A. Laufs*, Der Schwäbische Kreis. Studien über Einungswesen und Reichsverfassung im deutschen Südwesten zu Beginn der Neuzeit, Aalen 1971, S. 207 f.; *H. Jäger*, Reichsstadt und Schwäbischer Kreis. Korporative Städtepolitik im 16. Jahrhundert unter der Führung von Ulm und Augsburg, Göppingen 1975, S. 78 f.

[72] *H.-J. Herold*, Markgraf Joachim Ernst von Brandenburg-Ansbach als Reichsfürst, Göttingen 1973, S. 50, 60, 119, 122.

[73] *K.-R. Böhme*, Bremisch-Verdische Staatsfinanzen 1645-1676. Die schwedische Krone als deutsche Landesherrin, Norstedts 1967, S. 59; *W. Kern*, Landesherr und Landstände, S. 73; *G. Buchstab*, Reichsstädte, Städtekurie und Westfälischer Friedenskongreß. Zusammenhänge von Spezialstruktur, Rechtsstatus und Wirtschaftskraft, Münster 1976, S. 170 f.

4. Das Matrikelwesen des Reiches beeinflußte über seine Weiterentwicklung, die „Usualmatrikel“ von 1737, selbst noch die Ordnung der öffentlichen Finanzen im anbrechenden Industriezeitalter[74]. Der 1815 entstandene Deutsche Bund bestritt die Kosten seiner gemeinschaftlichen Einrichtungen und Aufgaben aus Matrikularbeiträgen seiner Mitglieder. Aus den Erfahrungen des Heiligen Römischen Reiches hatte man insofern gelernt, als mit der Zahl der Einwohner ein objektiver Maßstab für die Berechnung der Beiträge gewählt wurde. Freilich führte auch dieses Verfahren nicht zu einer gerechten Belastung der Mitglieder, denn es benachteiligte dicht besiedelte, aber wirtschaftlich schwache Bundesstaaten. Auch die Verfassung des Deutschen Reiches von 1871 sah vor, daß die Reichsausgaben, die nicht durch laufende Einnahmen gedeckt werden konnten, durch Beiträge der einzelnen Bundesstaaten nach Maßgabe ihrer Bevölkerungszahl aufzubringen seien[75].

Neben den Moderationen, die auf dauernde Erhöhungen oder Verringerungen im Anschlag der Matrikel hinausliefen, besaß der Reichstag die Möglichkeit, einzelnen Reichsständen kurzfristige Steuererleichterungen zu gewähren. Diese zeitweiligen Moderationen boten ein Mittel, mit dem das Reich schnell auf finanzielle Notlagen reagieren konnte, die bei einem seiner Glieder durch Naturkatastrophen, durch die Verwicklung in Kriege oder – in den Städten – durch eine Feuersbrunst entstanden waren[76].

In diesem Verfahren steckten bereits Ansätze zu einem vertikalen Finanzausgleich, wie er in den modernen Bundesstaaten oder Staatenbündnissen institutionell verankert worden ist[77]. Zwar war das Reich nicht in der Lage, aus seinen Kassen einem in Not geratenen Reichsstand eine Unterstützung zu gewähren. Dennoch konnte sein Verzicht auf die ihm zustehenden Matrikularbeiträge einer Reichsstadt, welche durch eine Feuersbrunst verwüstet worden war, beim Wiederaufbau helfen. Hinzu kam, daß die Gremien des Reichstags den Anträgen auf die Gewährung einer „individuellen“ Moderation keineswegs leichtfertig ohne Prüfung des angegebenen Sachverhalts stattgaben.

Schweinfurt verlangte z.B. auf dem Reichstag zu Augsburg 1555 wegen seiner im Markgrafenkrieg erlittenen Schäden eine Befreiung von den „Reichsanlagen“ für die nächsten 30 Jahre. Diese Forderung lehnten die Reichsstände als überzogen ab. Ihre Mehrheit sprach sich jedoch für eine Steuerbefreiung

---

[74] Vgl. *J. Popitz*, Finanzausgleich, in: Handwörterbuch der Staatswissenschaften, Bd. 3, 1926, S. 1025.

[75] *K. E. Born*, Matrikularbeiträge, in: Handwörterbuch der Wirtschaftswissenschaft, Bd. 5, 1980, S. 219.

[76] *W. Schulze*, Reich und Türkengefahr, S. 341.

[77] *J. Popitz*, Finanzausgleich, S. 1025, definiert in diesem, auch heute noch zitierten Beitrag den Begriff „Finanzausgleich“ wie folgt: „Die Gesamtheit der Tatbestände und Regelungen, die die finanziellen Beziehungen unter den in einem Einheitsstaat oder in einer Staatenverbindung vorhandenen Gebietskörperschaften zum Inhalt haben“. Vgl. *R. Noll von der Nahmer*, Lehrbuch der Finanzwissenschaft, S. 341.

auf 10 Jahre aus[78]. Von 28 Anträgen, welche dem „Moderationstag“ von 1577 vorgelegt worden waren, fanden nur 8 die Zustimmung der Reichsdeputation[79]. Welche Anforderungen dabei an eine Bewilligung geknüpft wurden, lehrt das Gesuch der Stadt Wetzlar. Handel und Handwerk dieser Reichsstadt waren in eine Depression geraten. Ferner war Wetzlar von einer Feuersbrunst und einer Pestseuche heimgesucht worden, und es hatte obendrein Kriegsschäden erlitten. Erst nachdem kaiserliche Inquisitoren Wetzlar besucht und einen Bericht über seine Notlage angefertigt hatten, sprach sich der Moderationstag für eine Befreiung von allen Reichssteuern auf die Dauer von 10 Jahren aus[80]. Überdies konnte der Reichstag das Ausmaß der gewährten Steuererleichterung ziemlich genau auf den einzelnen Fall abstimmen. Um 1600 machte die Stadt Dortmund Schäden als Folgen ihrer Belagerung im niederländischen Freiheitskampf und des Ausbruchs einer Pestseuche geltend. Daraufhin erließ ihr der Reichstag große Teile ihrer Steuerrückstände und setzte ihren Matrikularbeitrag „vorläufig“ von 204 fl. auf 96 fl. herab[81]. 1650, auf dem Exekutionstag zu Nürnberg, stimmten die Reichsstände zu, daß die Kurpfalz wegen ihrer im Dreißigjährigen Krieg erlittenen Gebietsverluste künftig in der Reichsmatrikel nur noch mit der Hälfte des ursprünglichen Anschlags geführt werden sollte[82].

V.

Während bei der bisher behandelten unmittelbaren Besteuerung der Reichstag die finanzpolitischen Beziehungen zwischen dem Reich und den Reichsgliedern zu regeln suchte, mußte er auf dem Gebiet der indirekten Steuern die Rolle des Schlichters bei Interessenkonflikten unter den einzelnen Reichsständen übernehmen. Auseinandersetzungen entzündeten sich insbesondere an der Zollpolitik der Territorialstaaten.

Die Durchfuhrzölle, mit denen vor allem die Landesfürsten den Handelsverkehr zu Lande und zu Wasser belasteten, stellten – in moderner Terminologie – ursprünglich Gebühren oder Beiträge für die Benutzung der Straßen, Brücken, Hafen- und Krananlagen dar. Im Verlauf des 16. Jahrhunderts streiften die Binnenzölle ihre Eigenschaft als Entgelte für den Bau und die Instandhaltung der Verkehrswege und -anlagen allmählich ab und verwandelten sich in indirekte Steuern, welche sich der in den Städten in Form der „Akzise“ oder des

78 Das Reichstagsprotokoll des kaiserlichen Kommissars Felix Hornung vom Augsburger Reichstag 1555, hrsg. von H. Lutz / A. Kohler, Wien 1971, S. 137 f.

79 *W. Schulze*, Reich und Türkengefahr, S. 342.

80 *G. Trauthig*, Die Reichsstadt Wetzlar zur Zeit des Dreißigjährigen Krieges, Wetzlar 1928, S. 22.

81 *L. von Winterfeld*, Geschichte der freien Reichs- und Hansestadt Dortmund, 5. Aufl., Dortmund 1968, S. 130 f.

82 *V. Sellin*, Die Finanzpolitik Karl Ludwig von der Pfalz. Staatswirtschaft im Wiederaufbau nach dem Dreißigjährigen Krieg, Stuttgart 1978, S. 73.

„Ungelds" gebräuchlichen Verbrauchs und Verkehrsbesteuerung immer mehr anglichen[83]. So wurde im 16. Jahrhundert in Tirol nur noch 1/5 des Aufkommens der Transitzölle zum Unterhalt des Straßennetzes ausgegeben. Der überwiegende Teil der Zolleinnahmen mußte an die landesfürstliche Kammer abgeliefert werden[84]. Da vor allem für kleinere Territorien die Erhebung von Binnenzöllen die einzige Möglichkeit bedeutete, sich am Ertrag des Handelsverkehrs zu beteiligen, nimmt es nicht wunder, daß die Zahl der Zollstellen sich rasch vermehrte und daß die Zollsätze sich schnell erhöhten. Zweifelsohne waren der fiskalischen Belastung des Fernhandels nach oben hin Grenzen gesetzt. Bereits 1546 stellten die Räte der vier rheinischen Kurfürsten bei einem Zusammentreffen in Oberwesel fest, daß sich die Erträge der Rheinzölle hauptsächlich deswegen verringert hätten, weil der Verkehr auf die Nebenstraßen ausgewichen sei[85]. Um 1550 beschwerte sich z.B. die Tiroler Landschaft bei der Regierung in Wien, daß die Transitzölle in Tirol inzwischen den zehnfachen Betrag der Abgaben erreicht hätten, die bei einem Alpenübergang durch Graubünden zu entrichten seien. Da Graubünden überdies begonnen habe, mit der Hilfe der Republik Venedig den Zustand seiner Straßen zu verbessern, sei der Transithandel durch Tirol und Vorarlberg rückläufig[86]. Nachdem Herzog Maximilian von Bayern 1609 die „Weggelder" in seinem Territorium verdoppelt hatte, begannen die Kaufleute, die Land- und Wasserstraßen Bayerns zu meiden[87]. Dennoch stand außer Frage, daß den meisten Inhabern der Zollprivilegien eine beachtliche Bandbreite bei der Festsetzung ihrer Zolltarife zur Verfügung stand. Überdies lösten Ausweichhandlungen der Kaufleute Anpassungsvorgänge im Bereich der Steuer- und Zollpolitik aus. Um der Verödung des Verkehrs auf dem Rhein vorzubeugen, hielten die Räte der rheinischen Kurfürsten nämlich die folgende Maßnahme für angemessen: Jeder Kurfürst sollte in seinem Gebiet auf den Straßen Transitzölle in Höhe der bestehenden Rheinzölle einführen[88].

---

[83] Vgl. *H. Rachel*, Die Handels-, Zoll- und Akzisepolitik Brandenburg-Preußen bis 1713, Berlin 1911, S. 509; *K. Lamp*, Zollpolitik und Zollrechtstechnik, in: Zeitschrift für die gesamte Staatswissenschaft, 71 (1915), S. 515 f. Zu den Begriffen Akzise, Zoll und Verbrauchsteuern siehe *G. Schmölders*, Zur Begriffsbestimmung der Verbrauchsteuern, Berlin 1955, 24 f.

[84] *O. Stolz*, Zur Entwicklungsgeschichte des Zollwesens innerhalb des alten Deutschen Reiches, in: Vierteljahrschrift für Sozial- und Wirtschaftsgeschichte, 41 (1954), S. 19.

[85] Kaiser und Reich unter Kaiser Karl V. Urkunden und Akten im Staatsarchiv Koblenz, bearbeitet von O. Graf von Looz-Corswarem, Koblenz 1964, S. 43.

[86] *H. Weiss*, Über die Verlagerung von Transit-Handelswegen zwischen Süddeutschland und Oberitalien um die Mitte des 18. Jahrhunderts, in: Wirtschaft, Geschichte und Wirtschaftsgeschichte, hrsg. von W. Abel u.a., Stuttgart 1966, S. 207 f.

[87] *H. Dollinger*, Studien zur Finanzreform Maximilians I. von Bayern in den Jahren 1598-1618. Ein Beitrag zur Geschichte des Frühabsolutismus, Göttingen 1968, S. 215, 274.

[88] Kaiser und Reich unter Kaiser Karl V., S. 43.

Dieser Entwicklung stemmten sich vor allem die bedeutenden Reichsstädte entgegen, deren wirtschaftliches Wachstum vom Fernhandel abhing. Das Auswuchern der Binnenzölle zu einem Bündel landesherrlicher Verbrauchs- und Verkehrssteuern verlangsamte und verteuerte indessen die Beschaffung der Rohstoffe und den Absatz der Gewerbeerzeugnisse. Beginnend auf dem Reichstag zu Augsburg 1566, unternahmen daher die Reichsstädte, insbesondere Augsburg, Köln, Nürnberg, Regensburg, Straßburg und Ulm, mehrere Versuche, mit Hilfe der Reichsgesetzgebung die Anzahl und die Höhe der Binnenzölle und ähnlicher Abgaben zu vermindern[89].

Nun hatte Kaiser Karl V. bereits 1519 in seiner Wahlkapitulation versprochen, ohne die Einwilligung der Kurfürsten weder neue Zollprivilegien zu verleihen, noch Erhöhungen bereits bestehender Zölle zu genehmigen[90]. Mit dieser Erklärung, welche in den folgenden Wahlkapitulationen bekräftigt wurde, war die Hoheit über das Zollwesen in die Hände der Kurfürsten übergegangen. Trotzdem erreichten die Reichsstädte in ihrem Kampf gegen die sich auftürmenden Zollschranken im Binnenhandel 1576 auf dem Reichstag zu Regensburg einen Teilerfolg. Das kurfürstliche Kollegium versicherte nämlich, daß jeder, der bei ihm einen Antrag auf Erhöhung von Zolltarifen oder auf Bewilligung neuer Zollrechte stellte, zuvor die Zustimmung der ihm benachbarten Reichsstände zu seinem Zollprojekt erhalten haben müsse[91]. Der Reichsabschied dehnte diese Vorschrift ausdrücklich auch auf Abgaben aus, welche die Bezeichnungen „Ungeld", „Aufschlag", „Brückengeld" oder „Weggeld" trugen[92]. Den Städten eröffnete das Reichsgesetz immerhin die Möglichkeit, gegen illegal errichtete Zollstätten und gegen willkürlich heraufgesetzte Zolltarife beim Rat der Kurfürsten Beschwerde einzulegen. Ein solcher Protest erwies sich freilich dann als sinnlos, wenn – wie im Falle der Ergänzung der Rheinzölle – die Mehrheit des kurfürstlichen Kollegiums die neue fiskalische Belastung billigte.

Die finanziellen Engpässe und Notlagen, welche der Dreißigjährige Krieg heraufbeschwor, verstärkten die Neigung, die indirekte Besteuerung in Form der Binnenzölle ohne Zustimmung des kurfürstlichen Kollegiums weiter auszudehnen. Allerdings gingen dabei einige Kurfürsten mit schlechtem Beispiel voran. Nachdem der Kurfürst von Sachsen 1628 die Durchfuhrzölle eigenmächtig erhöht hatte, bekämpfte ab 1629 auch der brandenburgische Hof seine Finanznot mit einer Anhebung der Land- und Wasserzölle, die oft das Drei- oder Vierfache des ursprünglichen Satzes erreichten. Dabei war sich der

89 *J. Müller*, Die Finanzpolitik des Nürnberger Rates in der zweiten Hälfte des 16. Jahrhunderts, in: Vierteljahrschrift für Sozial- und Wirtschaftsgeschichte, 7 (1909), S. 2 f.

90 Deutsche Reichstagsakten unter Kaiser Karl V., Bd. 1, S. 872.

91 Vgl. *F. Blaich*, Die Wirtschaftspolitik des Reichstags im Heiligen Römischen Reich. Ein Beitrag zur Problemgeschichte wirtschaftlichen Gestaltens, Stuttgart 1970, S. 195.

92 Teutsche Reichsabschiede, III, S. 372, § 118.

Kurfürst von Brandenburg durchaus bewußt, daß sein Erlaß gegen die Reichsgesetze verstieß. Indessen glaubte er, „in den Wirren des Krieges, da doch alles die Zölle aufschlug", eine derart drastische Steigerung der Tarife vornehmen zu können[93]. Auf diese Weise führte der Dreißigjährige Krieg zu einer Rückbildung des Steuersystems. An die Stelle der direkten Besteuerung, die einen vergleichsweise aufwendigen Verwaltungsapparat erforderte, traten zunehmend hastig eingeführte und schlecht aufeinander abgestimmte Verkehrs- und Verbrauchssteuern, die einzig und allein auf den augenblicklichen Ertrag ausgerichtet waren[94].

Daher spielte die Frage der Binnenzölle bei den Verhandlungen über einen Friedensvertrag eine große Rolle. Auf dem Reichsdeputationstag zu Frankfurt am Main, der 1642 zur Vorbereitung eines Friedensschlusses einberufen worden war, einigten sich 1644 die Gesandten durch mehrheitlichen Beschluß, an die Stelle der Zollerhöhungen eine Judensteuer – in Form einer Kopfsteuer für die jüdischen Untertanen – und eine nicht näher definierte „Cronsteuer", deren Aufkommen dem Kaiser zufließen sollte, zu setzen[95]. Da sich diese Pläne nicht verwirklichen ließen, führten die Reichsstädte ihren Kampf gegen die übermäßige Zollbelastung ab 1646 auf dem Westfälischen Friedenskongreß fort. Jede einzelne Stadt konnte inzwischen mit Beschwerden über Zölle aufwarten, die nach Belieben eingerichtet oder erhöht worden waren. So klagten, um nur einige zu nennen, Lindau, Memmingen und Eßlingen über Maßnahmen Österreichs, Regensburg über neue Donauzölle und die Verdoppelung der alten durch den Kurfürsten von Bayern, den Bischof von Augsburg und den Herzog von Neuburg, Bremen über den Weserzoll Oldenburgs, Hamburg über den dänischen Elbzoll in Glückstadt, Köln über verschiedene Zölle der Kurfürsten von Mainz, Trier und Köln sowie des Herzogs von Pfalz-Neuburg, Herford über Zollstellen in Höxter, Vechta und Zons[96]. Immerhin erreichten die Städte, die bei den Friedensverhandlungen die Vertreter Frankreichs und Schwedens von der Berechtigung ihrer Forderungen überzeugen konnten, daß im Friedensvertrag von 1648 im § 1 des Artikels IX die Aufhebung aller während des Krieges eigenmächtig eingeführter und erhöhter Zölle verfügt wurde, mit der Zielsetzung, „ut facta pace commercia vicissim reflorescant"[97].

Der Reichsdeputationstag, der zu Nürnberg 1650 über die Ausführung der Friedensbestimmungen beriet, befahl daraufhin den Reichskreisen, die in ihren Gebieten seit 1618 ohne kaiserliche und kurfürstliche Zustimmung eingeführten Zölle, Akzisen und ähnliche Abgaben abzuschaffen, um den Handel

[93] *H. Rachel*, Die Handels-, Zoll- und Akzisepolitik Brandenburg-Preußen, S. 32 f.

[94] *L. Blasse*, Die direkten und indirekten Steuern, S. 59 f.

[95] *F. Blaich*, Die Wirtschaftspolitik des Reichstags, S. 153.

[96] *G. Buchstab*, Reichsstädte, S. 153.

[97] Teutsche Reichsabschiede, III, S. 591, ferner *F. Dickmann*, Der Westfälische Frieden, Münster 1959, S. 385; *G. Buchstab*, Reichsstädte, S. 149 f.

im Reich wieder zu beleben[98]. Im Niedersächsischen Kreis, dem Kurbrandenburg angehörte, forderte der Administrator zunächst zwei kleinere Stände, den Grafen von Barby und die Stadt Magdeburg, zum Abbau ihrer überhöhten Zolltarife auf. Der Magdeburger Rat erwiderte jedoch, er werde seine „in größter Not" eingeführten und obendrein nur geringen Auflagen erst dann zurücknehmen, wenn die Nachbarn ihre rigorosen Zollerhöhungen entsprechend kürzten[99].

Ähnlich verhielten sich die rheinischen Kurfürsten. Auf einer Zusammenkunft in Frankfurt 1650 stimmten sie einer Senkung sämtlicher Rheinzölle um 1/3 zu, in der Absicht, den Schiffsverkehr auf dem Strom wieder zu vermehren. Keiner der Fürsten wollte sich aber dazu verstehen, als erster mit der Ermäßigung der Zollsätze anzufangen. Kurmainz und Kurpfalz konnten sich überdies nicht über die Auslegung der Reichsgesetze verständigen[100].

Dem Fränkischen Reichskreis war bei der Durchsetzung der Bestimmungen des Friedensvertrags mehr Erfolg beschieden. Bereits Ende des Jahres 1650 zog das Hochstift Bamberg den während des Krieges eingeführten „Aufschlag" zurück. Dieser Entschluß mochte dem Fürstbischof freilich leicht gefallen sein, hatte er doch erfahren müssen, daß der Durchgangshandel auf die Verdoppelung der Zollsätze mit der Umgehung seines Territoriums geantwortet hatte. Zwei wirtschaftlich bedeutende Nachbarn, die Reichsstadt Nürnberg und das Hochstift Würzburg, weigerten sich jedoch, ebenfalls Zollermäßigungen zu gewähren. Dadurch entflammte ein heftiger Zollstreit, wobei der Nürnberger Rat sich damit verteidigte, daß ihn die Aufhebung dieser indirekten Steuern zu einer Erhöhung der direkten Steuern zwingen würde. Erst der Beschluß des fränkischen Kreistags von 1654, welcher die Erhebung aller im Kriege eingeführter Sonderzölle untersagte, wurde dann von einem Teil der Stände befolgt[101].

Wiederum waren es die Reichsstädte, welche die Initiative zu einem Abbau der Zollschranken ergriffen und dem 1653 nach Regensburg einberufenen Reichstag eine entsprechende Gesetzesvorlage zuleiteten. Bei den Beratungen über die Änderungen der kaiserlichen Wahlkapitulation im Jahre 1658 schlugen die Fürsten jedoch vor, künftig das 1576 bereits verabschiedete Bewilligungsverfahren wieder anzuwenden. Nun versuchten die Reichsstädte, dieser Bestimmung wenigstens rückwirkend Geltung zu verschaffen. In allen Fällen, in denen Reichsstände nach dem Westfälischen Frieden Zollrechte erhalten hätten, ohne daß die Nachbarn zuvor gehört worden seien, sollte das Privileg null und nichtig sein. Mit diesem Wunsch drang das städtische Kolle-

98 *H. Rachel*, Die Handels-, Zoll- und Akzisepolitik Brandenburg-Preußen, S. 509.

99 Ebd., S. 257.

100 *H. Scholl*, Kurmainzische Wirtschaftspolitik unter besonderer Berücksichtigung der Handels- und Gewerbepolitik in der kurfürstlichen Residenzstadt Mainz (1648-1802), Diss., Frankfurt a. Main 1924, Ms., S. 41; *G. Buchstab*, Reichsstädte, S. 149 f.

101 *W. Kern*, Die Finanzwirtschaft des Hochstifts Bamberg, S. 209 f.

gium jedoch nicht durch. Der Vorschlag der Fürsten, dem die Kurfürsten zustimmten, wurde in die Wahlkapitulation eingefugt[102].

VI.

Neben den Fragen der Steuerpolitik beschäftigten den Reichstag auch Probleme des öffentlichen Kredits. Zu Beginn der frühen Neuzeit war es ja keineswegs nur der Kaiser, der ständig wohlhabende Unternehmer wie die Fugger oder die Welser bitten mußte, die in seinem Haushalt zwischen Einnahmen und Ausgaben entstandenen Lücken durch die Vergabe von Krediten zu schließen. Auch viele Reichsfürsten konnten oder wollten ihren Aufwand nicht auf ihre ordentlichen Einkünfte begrenzen und nahmen deshalb – ebenfalls meistens bei reichen Kaufleuten – Kredit auf[103].

Zwar war es einigen Landesherren möglich, „schwerfällige feudale Einkünfte" rasch zu kapitalisieren, indem sie z.B. die künftigen Einnahmen aus ihren Zollstellen oder ihren Bergwerken an Kapitalgeber verpfändeten[104]. Indessen verfügten nicht alle Fürsten über einen „Bergzehnten", und nicht alle Zollstellen waren so ergiebig, daß ihre Verpfändung viel Bargeld eingebracht hätte. Die Reichsstädte wandten sich in der Regel immer dann mit Kreditwünschen an den Kapitalmarkt, wenn es darum ging, hohe außerordentliche Ausgaben zu bestreiten, z.B. den Wiederaufbau ganzer Stadtteile nach Kriegs- und Brandschäden oder den Ausbau der Stadtbefestigung.

Auf dem Reichstag fanden sich jedoch nicht nur die Schuldner zusammen. Mitunter traten einzelne Reichsstände auch als Gläubiger auf. Im Verlauf des 16. Jahrhunderts gewährte die Reichsstadt Straßburg mehreren Fürsten und Städten beträchtliche Kredite, so z.B. 1505 der Kurpfalz, 1532 Württemberg,

---

[102] *F. Blaich*, Die Wirtschaftspolitik des Reichstags, S. 197 f.

[103] Siehe hierzu z.B. *R. Schmertosch von Riesenthal*, Thomas Lebzelter, ein Leipziger Handelsherr aus dem Anfange des 17. Jahrhunderts, in: Neues Archiv für Sächsische Geschichte und Altertumsurkunde, 32 (1911), S. 79 f.; *F.J. Schöningh*, Die Rehlinger von Augsburg. Ein Beitrag zur deutschen Wirtschaftsgeschichte des 16. und 17. Jahrhunderts, Paderborn 1927, S. 27: *J. Papritz*, Das Stettiner Handelshaus der Loitz im Boisalzhandel des Odergebietes unter besonderer Berücksichtigung seiner Beziehungen zum brandenburgischen Kurhause, Diss., Berlin 1932, S. 16; *H. Schnee*, Die Hoffinanz und der moderne Staat. Geschichte und System der Hoffaktoren an deutschen Fürstenhöfen im Zeitalter des Absolutismus, Berlin 1953, S. 26; *E. Müller*, Die ernestinischen Landtage von 1485 bis 1572, in: Forschungen zur Thüringischen Landesgeschichte, Weimar 1958, S. 223; *J. Landmann*, Geschichte des öffentlichen Kredits, in: Handbuch der Finanzwissenschaft, Bd. 3, 1958, S. 23; *R. Hildebrandt*, Die „Georg Fuggerischen Erben". Kaufmännische Tätigkeit und sozialer Status 1555-1600, Berlin 1966, S. 105; *H. Rachel / P. Wallich*, Berliner Großkaufleute und Kapitalisten, Bd.1, Berlin 1967, S. 9 f.: *L. Sporhan-Krempel*, Nürnberg als Nachrichtenzentrum zwischen 1400 und 1700, Nürnberg 1968, S. 98 f.

[104] *K. Blaschke*, Frühkapitalismus und Verfassungsgeschichte, S. 436.

1534 dem Landgrafen Philipp von Hessen, 1545 Pfalz-Zweibrücken, 1558 Konstanz und 1587 Aachen[105]. Auf dem Reichstag zu Speyer 1570 nahm Kaiser Maximilian II. im Vorgriff auf die zu erwartende Türkenhilfe bei mehreren Reichsstädten Kredite zur Überbrückung auf, darunter allein bei der Stadt Frankfurt eine Anleihe in Höhe von 30.000 fl.[106]. Ansehnliche Haushaltsüberschüsse erlaubten es bis 1618 der Reichsstadt Überlingen, sich durch das Verleihen von Geld gegen 5% Zins pro anno eine wichtige Einnahmequelle zu erschließen[107]. Zwischen 1611 und 1625 lieh auch der Rat der Reichsstadt Schweinfurt größere Summen aus. Für die Geldeinlagen seiner Bürger zahlte er 5%, für das verliehene Geld kassierte er 6%[108]. Nach dem Dreißigjährigen Krieg gewährte die Hofkammer des Hochstifts Bamberg einzelnen Untertanen Darlehen zum Wiederaufbau bei Kriegs- und Brandschäden gegen die „übliche" Verzinsung von 5%[109].

Diese wenigen Beispiele deuten bereits an, welche Rolle der Reichstag auf dem Gebiet des öffentlichen Kredits übernahm. Die Reichsstände nutzten die Möglichkeiten der Reichsgesetzgebung, um auf die Kreditbedingungen und vor allem auf die Zinshöhe Einfluß zu nehmen. Mit seinem Abschied von 1500 folgte der Reichstag noch ganz dem kanonischen Zinsverbot. Kreditverträge, bei denen die Zahlung von Zinsen vereinbart worden war, wurden als Wucherkontrakte gebrandmarkt, die bei keinem Gericht des Reiches eingeklagt werden konnten. Erlaubt wurden freilich zwei besondere Arten der Kreditvergabe, der Rentenkauf und der Wiederkauf, der eine Form der Pfandleihe darstellte[110]. Beide Kreditarten wiesen einen legalen Weg, um das kanonische Zinsverbot zu umgehen[111]. Sie wurden von der Kirche geduldet, obgleich so-

---

[105] *U. Crämer*, Die Verfassung und Verwaltung Straßburgs von der Reformationszeit bis zum Fall der Reichsstadt (1521-1681), Frankfurt a. Main 1931, S. 136 f.; *P. Hertner*, Stadtwirtschaft zwischen Reich und Frankreich. Wirtschaft und Gesellschaft Straßburgs 1650-1714, Köln usw. 1973, S. 109.

[106] Vgl. *H. Becker*, Der Speyerer Reichstag von 1570. Ein Beitrag zur Geschichte des 16. Jahrhunderts, Diss., Mainz 1969, S. 75.

[107] *W. Bühler*, Die Entwicklung des Finanzwesens in der freien Reichsstadt Überlingen bis 1800, in: Städtisches Haushalts- und Rechnungswesen, hrsg. von E. Maschke u.a., Sigmaringen 1977, S. 163.

[108] *C. Dittmar*, Die Einnehmerrechnungen der freien Reichsstadt Schweinfurt (1554-1802), Schweinfurt 1961, S. 321.

[109] *H. Caspary*, Staat, Finanzen, Wirtschaft und Heerwesen im Hochstift Bamberg (1672-1693), Bamberg 1976, S. 201.

[110] Teutsche Reichsabschiede, II, S. 81, § 23, ferner *F. Blaich*, Die Wirtschaftspolitik des Reichstags, S. 159 f.

[111] Daneben gab es mehrere Möglichkeiten, durch eine geschickte Gestaltung der Kreditverträge die Zinsforderung so zu verkleiden, daß sie vom kanonischen Zinsverbot nicht erfaßt werden konnte. Eine Aufzählung der wichtigsten Ausweichhandlungen nahm die Reichspolizeiordnung von 1530 vor. Teutsche Reichsabschiede, II, S. 341, Art. 26, § 1.

wohl bei der Berechnung der Rente wie bei der Festsetzung des „Wiederkaufsgülten" eine tatsächliche Verzinsung des Kapitals vorgenommen wurde[112].

Auf den folgenden Reichstagen fand dann ein langsamer und zäher, aber doch stetiger Abbau des kanonischen Zinsverbotes statt[113]. Bereits die Reichspolizeiordnung von 1530 erlaubte die Forderung eines Zinses von maximal 5% p.a. für Darlehen, die im Rahmen eines Wiederkaufvertrages vergeben worden waren. Der Reichsabschied von 1600 gestattete die Berechnung von Verzugszinsen in Höhe von 5%. 1654 schließlich, in seinem „jüngsten" Reichsabschied, legte der Reichstag für alle Kreditverträge einen Höchstzins von 5% p.a. fest[114].

Verfolgt man die Verhandlungen des Reichstags zur Zinsfrage, so wird man feststellen, daß namentlich die Fürsten an einer Begrenzung der Höhe des Zinsfußes interessiert waren, die sich dann besonders gut rechtfertigen ließ, wenn sie moraltheologisch untermauert werden konnte[115]. Eine Zinsforderung von jährlich 5% entsprach jedoch genau dem Zinssatz des „Tripel-Kontrakts", dessen Zulässigkeit zu Beginn des 16. Jahrhunderts in kirchlichen Kreisen mehr und mehr anerkannt wurde[116].

Wie verhielt sich nun die Zinstaxe des Reichstags zu den Zinsen, die tatsächlich auf dem Kapitalmarkt für öffentliche Kredite gefordert und gezahlt wurden? Oder anders gefragt: Brachte die obrigkeitliche Begrenzung der Höhe des Zinses den Reichsständen einen Vorteil, wenn sie den Weg der Kreditaufnahme beschritten?

Zunächst sind im öffentlichen Schuldenwesen der frühen Neuzeit der Kredit der Städte und der „Fürstenkredit" deutlich voneinander zu unterscheiden[117]. Der städtische Kredit umfaßt diejenigen Darlehen, welche die Reichsstädte und die größeren landesfürstlichen Städte aufnahmen. In den Kreisen der Geldgeber galt die Gewährung eines Kredits an eine bedeutende Handels- und Gewerbestadt als vergleichsweise risikolos. Namentlich die größeren

---

[112] Vgl. *R. Noll von der Nahmer*, Lehrbuch der Finanzwissenschaft, S. 26.

[113] *G.K. Schmelzeisen*, Polizeiordnungen und Privatrecht, Münster usw., S. 481 f. vertritt mit gewichtigen Argumenten die These, bereits die Reichspolizeiordnung von 1530 und ihre Nachfolger hätten Darlehen mit Konventionalzinsen bis zu 5% pro Jahr stillschweigend hingenommen.

[114] Teutsche Reichsabschiede, II, Art. 26, § 8, S. 342; ebd., III, S. 494, § 139, S. 683, § 174.

[115] Vgl. *F. Blaich*, Die Wirtschaftspolitik des Reichstags, S. 160 f.; *K. Läufer / W.D. von Lucius / P. Richter*, Ökonometrie des Zinssatzes, Stuttgart 1973, S. 44 f.; *H.-J. Kraschewski*, Wirtschaftspolitik im deutschen Territorialstaat des 16. Jahrhunderts. Herzog Julius von Braunschweig-Wolfenbüttel (1528-1589), Köln usw. 1978, S. 95 f.

[116] Zur zeitgenössischen theologischen Diskussion über das Zinsverbot siehe *J.T. Noonan Jr.*, The Scolastic Analysis of Usury, Cambridge/Mass. 1957, S. 202 f.; *S. Homer*, A History of Interest Rates, 2. Aufl., New Brunswick usw. 1977, S. 74 f.

[117] Vgl. *K. Läufer / W.D. von Lucius / P. Richter*, Ökonometrie des Zinssatzes, S. 39.

Reichsstädte verfügten über regelmäßige, durch die Produktivkraft ihres Handels und ihres Gewerbes verbürgte Steuereinkünfte. Für die Schulden einer Stadt haftete nach allgemein gültigem Recht jeder ihrer Bürger mit seiner Person und mit seinem privaten Vermögen. Da wichtige Fernhandelsverbindungen die Bürger zum Verlassen ihrer Vaterstadt zwangen, galt für die Gläubiger die Faustregel: Je dichter die Handelsbeziehungen einer Stadt waren, desto leichter fiel der Zugriff auf ihre Kaufleute, falls der Stadtrat seine Verpflichtungen aus dem Kreditvertrag nicht erfüllte[118].

Die vom einzelnen Bürger getragene Kreditwürdigkeit erklärt, warum sich der Zins, den die Stadt für mittel- und langfristige Anleihen zu zahlen hatte, bis zum Ausbruch des Dreißigjährigen Krieges bei 5% p.a. einpendelte. Eine ganze Reihe überlieferter zeitgenössischer Kreditverträge bezeugt, daß die Städte sowohl im Norden wie auch im Süden des Reiches bei finanzpolitischen Entscheidungen mit dieser Zinshöhe bei der Aufnahme von Darlehen rechnen konnten[119]. Der Zinsfuß von 5% p.a. wiederum erläutert, warum im Laufe des 16. Jahrhunderts der Rentenkauf und der Wiederkauf ihre einst führende Rolle im städtischen Kreditwesen immer mehr einbüßten. Zwar geriet ab 1500 der „Leibrentenfuß" unter Druck, doch stand er in den bedeutenden Städten immer noch bei 9%[120]. 1568 konnten in Bremen drei Bürger für ihr eingezahltes Kapital nochmals eine Leibrente von 9% durchsetzen, obwohl der Zinssatz für diese Kreditart inzwischen allgemein auf 5 bis 6% abgesunken war[121].

In Ausnahmefällen, zumal bei besonderen Konstellationen des Angebots und der Nachfrage am Kapitalmarkt, stieg mitunter auch der Zins für den städtischen Kredit erheblich an. Als 1554 im zweiten Markgrafenkrieg Frieden geschlossen wurde, mußte die Reichsstadt Nürnberg, obgleich ihr Territorium verwüstet worden war[122], dem Markgrafen Albrecht Alcibiades von Brandenburg-Ansbach sofort eine Kriegsentschädigung in Höhe von 200.000 fl. bezahlen. Der Stadtrat beauftragte die Handelsgesellschaft Imhoff, diese Summe auf

[118] Siehe hierzu *R. Ehrenberg*, Das Zeitalter der Fugger. Geldkapital und Creditverkehr im 16. Jahrhundert, Bd. 1: Die Geldmächte des 16. Jahrhunderts, 3. Aufl., Jena 1922, S. 18 f.; *H. Rachel / P. Wallich*, Berliner Großkaufleute und Kapitalisten, Bd. 1, Berlin 1967, S. 18; *V. Press*, Steuern, Kredit uns Repräsentation. Zum Problem der Ständebildung ohne Adel, in: Zeitschrift für Historische Forschung, 2 (1975), S. 68.

[119] Vgl. *F.J. Schöningh*, Die Rehlinger von Augsburg, S. 26; *H. Albers*, Die Anleihen der Stadt Bremen vom 14. bis zum 18. Jahrhundert, Bremen 1930, S. 117 f.; *K. Zeiger*, Hamburgs Finanzen, S. 63; *C. Dittmar*, Die Einnehmerrechnungen der freien Reichsstadt Schweinfurt (1554-1802), Schweinfurt 1961, S. 24, 306; *A. Dreher*, Geschichte der Reichsstadt Ravensburg und ihrer Landschaft von den Anfängen bis zur Mediatisierung 1802, Bd. 2, Weißenhorn usw. 1972, S. 704.

[120] Vgl. *W. Ogris*, Das Stettiner Handelshaus der Loitz im Boisalzhandel, S. 186 f.

[121] *H. Albers*, Die Anleihen der Stadt Bremen, S. 130 f.

[122] Die Kriegsschäden, welche die Reichsstadt erlitten hatte, werden auf über 4,5 Mio fl. geschätzt. Vgl. *I. Bog*, Wachstumsprobleme der oberdeutschen Wirtschaft 1540-1676. Die schwedische Krone als deutsche Landesherrin, Norstedts 1967, S. 520.

dem Kreditweg aufzubringen. Die Agenten dieser Firma mußten jedoch feststellen, daß das Angebot an Geldkapital in den Zentren des Kapitalverkehrs zu Frankfurt am Main, Antwerpen, Lyon, Venedig und Leipzig ungewöhnlich knapp war. Daher mußte sich die Stadt Nürnberg, „die sonst zu keiner Zeit mehr zahlte als 5% pro anno", mit einem Zinsfuß von 12% bei einer Laufzeit von zwei Jahren abfinden. Doch taucht bereits 1562 in der Liste der städtischen Gläubiger der Abt Michael zu Hersfeld auf, der sich für die Verleihung einer Summe von immerhin 24.400 fl. mit einem Entgelt von 5% zufrieden gab. Ab 1565 zahlte der Nürnberger Rat bei der Aufnahme von Darlehen nur noch einen Zins von 5% p.a. „wie zu normalen Zeiten"[123].

Mithin entsprach bis 1618 die vom Reichsgesetzgeber verfochtene Maximaltaxe von 5% genau dem Zinsfuß, der im städtischen Schuldenwesen inzwischen üblich geworden war. Zwar war es die Sicherheit, für welche die Städte bürgen konnten, und nicht die Gesetzgebung des Reiches, welche diese Zinshöhe langfristig durchgesetzt hatte. Trotzdem war es natürlich für den Kämmerer einer Reichsstadt von Vorteil, wenn er bei den Verhandlungen über Kreditbedingungen die Kapitalgeber auf die zinsrechtlichen Vorschriften des Reichstages verweisen konnte[124].

Die „Kreditnot" und die Kapitalknappheit, welche der Dreißigjährige Krieg auslöste, wirkten sich auch auf den Preis aus, den die Städte für mittel- und langfristige Kredite zu bezahlen hatten. In der Reichsstadt Augsburg z.B. kletterte der Zins für die vom Stadtrat aufgenommenen Kredite im Jahre 1634 auf 7%. 1649 betrug dieser Zinsfuß immer noch 6%[125]. Aus diesem Grund konnte es den reichsstädtischen Gesandten nur recht sein, daß der Reichstag 1654 die Zulässigkeit der Zinsforderung erneut auf 5% begrenzte.

Vom städtischen Kredit unterschied sich der „Fürstenkredit" durch das hohe Risiko, welches der Gläubiger in den meisten Fällen einging. Die Zahlungsmoral vieler Fürsten war schlecht. Verfügte der fürstliche Schuldner außerdem über politische Macht, so konnte ihn auch ein Gerichtsverfahren nicht zwingen, Tilgungsraten und Zinsen pünktlich zu entrichten. Selbst wenn ein Fürst seinen Zahlungsverpflichtungen nachkam, bestand dennoch die Gefahr, daß im Falle seines Todes seine Erben sich weigerten, die Schulden ihres Vorgän-

---

[123] *H. Jahnel*, Die Imhoff, eine Nünberger Patrizier- und Großkaufmannsfamilie. Eine Studie zur reichsstädtischen Wirtschaftspolitik und Kulturgeschichte an der Wende vom Mittelalter zur Neuzeit (1351-1579), Diss., Würzburg 1950, Ms., S. 171 f.

[124] „Ja, es kommt sogar vor, daß man sich auf eine solche Reichsvorschrift beruft, die man nicht übertreten dürfe, wenn der Geldgeber 6 Prozent verlangt, während man in Notzeiten widerspruchslos 6 Prozent bewilligt". *H. Albers*, Die Anleihen der Stadt Bremen, S. 38, ferner *H. Rachel / P. Wallich*, Berliner Großkaufleute und Kapitalisten, Bd. 1, S. 19.

[125] Vgl. *J. Hartung*, Die direkten Steuern und die Vermögensentwicklung in Augsburg von der Mitte des 16. bis zum 18. Jahrhundert, in: Jahrbuch für Gesetzgebung, Verwaltung und Volkswirtschaft, 22 (1898), S. 178, Anm. 2.

gers abzutragen[126]. Aus diesem Grund unterlag der Zinssatz am Teilmarkt für Fürstenkredite erheblichen Schwankungen. Ein hohes Risiko des Gläubigers schlug sich in der Regel in einer vergleichsweise hohen Zinsforderung nieder[127].

Diesen Zusammenhang verdeutlicht die folgende Übersicht. Ausgehend vom Jahre 1530, als die 5% Zinstaxe in der Reichsgesetzgebung erschien, führt sie einige beispielhaft ausgewählte „Fürstenkredite" auf:

1530: Handelshaus Fugger, Augsburg – König Ferdinand: 275.733 fl. zu 10 bzw. 8% p.a. Wegen des hohen Risikos sollten für die ersten 1 1/2 Jahre Laufzeit des Kredits 10% hernach 8% Zinsen bezahlt werden.

1530: Handelshaus Fugger – König Ferdinand: 66.000 fl. zu 8%. Als Sicherheit diente das Aufkommen der Zölle und des „Biergelds" in Ober- und Niederschlesien sowie in der Niederlausitz. 15 Jahre lang erfolgte jedoch weder Tilgung noch Zinszahlung[128].

1530-1532: Michael von Dernburg, späterer kurbrandenburgischer Hoffaktor – Graf Gebhard zu Mansfeld: 14.180 fl. zu 6%.

1531: Michael von Dernburg – „Harzgrafen": 9.000 fl. zu 6%, Mehrere Adelige übernahmen eine Bürgschaft. Weder Schuldner noch Bürgen kamen ihren Verpflichtungen nach[129].

1533: Handelshaus Fugger – König Ferdinand: 12.000 fl. zu 8 bzw. 10%. Da die Tilgung nicht pünktlich eingehalten wurde, erhöhte sich 1535 der Zinssatz auf 10%[130].

1535: Handelshaus Fugger – Kaiser Karl V.: 100.000 Dukaten zu 14%[131].

1542: Handelshaus Loitz, Stettin – Kurfürst Joachim II. von Brandenburg: 2.000 fl. zu 9%[132].

---

[126] Vgl. *G. Ehrenberg*, Das Zeitalter der Fugger, S. 18 f.; *K. Läufer / W.D. von Lucius / P. Richter*, Ökonometrie des Zinssatzes, S. 38 f.

[127] Die These, der Zinssatz spiele die Rolle „einer unter wirtschaftlichen Marktgesetzen stehenden, selbst schwankenden und dadurch anderswo ausgleichenden Größe" „frühestens" seit dem Ende des 18. Jahrhunderts, *H. Linhardt*, Die historische Komponente der funktionalen Betriebswirtschaftslehre, Berlin 1964, S. 61, ist nicht haltbar.

[128] *G. Frhr. von Pölnitz*, Anton Fugger, Bd. 1, Tübingen 1958, S. 528, 532.

[129] *H. Schnee*, Die Hoffinanz, S. 26.

[130] *G. Frhr. von Pölnitz*, Anton Fugger, Bd. 1, S. 599.

[131] Ebd., Bd. 2, S. 339.

[132] *J. Papritz*, Das Stettiner Handelshaus, S. 16.

1554: Matthias Hacke – Kurfürst Joachim II.: 2.000 fl. zu 7,5%[133].

1581-1582: Handelshaus Fugger – Herzog Wilhelm V. von Bayern: 33.000 fl. zu 5%[134].

1591: Handelshaus Fugger – Kaiser Rudolf II. 20.000 fl. zu 5%.

1594: Handelshaus Fugger – Kaiser Rudolf II.: 300.000 fl. zu 6%. Dieser Kredit diente der Finanzierung des Türkenkrieges. Seine Rückzahlung sollte aus der zu erwartenden Reichshilfe erfolgen.

1594: Handelshaus Fugger – Kaiser Rudolf II.: 40.000 fl. zu 5%. Auch dieser Kredit galt der Finanzierung des Türkenkriegs. Für seine Rückzahlung bürgten jedoch der Reichspfennigmeister Zacharias Geizkofler und ein Wiener Handelshaus[135].

1601-1605: Handelshaus Rehlinger, Augsburg – Kurfürst Christian II. von Sachsen: 12.000 fl. zu 6% und – Zacharias Geizkofler 10.000 fl. zu 7%.

1634: Handelshaus Rehlinger – Schwedische Krone und protestantische Reichsstände: 40.000 Taler zu 5%. Trotz einer Bürgschaft des Kanzlers Oxenstierna und der schwedischen Krone verzögerte sich die Rückerstattung von Jahr zu Jahr. Erst 1650 erhielten die Erben M.G. Rehlingers ganze 28.000 Taler[136].

Obwohl diese Übersicht vertraglich vereinbarte Zinssätze bis zu 14% p.a. aufweist, widerlegt sie dennoch die Auffassung, der legale Satz von 5% p.a. habe nur auf den „kommerziellen Märkten" Bedeutung gehabt, denn für den Fürstenkredit sei er viel zu niedrig gewesen[137]. Bei hinreichender Sicherheit der geliehenen Summe konnte offensichtlich auch der Territorialherr Geld zu dem in der Reichsgesetzgebung verankerten Zinsfuß aufnehmen. Davon abgesehen bildete der gesetzliche Höchstsatz für die Reichsfürsten außerdem eine Orientierungshilfe bei ihren Verhandlungen mit den Kapitalgebern. Als z.B. 1531 die Augsburger Handelsfirmen Fugger und Paumgartner von der Innsbrucker Schatzkammer für ein Darlehen 9% verlangten, bot ihnen die Behörde zunächst nur 5% an. 1545 versuchte König Ferdinand, die Fugger zu bewegen, den Zinsfuß einer Anleihe, welche sie ihm 1530 gewährt hatten, von 8 auf 5% zu ermäßigen[138].

---

[133] *H. Rachel / J. Papritz / P. Wallich*, Berliner Großkaufleute, S. 15.

[134] *R. Hildebrandt*, Die „Georg Fuggerischen Erben", S. 105 f.

[135] *F. Blendinger*, Zacharias Geizkofler (1560-1617), in: Lebensbilder aus dem Bayerischen Schwaben, hrsg. von G. Frhr. von Pölnitz, Bd. 8, 1961, S. 171 f.

[136] *F.J. Schöningh*, Die Rehlinger von Augsburg, S. 27, 50 f.

[137] Diese Ansicht vertreten z.B. *K. Läufer / W.D. von Lucius / P. Richter*, Ökonometrie des Zinssatzes, S. 45.

[138] *G. Frhr. von Pölnitz*, Anton Fugger, Bd. 1, S. 565, 528.

VII.

Einen weiteren Anlaß zum Eingreifen des Reichsgesetzgebers in das öffentliche Kreditwesen lieferte der Dreißigjährige Krieg. In den letzten Kriegsjahren häuften sich an allen Gerichten des Reiches Prozesse, die Gläubiger gegen ihre Schuldner angestrengt hatten, welche durch Kriegseinwirkungen zahlungsunfähig geworden waren. Nach dem geltenden Recht blieb den Gerichten nur die Entscheidung zugunsten der Gläubiger, die daraufhin Zahlungsbefehle gegen die Schuldner vollstrecken lassen konnten[139]. Die kriegsbedingte Zahlungsunfähigkeit beschränkte sich indessen nicht auf den privaten Bereich. Besonders die Reichsstädte stöhnten unter ihrer Schuldenlast. Kriegszerstörungen aller Art, Kontributionen und Einquartierungen hatten die Städte genötigt, umfangreiche Anleihen aufzunehmen, zumal viele ihrer Einnahmequellen, namentlich die Besteuerung von Umsatz, Einkommen und Verbrauch, mit dem durch den Krieg ausgelösten Niedergang von Handel, Handwerk und Gewerbe nahezu versiegt waren[140].

1640 brachten zwei Gläubiger die Reichsstadt Eßlingen durch Gerichtsverfahren in schwere finanzielle Bedrängnis. Daraufhin beschloß das Kollegium der Reichsstädte, eine gesetzliche Regelung der Schuldentilgung herbeizuführen, weil ihm private Übereinkommen mit den Gläubigern auf die Dauer zu unsicher schienen. Die Gesandten der Städte Frankfurt, Nürnberg und Ulm entwarfen eine Denkschrift über die derzeitige Lage der städtischen Finanzen und forderten anschließend die vorläufige Einstellung aller Prozesse zur Vollstreckung eines Zahlungsbefehls sowie einen allgemeinen Zahlungsaufschub für die Tilgung rückständiger Zinsbeträge[141]. Diese Denkschrift wurde zu Beginn des Jahres 1644 der zu Frankfurt tagenden Reichsdeputation vorge-

---

[139] Vgl. Ein Neu: Nutzlich – und Lustigs Colloquium von etlichen Reichstags-Puncten, S. V f.; *F. Blaich*; Die Wirtschaftspolitik des Reichstags, S. 225 f.

[140] Siehe z.B. *J. Hartung*, Die direkten Steuern und die Vermögensentwicklung, S. 178, Anm. 2; *H.H. von Auer*, Das Finanzwesen der Stadt Freiburg i. B. von 1648 bis 1806, Bd. 1 (1648-1700), Karlsruhe 1911, S. 152 f.; *F. Kaphahan*, Der Zusammenbruch der deutschen Kreditwirtschaft im XVII. Jahrhundert und der Dreißigjährige Krieg, in: Deutsche Geschichtsblätter, 13 (1912), S. 143 f.; *A. Vorbach*, Die wirtschaftlichen Folgen des Dreißigjährigen Krieges für die Reichsstadt Ulm, Diss., Tübingen 1923, Ms., S. 47 f.; *A. Frohn*, Die wirtschaftlichen Folgen des dreißigjährigen Krieges für die Reichsstadt Mühlhausen i. Thür., Mühlhausen i. Thür. 1926, S. 78; *H. Oelze*, Das Wirtschaftsleben der Stadt Nordhausen am Harz in den letzten zwei Jahrhunderten ihrer Reichsunmittelbarkeit (17. und 18. Jahrhundert), Diss., Leipzig 1933, S. 15; *K. Rank*, Die Finanzwirtschaft der Reichsstadt Rothenburg ob der Tauber während des Dreißigjährigen Krieges. Ein Beitrag zur Geschichte des Kontributionswesens, Erlangen 1940, S. 124; *C. Dittmar*, Die Einnehmerechnungen der freien Reichsstadt Schweinfurt (1554-1802), Schweinfurt 1961, S. 322 f.; *A. Dreher*, Geschichte der Reichsstadt Ravensburg und ihrer Landschaft von den Anfängen bis zur Mediatisierung 1802, Bd. 2, Weißenhorn usw. 1972, S. 704.

[141] *F. Blaich*, Die Wirtschaftspolitik des Reichstags, S. 230.

legt. Zur Abfassung eines Gesetzentwurfs konnten sich die versammelten Reichsstände jedoch nicht entschließen[142].

Angesichts der gesamtwirtschaftlichen Bedeutung der Schuldentilgung, die zudem mit schwierigen juristischen Problemen verknüpft war, erstaunt es nicht, daß sich auch der Westfälische Friedenskongreß in dieser Frage zu keiner Entscheidung durchrang. Der Friedensvertrag begnügte sich vielmehr mit einer Übergangslösung[143]. Die Gerichte wurden angehalten, die besonderen Umstände kriegsgeschädigter Schuldner sorgfältig zu erwägen und niemanden durch übereilte Vollstreckungen in Schwierigkeiten zu bringen. Auf dem nächsten Reichstag sollte dann eine Regelung des Schuldenproblems auf reichsrechtlicher Grundlage erfolgen[144].

Dieser Reichstag trat allerdings nicht, wie im Friedensvertrag vorgesehen, binnen sechs Monaten zusammen, sondern erst nach fünf Jahren. Nach langwierigen Vorbereitungen und eingehenden Diskussionen über die Rechtsstellung der Gläubiger und der Schuldner sowie über die zu vereinbarende Zinshöhe[145] traf schließlich der Reichsabschied von 1654 zur Regelung der privaten und der öffentlichen Schuldverhältnisse die folgende Entscheidung[146]. Für Schuldner, die durch Kriegsfolgen zahlungsunfähig geworden waren, erließ das Reich ein Moratorium. Im Rahmen dieser Zahlungsstundung blieb die Darlehenssumme in ihrer Höhe erhalten. Allerdings durfte der Gläubiger das Darlehen drei Jahre lang nach Erlaß des Reichsgesetzes nicht kündigen. Für weitere sieben Jahre stand dem Schuldner das Recht zu, die Raten der Rückzahlung selbst zu bestimmen und statt Bargeld Sachwerte als Tilgung anzubieten. Der Betrag der bis zum Erlaß des Gesetzes aufgelaufenen Zinsen wurde auf ein Viertel reduziert. Von diesem Restbetrag waren ab 1654 neben den laufenden Zinsen je ein Jahresbetrag rückständiger Zinsen zu begleichen. Der Schuldner konnte sich auf das Moratorium nicht berufen, wenn er sich mit dem Gläubiger bereits anderweitig verglichen hatte, die Forderung schon vollstreckt oder bezahlt worden war, wenn die Kreditaufnahme zur Abwendung unmittelbarer Kriegsgefahr bestimmt gewesen war oder wenn sie dem Wiederaufbau von Gütern diente, die mittlerweile wieder einen Ertrag abwarfen.

Dieses Gesetz über das „Reichsmoratorium" darf man insofern getrost als Meisterwerk des Reichstags bezeichnen[147], als es der schwierigen Aufgabe, einander widerstreitende juristische Erwägungen und ökonomische Erforder-

---

142 Ebd.

143 Vgl. *G. Buchstab*, Reichsstädte, S. 167 f.

144 Teutsche Reichsabschiede, III, Instrumentum Pacis Caesareo Suecicum, Art. VIII, § 5, S. 591.

145 Siehe hierzu *F. Blaich*, Die Wirtschaftspolitik des Reichstags, S. 227 f.

146 Teutsche Reichsabschiede, III, S. 672 f.

147 Vgl. *E. Stampe*, Das deutsche Schuldentilgungsrecht des 17. Jahrhunderts, in: Sitzungsberichte der preußischen Akademie der Wissenschaften, Philosoph.-histor. Klasse, Berlin 1925, S. 10 f.

nisse zu berücksichtigen, genügte. Zwischen dem Schutz des Eigentumsanspruchs und der Notwendigkeit, die Angebotsseite am Kapitalmarkt zu fördern, auf der einen Seite, der für den Wiederaufbau unerläßlichen Entschuldung der Untertanen auf der anderen, fand es einen Ausweg, der beiden Anforderungen gerecht wurde[148].

Obwohl die meisten Reichsfürsten die Lösung des Problems der Schuldentilgung innerhalb ihres Territoriums inzwischen selbst in die Hand genommen und zum Teil auch schon zu einem Abschluß gebracht hatten[149], erlangte das Reichsgesetz dennoch praktische Bedeutung. Wie die folgenden Beispiele lehren, bot der Reichsabschied insbesondere drei Gruppen der Reichsstände eine willkommene Hilfe bei der Neuordnung ihres Schuldenwesens, den Reichsstädten, kleinen und politisch wenig einflußreichen Fürsten sowie Territorien, die vom Krieg besonders hart getroffen worden waren:

1. Einige Gläubiger der Reichsstadt Ulm hatten einen Vollstreckungsbefehl erwirkt und beanspruchten nun die Ulmer Zollstätte zu Geislingen als Pfand für ihre Forderungen. Dank des Reichsabschieds von 1654 gelang es der Stadt, die Vollstreckung abzuwenden[150].

2. Auch das Hochstift Bamberg setzte große Erwartungen in das Reichsgesetz. Dem unablässigen Drängen seiner Gläubiger ausgeliefert, hatte auch der Fürstbischof zu besonderen Vereinbarungen Zuflucht genommen. Trotzdem hatten einige Kreditoren gedroht, sich ihr Recht auf dem Wege der Zwangsvollstreckung zu verschaffen. Das Hochstift mußte deshalb mit dem Verlust der Unterpfänder, die es den Gläubigern zur Absicherung ihrer Forderungen an seinem Grundbesitz eingeräumt hatte, fürchten[151].

3. Im Falle des Kurfürsten von der Pfalz billigten die Reichsstände sogar weitere Erleichterungen bei der Schuldentilgung. Beeindruckt von einer Denkschrift Carl Ludwigs, in welcher er die verzweifelte Lage seines Landes und seiner Finanzen schilderte, empfahlen sie Kaiser Ferdinand III., dem

---

[148] Ein Neu: Nutzlich – und Lustigs Colloquium von etlichen Reichstags-Puncten, S. 1 f.; *F. Blaich*, Die Wirtschaftspolitik des Reichstags, S. 234 f.; *A. Laufs*, Der Schwäbische Kreis. Studien über Einungswesen zu Beginn der Neuzeit, Aalen 1971, S. 41 f.

[149] Solche Verordnungen waren bereits vor 1654 ergangen. Richtungsweisend war vielfach das 1643 erlassene Moratorium Brandenburg-Preußens. *F. Blaich*, Die Wirtschaftspolitik des Reichstags, S. 234. In Braunschweig-Wölfenbüttel erfolgte schon 1636 eine Zinsreduktion. *F. Kaphahan*, Der Zusammenbruch der deutschen Kreditwirtschaft, S. 158 f.

[150] *F. Blaich*, Die Wirtschaftspolitik des Reichstags, S. 230.

[151] *W. Kern*, Die Finanzwirtschaft des Hochstifts Bamberg, S. 101 f., 257 f.; vgl. ferner *G. Benecke*, Society and Politics in Germany 1500-1750, London usw. 1974, 207 f.; *E. Strobel*, Neuaufbau der Verwaltung und Wirtschaft der Markgrafschaft Baden-Durlach nach dem Dreißigjährigen Krieg bis zum Regierungsantritt Karl Wilhelms (1648-1709), Berlin 1935, S. 21, Anm. 37.

Kurfürsten in Form eines „Indultum Speciale" einen noch über das allgemeine Moratorium hinausgehenden Schutz vor seinen Gläubigern zu gewähren. Daraufhin befreite der Kaiser 1655 Carl Ludwig für zehn Jahre von allen Zinszahlungen und ermäßigte ihm in den nächstfolgenden zehn Jahren die Zinsen um die Hälfte[152].

VIII.

Mit diesem Gesetz wurde gleichzeitig das Ende einer Epoche der Reichsfinanzpolitik eingeleitet, welche 1495 mit der Einführung des Gemeinen Pfennigs begonnen hatte. Die Wahlkapitulation von 1658 und der Reichsschluß von 1670 rundeten, wie oben erwähnt, die finanzielle Hoheit des Landesherrn in seinem Territorium ab. Die nach dem Dreißigjährigen Krieg schwindende Macht der Stände nutzten die meisten Fürsten, um einen leistungsfähigen Verwaltungsapparat einzurichten, der auch die Ausschreibung und Einhebung der Landessteuern übernehmen konnte. Den Aufstieg des absoluten Herrschers begleiteten außerdem einschneidende Änderungen in der Finanzpolitik, die abschließend in ihren Grundrissen angedeutet werden sollen.

Als nach und nach die absoluten Herrscher der deutschen Staaten das aus England und Frankreich stammende wirtschaftspolitische Gedankengut des „Merkantilismus" aufgriffen, verloren viele Zölle ihre Eigenschaft als reine Finanzquelle. Die Erhebung der Zölle wurde jetzt vielfach an die Landesgrenzen verlagert, und sie diente dort vorrangig der Gestaltung der Außenwirtschaftspolitik. Hohe Einfuhrzölle sollten die Untertanen davon abhalten, Fertigwaren, die in anderen Staaten hergestellt worden waren, zu kaufen. Entsprechend hohe Ausfuhrzölle trafen die im Inland produzierten Rohstoffe, etwa Wolle. Sie verfolgten den Zweck, dem einheimischen Gewerbe eine preisgünstige Versorgung mit Rohstoffen zu sichern. Im Idealfall wurden die wirtschaftspolitischen Ziele des Landesherrn dann vollständig erreicht, wenn seine Zollstellen überhaupt keine Erträge an seine Kammer ablieferten. War es ihm nämlich gleichzeitig gelungen, den Schmuggel zu unterbinden, so zeigte dieses Ergebnis an, daß seine Untertanen kein Geld für ausländische Fertigfabrikate ausgegeben hatten und daß sie dem Gewerbe des Auslandes keine Rohstoffe verschafft hatten[153].

Unter dem Einfluß der merkantilistischen Wirtschaftspolitik wurde auch manche Verbrauchs- oder Verkehrssteuer, ganz oder teilweise, in eine „Ordnungssteuer" umgewandelt, deren Ausschreibung die Untertanen zu einem

---

[152] *G. Biskup*, Die landesfürstlichen Versuche zum wirtschaftlichen Wiederaufbau der Kurpfalz nach dem 30jährigen Kriege (1648-74), Diss., Frankfurt a. Main 1933, S. 24 f., 59; *F. Blaich*, Die Wirtschaftspolitik des Reichstags, S. 231 f.; *V. Sellin*, Die Finanzpolitik Karl Ludwigs von der Pfalz, S. 74, 193 f.

[153] Vgl. *F. Blaich*, Die Epoche des Merkantilismus, Wiesbaden 1973, passim.

bestimmten wirtschaftlichen Handeln oder Unterlassen bewegen sollte. Der „Holzzoll" z.B. hatte nicht mehr ausschließlich die Aufgabe, dem Landesherrn Einkünfte zu beschaffen, sondern er sollte den Raubbau an den Wäldern verhindern[154].

Auch das Gebiet des öffentlichen Kredits erlebte einen grundlegenden Wandel. Die Kosten des Wiederaufbaus nach dem Dreißigjährigen Krieg und die Ausgaben für die prächtige Hofhaltung des absoluten Fürsten ließen sich nicht mehr durch von Fall zu Fall aufgenommene Anleihen decken. Die Aufgaben der ständigen Finanzierung außerordentlicher Ausgaben des absoluten Herrschers übernahmen in vielen Territorien jüdische Geldverleiher. Aus ihrer Tätigkeit erwuchs die Einrichtung des „Hoffaktors", dessen finanzieller Leistung ein gewichtiger Anteil an der Entwicklung des modernen Staates zukam[155].

---

[154] Vgl. *K.-R. Böhme*, Bremisch-Verdische Staatsfinanzen 1645-1676, S. 158.

[155] Siehe hierzu *H. Schnee*, Die Hoffinanz und der moderne Staat, passim; *H. Kellenbenz*, Deutsche Wirtschaftsgeschichte, Bd. 1: Von den Anfängen bis zum Ende des 18. Jahrhunderts, München 1977, S. 368 f.

Zur Entwicklung des Konzepts der „Hacienda" im spanischen Reich

Von Giovanni Muto

I.

Nur schwer kann man sich einen geschichtlichen Zeitabschnitt vorstellen, der die Menschen größeren politischen Veränderungen, qualvolleren religiösen Spannungen und gleichsam neu zu entwickelnden Verhaltensweisen und Lebensstilen ausgesetzt hat, als das 16. Jahrhundert. Ein jeder machte je nach Position in der sozialen Schichtung, auf seinem Niveau und gemäß der persönlichen Sensibilität und Fähigkeit, seine Erfahrungen mit der prekären Lage einer täglichen Existenz, die bedroht war von einer zwar expandierenden, aber stark schwankenden Konjunktur. Niemand war vor den Launen des Glücks sicher. Simon Riuz, der große Bankier und Kaufmann aus dem Zeitalter Philipps II., erwähnte 1592 am Ende seines Lebens, wie er in mehr als fünfzig Jahren unzählige Bankiers kennengelernt hätte und daß es keinem von ihnen gelungen sei, den Bankrott zu vermeiden[1].

Die erste Hälfte des Jahrhunderts hatte die Bevölkerung in bisher unbekanntem Ausmaß und mit weitaus dramatischeren Folgen in die spanisch-französischen Kriege um die Hegemonie auf dem Kontinent verwickelt. Und die folgenden Jahrzehnte waren mit Sicherheit auch nicht friedlicher. Die Furcht vor Türkeneinfällen blieb weiterhin im gesamten Mittelmeerraum so konstant lebendig, als ob der Sieg bei Lepanto nie gewesen wäre[2]. Hinzu kam die zunehmende Verbreitung der heidnischen sowie christlichen Piraterie, eine richtige „verbreitete Industrie"[3]: wählerisch, was die Ziele und nicht weniger unbarmherzig, was die Ergebnisse betraf. Zu den externen Bedrohungen gesellten sich auch viele interne Gefahren: das Banditentum auf dem Lande, die

---

[1] Vgl. *F. Ruiz Martin*, La Banca en España hasta 1782, in: El Banco de España. Una Historia economica, Madrid 1970, S. 25.

[2] Zur wirklichen Bedeutung der Seeschlacht von Lepanto in der Geschichte des Mittelmeerraums siehe: Il Mediterraneo nella seconda metà del '500 alla luce di Lepanto, hrsg. von G. Benzoni, Firenze 1974, und besonders die Beiträge von *H. Inalcik, R. Mantran, F. Ruiz Martin, A. Tenenti* und *F. Braudel.*

[3] Vgl. *F. Braudel*, La Mediterranée et le Monde mediterranéen à l'époque de Philippe II, 9. Aufl., Paris 1990, S. 191-193.

Kriminalität in den Städten, die Furcht vor den großen Volkserhebungen; die Vorstellung einer blutrünstigen Plebs ging einher mit jener der Repression, welche immer schon die Erhebungen begleitete und beendete. Obwohl es nicht zu katastrophalem Bevölkerungsschwund kam, wie es 1348 oder 1630-1631 und 1656-1657 der Fall gewesen war, so blieb das 16. Jahrhundert dennoch nicht von den endemischen Geißeln der Pest und der Cholera verschont, wenngleich diese regional begrenzt blieben[4]. Auch wenn die These von North und Thomas über die Korrelation von demographischem Wachstum und abnehmenden landwirtschaftlichen Erträgen zu steif und schematisch erscheint, ist es immerhin wahr, daß die schweren Krisen der materiellen Lebensgrundlage, zu denen es im vorindustriellen Zeitalter regelmäßig kam, lange jede Möglichkeit verhinderten, „to break out of the Malthusian trap“[5].

Der große wirtschaftliche Aufschwung des 16. Jahrhunderts erfolgt gemäß einer Kurve, der es – trotz der steigenden Tendenz fast aller Größen (Nachfrage, Einkommensstruktur, Produktion, Warenumschlag, Dienstleistungen, Konsum) – nicht gelingt, das Gefühl der Unsicherheit, des Prekären der täglichen Existenz zu tilgen. Das Jahrhundert, das unter den Vorzeichen des Optimismus und der Hoffnung begonnen hatte, sollte unter ganz anderen Prodigien enden. Dürers Ritter, der 1513 selbstsicher und mit stolzem Übermut dahinreitet, ohne sich um seine Reisegefährten zu kümmern, scheint am Ende des Jahrhunderts offensichtlich schwer an seinen Jahren zu tragen zu haben – in der grauenerregenden Landschaft, in deren Mitte, weit weg, die Stadt zu erkennen ist. Die Sanduhr ruft ihm die Tatsache ins Gedächtnis zurück, daß sein Aufenthalt auf Erden nur von kurzer Dauer ist; und sicherlich können weder seine solide Rüstung noch die massiven Stadttürme sein Leben vor Angriffen schützen[6]. Gegen Mitte des Jahrhunderts ist das Geschick von Lazzarillo de Tormes – und des Schelmenromans schlechthin – ein Beweis

---

[4] Zur Verbreitung von Epidemien und zur Entwicklung der Sterblichkeitsziffern im vorindustriellen Europa vgl. *A. Corradi*, Annali delle epidemie occorse in Italia dalle prime memorie fino al 1850, Bologna 1865-1894; *L. Dal Pianta / M. Livi Bacci*, Chronologie, intensité et diffusion des crises de mortalité en Italie: 1600-1850, in: Population, (1977), S. 401-446; *C.M. Cipolla*, Cristofano e la peste. Un caso di storia del sistema sanitario in Toscana nell'età di Galileo, Bologna 1976; *ders.*, I pidocchi e il Granduca: crisi economica e problemi sanitari nella Firenze del '600, Bologna 1979; *P. Preto*, Peste e socialità a Venezia nel 1576, Vicenza 1978; *L. Dal Pianta*, Le epidemie nella storia demografica italiana (secoli XIV-XIX), Torino 1980; *J.N. Biraben*, Les hommes et la peste en France et dans les pays européens et méditerranéens, Paris 1975-1976.

[5] *D.C. North / R.P. Thomas*, The Rise of the Western World, Cambridge 1973, S. 50-53, 69-70, 102-106; hier S. 69. Vorbehalte gegenüber solchen Positionen, die auch andere Autoren innehaben, sind schon geltend gemacht worden von: *B. Bennassar / J. Jacquart*, Le XVIe siècle, Paris 1972, S. 253-256.

[6] Der Kupferstich aus dem Jahr 1513 befindet sich im British Museum in London; meine Auslegung ist auf alle Fälle keine Alternative zu jener von *H. Trevor Roper*, Princes and Artists. Patronage and Ideology at Four Habsburg Courts. 1517-1639, London 1976, S. 21.

dafür, wie die Menschen, abgesehen von den Abenteuern der Figur, den Ablauf der Begebenheit als reale und wirkliche Geschicke in einer Gesellschaft hinnehmen, die gänzlich von der Not regiert wird[7]. Um die Jahrhundertwende erkämpfte sich ein genauso unbequemer Zeuge wie sein eigenes Zeitalter, Miguel de Cervantes Saavedra, unter dem Deckmantel eines verrückten Alten, die eigene Freiheit: „Es ist die Krankheit des Jahrhunderts, welche seine Analyse an den Tag bringt: die Enttäuschung, das verlorene Ansehen der Welt der Erfahrungen und der Geschichte, um sie mit einer absurden Maschine aus kapriziösen und verlogenen Figuren und Begebenheiten zu ersetzen. Das Übel liegt nicht in der Vorliebe, die das Herz für die Fabel hegt oder hegen mag, sondern in der hoffnungslosen Abwertung der Wirklichkeit, zu der jene Vorliebe getrieben wird“[8]. Diese Neigung zu einer „hoffnungslosen Abwertung der Wirklichkeit“ scheint in der spanischen Gesellschaft jener Zeit eine relativ weitverbreitete *conditio humana* zu sein, die ein *arbitrista* genau jener Jahre mit einer „repubblica de hombres encantados que vivan fuera del orden natural“ verglich[9]. Tatsächlich erfuhr aber die Wirklichkeit durchaus materiellere Abwertungen als jene subjektive. Die sozialen Grundlagen jenes Irrealismus entfalteten sich in dem Moment, wo die „spanische Macht- und Gewissenskrise“ sich zuspitzte, aber ihre Wurzeln hatte sie in einem Konjunkturumschwung, dessen Ausmaß wir heute abzuschätzen in der Lage sind.

II.

Durch die Verbreitung des Geldes als Zahlungsmittel werden die Konjunkturschwankungen noch deutlicher und nehmen sogar konkret Gestalt an. Die Menschen des 16. Jahrhunderts finden sich zunehmend in eine vom Geld gekennzeichnete Dimension eingebettet, die den Beziehungen der wirtschaftlichen Aktivitäten zueinander mit Präzision das Maß gibt und deren Produkten präzise Werte zuteilt[10]. Diese Demokratisierung des Geldes als Zahlungsmittel, dieser Zugang zu ihm als allgemeinem Zahlungsmittel seitens sozialer Schichten, die in der Vergangenheit größtenteils von alltäglichen Geldgeschäften ausgeschlossen geblieben waren, ermöglichte den Menschen

[7] Das Werk, das 1554 anonym herausgegeben wurde, wurde 1559 auf den Index gesetzt. In Spanien war viele Jahre lang eine relativ gesäuberte Fassung des Textes im Umlauf.

[8] Vgl. die Einleitung von *V. Bodini* zur italienischen Ausgabe von Don Quixote, Torino 1972, S. XLI-XLII.

[9] Das Zitat von Martin Gonzales de Cellorigo stammt aus: *P. Vilar*, El tiempo del Quijote, in: Crecimento y desarollo, Barcelona 1966.

[10] Zur Rolle des Geldes in der Wirtschaft des 16. Jahrhunderts vgl. *P. Vilar*, L'or dans le monde du XVIe siècle à nos jour, Paris 1969 und *A. De Maddalena*, Moneta e mercato nel '500, Firenze 1973. Wichtige Einsichten entwickelt auch *J. Meuvret*, Circulation monétaire et utilisation économique de la monnaie dans la France du XVI siècle, in: Etudes d'histoire moderne et contemporaine, I (1947).

eine präzisere Wahrnehmung der gesamtwirtschaftlichen Entwicklungstendenz. Die ‚Knappheit' oder der ‚Überfluß' der umlaufenden Geldmenge auf dem Markt, die Fähigkeit, gutes Geld und schlechtes Geld zu erkennen und manchmal auch zu manipulieren, dann der inzwischen zur gängigen Praxis gewordene Rückgriff auf einen relativ ausgeprägten Kreditmarkt erhöhten die Chancen, die konjunkturelle Entwicklung innerhalb kurzer Zeit zu verifizieren. Aber natürlich war man gänzlich unfähig, Prognosen über den künftigen Konjunkturverlauf zu stellen und die Struktur der wirtschaftlichen Möglichkeiten, die sich dem Investor darbot, war kaum ausgebaut. So gesehen erschien die Preisentwicklung demjenigen, der sie auszuwerten wußte, als ein soliderer Indikator. Aber das Phänomen überraschte die Zeitgenossen, und sie erkannten es jeweils erst eine gewisse Zeit nach dem ersten Vorkommen als das Signal einer zugrundeliegenden konjunkturellen Lage. Die Zeugnisse des 16. Jahrhunderts sind diesbezüglich äußerst aufschlußreich; in allen ist von einer Preiskonjunktur die Rede, die fünfzig, sechzig Jahre vorher begonnen hatte, aber in keinem wird nach knapp ein, zwei Jahrzehnten Verständnis für oder Einsicht in diesen Preisanstieg erkennbar[11]. Freilich ist all dies keineswegs verwunderlich. Besonders in den Städten, deren Bevölkerungszahl zugenommen hatte und die erneut eine bestimmende Stellung gegenüber dem umliegenden Land und oft auch hinsichtlich der feudalen Strukturen selbst hatten, wirkten zu viele widersprüchliche Bilder auf die Menschen ein. War der Anstieg der Preise nicht lange Zeit von der Disponibilität der Geldmenge gedeckt gewesen? Wer hätte sich je das Versiegen der amerikanischen Gold- und Silberquellen ausmalen können? Außerdem kam es gerade durch das Geld zur Identitätsbildung neu aufkommender sozialer Kräfte. Wenn andere vereinigende Elemente – wie z.B. der Geburtsadel, das öffentliche Amt oder die Standesehre – nicht vorhanden sind, stellt das Geld in der sozialen Rangordnung immerhin einen Faktor zur Konstituierung des sozialen Status dar, ein Mittel zur Eingliederung in die traditionelle Gesellschaft, ein Vehikel der Legitimierung und der Mobilität, um in jener Gesellschaft aufzusteigen. Die Abundanz des Geldes überraschte also höchstens, alarmierte aber sicherlich nicht. Im Gegenteil, bei genauerem Hinsehen gab es nie genug davon. Die Münzstätten selbst kamen bei dieser Nachfrage nicht nach, aber wegen des Mangels an Rohstoffen wurden sie für gewisse – manchmal auch längere – Zeitspannen ganz stillgelegt[12].

Mit der wachsenden Anzahl von Wechseln auf den nationalen und den internationalen Märkten hatte die Umlaufgeschwindigkeit des Geldes um ein Vielfaches zugenommen – besonders unter den Erzeugern sowie zwischen den Erzeugern und den Kaufleuten. In der Gesellschaft und in allen Produktionssektoren bestand ein relativ hoher Bedarf an Geld. Die Landwirt-

---

[11] Die Literatur zum Thema „Preisrevolution" ist relativ umfangreich; hier scheint mir ein Verweis auf folgende Bände angebracht: I prezzi in Europa dal XIII secolo a oggi, a cura di R. Romano, Torino 1967; *A. De Maddalena*, Moneta e Mercato, sowie die darin enthaltenen Bibliographien.

[12] Vgl. *U. Tucci*, Le monete in Italia, in: Storia d'Italia, Bd. V 1, Torino 1973, S. 559.

schaft sollte eine erhöhte Nachfrage nach Rohstoffen decken und benötigte folglich steigende Kapitalinvestitionen. Mit dieser Nachfrage traf dann auch der Wunsch einer Vielzahl von Sparern und Spekulanten aus allen sozialen Schichten zusammen, ihr Einkommen vor der Entwertung zu schützen. So beginnt, wenig anders als es einige Jahrhunderte vorher geschehen war, die Geschichte jener ausgedehnten Typologie von Verträgen, die fast überall im landwirtschaftlichen Europa des 16. Jahrhunderts unter den verschiedensten Bezeichnungen wie *rente, censo, livelli* usw. auftauchten[13].

Auch der Sektor der gewerblichen Produktion – zunftzugehörig oder nicht – bedurfte kräftiger Investitionsspritzen. Es handelte sich hierbei aber weniger um fixes Kapital, als um eine Reorganisation der Produktionsstruktur gemäß der Bedürfnisse eines Marktes, der auf die gesteigerte Nachfrage mit einer Diversifizierung der Produkttypen reagierte: einer beachtlichen Produktion für den Massenbedarf[14]. Der Warenverkehr der Produkte dieser Sektoren, die territoriale und interterritoriale Organisation des Warenaustausches (Transporte, Versicherungen, Verteilung) führte dem Wirtschaftskreislauf weitere flüssige Mittel zu.

Diese und andere Geldmittelnachfragen gingen von der bürgerlichen Gesellschaft und von der Entwicklung ihrer Produktivkräfte aus. Aber die Geldmittelnachfrage kam auch aus einer anderen Richtung, die in vielerlei Hinsicht der bürgerlichen Gesellschaft antagonistisch gegenüberstand: nämlich vom Staat. Heute beginnen sich die Gründe und die näheren Umstände zu klären, unter denen der Staat, die großen Nationalstaaten, begannen, von der international umlaufenden Geldmenge dauerhafte *stocks* abzuzweigen, um sie der Erfüllung politischer Ziele von essentieller Bedeutung zuzuleiten. Die Geschichte der spanischen Linie der Habsburger mit ihren ingeniösen Versuchen, die Ressourcen des Bürgertums zur Stabilisierung ihres Imperiums aufzuwenden, ist mindestens genauso bedeutend wie ihr grundsätzliches Scheitern.

---

[13] Für eine allgemeine Einordnung des Problems in das europäische Panorama siehe *G. Parker,* The Emergence of Modern Finance in Europe. 1500-1730, in: The Fontana Economic History of Europe, Bd. 2, Glasgow 1974, S. 527-594; *F. Braudel,* La Mediterranée, Bd. 1, S. 193-195. Einige Hinweise finden sich auch bei *U. Tucci,* Le monete, S. 573-575. Zu den einzelnen nationalen Situationen vgl. *B. Schnapper,* Les rentes au XVIe siècle, Paris 1957; *B. Clavero,* Prohibición de la usura y constitución de rentas, in: Moneda y credito, (1977), Nr. 143, S. 111-128; *ders.,* Foros y rebassas. Los censos agrarios ante la revolución espanola, in: Agricultura y sociedad, (1980), Nr. 16, S. 27-69 und (1981), Nr. 18, S. 65-100; *A. De Maddalena,* Formazione, impiego e rendimento della ricchezza nalla Milano spagnola. Il caso di Gottardo Frisiani (1575-1608), in: Rivista delle Società, (1969), Nr. 4-5, jetzt neu veröffentlicht in: Dalla città al borgo, Milano 1982, besonders S. 68-74; *G. Corazzol,* Fitti e livelli a grano. Un aspetto del credito rurale nel Veneto del '500, Milano 1979.

[14] Vgl. *E.J. Hobsbawm,* The General Crisis of the european Society in the Seventeenth Century, Past and present, in: Past and Present, (1954), Nr. 5, S. 33-53; Nr. 6, S. 44-63.

In welchem Maß wird diese Nachfrage vom Geldmarkt befriedigt, von welchen Personen und unter welchen Bedingungen? Als konkreter Wert gesehen, also als effektiv geprägte Währung, scheint das Angebot zu keiner Zeit der drängenden, lebhaften Nachfrage nachzukommen, nicht einmal zu einer Zeit, als die Lagerbestände der Edelmetalle Amerikas am ansehnlichsten waren[15]. Man sah sich also gezwungen, neben dem effektiven Kreislauf, der auf der geprägten Geldmenge beruhte, einen getrennten, parallelen Kreislauf einzurichten, der auf treuhänderischem Geld beruhte, das sowohl von der öffentlichen Hand (die spanischen *juros*, die *rentes* des Hotel de la Ville von Paris, die *luoghi di monte* von Rom, die *luoghi di compera* von Genua), als auch von Privatpersonen ausgegeben wurden (Wechselbriefe, begebbare Wertpapiere, Policen, *patto di ricorsa*, usw. ...). Natürlich hatten diese beiden Kreisläufe des Angebots (effektiv und fiduziarisch), die ideell an die Rechnungswährung gebunden waren, präzise Grenzen, was ihre Ausdehnung betraf. Abhängig war der Kreislauf – sowohl des effektiven wie auch des fiduziarischen Geldes – von mindestens drei Elementen. Das erste Element, die Gold- und Silberproduktion, war wechselhaft und unvorhersehbar und dennoch ständig anschwellend, wenn auch mit starken Schwankungen der Wachstumsraten[16]. Das zweite Element, die Höhe der Steuerabgaben – obwohl im voraus abschätzbar –, brachte solch unregelmäßig schwankende Verwaltungskosten und Verwendungsmethoden mit sich, daß jede sichere Vorhersage über die Geldmenge, welche in Form öffentlicher Ausgaben oder Rückerstattungen dem Geldkreislauf wieder zugeführt worden wäre, unmöglich wurde[17]. Das dritte Element schließlich war ein gänzlich subjektiver und unwägbarer Faktor: die Investitionsbereitschaft, das Vertrauen der Einzelnen, das eigene Geld den Bankiers anzuvertrauen oder es in Staatsschuldpapiere zu investieren; oder umgekehrt, die Anhäufung von Reichtümern und die sichere Festlegung in Grundbesitz, wozu es im 17. Jahrhundert in verschiedenen Ländern des europäischen Mittelmeerraumes kommen sollte[18].

---

[15] Neben den Serien über die Eingänge der amerikanischen Edelmetalle, die Hamilton liefert, vgl. auch *P. Vilar*, L'or dans le monde du XVIe siècle. Braudel und Spooner verfolgen andere Methoden, um das Angebot des in Europa im 16. und 17. Jahrhundert umlaufenden Geldes zu kalkulieren; vgl. *F. Braudel / F. Spooner*, Prices in Europe from 1450 to 1750, in: The Cambridge Economic History of Europe, Bd. 4, Cambridge 1967, S. 378-391.

[16] „On balance it seems safe to assume that Europe's net stock of precious metals augmented moderately between 1500 and 1580; that it increased rapidly between 1580 and 1620; and that it probably declined from the 1620s, when silver mining in Europe collapsed and the remittances of American silver fell sharply, until after the arrival of the Brazil gold aften 1700" (*G. Parker*, The Emergence, S. 529).

[17] Zu diesen Aspekten der Steuerordnung des Ancien Régime vgl.: L'impôt dans le cadre de la ville et de l'état, Bruxelles 1966; La fiscalité et ses implications sociales en Italie et en France aux XVIIe et XVIIIe siècles, Roma 1980.

[18] Die Vergütungskonditionen, die das System für Investitionen anbieten konnte, waren mit Sicherheit bedeutend. Wenn man die langfristige Entwicklung des Zinssat-

Was diejenigen betrifft, die das Angebot an Geld kanalisierten und darüber verfügten, so ist die Geschichte der süddeutschen Bankiers und der aus Genua und Antwerpen nur allzu bekannt, als daß hier erneut darauf zu sprechen zu kommen wäre. Mir scheint es hingegen vonnöten, die wachsende öffentliche Anerkennung zu betonen, derer sich ihre Tätigkeit erfreut, welche sich dann durch staatliche Sanktionierungen weiter konkretisiert. Ein neuer Sachverhalt ergibt sich jedoch in den letzten Jahrzehnten des Jahrhunderts. Der Staat entschließt sich, selbst in den Kreislauf des Angebots einzugreifen, um dessen Fluß zu kontrollieren und um sich ohne die Mittlerschaft der Bankiers Geld zu günstigeren Bedingungen zu verschaffen. Zwischen 1580 und den ersten Jahren des neuen Jahrhunderts kommt es in Kastilien und im Königreich Neapel zu verschiedenen Versuchen – wenngleich auch in hybrider und widersprüchlicher Form –, die auf eine aktive Präsenz des Staates im Bankwesen abzielen[19].

Die Modalitäten der Kapitaltransfers sind fast ausschließliches Monopol der internationalen Hochfinanz. Nur schwer kann man sich die politische Ordnung des 16. Jahrhunderts und die Entwicklung des modernen Staates in Europa ohne den Beitrag der deutschen und der Genueser Finanzoligarchie vorstellen. Was heute von der außerordentlichen Tätigkeit jener Bankinstitute übriggeblieben ist, ist eine Vielzahl von Pandekten, Firmenjournalen und Hauptbüchern. Diese bilden zusammen mit jenen Urkunden, die ihr Hauptschuldner – der Staat – aufbewahrt hat, eine äußerst reichhaltige Materialquelle, die Zeugnis ablegt von den zahllosen Operationen, die zu Gunsten der Krone ausgeführt wurden. Dieses Material wird jedoch keineswegs ausreichen, ein wirklich angemessenes Bild von dem feinverzweigten Netz zu geben, das die Bankiers in jeder Region und jeder Stadt aufspannen mußten, um das Geld der einzelnen Bürger zu mobilisieren. So galt es auch diejenigen zu überzeugen, die am ängstlichsten waren, ihr Geld in praktisch undurchsichtige Operationen zu investieren. Der römische Bürger kannte das System der *monti pontifici* (öffentliche Staatsverschuldung) gut und war ohne weiteres in der Lage, sowohl die Ersprießlichkeit der Operation als auch sein eigenes Risiko zu kal-

---

zes betrachtet, so läßt sich zweifelsohne erkennen, daß er im Laufe des 16. Jahrhunderts fällt. Auf dem Markt von Antwerpen fallen zwischen 1515 und 1550 die Zinsen für Kurzzeitanleihen von 20% auf 14%, vgl. *H. van der Wee*, The Growth of the Antwerp Market and the European Econnomy, s'Gravenhage 1963, Bd. 1, S. 527. Diese Grundtendenz bestätigt sich auch für die spanischen *juros*, die im Laufe des 16. Jahrhunderts von 10% auf 6% fallen, vgl. *F. Ruiz Martin*, Credito y Banca. Comercio y trasportes en la etapa del capitalismo mercantil, in: Jornadas de metodologia aplicada de las Ciencas Historicas, Santiago de Compostela 1973, S. 14. Die Entwicklungstendenz des allgemeinen Trends besagt jedoch nichts über kurzzeitige Stabilität und Homogenität.

[19] Vgl. *F. Urgorri Casado*, Ideas sobre el gobierno economico de Espana en el siglo XVII, in: Revista de la biblioteca, Archivio y Museo del Ayuntamiento de Madrid, 1-2, (1950), S. 123-230, bes. S. 151-154; *G. Muto*, Tra hombres de negocios e banchi pubblici: progetti di autonomia finanziaria nello Stato napoletano (secoli XVI-XVII), Beitrag zur Tagung: L'attività di prestito in Terraferma Veneta e negli antichi Stati italiani, Verona 1982.

kulieren, indem er es an den präzisen Maßen einer lokalen Konjunktur maß, von welcher er zweifelsohne viele Daten besaß. Aber was veranlaßte ihn, sein Geld einer Privatperson anzuvertrauen, nur im Wissen darum, daß es nun zum Zweck von Operationen, deren Inhalte ihm fast gänzlich unbekannt waren, wiederum an andere Personen außerhalb seines Territoriums weitergegeben werden würde? Es kann nur eine einzige, ganz klare Antwort geben: der Belohnungsmechanismus funktionierte und machte einen ausreichend vertrauenserweckenden Eindruck[20].

Im Prinzip handelte es sich um einen relativ einfachen Mechanismus, auch wenn sein Wirken eine ziemlich gegliederte, immer reibungslos funktionierende Organisation voraussetzte. Seinen Anfang nimmt das Ganze mit einem oder mehreren Verträgen zwischen dem Herrscher und dem Bankier, oft auch einem Konsortium von Bankiers, die sich gemäß der festgelegten Konditionen verpflichten, die Geldmenge und -art, die Gegenstand des Vertrags ist, am vom Herrscher bestimmten Ort und Zeitpunkt zu überreichen. Hierin besteht der spanische *asiento* oder der französische *parti*. Pünktlich beginnen nun die *hombres de negocios* mit der Operation und sorgen für den Transfer der Geldmittel. In Wirklichkeit macht das Geld im Europa des 16. Jahrhunderts nur relativ kurze Reisen und zum vorgesehenen Termin befindet es sich fast immer dort, wo es benötigt wird. Was auf Reisen geht, ist sein Doppelgänger: der Wechselbrief, jenes außergewöhnliche Instrument, das durch die finanzielle Technik des Jahrhunderts weitere und raffiniertere Perfektionierungen erfährt. Von einem Ende des Kontinents zum anderen kreuzen sich hunderte und aberhunderte von Wechselbriefen und werden getauscht, einmal zur Besoldung von Truppen, dann zur Verproviantierung der *armada*[21]. Reguliert wird das Ganze durch ein perfektes Verrechnungssystem, das auf den internationalen Zahlungsmessen abgewickelt wurde, die ihr Zentrum zuerst in Lyon und in Kastilien und dann in Besançon und Piacenza hatten. Zu diesen Gelegenheiten prüfte eine beschränkte Anzahl von Bankiers die jeweiligen „Soll-" und „Haben-"Posten und beglich die Salden. Die Organisation war bis ins kleinste Detail ausgearbeitet und basierte auf einer äußerst starken Solidarität und großem Vertrauen an der Spitze der Oligarchie[22].

---

[20] „The reorganization of the public finances was determined not only by the quantitative expansion of the taxing and credit system or by the proliferation or refinement of the forms of taxes or of credit: it was also bound up with a slow but genuine change in the mental attitudes of both authorities and peoples towards taxes and public credit. The growing power of the state strengthened public confidence in government loans, while the authorities became aware of the tremendous potential represented by the savings of the public at large – always provided that a climate of confidence could be maintained" (*H. Van Der Wee*, Monetary, Credit and Banking Systems, in: The Cambridge Economic History of Europe, Bd. 5, S. 461 f., Cambridge 1967).

[21] Ein überzeugendes Beispiel für dieses Beziehungsmodell liefert der Band von *G. Parker*, The Army of Flanders and the Spanish Road. 1567-1659, Cambridge 1972.

[22] Zu den Zahlungsmessen und den Verrechnungsmechanismen vgl. *F. Ruiz Martin*, Lettres marchandes échangées entre Florence et Medina del Campo, Paris

III.

Die Beziehungen innerhalb der bürgerlichen Gesellschaft werden also im Wesentlichen gerade vom Geld sichtbar zementiert und definiert; seine funktionalen Qualitäten und besonders seine Fähigkeit, den Wert eines jeden Dings zu messen, stellen in einer noch zu starren Gesellschaft den allgemeinen Austausch sicher. Es ist ein wunderbarer Mittler zwischen Staat und Gesellschaft, es ist das bewegliche Vehikel, das es erlaubt, durch politische und soziale Statik verfahrene Situationen zu meistern. Das Geld besitzt eine eigene ‚materielle Verfassung‘, die größtenteils aus nicht schriftlich festgelegten Normen besteht, die aber von den wirtschaftlich Tätigen gemäß formalisierter Muster reichlich praktiziert werden; aus grundsätzlich nicht vom positiven Recht regulierten Beziehungen; aus nur teilweise institutionalisierten Mechanismen. Diese ungeschriebene Verfassung, die der Staat allerdings aufgrund der legitimen Interessen, die in ihr zum Ausdruck kommen, anerkennt und schützt, hat ihre primären Prinzipien im Finanzwesen, einem Gebiet, auf dem die wirtschaftlichen Beziehungen ihren höchsten Funktions- und Abstraktionsgrad haben. Innerhalb dieses Systems, das lange Zeit vom privaten Finanzwesen dominiert worden war, versucht der Staat, einen eigenen Handlungsspielraum und eine funktionale Autonomie wiederzuerlangen. Er versucht das Schema zu durchbrechen, nach dem die staatliche Organisation einer bürgerlichen Gesellschaft untergeordnet ist, die sehr viel reifer ist, was die Kontrolle der materiellen Ressourcen und die Organisation der Kontroll- und Verwendungsmechanismen des Reichtums betrifft. Die bloße unternehmerische Präsenz des Staates auf der Finanzszene definiert aber für sich genommen noch nicht das Gebiet, auf dem er sich bewegt, als öffentliche finanzielle Aktivität. Um diese als solche zu gestalten, ist es – modern ausgedrückt – notwendig, daß die Entnahme, das Management und die Anwendung der finanziellen Ressourcen auf der Basis einer politischen und theoretischen Voraussetzung vorgenommen werden; es muß also angenommen werden, daß diese Aktivität sich als Funktion des kollektiven Willens entfaltet, sich aber nicht mit diesem zu identifizieren hat. Die Finanzoperationen des Fürsten stellen tatsächlich insofern keine öffentliche Finanztätigkeit dar, die im Gegensatz zu der privaten stünde, als er sie als *dominus* seines Privatvermögens abwickelt. Es ist hingegen notwendig, daß die Mittel ins Spiel kommen, die der private Reichtum der Gemeinschaft zur Bildung der finanziellen Basis für jene Politik beisteuert, die der Fürst als Inhaber der Souveränität in die Tat umsetzt. Aber nicht einmal am Ende des 16. Jahrhunderts war es zu einer vom privaten Finanzwesen in ihren Grundlinien deutlich abgegrenzten und autonomen Gestaltung der öffentlichen Finanzen gekommen. Unter anderem stand dem das Andauern jener

1965; *ders.*, La Banca; *R.F. Gascon*, Grand commerce et vie urbaine au XVIe siècle. Lyon et ses marchands, 2 Bde., Paris 1971; *J.G. Da Silva*, Banque et crédit en Italie au XVIIe siècle, 2 Bde., Paris 1969; *H. Van Der Wee*, Monetary, Credit and Banking Systems.

spätmittelalterlichen Anschauung im Weg, die den Fürsten mit der Gemeinschaft identifizierte und die in ihrem statischen Organdenken jede mögliche Evolution zu höherentwickelten Macht- und Souveränitätsformen blockierte[23].

Welches war also die Auffassung, die die Zeitgenossen vom öffentlichen Finanzwesen hatten? Welche Art politischer Sensibilität legten sie gegenüber der Finanzverwaltung an den Tag? In welchem Ausmaß verspürten sie die Wichtigkeit einer solchen Problemstellung? Bis diese Fragen nicht durch die Allgemeinheit Leerformeln werden, wird es gut sein, wenigstens ihre räumlichen und zeitlichen Dimensionen genau anzugeben: Gegenstand der Untersuchung wird Spanien und sein imperiales System sein, so wie es sich im Laufe des 16. Jahrhunderts entwickelt. Wir können versuchen, Antworten auf diese Fragen zu geben, indem wir widersprüchliche Spuren verfolgen, die von schriftlichen Zeugnissen oder mündlich überlieferten Traditionen bis hin zur konkreten ministeriellen Tätigkeit reichen. Natürlich ist es schwierig, innerhalb eines so mangelhaften Beweissystems eine hierarchische Skala aufzustellen; andererseits ist es aber durchaus legitim, zwischen der theoretischen Schilderung und der täglichen Praxis der Regierung einen beträchtlichen Unterschied zu berücksichtigen. Diese Abweichung ist natürlich an der Spitze der Machtpyramide ausgeprägter, wo der Unterschied zwischen dem planerischen Stadium und seiner materiellen Umsetzung deutlicher ist.

Untersuchen wir also die Anweisungen, die Karl V. 1543 seinem Sohn Philipp gab[24]. Der Text, der so wie die folgenden aus den Jahren 1548 und 1558, moralisch sehr streng gehalten war, bringt relativ deutlich eine verschwommene Vorstellung der imperialen Macht ans Licht; eine Mischung aus Patrimonialismus und Heiligkeit, die von einem zerbrechlichen universalistischen Rahmen zusammengehalten werden[25]. Angesichts der allgemeinen Proportionen des Dokuments ist es verwunderlich, daß den finanziellen Problemen so wenig Platz gewidmet wird. Die Verwunderung ist umso größer, wenn man die Passagen zwischen dem erläuternden Teil: „Die Finanzen stellen heute mein Hauptproblem dar, da sich aus ihnen für meine Interessen großer Schaden oder großer Vorteil ergeben kann" und dem verordnenden Teil: „daher werdet ihr all denen, die für sie verantwortlich sind, befehlen, sie

---

23 *J. Garcia Marin,* La burocracia castellana bajo los Austrias, Sevilla 1976, S. 23-30.

24 Ich zitiere aus: L'istituzione del principe cristiano, a cura di G. De Caro, Bologna 1969.

25 Die *renovatio imperii,* die im Modell Karls V. vorgeschlagen wurde, hatte nur ein relativ kurzes Leben und dennoch besaßen die anregenden Motive eine keineswegs formelle Würde und wurden zugleich von einem Großteil des sozialen Bewußtseins geteilt. „The set of ‚providential' circumstandes which had seemed to raise the Holy Roman Empire out of the backwaters into which it had been receding soon passed away, and the mirage dissolved. But the point is that in Charles V and in the symbolism of his propaganda, the phantom of the Empire did revive, and that in itself is a historical fact deserving careful study"; siehe *F.A. Yates,* Astrea. The imperial Theme in the Sixteenth Century London, London 1975, S. 26-27.

mit allen Mitteln zu fördern" in Betracht zieht. Die allgemein gehaltenen Weisungen kontrastieren genauso mit der Größe des Problems wie mit der Detailliertheit der Lösungsvorschläge, die für andere Fragen in den Anweisungen gegeben werden.

Diese Lesart mag hinsichtlich unserer Problemstellung trotz alledem irreführend sein. So existieren tatsächlich andere Indikatoren, die es erlauben, das Ausmaß des Interesses des Souveräns an finanziellen Themen zu erfassen. Vor diesem Hintergrund werden tatsächlich auf eindrucksvolle Weise die Elemente einer permanenten finanziellen Hochkonjunktur deutlich, die das kaiserliche Schicksal begleiteten; von seiner Wahl an, die so beredt vom Kredit des privaten Finanzwesens unterstützt worden war, bis hin zu seinem Rückzug aus der politischen Szene, dem *stante pede* der erste Bankrott der Krone folgte.

Diese Konjunktur versucht er mit allen Mitteln unter seine Kontrolle zu bringen. Zuerst über die Wiedererlangung einer Funktionsfähigkeit der Institutionen sowohl im Zentrum als auch an der Peripherie des Reiches[26] – die Umstrukturierung der *Contadurias Mayores* und der *Escribania Mayor de Rentas*, die Einrichtung des *Consejo de Hacienda*, die Gründung des *Receptor general*, zentralisierte Eingriffe in die Finanzämter und -behörden der Königreiche Aragon, Neapel und Sizilien gehören in diesen Zusammenhang. Die folgenden Versuche verlagern sich von der institutionellen Ebene, die nach wie vor Gegenstand anhaltender Aufmerksamkeit bleiben wird, zur Finanzpolitik: also der Versuch, zuerst mit Hilfe der *asientos* und danach mit Hilfe der *juros* eine privilegierte Verbindung zu der weltweiten Hochfinanz herzustellen, was gewissermaßen auf der Illusion beruhte, Kräfte am universalistischen Traum teilnehmen lassen zu können, die es von Natur aus gewohnt waren, sich auf den konkreteren Ebenen der Machtkämpfe und des materiellen Lebens zu bewegen.

Gemäßigt durch diese dramatischen Erfahrungen, entwickelt die souveräne Herrschaftsgewalt unter Philipp II. und seinen Nachfolgern langsam ein größeres Fingerspitzengefühl bei der Begriffsbestimmung des öffentlichen Finanzsystems. Das Konzept der *hacienda* ist nicht nur eine Patrimonialkategorie, sondern ein System von Beziehungen: die „hacienda es gran parte del buen govierno del Reyno". Diese Interpretation bestimmt die Richtlinien an die Repräsentanten königlicher Macht, sowohl in den Räten des Königrei-

[26] Zu diesen Reformen der Struktur des Finanzwesens vgl. *R. Carande*, Carlos V y sus banqueros, Madrid 1949, Bd. 2., S. 47-89; *A. Baviera Albanese*, L'istituzione dell'ufficio di Conservatore del Real Patrimonio e gli organi finanziari del Regno di Sicilia nel Secolo XV, in: Il Circolo giuridico, (1958); *dies.* L'ufficio di Consultore del viceré nel quadro delle riforme dell'organizzazione giudiziaria del sec. XVI in Sicilia, in: Rassegna degli Archivi di Stato, II (1960), bes. S. 170-174; *H.G. Koenigsberger*, The Practice of Empire, Ithaca / New York 1969; *G. Muto*, Le finanze pubbliche napoletane tra riforme e restaurazione 1520-1634, Napoli 1980.

ches, wie auch in den Provinzen des Imperiums. Die Anweisungen an die Vizekönige zitierten und wiederholten diese Formel ohne große Veränderungen zwischen dem 16. und dem 17. Jahrhundert und konjugierten sie im Präsens:

> „en lo que toca a la buena governacion del Reyno y administracion de la Justicia que es la primera y principal parte de lo que alla havreis de hazer, que da lo que toca a la conservacion y defension que consiste en dos cosas. La primera es conservar y bien despensar las rentas reales, pues el dinero es nervio de la guerra ..."[27].

Was die Empfänger dieser Richtlinien betrifft, so ist zwischen den Inhabern delegierter Souveränität, den Vizekönigen sowie den Statthaltern, und den Machthabern auf den unterschiedlichen Ebenen zu unterscheiden, die in der Rechtsprechung oder der Verwaltung aktiv tätig sind. In seiner Gesamtheit bietet uns die politische Literatur der Zeit jedoch ein kompaktes Bild der Regierung als Maschine, in deren Innerem ein bewegendes Zentrum (der Fürst) die verschiedenen Getriebe am Laufen hält und wo jedes dieser Getriebe wiederum die anderen mit der zweckdienlichen Energie versorgt[28]. Dennoch hängen die Reaktion und die Antriebskraft jedes einzelnen Teils von vielen anderen Variablen ab: von der Stärke des antreibenden Impulses, von dem Widerstand, auf den sie treffen, von der Struktur des Transmissionsorgans usw. Der Vizekönig und die Statthalter – größtenteils Adelige – erscheinen unter diesem Gesichtspunkt als besonders enttäuschende Organe[29]. Sie legen keine besondere Sensibilität für die finanziellen Dinge an den Tag, es sei denn wenn es darum geht, sich über den erschöpften Zustand der königlichen Kasse, über die Schwierigkeit, eine Zahlung zu leisten oder über den Mangel an *contado* zu beklagen. Nur in einigen Fällen, in Persönlichkeiten wie Marc' Antonio Colonna, Granvelle oder Lemos, macht sich ein soliderer Hintergrund bemerkbar, ein Wissen um die wichtigen Beziehungen zwischen dem politischen Projekt und seiner finanziellen Basis. Nicht zufällig sind sie dann auch diejenigen, die versuchen werden, ihre Überzeugungen in konsequent reformerische Praxen umzusetzen.

Zusammen mit den ersten und ohne jede Berücksichtigung der formalen Hierarchien sind mindestens drei Machtgruppen zu berücksichtigen, die alle irgendwie – wenn auch in unterschiedlichem Ausmaß – an der Macht teilhaben. Direkten Kontakt zum König haben an erster Stelle dessen Räte[30],

---

[27] Archivio General de Simancas (=AGS), Secretarias Provinciales, Libro 634, F. 159.

[28] *J. Garcias Martin*, La burocracia, S. 42-47.

[29] Auch was das Amt des Vizekönigs betrifft, ist ein Mangel an spezifischen Studien zu beklagen. Vgl. hierzu jedoch die Bemerkungen und bibliographischen Angaben in *A. Musi*, Stato e pubblica amministrazione nell'ancien régime, Napoli 1979, S. 107-110.

[30] Die Verbreitung und das Durchsetzen der Figur des Rates war von der öffentlichen Meinung weitgehend wahrgenommen und in der politischen Literatur der Zeit ausführlich aufgenommen worden. Was die iberische Halbinsel allein betrifft siehe *F. Furio Ceriol*, Del consejo y consejeros del principe, Amberes 1559; *F. Ceirco*, Consejo y consejeros de principes, 1559; *F. Bartolomaeus*, Del consejo y consejeros de los prin-

diejenigen, die aufgrund ihrer institutionellen Stellung oder tatsächlicher Zusammenarbeit gewöhlich physischen Umgang mit ihm haben. So ist man sofort bei den Komponenten des großen, aus vielen Gremien bestehenden Apparats, der vom Zentrum aus die politischen Richtlinien gab und die Provinzregierungen kontrollierte. Natürlich gilt innerhalb dieser Gruppe sowohl das Prinzip der formalen wie der substantiellen Hierarchie, nach welchem keineswegs alle Regenten und auch nicht alle Räte gleich sind. Zwischen dem *Consejo de Estado* und dem *Consejo des Ordenes* wird immer ein großer Unterschied bestehen, sowie für lange Zeit eine *plaza* als Staatsrat immer erstrebenswerter sein wird, als jene des Präsidenten des *Consejo de Portugal.* Dennoch ist es schwierig, aus den Handlungen dieser Personen – die sich zu einem großen Teil über eine lange Laufbahn innerhalb der Verwaltung für ihre Positionen qualifizierten – eine konkrete Vorstellung über die Natur von Finanzproblemen ausfindig zu machen. Auch in der Dokumentation des *Consejo de Hacienda,* der für die Angelegeheiten der *haciendas* zuständigen Behörde, scheint sich alles in rein buchhalterischer Verwaltung aufzulösen. Es bleibt nicht die geringste Spur von Lösungsvorschlägen, die nicht nüchtern technischer Natur gewesen wären.

Eine zweite Personengruppe trug dazu bei, auf mehr oder weniger institutionellem Weg, den königlichen Willen zu bestimmen: die mächtigen *segretarios de estado y del despacho*[31]: Gonzalo und Anton Perez, Gabriel Zayas, Juan di Idiaquez, Antonio de Eraso sowie die persönlichen Sekretäre des Souveräns selbst: Francisco de Eraso, Pedro de Hoyo und sein Vertrauter Mateo Vasquez de Leca. Neben ihnen diejenigen, die – unabhängig von Rang und *status* – jeweils ausschlaggebenden Einfluß auf den Souverän ausübten; ich denke hier an Chievres, Francisco de los Cobos, Ruy Gomez de Silva, Gomez Suarez de Figueroa, Granvelle, den Grafen von Chinón und Christóbal de Moura. Das Vertrauen und Ansehen, das dieser Typ von Personen jeweils genoß, fand in der Figur des *valido*[32] und in deren signifikantesten Verkörperung Lerma und Olivares förmliche Anerkennung. All diese Fälle wären gesondert zu untersu-

---

cipes, Coimbra 1584; *L. Ramirez De Prado,* Del Consejo y consejeros de los principes, Madrid 1617.

31 Von grundlegender Wichtigkeit ist die Rekonstruktion dieses Apparates von *J.A. Escudero,* Los segretarios de Estado y del despacho, 1474-1724, 4 Bde., Madrid 1976.

32 Die Institutionalisierung der Figur des *valido* in der Machthierarchie wurde tatsächlich von der spanischen Gesellschaft ohne besonderen Widerstand akzeptiert. In der politischen Literatur selbst ist die Position von denjenigen, die „rechazan la figura del valido y opinan que su presencia en la monarquia es perjudicial“ (Santamaria, Portocarrero) deutlich in der Minderheit und es überwiegen bei weitem die Stimmen, die ihn für legitim und passend hielten (Maldonado, Mut, Martin Rizo, Martinez de Herrera) oder die sich darauf beschränkten, die Grenzen seines Handlungsspielraums festzusetzen (Malleea, Baños de Velasco, Quevedo, Saavedra Fajardo). Vgl. *F. Tomas y Valiente,* Los validos en la monarquia española del siglo XVII, 2. Aufl, Madrid 1982, S. 130-146.

chen, um neben den biographischen Elementen und dem ideologischen Hintergrund die konkreten politischen und administrativen Verhaltensmodelle, die Beziehungen zur jeweiligen Herkunft und die Interessenstruktur, die sie zu vertreten beabsichtigten, auszumachen.

Und als letztes muß die zahlenmäßig stärkste Personengruppe berücksichtigt werden: jene Amtsträger, die in den politischen und wirtschaftlichen Verwaltungen des Reiches beschäftigt waren und mittels der Gerichtsbarkeit tatsächlich – Urteil für Urteil – ein Modell der Beziehungen zwischen königlicher Macht und Bürgern in Sachen Fiskalpolitik, öffentlichem und privatem Eigentum, wirtschaftlicher Rechte und Privilegien entwickelte. Ich denke hier allein für die Provinz Neapel an B. Camerario, C. De Curtis, G.F. De Ponte, S. Rovito, F. Capece Galeota, C. Tapia, die entschieden zur Definition der konkreten Inhalte der Herrschaftsform und der Gerichtsbarkeit im politischen System Süditaliens beitragen werden[33]. Interessant wäre es außerdem noch, die Meinung der Nutznießer der Finanzpolitik zu kennen, der verschiedenen Klassen von Steuerpflichtigen, der privilegierten Gruppen, der vom politischen Spiel Ausgeschlossenen.

Von diesen Gruppen gelingt es denjenigen, die organisch am engsten an die Macht gebunden waren, ihren Bedürfnissen Ausdruck zu verleihen und sie in politischer wie ideologischer Form zu vertreten. Eine in diese Richtung zielende Lektüre der Akten der repräsentativen Institutionen – der *Cortes*, Parlamente oder territorialen Deputationen – würde es erlauben, neben der Tragweite der Interessen, die die einzelnen Kräfte vertreten wollten, auch ihre Fähigkeit auszumachen, ihre Verteidigungsposition juristisch zu rechtfertigen[34]. Genauso nützlich wäre es außerdem, die Bedingungen der drängenden ideologischen Offensive zu untersuchen, welche diejenigen Kräfte vorantreiben, denen es normalerweise nicht gelingt, in den repräsentativen Gremien vertreten zu sein und die neue Möglichkeiten der politischen Legitimation suchen. Weder die einen noch die anderen lassen in ihren Texten ausgereifte finanzpolitische Konzepte erkennen. Noch weniger geht dergleichen aus den verschwommenen Äußerungen der städtischen Peripherie hervor, die zu sehr an das Überleben denken mußte, um ein geschlossenes politisches Projekt zum Ausdruck bringen zu können. Historisch gesehen gibt es in diesen sozialen Gruppen keine differenzierbare Grenze zwischen politischer Planung und Praxis: die erste löst sich rückstandslos in der zweiten auf.

---

[33] Zur juristischen Funktion und politischen Rolle der neapoletanischen *togati* vgl. *P.L. Rovito*, Respublica dei togati. Giuristi e società nella Napoli del Seicento, Napoli 1981.

[34] *J. Lynch*, Spain under the Habsburgs, Empire and Absolutism 1516-1598, 2. Aufl., Oxford 1981, S. 190-204 (über Neapel insbesondere S. 190-196); *G. D'Agostino*, Parlamento e Società nel Regno di Napoli, Secoli XV-XVIII, Napoli, 1979, S. 127-157; *G. Giarrizzo*, La Sicilia del viceregno al regno, in: Storia della Sicilia, Napoli 1978, Bd. 5, S. 51-56.

IV.

Ist es möglich aus dieser kursorischen Untersuchung irgendwelche Hinweise auf die finanzpolitischen Probleme sowie auf die wirtschaftspolitische Konzeption des Staates zu entnehmen? In Wirklichkeit wird deutlich, wie schwierig es ist, für das 16. Jahrhundert ein Gesamtbild der patrimonialen Natur der Souveränität und des Staates zu erkennen; dann von dessen interner Gliederung in den Teil, der dem Fürsten zusteht, und den Teil, der Objekt des Gemeinwohles ist – also der einzelnen Bürger, die darüber verfügen. Dennoch scheinen mir zwei Elemente aus unserer Analyse gewonnen worden zu sein. Das erste ist die zentrale Rolle der Staatsfinanzen, sowohl quantitativ als auch qualitativ[35]. Es gibt im Laufe des 16. und 17. Jahrhunderts keinen Staat, dessen Haushalt nicht um das zwei-, drei-, vier- oder mehrfache zunimmt; die Salden waren alles andere als aktiv. Aber – und das darf nicht vergessen werden – das diskriminierende Element für die finanzpolitischen Maßnahmen der verschiedenen Staaten ist nicht die Höhe des Defizits. In Wirklichkeit gibt es keinen Staat, der nicht fortwährend mit einem Defizit belastet ist, der sich nicht systematisch an den Finanzmarkt wenden muß, aber dadurch dennoch Zahlungsunfähigkeit gegenüber den eigenen Schuldnern in mehr oder weniger regelmäßigen Abständen nicht zu vermeiden mag. Wenn man bedenkt, daß innerhalb der Haushaltsstruktur ein Großteil der öffentlichen Ausgaben nur die eigene Inproduktivität erwies, verschiebt sich der Schwerpunkt auf die Einnahmen, oder besser auf die Fiskalität. Genau die Fiskalität, oder besser ihre innere Zusammensetzung, ist das Element, das die verschiedenen Systeme öffentlicher Finanzen voneinander abhebt. Es ist bekannt, daß das Steuerwesen des *ancien régime* kaum Glück bei der Entwicklung der direkten Steuer hatte, auch wenn sie in verschiedenen Formen bekannt war. Eine beständigere – wenn auch abweichende – Praxis verfolgte andererseits die Kopfsteuer, auch wenn die Kategorie des Einkommens, für die Besteuerung keine Rolle spielte. Letztendlich war seine Ermittlung damals wie heute ein ziemlich schwieriges Unterfangen. Ein sicherer Anhaltspunkt war hingegen die Kategorie des Vermögens, das, auch wenn es als solches nicht betroffen war, wenigstens immer als Bemessungsgrundlage diente. Bekannt sind auch die verschiedenen politischen und sozialen Motive, die unter diesen Umständen der großflächigen und intensiven Anwendung der indirekten Steuern Vorschub leisteten, sowie der stark unausgeglichene Charakter, den sie in den verschiedenen Staaten allmählich annahmen. Die Art und Weise sowie das Ausmaß, mit denen die direkte Besteuerung das Umsatzvolumen, den Handel und den Konsum trafen – das hatte Folgen für den Prozeß der Ansammlung von privatem Reichtum und dessen Fähigkeit, den Investitionsstrom zu nähren, der über den Wirtschaftskreislauf dem Produktionssystem zufloß. Hier lassen sich mit Sicherheit die wichtigsten Entwicklungsunterschiede ausmachen, die im Laufe der ersten Hälfte des 17. Jahrhunderts den Beginn des wirtschaftlichen Höhen-

[35] *F. Braudel*, La Mediterranée, S. 39-46.

flugs von Ländern wie Holland und die Stagnation althergebrachter Mächte wie Spanien irreversibel besiegeln werden.

Das zweite Element ist die Wahrnehmung der außerordentlichen Beziehung, die zwischen dem Finanzwesen und der Fiskalität bestand, also die Frage, wie diese in der öffentlichen Meinung und der zeitgenössischen wirtschaftlichen und politischen Literatur aufgenommen und verstanden wurde[36]. In Wirklichkeit waren die Zeitgenossen in Ländern wie Spanien, die dazu verurteilt waren, ökonomisch immer mehr ins Hintertreffen zu geraten, nicht in der Lage, das gesamte Ausmaß des Problems zu erfassen. Und dennoch besaßen sie ein so scharfes Verständnis des perversen Charakters jener Fiskalität, daß sie von jedweder Reflexion über das Wesen des Finanzsystems an sich und über die Art, wie es die Abgabenstruktur festsetzte, absahen, um die konkreten Stufen, in denen es sich darstellte, aus nächster Nähe zu verfolgen.

In Madrid wie in Neapel, in Mailand wie in Sizilien untersuchten Juristen und *arbitristas* lange die juristische Natur von *alcabales*, *tercias*, *almojarifazgos*, *donativi*, *mensuale*, Steuerfreiheiten und Privilegien, von der *justa causa impositiones*. Aber je mehr sich die Diskussion um den technisch-juristischen Aspekt herum verdichtete, um so weniger gelang es ihr, dem Kern des Problems näher zu kommen. Am Ende des 16. Jahrhunderts brachte endlich der dreifache Wandel der wirtschaftlichen, politischen und sozialen Konjunkturen in vieler Hinsicht eine Stärkung dieses Ansatzes. Damals schienen Staatsräson, Natur der souveränen Macht und Ausübung der Macht, sowie die Dialektik der Stände auf angebrachte Art die theoretische Debatte einer Epoche zu determinieren, in der sich die Klassenunterschiede verhärteten und soziale Mobilität kaum stattfand[37].

An der Wende zum neuen Jahrhundert versuchten die alten und neueren Eliten des spanischen Imperiums im Tausch gegen eine ausgedehntere und tiefgreifendere Anwendung des Steuerhebels und der finanziellen *asistencias* – über harte dynamische Politik, in der dramatische Konflikte mit der zentralen Gewalt nicht ausblieben – institutionelle Freiräume und soziale Macht wiederzuerlangen.

V.

Die langsame, widersprüchliche, aber progressive Behauptung des Systems der Staatsfinanzen läßt sich nicht allein auf eine quantitative Zunahme der Erhebungen zurückführen, auch wenn diese im Vergleich zur Vergangenheit

---

[36] Natürlich entging diese Beziehung auch der politischen Macht und den Herrschern selbst nicht. Vgl. *R. Carande*, Gobernantes y gobernados en la hacienda de Castilla (1536-1556), in: Siete estudios de Historia de España, 2. Aufl., Barcelona 1972, S. 135-142.

[37] Vgl. *G. Huppert*, Les bourgeois gentilhommes, Chicago / London 1977.

um vieles höher sind. Was dieses Sichbehaupten ermöglicht, ist die Entwicklung des materiellen Gehalts der Herrschaftsgewalt, die in den monarchischen Staaten immer mehr darauf abzielt, absolutistische Formen anzunehmen, was die Herrschergewalt darin begünstigt, die Besteuerungsgrundlage zu erweitern. Diese Ausweitung des fiskalischen Aktionsradius macht sich auch in den Republiken bemerkbar, wenn auch auf anderen Grundlagen, die die Elemente des Vertraglichen mehr hervortreten lassen, die in diesen Staaten die Beziehung zwischen Herrschergewalten und Beherrschten charakterisieren. Es ist unnötig, die Unterscheidungsmerkmale von Monarchien und Republiken über ein gewisses Maß hinaus zu verschärfen, da es nicht selten vorkommt, daß gerade in einer so zentralisierten Struktur wie dem spanischen Reich das Vertragselement eine große Rolle spielen kann. Der Süden Italiens bietet in dieser Hinsicht ein interessantes Paradigma. Das Königreich Neapel hatte im großen und ganzen die spanische Präsenz ohne große Probleme akzeptiert. Es war eine *communis opinio*, sowohl der Juristen als auch des zeitgenössischen sozialen Bewußtseins, daß die Krone durch rechtmäßige Erbfolge dem Königreich zugefallen war, auch wenn es einen Krieg führen mußte, um die Anerkennung ihrer Rechte zu erlangen. In jedem Fall fühlten sich die Neapolitaner im gesamten 16. Jahrhundert völlig und ohne irgendwelche Minderwertigkeitskomplexe in die Gemeinschaft des Imperiums aufgenommen. Natürlich versuchten sie, ihre erworbenen Rechte und Privilegien möglichst zu schützen und einen möglichst geringen Preis dafür zu zahlen. So entwickeln sich gegen Ende des Jahrhunderts einige relativ interessante theoretische Positionen, nach denen der königlichen Macht ein System von Gegengewichten gegenübergestellt werden sollte. Es wird nicht offen von einer Beschränkung der Herrschergewalt gesprochen, aber in der Definition der Modalitäten, welche die Machtausübung legalisieren, lassen sich *de facto* solche Beschränkungen finden. Das Ziel von Männern wie C. Borrello, G.F. De Ponte und C. Tapia ist es, einer politischen Praxis, die schon am Ende des 16. Jahrhunderts gängig ist, juristische Legitimität zu verleihen. Dies fußt auf der Rolle des „ministero togato" als Regierungsgewalt, „auf dem institutionellen und sozialen Primat der Minister, als den einzigen Vermittlern des Königtums"[38]. Aber das politische Panorama der neapoletanischen Gesellschaft präsentierte abgesehen von diesen Positionen am Ende des Jahrhunderts auch andere. In Wirklichkeit umfaßten die politischen Vorschläge der *togati* [Magistrate] nur zum Teil die Ansprüche des Volkes, welche vom *Imperato* oder vom *Summonte* und irgendwie auch vom *Palazzo* vertreten wurden[39].

Und es ist genau bei diesem letzten Autor der Fall, daß man die Beziehungen zwischen Legitimation der Herrschergewalt und steuerpolitischer Tätigkeit

[38] *P.L. Rovito*, Respublica, S. 53.

[39] Zu den Grundlagen und ideologischen Differenzen, die die *togati* und das Volk um die Wende zum 17. Jahrhundert trennten, vgl. *V.I. Comparato*, Uffici e società a Napoli. 1600-1647. Aspetti dell'ideologia del magistrato nell'età moderna, Firenze 1974, S. 224-235.

aufs Organischste erfassen kann. Im „Discorso del governo e della ragion vera di Stato“[40] zeichnet sich diese Beziehung durch „un tacito patto di compagnia“ [stillschweigendes Einverständnis] zwischen Fürst und Volk aus, „co'l quale potessero i popoli avvalersi della bontà della sapienza e i principi si servissero dei beni e delle persone degli huomini della republica per conseguire uno stesso fine della comune felicità di render la republica perfetta, quieta, savia e buona. Con questo però che dovesse sempre restare salva senza usarsi male la bontà e prudenza dei prencipi, come anco dovessero restare senza molte gravezze i beni, l'honore e la vita dei populi“[41] [damit die Völker sich den Segen der Weisheit zunutze machen und die Fürsten sich der Güter und der Personen des Staates bedienen können, um das eine Ziel des allgemeinen Glücks zu erreichen, nämlich die Republik perfekt, friedlich, weise und gut zu gestalten. Dabei jedoch mögen Güte und Umsicht der Fürsten nicht mißbraucht werden, wie auch die Güter, die Ehre und das Leben der Untergebenen nicht zu sehr belastet werden dürfen]. Dieser Austausch wechselseitiger Leistungen und Verpflichtungen hat die „Glückseligkeit der Republik“ zum Ziel, die „nella uguaglianza“ besteht – „e non nell'havere molte ricchezze o ne i molti piaceri dei cittadini, perché non sarà felicità della Republica che il fabricatore vesta di porpore o di biffi o che il vasaio lavori nella sua poteca vestito d'oro, ma cha habbia tutto quello che si ricerca per far bene il suo officio il che mancando sarà disuguaglianza“[42] [in der Gleichheit und nicht im angehäuften Reichtum und den vielfältigen Vergnügungen der Bürger, denn es wird der Republik nicht zur Glückseligkeit gereichen, wenn der Maurer purpurfarben oder violett trägt oder wenn der Töpfer golden gekleidet in seiner Werkstatt arbeitet, sondern daß er alles hat, um seine Arbeit gut zu machen; ein Mangel daran wäre Ungleichheit]. Die politische Philosophie des Merkantilismus, die schon andernorts auf dem Thema des „Reichtums“ – rein quantitativ verstanden – beharrte, findet in Palazzos Werk ein grundlegendes Korrektiv: das soziale Gleichgewicht kann nur von der dynamischen Gleichheit herrühren, welche realistisch die sozialen Rollen festigt und so dessen Leistungsfähigkeit und die berufsbezogene Ausrichtung hervorhebt.

Hierauf muß die segensreiche Regierung des Fürsten und seiner Magistraten abzielen und an sie wendet sich der Autor, wenn er „i mezzi“ erklärt, „con i quali si facciano questi effetti e d'una scienza e arte che insegni a conoscere e esercitare questi mezzi, è quest'arte, quella del governare novamente chiamata Ragion di Stato“[43], [die Mittel, mit denen man solche Wirkungen erzielt, sowie eine Wissenschaft und eine Kunst, die den Umgang mit diesen Mitteln lehren; und diese ist die Kunst des Regierens, die seit neustem Staatsräson heißt]. Palazzos Werk bringt eigentlich verschiedene, nicht immer übereinstimmende Elemente

[40] 1606 in Venedig erschienen.

[41] Ebd., S. 46.

[42] Ebd., S. 68.

[43] Ebd., S. 17.

der Fiskalität in ein System, die im Laufe des 16. Jahrhunderts in den neapoletanischen Abhandlungen von Giacomo Ayello über Roberto Maranta und bis hin zu den Volksschriftstellern ausgearbeitet worden waren. Diese Argumentationen werden 15 Jahre später auf der rein fiskalischen Ebene sehr ausführlich in „De Regime Reipublicae“ von Agostino Caputo aus Cosenza[44] dargestellt werden. Der Autor diskutiert, unter ausführlichem Verweis auf die juristischen Theorien der Epoche, Natur und Begründung des Besteuerungsrechts, indem er die verschiedenen Abgabenarten in obligatorische und Abgaben in solche, welche die Einwilligung der Steuerpflichtigen erfordern, aufgegliedert. Diese Anschauung, die außerdem eine Vielzahl von Autoren – von Capaccio bis Gramigna – teilten, ändert sich gegen Ende der 20er Jahre, als die wirtschaftliche Krise des Reiches das Gewicht der Steuerlast drückender werden läßt. Zu diesem Zeitpunkt wird eine geringes Wachstumsvermögen des kontraktualistischen Angebots evident, eher Ausdruck einer Haltung, die darauf gerichtet ist, diejenigen Positionen zu konsolidieren und zu verteidigen, die im Tausch gegen starke Erhöhungen des der Krone zugestanden Niveaus der Staatseinnahmen errungen worden waren. Die Regierungsgewalt wird sich zwar noch weiter konsolidieren, aber die originellsten Elemente der politischen Programmatik verlieren. Hingegen wird es zwischen dem letzten Jahrzehnt des 16. Jahrhunderts und den 40er Jahren des 17. Jahrhunderts einen nicht abreißenden Strom „monetaristischer“[45] Lösungsversuche geben, in bezeichendem Einklang mit den Vorschlägen der *arbitristas* in Spanien. Das ganze Gebilde dieser Entwürfe wird aber mit der zweiten Hälfte des 17. Jahrhunderts einstürzen, zu einem Zeitpunkt, als die Spanier in Süditalien – wie auch sonst auf der Halbinsel – nur noch mit Fragen des täglichen Überlebens beschäftigt sind, während sich inzwischen die theoretische Debatte über die Staatsräson selbst auf der Halbinsel fast erschöpft hat[46].

---

[44] 1621 in Neapel erschienen.

[45] Zur monetaristischen Debatte und zu den Positionen von De Santis, Serra, Biblia, Turboli und Lunetti vgl. *T. Fornari*, Delle teorie economiche nelle provincie napolitane dal secolo XIII al MDCCXXXIV, Milano / Napoli 1882-1888, Bd. 1., S. 210-304; *R. Colapietra*, Problemi monetari negli scrittori napoletani del Seicento, Roma 1973, Introduzione, S. 5-84.

[46] Vgl. *F. Meinecke*, Die Idee der Staatsräson in der neueren Geschichte, hrsg. und eingeleitet von W. Hofer, München 1957, S. 150.

Finanzen und Staatsräson in der frühen Neuzeit

Zwei verschiedene Modelle: Piemont und die Toskana, die Savoyer und die Medici

Von Enrico Stumpo

Einleitung

Finanzen und Staatsräson: den beiden Ausdrücken, die diesem Seminar zugrunde liegen, fehlt es in gewisser Hinsicht in Bezug aufeinander an Ausgewogenheit. Während der erste tatsächlich relativ klar und deutlich umrissen ist, obwohl von Finanzen in der frühen Neuzeit zu reden ist, benötigte der zweite relativ artikulierte Präzisierungen, die von einem Autor zum nächsten variieren können. Was ist denn der Staat in der frühen Neuzeit? Kann man in einer solchen Epoche überhaupt schon von Staatsräson sprechen?

Ein Beispiel. Die Gleichung Staatsräson = Botero = Piemont ist die einfachste Assoziation, die den verschiedenen Historikern als erstes in den Sinn kommen kann. Tatsächlich sind das Werk des piemontesischen Schriftstellers und seine Tätigkeit als Staatsrat im Dienste des Herzogs von Savoyen, Carlo Emanuele I., nur allzu bekannt. Aber schon Federico Chabod hatte die wunderliche Haltung Boteros sowohl gegenüber dem savoyischen Staat als auch gegenüber dessen großen Reformer, Emanuele Filiberto, treffend aufgezeigt. So gibt es tatsächlich in Boteros Werk nur wenige Verweise auf Piemont und nur relativ dürftige Elogen auf Emanuele Filiberto. Hingegen ist seine Bewunderung für das Großherzogtum Toskana und an erster Stelle für Cosimo I. Medici weitaus ausgeprägter[1]. Boteros Beteiligung an den einschneidenden politischen Vorgängen unter der Herrschaft Carlo Emanueles I. war überwiegend relativ passiv und blieb es sogar während des ersten Krieges von Montferrat, in dem es der Herzog von Savoyen allein, als einziger italienischer Fürst, mit dem spanischen Reich aufnahm – wodurch er sogar die Verwunderung von Chabod selbst hervorrief. „Und nun bleibt dieser Mann, der am wenigsten piemontesische unter allen gebürtigen Piemontesen, die je über Politik zu schreiben versucht haben, dem Rummel fern, unbeteiligt an einer für sein Land und seinen Fürsten lebenswichtigen Frage“[2].

---

1 *F. Chabod*, Giovanni Botero, in: Scritti sul Rinascimento, Torino 1967, S. 294-295.

2 Ebd., S. 373.

Wenn also im ersten Augenblick der Verweis auf die obenstehende Gleichung für den Historiker gültig und sehr nützlich erscheinen konnte, entpuppt er sich bei einer eingehenderen Prüfung als relativ unhaltbar. Die Staatsräson *à la* Botero kann also für uns an dieser Stelle nicht als einer der möglichen Schlüssel zum Verständnis der Staatsräson herhalten.

Dagegen erscheint mir eine andere besonders treffend zu sein, nämlich das Verständnis der Staatsräson als das Wohl des Staates oder *publica utilitas*, natürlich vorausgesetzt, daß man in der frühen Neuzeit von einem Wohl des Staates sprechen kann, das sich vom Wohl des Souveräns deutlich abhebt. Oder vorausgesetzt, daß Dynastie, Souveränität und Staat säuberlich getrennte und autonome Ausdrücke sein können. Nehmen wir den folgenden berühmten Satz von Armand-Jean Du Plessis, Kardinal von Richelieu: „C'est par mon ordre et pour le bien de l'État que le porteur du présent a fait ce qu'il a fait.“[3]. Ignorieren wir ruhig die meiner Meinung nach nebensächliche Tatsache, daß die Quelle dieses Zitats Alexandre Dumas ist und nicht R. Mousnier oder V.L. Tapié! Dieser Satz entspricht haargenau den Ideen des großen Kardinals, so wie sie uns aus seinen Schriften erhalten geblieben sind. Es geht nicht länger um das Wohl des Einzelnen oder des Souveräns selbst, sondern das Wohl der Öffentlichkeit, das öffentliche Wohl. Ansonsten ist das nicht außergewöhnlich. So ist es wohlbekannt, daß der Begriff *publica utilitas* auch dem politischen Denken des Mittelalters wohlbekannt war. Ich möchte hier nur ein kurioses Beispiel – unter zahlreichen – anführen.

Schon Ende des 12. Jahrhunderts machte Cölestin III. (1191-1198) die *utilitas publica* zum Kriterium, welches es König Alfons von Aragon tatsächlich ermöglichte, den Wert seines Geldes zu ändern. Es war offensichtlich, daß es – nicht anders als zu den Pflichten des Königs – auch zu den Pflichten des Papstes gehörte, „cognoscere quod utile reipublicae et quod non“[4].

Dennoch vermerkte Thomas Morus in der „Utopia“ bitter, daß die Menschen zwar vom öffentlichen Interesse sprächen, sich in Wirklichkeit aber einzig und allein um ihren Privatbesitz kümmerten – im Wissen darum, daß sie Hungers sterben würden, sollten sie ihre eigenen Interessen vernachlässigen, auch wenn das Land im Wohlstand leben sollte. So basierte noch in Machiavelli die gesamte Auffassung von Politik auf einer verbreiteten Annahme: die Existenz des Fürsten war die grundlegende Voraussetzung der Existenz des Staates[5] – es handelte sich also um eine patrimoniale und dynastische Staatstheorie, die für das gesamte Europa des 16. Jahrhundert gültig war. Nicht ohne Grund wurden ganze Regionen oder ganze Staaten testamentarisch zerstückelt. In Italien war der Fall des Herzogtums Mantua typisch. Laut Shennan muß man bis auf Peter

---

3 *A. Dumas*, Les trois Mousquetaires, Paris 1984, S. 622.

4 *P. Kehr*, Papsturkunden in Spanien, I: Catalonia, S. 539, Anm. 238. Zitiert in *W. Ullmann*, Principles of Government and Politics in the Middle Ages, London 1966.

5 Vgl. *J.H. Shennan*, The Origins of the Modern European State: 1450-1725, London 1974, S. 25.

d. Gr. und Friedrich II. von Preußen warten, um zum ersten Mal in Europa explizit auf das Konzept eines unpersönlichen Staates zu stoßen, dem sowohl der Souverän als auch die Untertanen unterstellt sind. „... Having destroyed the ancient foundation of Russian government, Peter was forced to invoke a new ideology to take its place, and for the first time in Europe, clearly and uneequivocally, the idea of the impersonal, all-powerful State was proclaimed“[6]. Hierauf geht die Pflicht der Untertanen zurück, zwei Eide zu leisten, einen auf den Souverän und einen auf den Staat, mit „Peter's personal subjugation to the abstraction which he acknowledged as the ultimate and supreme object of science for himself and his people“[7] .

Das ist eine noch modernere Auffassung als die von Bodin, der noch an die Idee vom Staat als engem Zusammenschluß von Regierenden und Regierten gebunden war. Noch bekannter ist Chabods Konzeption vom modernen Staat im 16. Jahrhundert und vom langsamen Aufkommen eines Nationalgefühls in Italien. An dieser Stelle ist die Unterscheidung zwischen den verschiedenen italienischen Staaten – und in unserem Fall zwischen Piemont und der Toskana – von grundlegender Wichtigkeit. Denn wie kann man von einer patrimonialen und dynastischen Staatsauffassung der Medici sprechen? Wie von einem auch noch so flüchtigen und vagen „toskanischen“ Nationalgefühl? Und dennoch, in Piemont existierte es zweifelsohne. Denn sogar Chabod selbst nannte Botero „den am wenigsten piemontesischen Geist“, obwohl er gebürtiger Piemontese sei. Wie ist also die Antwort zu interpretieren, die die piemontesischen Parlamentsmitglieder 1476 dem eigenen Herzog auf die Frage hin gaben, ob dem König von Frankreich ein Heer anzubieten sei?

Auf diese Anfrage antwortete das Parlament negativ. Man versicherte zwar die freundschaftliche Gesinnung gegenüber dem König von Frankreich, gleichzeitig aber auch, daß letzten Endes „die Heimat Piemont die Ehre, die Treue und die Pflicht vor jede andere Erwägung und Gefahr setze“[8]. Kurz gesagt ist es nötig, die Staatsauffassung abzugrenzen, die als typisch für das moderne Piemont gelten kann, auch in seiner Unterschiedlichkeit gegenüber jener der modernen Toskana. Die deutschsprachigen Autoren sind heute vielleicht diejenigen, die mit größter Entschiedenheit und Klarheit einer eindeutigen Definition nahe gekommen sind. So hat z.B. F. Kern geschrieben, daß das, was den modernen Staat charakterisiere, die Tatsache sei, daß er seine strenge Exekutivgewalt durchsetze, auch wenn dies gegen das Recht verstoßen sollte; auch das schlichte positive Recht bliebe immer noch ein geltendes Recht[9]. Und

---

[6] Ebd., S. 65. Vgl. auch *V.O. Kljuchevskij*, Peter the Great, London 1965, S. 259; *M. Cherniavski*, The Tsar and the People. Studies in Russian Myths, Yale 1961, S. 82-83.

[7] Ebd.

[8] *A. Marongiu*, Storia del diritto pubblico, Milano / Varese 1956, S. 225.

[9] *F. Kern*, Recht und Verfassung im Mittelalter, in: Historische Zeitschrift, CXX (1919), S. 1-79, S. 2 ff.

weiter E. Kern: „Der moderne Staatsbegriff ist eine so feste Verbindung mit der Souveränität eingegangen, daß nur solche Herrschaftsbildungen als neuzeitliche Staaten bezeichnet werden können, die auf einer souveränen Staatsgewalt gegründet sind“[10].

So hält es Mitteis in Anlehnung an eine heute gängige Idee der jüngsten europäischen Geschichtsschreibung für notwendig, zwischen dem modernen institutionellen Staat, der sich eben auf Institutionen, Autoritäten, öffentliche Ämter und Bürokratie stützt, und dem sogenannten mittelalterlichen „Personenverbandsstaat“[11] zu unterscheiden. Und genauso C. Schmitt oder O. Brunner[12].

Allzuweit sind wir also nicht entfernt von den so prägnanten Auffassungen Vicenz Vives' oder Andersons. Auch kann es nicht mehr verwundern, daß Anderson Piemont als den einzigen italienischen Staat europäischen Zuschnitts würdigt. „The State constructed by Emanuele Filiberto and Carlo Emanuele in Savoy was economically rudimentary by comparison with Venice or Milan; precisely for that reason it proved to be the only territorial nucleus capable of later political advance“[13].

Aber nicht, weil er rückständig war. Genau wie Machiavelli es weder fertigbrachte, „the immense historical strength of dynastic legitimacy“ noch „the power of dynastic authority rooted in feudal nobility“ zu verstehen, so erscheint es heute schwierig, die unterschiedliche Realität des savoyischen Staates gegenüber den anderen italienischen Staaten deutlich zu erfassen. „Under the rule of a Duke who was one of the first rulers in Europe to proclaim himself free from all legislative restraints – *Noi, come principi, siamo da ogni legge sciolti e liberi* – Piedmont travelled rapidly towards an early princly centralization“[14].

Auf einen ähnlichen Staat, den H. Lutz eher zu den europäischen als zu den italienischen Staaten zählt, ist es besser, Oestreichs Theorie von der Entwicklung des Staates im modernen Deutschland anzuwenden, auch wenn sich unterschiedliche Rhythmen und zeitliche Abfolgen konstatieren lassen. Zweifelsohne war die von Emanuele Filiberto gewollte Unterdrückung der Stände verfrüht, aber bestimmt war der Übergang zum Finanzstaat um die Wende vom 16. zum 17. Jahrhundert und dann zum Militärstaat genauso verfrüht. So gab Piemont in der ersten Hälfte des 18. Jahrhunderts für sein hoch-

---

10 *E. Kern*, Moderner Staat und Staatsbegriff, Hamburg 1949, S. 49.

11 *H. Mitteis*, Der Staat des hohen Mittelalters. Grundlinien einer vergleichenden Verfassungsgeschichte des Lehnszeitalters, 7. Aufl., Weimar 1962, S. 4.

12 *C. Schmitt*, Verfassungsrechtliche Aufsätze, Berlin 1958, S. 375 ff.; *O. Brunner*, Land und Herrschaft, Darmstadt 1973, S. 257.

13 *P. Anderson*, Lineages of the Absolutist State, 2. Aufl., London 1975, S. 170.

14 Ebd., S. 166, 168, 171.

spezialisiertes und professionelles Heer proportional eine größere Summe aus als alle anderen Länder Westeuropas[15].

Dynastie und Feudaladel, Legitimität und Absolutismus im Piemont der Savoyer. Eine zurückgebliebene Welt, die auch weit entfernt ist von der florentiner Kultur, welche sich ebenfalls von der humanistischen Staatstheorie losgelöst hat, um in den ersten Jahren der Herrschaft der Medici eine Reihe von institutionellen Reformen zu versuchen, aus denen deutlich etwas ganz anderes hervorgeht, vor allem aber „die tiefverwurzelte Überzeugung, über den Staat zu verfügen und ihn nach eigenem Willen formen und gestalten zu können ...“[16]. Doch wenn im Herzogtum Savoyen die Dynastie der Staat ist und dessen Namen trägt, erwerben die Medici in Florenz den Staat. Mehr als Souveräne, sind sie die Herren von Florenz. Die legitimen Herren? Die Diskussion wird lange anhalten, bis zum Aussterben der Familie – und sich von einem europäischen Hof zum nächsten ausbreiten. Wird die Räson oder das Interesse der Medici mit derjenigen des Staates übereinstimmen? Wird die Herrschaft eines Herren absolut sein, der einen Teil des Staates vom Reich und einen anderen von Spanien bekommen hat? Und der aus diesem Grund verpflichtet ist, Spanien und dem Reich, *bon gré, mal gré,* wiederholt hohe Entschädigungssummen zu zahlen? Militarismus, Bürokratie und ein entsprechendes Steuersystem sind einige der typischen Elemente des absoluten Staates. Aber nur schwer wird man sie in der Toskana der Medici ausgeformt finden.

> „Die Idee der Staatsräson läuft so das Risiko, zu einem bloßen Etikett zu verflachen. Dies muß aber nicht zwangsläufig geschehen. Und nun, wird sich nicht – insofern sie es nicht sein sollte – in unsere Untersuchung ein Staatsbegriff einschleichen ... der für unser Problem gänzlich inadäquat ist?“[17].

Der savoyische Absolutismus

Emanuele Filiberto kehrt sofort nach dem Frieden von Cateau-Cambrésis in seine Staaten zurück. In diesem Frieden gehörte der Herzog von Savoyen zu den Protagonisten, so wie er auch im vorausgegangenen Krieg nach der triumphalen Schlacht von S. Quentin zu den Siegern gehört hat. Es wird gut sein, daran zu erinnern, daß die internationale Bedeutung, die das kleine savoyische Herzogtum erlangt hatte, auch in den folgenden Jahren nicht geringer werden wird. Im Gegenteil. Savoyen spielte eine herausgehobene Rolle in allen nachfolgenden europäischen Angelegenheiten – ob Krieg oder Frieden – und war

---

15 *G. Quazza*, Le riforme in Piemonte nella prima metà del Settecento, Modena 1957, Bd. 1, S. 103-106.

16 *R. von Albertini*, Das florentinische Staatsbewußtsein im Übergang von der Republik zum Prinzipat, Bern 1955, S. 51 f.

17 *A. Negri*, Problemi di storia dello Stato moderno: Francia, in: Rivista critica di storia della filosofia, XXII (1967), S. 182-220, 201 ff.

oft auch der einzige unter den italienischen Staaten, der eine solche Rolle spielte. Die Geschichtsschreibung des Risorgimento hat die großartige Außenpolitik Cavours und das, was für das Meisterwerk seiner Außenpolitik gehalten wurde, oft wohlwollend betrachtet: die Eingliederung des kleinen Königreichs Sardinien unter die großen europäischen Staaten, z.B. durch die Teilnahme am Krimkrieg. Und es wird vergessen, daß diese Politik von den Herzögen von Savoyen durch die gesamte Neuzeit hindurch hartnäckig verfolgt wurde. Bei den großen europäischen Friedensverhandlungen waren die savoyischen Vertreter und in den großen Kriegen ihre Heere stets mit von der Partie. Es war genau das militärische Prestige, das Emanuele Filiberto in den Diensten zuerst von Karl V. dann von Philipp II. erlangte, das ihm den langwierigen Wiederaufbau des savoyischen Staates in den zwei friedlichen Jahrzehnten nach seiner Rückkehr nach Piemont ermöglichte. Der Zustand, in dem sich das Land befand, war zweifelsohne bedenklich, und das auf verschiedenen Ebenen – politisch, wirtschaftlich und sozial. Die mehr als 30 Jahre französischer Herrschaft, die oft mit langen Kriegen ausgefüllt gewesen waren, rechtfertigen teilweise die große Verspätung Piemonts in der zweiten Hälfte des 16. Jahrhunderts gegenüber den anderen italienischen Staaten. Hauptsächlich Landwirtschaft, ohne die geringste Spur von Manufakturbetrieben, wenig oder inexistent die Bankgeschäfte, geringer Handel, der außerdem hauptsächlich in den Händen von Fremden lag – wir sind weit entfernt von der wirtschaftlichen Bedeutung und dem Reichtum von Venedig, Florenz, Genua oder Mailand.

Die ersten Reformen des Herzogs sind dennoch im wesentlichen politischer Natur und auf eine Konzentration der Macht in seinen Händen ausgerichtet, um die zwei größten Gefahren für den wiedererstandenen Staat zu vermeiden: die äußere einer neuen Invasion und die innere einer politischen Spaltung in Frankreich- und Spanien-Anhänger. Es werden also zum letzten Mal die Generalstände einberufen. Der Herzog läßt sie eine Erhöhung der Salzgabelle sowie die Einrichtung einer direkten Grundsteuer, des *tasso*, nach dem Modell der französischen *taille*, bewilligen. Aber er folgt so auch dem Beispiel anderer italienischer Staaten. In Venedig und Florenz wird eine *decima* erhoben, in Mailand der *mensuale* und in Rom der *sussidio triennale*. Diese Entscheidung beruht eindeutig auf der wirtschaftlichen Struktur des Landes. So besteht tatsächlich nicht die Möglichkeit der Wahl zwischen indirekten Abgaben (Zöllen, Gefällen, Torsteuern) und direkten Steuern, die andere, weiter entwickelte Wirtschaftssysteme haben. Der Hauptreichtum des Landes liegt in der Landwirtschaft, und so entfällt anfänglich auf sie die Hauptlast der steuerlichen Abschöpfung. Danach, nach diesen letzten Bemühungen, werden die Stände aufgelöst und nie wieder einberufen. Der Herzog glaubt, ihre Dienste nicht mehr zu benötigen. Er glaubt, frei von Banden und Gesetzesverpflichtungen zu sein, nicht nur nach innen, sondern auch und besonders nach außen.

Als alte kaiserliche Reichsvikare in Italien und Mitglieder des Reichstags haben die Savoyer immer ausgezeichnete Beziehungen zum Reich unterhalten. Dennoch zieht es Emanuele Filiberto nach der Abdankung Karls V. weise vor, seine Aufmerksamkeit an erster Stelle auf seine gefährlichsten Gegner zu richten: also auf Frankreich, Spanien, die Schweizer Kantone – und nicht auf Wien. So gewähren eine geglückte Reihe von Allianzen und Abkommen dem Herzog zwanzig lange Jahre des Friedens, umgeben vom Respekt und der Aufmerksamkeit der verschiedenen europäischen Höfe. Philipp II. wendet sich während des langen Krieges in Flandern oft an ihn. Der Herzog gibt ihm die Erlaubnis, die spanischen Truppen in die Lombardei marschieren zu lassen; er läßt in Piemont Werbungen zu; er fungiert hin und wieder als Schatzmeister für den spanischen Souverän. Der vorsichtige Philipp II. geht so weit, im Schloß von Nizza 1.200.000 Goldscudi zur Besoldung seiner für den Flandernkrieg bestimmten Truppen zu deponieren. Und gerade aus Anlaß der Bürgerkriege in Frankreich und der verschiedenen damit verbundenen Probleme glänzt der Herzog in seiner internationalen Rolle. An ihn wenden sich oft die protestantischen Fürsten, die Abgesandten des Hofs von Paris, jene des Marschall Damvilles, die gegen den Hof revoltierten, der Papst, der sich um den Besitz Avignons Sorgen machte. Die Korrespondenz des päpstlichen Nuntius in Turin ist reich gefüllt mit diesen Begebenheiten und äußerst signifikant. So erreicht Emanuele Filiberto ohne Waffengewalt die Rückgabe der noch von Frankreich und Spanien besetzten Festungen. Er söhnt sich mit den Schweizer Kantonen aus, indem er vernünftigerweise auf die Rückeroberung Genfs verzichtet, die sowieso relativ fragwürdig erscheint, wie die Versuche seines weniger geduldigen Nachfolgers Carlo Emanuele I. beweisen. Er nimmt an der Heiligen Liga teil, wenn auch nur mit drei Galeeren, aber auch sie werden am Ruhm von Lepanto teilhaben. Kurz gesagt, er macht in der Außenpolitik von dem großen Kredit gebrauch, den er sich in den Diensten Karls V. verschafft hat.

In der Innenpolitik nützt er seine persönliche europäische Erfahrung bestens aus. Er behält den von den Franzosen eingeführten Senat als obersten Gerichtshof bei – unterteilt in verschiedene Sektionen, mit einem Präsidenten an der Spitze und einer bestimmten Anzahl von Senatoren, berufsmäßigen Magistraten, alles Doktoren der Jurisprudenz, die schon als Anwälte, niedere Magistrate tätig waren oder die an der Turiner Universität unterrichtet hatten. Dies sollte die Schmiede werden, aus der im 17. Jahrhundert zu hunderten die neuen Familien des piemontesischen Amtsadels hervorgingen. Auf peripherem Niveau richtet er die Präfekturen ein, eine für jede Provinz. Auch dieses Amt erreicht man erst mit einem Doktortitel. Ein Außengericht wird installiert, in der zweiten Instanz für die niedere Gerichtsbarkeit, Lehen oder Kastellaneien und in der ersten Instanz für die Provinz. Gegen die Urteile des Präfekts kann beim Senat in Turin Berufung eingelegt werden. In den Provinzen dagegen liegt die politische Macht in den Händen der Gouverneure, die steuerliche in den Händen der Intendanten. Andere Reformen berühren die äußerst wichtige Einrichtung des Rechnungshofes, der, zusammen mit dem von Savoyen, wesentliche staatliche Verwaltungskompetenzen innehat. Leider fehlt eine neuere Studie über diese Einrichtung, deren Wichtigkeit vielleicht auch von der jüngsten Geschichtsschreibung nicht in aller Schärfe gesehen wird. Es ist diese Einrichtung, welche einen souveränen Staat auszeichnet. Nicht ohne Grund ist sie in Italien typisch für die feudalen Monarchien: Savoyen, den Kirchenstaat, das Königreich Neapel. Die gesamte Kontrolle der Finanzverwaltung liegt in seinen Händen. Auch in diesem Fall stehen wir eindeutig vor einem sozialen Phänomen: wenn der Senat zur Brutstätte des rechtsgelehrten Bürgertums wird, so wird es der Rechnungshof für die Bürokratie der Intendanten, Uditoren, Schatzmeister und Finanziers.

Auf der politischen Ebene stehen dem Herzog nach dem französischen Modell ein Staatsrat und Staatssekretäre zur Seite: für äußere und innere Angelegenheiten und für den Krieg. Giovanni Muto hat ganz richtig beobachtet, daß es für diese Jahre schwierig ist, von einem Modellstaat zu sprechen, insofern, als selbst Emanuele Filiberto zur Organisation des Heereswesens und des notwendigen bürokratischen Apparates auch auf spanische Modelle zurückgreift, so z.B. mit der „Veedoria e Contadoria Generale delle Milizie e Genti di guerra". Und sein erster „generale delle finanze" wird der Genueser Negron de Negro sein. Wenn man also nicht von einem Modellstaat sprechen kann, kann man aber immerhin vom Erbe eines Staatsmodells sprechen, welches aber lange Zeit das römische war, auch im 16. Jahrhundert, und nicht nur auf der formalen Ebene, wie z.B. jener der Namen der Einrichtungen Senat, Kammer und Präfektur, oder der Titel von Amtspersonen. Auf den *vir clarissimus, perfectus, egregius* folgen die *molto magnifici*, die *magnifici*, die *illustrissimi* und die *illustri* – Titel, auf die die piemontesische Bürokratie allergrößten Wert legt. Doch auch in der Substanz der verschiedenen Einrichtungen wird das römische Muster greifbar. Wie entstehen in Frankreich und in Piemont die Staatssekretäre, in einem bezeichnend synchronverlaufenden Prozeß? Sie entstehen ganz einfach, so wie sie im Reich entstanden waren. Der Souverän umgibt sich selbst anfangs, im 15. Jahrhundert, mit einfachen königlichen oder herzoglichen Notaren, denen nach und nach im Laufe der Jahre immer spezifischere Kompetenzen zugewiesen werden, bis richtige Kanzleien mit ihren getrennten Kompetenzbereichen und ihrer Hierarchie, vom Ersten Staatssekretär abwärts, entstehen. Noch Ende des 18. Jahrhunderts werden die Akten des Ersten Staatsekretärs als „Protokolle der herzoglichen Notare"[18] bezeichnet.

Welches Ziel verfolgte diese erste, unvollkommene Staatsmaschine? Sicherlich deckt sich das Ziel des Staates in dieser Phase mit dem Ziel der Dynastie. Es geht ums Überleben, das Überleben des Staates und das Überleben der Dynastie. Die Gefahr, welche den Savoyern und Savoyen mit der französischen Besetzung drohte, ist sehr groß gewesen. Und in einem gewissen Sinn verdankte man die Rettung zu einem Großteil der ... Demographie. Viele

---

[18] Zu Emanuele Filiberto und dem Wiederaufbau des savoyischen Staates nach dem Frieden von Cateau Cambrésis, verweise ich auf die Studien, die aus Anlaß seines 400. Geburtstages 1928 veröffentlicht wurden. Vgl.: Emanuele Filiberto, Miscellanea, Torino 1928; Lo stato sabaudo al tempo di Emanuele Filiberto, 3 Bde., Torino 1928. Zum Senat siehe den kürzlich erschienen Artikel von *P. Merlin*, La riorganizzazione del Senato di Torino. Giustizia, amministrazione e politica nel Piemonte di Emanuele Filiberto, in: Bolletino storico bibliografico subalpino, LXXX (1982), S. 35-94.

Historiker haben darauf hingewiesen, daß das Schicksal der regierenden Fürstenhäuser in Europa oft an ihre Fortpflanzungsfähigkeit gebunden war. Dafür gibt es viele Beispiele und es mag überflüssig sein, sie hier zu wiederholen. Zweck hat es jedoch, daran zu erinnern, daß Emanuele Filiberto selbst zuerst für eine kirchliche Laufbahn bestimmt war und dann den Platz des früh verstorbenen erstgeborenen Bruders einnahm. Und daß aus seiner Ehe mit Margarete von Frankreich nur ein Sohn, Carlo Emanuele I., hervorging, dessen Geburt alle schamlosen Gelüste des französischen Hofes zunichte machte. War das Überleben der Dynastie gesichert, mußte nun noch das Überleben des Staates gesichert werden. Also wurde der Staatsapparat organisiert und an die Armee gebunden. Und der Herzog war sich darüber im klaren, daß es trotz allen Geschicks in der Außenpolitik auch eines schlagkräftigen Militärwesens bedurfte, um dieses Land zu verteidigen, dessen geographische Lage allein schon eine Schwäche war. Dank seiner besonderen Beziehungen mit dem Spanien Philipps II. wußte sich der Herzog relativ sicher vor möglichen spanischen Übergriffen – weitaus weniger indes vor französischen. So lag sein Hauptziel weiterhin darin, militärische Stoßkraft aufzubauen, um mögliche Aggressionen zu vereiteln. Die Finanzen des Herzogtums mußten also diesem Zweck dienen. Aber das Herzogtum war im Grunde genommen, was die Steuerleistungsfähigkeit betraf, Piemont. Dort lag der Reichtum des Landes versteckt, in der reichen Landwirtschaft der Ebene. Savoyen lieferte auf der steuerlichen Ebene das zum Überleben Notwendige, die Mittel zum Unterhalt des bürokratischen Apparates, aber nicht mehr. Berühmt war die Antwort Carlo Emanuele I. an Heinrich IV. über Piemonts Steuerfähigkeit: „Je tire de Savoie ce que je peux et de Piemont ce que je veux“[19]. Das Besteuerungssystem wird also hauptsächlich in Piemont organisiert. Die direkte ordentliche Steuer war der *tasso*, mit der der Grundbesitz belegt wurde. Steuerfrei waren der Feudaladel und ein Teil der kirchlichen Besitztümer, oder besser gesagt das sogenannte „patrimonio di antico acquisto“ [Güter, deren Erwerb schon länger zurückliegt] – im Ganzen nicht mehr als 25% der landwirtschaftlich genutzten Fläche des Landes. Die Steuer wurde in weiser Voraussicht in Goldscudi bemessen, um die Einnahmen vor der Abwertung des Rechnungsgeldes und des Silbergeldes zu schützen. So brachten 200.000 Goldscudi im Jahre 1580 600.000 piemontesische Silberlire Zinsen. 1630 brachten sie 1.200.000 und noch später 1.600.000. Nur zu einem geringen Teil ist die Erhöhung auf einen territorialen Zuwachs des Landes zurückzuführen; der Rest geht auf das Konto der Geldentwertung. In der Praxis war dies im damaligen Italien die einzige Anwendung der *cause-or* auf dem Niveau der öffentlichen Einrichtungen. Theoretisch war der *tasso* eine außerordentliche Einnahme, wurde aber jährlich erhoben. Erst im 19. Jahrhundert wurde er formell zur ordentlichen Steuer erklärt. Später vereinen sich in dieser Abgabe alle anderen außerordentlichen direkten Kriegsabgaben. Eine andere direkte Steuer war der „General Comparto dei Grani“, die mit eindeutig militärischen Zwecken in Form von

[19] *E. Stumpo*, Finanza e stato moderno nel Piemonte del Seicento, Roma 1979, S. 4

Naturalien erhoben wurde. In den Kriegsjahren wurde sie verdoppelt. Dann gab es noch die indirekten Steuern: Salz, Tratte und Zoll (auf den Handel), Schlacht- und Weinsteuer (Verbrauchssteuern) und andere kleinere Gefälle. In den zwanzig Jahren der Regierung Emanuele Filibertos brachten die Finanzen größere Erträge als die Ausgaben und erlaubten es dem Herzog, einiges zu sparen. Trotz des Wiederaufbaus des Staatsapparates und des Militärwesens häufte der Herzog ordentliche Reserven an.

Das gelang auch, weil die Militärausgaben relativ gering waren, da es sich um Friedenszeiten handelte. Aber nicht nur aus diesem Grund. Einer der weniger untersuchten Aspekte – und das gilt nicht nur für Piemont – ist die Frage der Bewaffnung, der Rekrutierung und der Militärausgaben. Was Machiavelli selbst – wie Anderson treffend aufgezeigt hat – „failed to see was the power of dynastic authority, rooted in feudal nobility ..."[20]. Hier wird der große Unterschied zwischen Piemont und den anderen italienischen Staaten deutlich. Der Feudaladel besaß eine eigene Rolle und eine spezifische Funktion innerhalb des Staates. Den Privilegien des Adels entsprachen nach Meinung des Souveräns ganz präzise umrissene Pflichten. Und an erster Stelle standen die militärischen, die Aushebung und die Einberufung von Kompanien, Bataillonen und Regimentern, teils auf ihre Kosten, teils auf Kosten der Staatskasse – und außerdem die Wehrpflicht an sich, für welche die Mitglieder der adeligen Familien in Sonderregister eingetragen waren. Manchmal funktionierte dieses System, und manchmal war es notwendig, es zu ergänzen, so z.B. durch die Inanspruchnahme von Söldnermilizen, was auch in den anderen europäischen Monarchien geschah. Gerade die Tatsache, daß man sich auf den eigenen Feudaladel verlassen konnte, „... rendered the use of household mercenary troops not only safe, but superior to any other military system then available"[21].

Carlo Emanuele I.

Beim Tod Emanuele Filibertos im Jahre 1580 fand sich der junge Carlo Emanuele I. in einer Lage, die sich stark von derjenigen seines Vaters unterschied. Noch jung und an den Höfen von Paris und Madrid unbekannt, besaß er einen kleinen, effizienten und gut organisierten Staat. Seine Ehe mit der Infantin Katharina, der Tochter Philipps II., schien ihn in Richtung der spanischen Welt zu führen. Aber der junge Herzog ergriff angesichts der inneren Unruhen in Frankreich und der Erbfolgekriege die Gelegenheit und mischte sich – vielleicht zu unbekümmert – ein. So wagte er also das Unterfangen der Provence, dann jenes der Markgrafschaft von Saluzzo und jenes von Genf, bloß um sich am Ende 1610 mit dem Traktat von Bruzòlo mit der wiederauferstandenen französischen Monarchie zu verbünden. Viel ist über diesen au-

20 *P. Anderson*, Lineages of the Absolutist State, S. 168.

21 Ebd. Zu diesem Problem vgl. *W. Barberis*, Continuità aristocratica e tradizione militare nel Piemonte sabaudo, in: Società e storia, III (1981), S. 529-592, S. 552 ff.

ßerordentlichen politischen, diplomatischen und militärischen Aktivismus geschrieben worden. Aber es ist auch wahr, daß der Herzog sehr oft praktisch gezwungen wurde, gewisse Initiativen zu ergreifen; oder vor der Wahl stand, Allianzen mit Ludwig XIII. und Richelieu einzugehen, oder eingenommen oder besetzt zu werden. Das kleine Piemont konnte sich zwar politische oder militärische Initiativen erlauben, aber immer im Einklang mit einer der beiden großen Mächte Frankreich oder Spanien. Die Option des Herzogs war also, als ein kleiner, aber eben starker und effizienter Staat zu erscheinen, der vielleicht der Schlüssel zum italienischen Gleichgewicht werden konnte. Aber wenn es zutrifft, daß die 50 Jahre der Herrschaft des Herzogs zum Großteil von Kriegen und Schlachten geprägt waren, so ist es genauso wahr, daß Carlo Emanuele I. auch große Energien auf die innere Entwicklung des Staates verwandte. Und – in größerem Ausmaß, als man vielleicht wahrhaben möchte – wurde die Regierungsstruktur des savoyischen Staates in seiner langen Herrschaftszeit geboren und erprobt; ein Staatsapparat, dessen Hauptziele Verteidigung oder Angriff sind. Es ist die geographische Lage des Landes, die keine Alternative zuläßt. Angesichts der Tatsache, daß das Land für die Franzosen den einzigen Durchgang nach Italien darstellt, merkt der Herzog bald, daß der wahre Feind weit mehr als Spanien Frankreich heißt. Eine Politik der Neutralität, wie sie die Toskana im 17. Jahrhundert wählen wird, ist für Piemont nicht möglich. Als es unter der Herrschaft der Regenten dazu gezwungen wird, fällt es sofort zum Rang eines französischen Satellitenstaates ab. So wird also die Verteidigung zum Hauptexistenzgrund des Staates. Alles wird diesem Ziel untergeordnet. An erster Stelle ist es notwendig, sich ein Heer zu beschaffen. Aber inzwischen bedeutet ‚Heer' mehr als bloß bewaffnete Männer. Es bedarf einer organisatorischen Struktur, die eigens zu dessen Funktionieren geschaffen worden ist. Also logistische Strukturen. Aber an erster Stelle befestigte Städte und Festungen. Dann Artillerie und artilleristische Dienste. Und auch Verpflegung und Nachschub: Waffen, Munition, Uniformen und Pferde. Eine getrennte Rechtsprechung für die Milizen und das Kriegsvolk: das „uditorato di guerra". Eine getrennte Finanz- und Buchführungsverwaltung. So entstehen die „Tesoreria generale di Milizia", die „Contadoria generale di Milizia". Aber sogar das „Generalato delle finanze" ist für den Krieg strukturiert. So ist das Finanzwesen sowohl für alltägliche als auch für besondere Anforderungen organisiert. In beiden Fällen bedarf es Menschen und Mittel, Steuer- und Gefälleeinnehmer, Steuerpächter, Finanzberater, Provinzkämmerer. Woher sie nehmen? Man löste dieses Problem, indem man die Händler und Bankiers des Landes heranzog. Im Laufe einer Generation war der gesamte Finanz- und Buchführungsapparat in ihren Händen – eine tatsächliche kleine soziale Revolution. „Generali delle finanze" und Berater, *mastri uditori camerali*, Kämmerer, Einnehmer und Pächter formen eine neue Bürokratie, die zusammen mit dem neuen „Rechtsbürgertum", welches schon alle richterlichen Ämter – von der Präfektur zum Senat – besetzt hat, das soziale Knochengerüst des Staates bildet.

Dem Adel blieben aber immerhin noch die militärischen Ämter, die Diplomatie, die Ämter am Hof und jene der politischen Regierung. Auch Staatsrat und

Provinzgouverneure bleiben weiterhin in seinen Händen. In der Praxis haben wir eine Aufgabenteilung, wie sie für einen absolutistischen Staattypisch ist. Auf der peripheren Ebene restrukturiert Carlo Emanuele I. die Präfekturen, und führt noch vor dem benachbarten Frankreich ständige Provinzintendanturen und die Bezirkskassen ein, die der „Tesoreria Generale di Piemonte" unterstehen[22].

Die Einnahmen des Staates sind natürlich proportional zu den Ausgaben. Das Verhältnis von indirekten Steuern und direkten Abgaben fällt in den Friedensjahren inzwischen zugunsten der erstgenannten aus. Ca. 60% der gewöhnlichen Einnahmen sind den Gefällen zu verdanken: Salz, Zoll und *tratte*, Verbrauchssteuern. Der *tasso* trägt als direkte Abgabe die restlichen 40% bei. Aber in den Kriegsjahren häufen sich natürlich andere direkte Abgaben. Sie lassen sich leicht durchsetzen, werden sofort erhoben und werden aufgehoben, sobald der Krieg vorbei ist. Im allgemeinen sind sie relativ primitiv: Verdoppelung des *tasso*, des „Comparto dei grani" sowie einer Militärbeihilfe[23]. Wenn also der wahre Reichtum des Landes in der Landwirtschaft liegt, dann entfällt auch auf sie ein Großteil des Steuerdrucks. Aber es gibt auch noch andere Mittel, um die für die Militärausgaben notwendigen Gelder zu finden. An erster Stelle steht die Politik der Allianzen, denn für die Savoyer bedeuten Allianzen Bezahlung der Militärausgaben oder Beteiligung daran. Als erstes macht Venedig diese Erfahrung und zahlt dem Herzog im Jahre 1616 ca. 1.200.000 Zechinen *à fonds perdu* als Beitrag für den Krieg gegen Spanien. Das bedeutet, daß 34% der Kriegsausgaben bezahlt sind[24]. Dann wird sich

---

[22] Zur langen Herrschaft Carlo Emanuele I. vgl.: Carlo Emanuele I. Miscellanea, Pinerolo 1930; *R. Bergadini*, Carlo Emanuele I., Torino 1932; und den schönen Artikel von *V. Castronovo*, Carlo Emanuele I., in: Dizionario biografico degli italiani, XX, Rom 1977; *E. Stumpo*, Finanza e stato moderno, S. 116-117, 124-126, 167-175; *J.S. Woolf*, Sviluppo economico e struttura sociale in Piemonte da Emanuele Filiberto a Carlo Emanuele III, in: Nuova rivista storica, XLVI (1962).

[23] Anfänglich handelt es sich bei den außergewöhnlichen Kriegssteuern um die folgenden: *Utensili, Macina, Cavalleria, Soccorso militare*. Später zog man es vor, auch das System der außerordentlichen Besteuerung zu regulieren und zu stabilisieren, indem man einige regelmäßigere Steuern auferlegte. Das „sussidio militare", das jedes Jahr erhoben wird, das doppelte „sussidio" im Kriegsfalle, das „quartiere militare" und immer das „Comparto Grani". Diese Einnahmen dienten der Sicherstellung der Rekrutierung und des Unterhalts des piemontesischen Heeres. Es war sowohl aus im Ausland geworbenen Regimentern, besonders Kavallerie, als auch aus Regimentern nationaler Berufssoldaten sowie Milizregimentern aus der Provinz zusammengesetzt. Im allgemeinen kümmerte sich das „Ufficio generale del soldo" mit der finanziellen Hilfe der alliierten Nationen um die Besoldung der ausländischen Milizen; die nationalen Regimenter wurden mit Hilfe der im Lande eingetriebenen Abgaben unterhalten. Verbreitete Anwendung fand auch die Steuer in Naturalien; so Getreide, Heu für die Kavallerie, Vieh oder Wein. Vgl. *N. Brancaccio*, L'esercito del vecchio Piemonte. Gli Ordinamenti, Rom 1923-25, 2. Bde.; *C. Baudino*, Le istituzioni militari del Piemonte, in: Storia del Piemonte, Torino 1960, I, S. 431-484.

[24] *E. Stumpo*, Gli aiuti finanziari di Venezia al duca Carlo Emanuele I. di Savoia nella guerra contro la Spagna (1916-17), in: Rassegna degli archivi di stato, XXXIV (1974).

Frankreich die Allianz mit dem Herzog etwas kosten lassen; und später dann auch die anderen europäischen Nationen. So erhalten die Savoyer im Krieg der Augsburger Allianz oder im spanischen Erbfolgekrieg Sterlings oder Dublonen, Louisdors oder Taler für die Kriegsausgaben. Es ist das Gegenteil der Situation, in der sich damals andere italienische Staaten – die Toskana miteinbegriffen – finden, die in jenen Jahren gezwungen sind, ihre Neutralität aus eigener Tasche mit Abgaben an Wien zu bezahlen.

Als sich aber auch die Unterstützungszahlungen der Alliierten als unzulänglich erwiesen, sah man sich gezwungen, Kredite aufzunehmen, wobei es sich um ein wirtschaftliches Instrument handelte, mit dem das rückständige Piemont noch keine Bekanntschaft gemacht hatte. Wie der Wechsel und wie viele andere Kreditinstrumente hat die Staatsschuld an und für sich keinen eigenen Charakter; sie kann sich positiv oder negativauswirken, je nach dem Gebrauch, der von ihr gemacht wird. Sicherlich hatte im damaligen Italien die öffentliche Schuld in einigen Staaten große Ergebnisse erzielt. Man braucht nur an die Höhe zu denken, die sie in Stadtstaaten wie Venedig, Florenz oder Genua erreicht hatte, aber auch an die Höhe der öffentlichen Verschuldung des Papstes.

Jedoch waren diese Staaten von der schlichten aber ausschlaggebenden Tatsache gekennzeichnet, ein hohes Niveau wirtschaftlicher Entwicklung sowie eine starke Konzentration beweglichen Vermögens zu besitzen. Oder sie besaßen die Möglichkeit – so im Falle des Kirchenstaates – sich über die Schaffung von käuflichen Ämtern und Monti, die einer außer-staatlichen Kundschaft angeboten wurden, an einen größeren Markt zu wenden. So vernachlässigten auch die Monti der Stadtstaaten die – wenn man so möchte – internationale Kundschaft nicht, während sich Piemont gezwungen sah, auf andere Entwürfe zurückzugreifen. Vom finanzpolitischen Standpunkt aus hat die Staatsschuld eine präzise abgegrenzte Rolle zu spielen. Daraus wird sich das Urteil über die Zweckmäßigkeit des Erreichten ergeben. Die Geldmittel aus der Staatsschuld können – wie es meistens geschah – zur Finanzierung eines Krieges herangezogen werden. Und mit diesem System hatte Großbritannien im 18. Jahrhundert seine ersten großen militärischen Erfolge. Heute hält man diese Politik für: „... the first stone ..., which was to enable Great Britain to finance war and conquest on a scale that ‚surprised and astonished Europe'"[25].

In Sachsen wurden – woran Marx erinnert – vor dem Siebenjährigen Krieg 180 Millionen öffentlicher Kredite dafür aufgebracht, die Manufakturherrlichkeit des Landes zu schaffen. In Venedig diente die Staatsschuld im 17. Jahrhundert hauptsächlich dazu, den langanhaltenden Konflikt mit den Türken zu finanzieren, mit kaum ermutigenden Ergebnissen, während sie in der Toskana der letzten Medici dazu diente, die teure Neutralität des Landes mit schweren und schmerzlichen Abgaben an den Hof in Wien zu bezahlen: Wie man sieht,

[25] *P.G.M. Dickson / J. Sperling*, War Finance, 1689-1714, in: The New Cambridge Modern History, Bd. VI: The Rise of Great Britain and Russia (1688-1715/25), Cambridge 1970, S. 284-315, S. 287.

verschiedene Verwendungen und verschiedene Ergebnisse! In Piemont wird die Staatsschuld zu einem Großteil dazu verwendet, die kriegerischen Auseinandersetzungen des Landes zu finanzieren. Natürlich wurden die Ergebnisse Großbritanniens nicht erreicht, aber doch andere, freilich viel geringere. Erstens wurden Unabhängigkeit und Souveränität des Staates erhalten. Zweitens wurde eine gewisse territoriale Vergrößerung des Landes erreicht, dann der königliche Titel und Sardinien. Und schließlich erlangte Piemont international ein respektables politisches Gewicht – wenigstens im Vergleich zu den anderen italienischen Staaten.

Wie wurde nun konkret die Staatsschuld eingesetzt? Es ist nötig, daran zu erinnern, daß das bewegliche Vermögen, das sich im Lande in Umlauf befand, nie besonders groß war. In der ersten Hälfte des Jahrhunderts zog man es also vor, auf die Veräußerung des *tasso* zurückzugreifen. Die Steuer war auf Gemeinden verteilt. Der Käufer erwarb, indem er eine gewisse Summe zahlte, das Recht, in Zukunft den erworbenen Teil des *tasso* zu einem gewissen jährlichen Prozentsatz einzutreiben, im allgemeinen 5-6%. Und da die Steuer in Goldscudi festgelegt war, war sie vor einer gewissen Abwertung der Rechnungswährung und des Silbers sicher. Natürlich waren die ersten Käufer Adelige, die so jedes Jahr von der nächsten Gemeinde den erworbenen *tasso* mit Gewinn eintrieben. Aber später, mit dem zunehmenden Einfluß des Bürgertums, wurde es möglich, auch auf die Schaffung von Monti, auf Anleihen der Städte Turin und Cuneo sowie den Verkauf vieler Ämter zurückzugreifen.

Dennoch wurde von der öffentlichen Verschuldung relativ wenig Gebrauch gemacht. In den ersten Jahren des 18. Jahrhunderts belief sich die Staatsschuld Piemonts auf 25.000.000 piemontesische Lire. Die jährlichen Einnahmen beliefen sich auf ungefähr 9.000.000 Lire, also betrug die Verschuldung ca. ein Dreifaches der jährlichen Staatseinnahmen[26]. Und die jährlichen Zinsen beliefen sich auf mehr oder weniger 2.000.000 Lire, etwas weniger als 20%. Wir sind also weit entfernt von Situationen, wie sie Galasso für Neapel beschrieben hat (57% der Ausgaben für Schuldzinsen), oder derjenigen der Toskana und Venedigs. In der Toskana scheint sich um 1737 die öffentliche Verschuldung auf das 14-20fache der jährlichen Staatseinnahmen zu belaufen, während sie 1740 in Venedig: „12 mal so hoch war und jährlich mehr als ein Drittel der gewöhnlichen Staatseinnahmen verschlang"[27]. Aber der beträchtliche Unterschied liegt nicht nur in diesen Ziffern, sondern hauptsächlich im unterschiedlichen Gebrauch, der von den eingenommenen Summen gemacht

[26] *L. Einaudi*, La finanza sabauda all'aprirsi del secolo XVIII e durante la guerra di Successione spagnola, Torino 1908, S. 180 ff.; *E. Stumpo*, Finanza e stato moderno, S. 305-317.

[27] Für die Toskana vgl. *E. Robiony*, Gli ultimi Medici e la successione al Granducato di Toscana, Firenze 1905, S. 36 ff.; *A. Zobi*, Manuale storico delle massime e degli ordinamenti economici vigenti in Toscana, Firenze 1847, S. 80, 92; zu Venedig *L. Einaudi*, La finanza sabauda, S. 182 sowie *ders.*, L'economia pubblica veneziana dal 1736 al 1755, in: La Riforma sociale, X (1904), S. 177-196, 262-282, 429-450, 509-537.

wird. Im Falle Piemonts stellten sie das Wachstum des Staates sicher, während sie in den anderen Fällen dessen Schwächung sanktionieren. Aber es gibt noch einen anderen, nicht unwichtigen Unterschied. Den Herzogen von Savoyen gelang es noch auf andere Weise, die Staatsschuld in einem gewissen Rahmen zu halten. Als erstes bedienten sie sich – wie oben schon gesagt worden ist – der finanziellen Unterstützung der verbündeten Staaten. Und als zweites griffen sie auf Anleihen piemontesischer Händler und Bankiers oder auch hoher Staatsbeamter zurück, um die nicht konsolidierten und schwebenden Schulden zu decken. Solche Anleihen wurden aber in einer ganz anderen Währung zurückgezahlt, typisch für jeden absoluten Herrscher und für ihn sicher sehr günstig: nämlich in Adelstiteln, Ämtern, Lehen. So konnte es also geschehen, daß um die 60.000.000 Lire, die sich im Laufe eines Jahrhunderts als Darlehen angesammelt hatten, mit Adelstiteln, Ämtern und Lehen vergütet wurden, so daß sich die Staatsschuld nicht erhöhte. Zweifelsohne war das eine große Ersparnis, die zusammen mit der finanziellen Hilfe der Verbündeten dazu diente, die öffentliche Verschuldung stark einzudämmen – und dies in einem Staat, der mit Sicherheit im Verlauf des Jahrhunderts der militärisch am stärksten engagierte war.

An dieser Stelle ist es nötig, die Aufmerksamkeit von den Militärausgaben weg auf einige öffentliche Ausgaben zu lenken, die auch „in der Nachfrage nach Kapitalgütern, also in Investitionen" zum Ausdruck kommen konnten, wie schon Cipolla so überzeugend dargelegt hat[28]. Es muß aber trotzdem auf den Mangel an Studien zu diesem Thema hingewiesen werden. Für Piemont sind immer noch die Untersuchungen Bulferettis zum Merkantilismus Carlo Emanueles II. maßgebend[29]. Aber das Problem ist noch komplexer. Es geht nicht nur darum, zu bestimmen, ob und wann es in der Sichtweise eines unternehmerischen Staates staatliche Eingriffe gab, wie Braudel sagen würde. Zweifelsohne gingen in Piemont viele Eingriffe auf das Konto des Staates. Es konnte auch in einem Land, dessen wirtschaftliche Ressourcen in der Hauptsache landwirtschaftlicher Natur und dessen Umlaufmittel sehr knapp waren, gar nicht anders sein. So ging ein Großteil der Bautätigkeit in diesem Jahrhundert auf staatliche oder städtische Initiativen zurück. Das betrifft zivile und nicht nur militärische Bautätigkeit, und zwar in einem Ausmaß, daß in jenen Jahren allein Turin zwei Vergrößerungen erfuhr. Andere Initiativen wurden ergriffen, um die Handelstätigkeit zu unterstützen und eine dieser Initiativen war die Gründung eines „Consolato di Commercio". Bis heute aber wissen wir noch nichts über die wirtschaftlichen Wandlungen, die das Land im Laufe des 17. Jahrhunderts durchmachte. Als ich schon vor Jahren über die Krise Piemonts in jenem Jahrhundert geschrieben hatte, war mir der tiefgreifende Unterschied

---

[28] *C. Cipolla*, Storia economica dell'Europa preindustriale, Bologna 1974, S. 78.

[29] *L. Bulferetti*, Sogni e realtà nel mercantilismo di Carlo Emanuele II, in: Nuova rivista storica, XXXVII (1953); *ders.*, Assolutismo e mercantilismo nel Piemonte di Carlo Emanuele II, ebd.; *ders.*, L'elemento mercantilistico nella formazione dell'assolutismo sabaudo, in: Bollettino storico-bibliografico subalpino, LIV (1956).

zu den anderen italienischen Staaten aufgefallen. Dies lag auch zum Teil daran, daß das noch überwiegend landwirtschaftlich ausgerichtete Piemont den Rückgängen und Niederlagen oder auch der schwerwiegenden konjunkturellen Flaute der entwickelteren städtischen Wirtschaft nicht ausgesetzt war. Und die jüngste Arbeit von D. Sella zum Thema der spanischen Lombardei bestätigt das damals Geschriebene. Die Wirtschaft Piemonts zeigt schon in der zweiten Hälfte des Jahrhunderts eindeutige Symptome des Aufschwungs, welcher zweifelsohne durch die 30 Friedensjahre zwischen 1660 und 1690 begünstigt wurde. Anstieg der Landpreise, der Produktion, neue Kulturen, große Steigerung der Seiden-, der Reisproduktion, erster Auftritt des Mais', starker Aufschwung des Handels kennzeichneten diese Entwicklung. Aber das reicht nicht. In diesem Zeitraum gibt es noch gänzlich unbekannte Entwicklungen, die sich indessen erahnen lassen. Der Ruhm ihrer Entdeckung gebührt allein Carlo Poni, der sie leider im Rahmen von Studien und Untersuchungen gemacht hat, in denen Piemont nur einen Teil seiner Interessen einnimmt.

Eine Entwicklung in der „Krise"

Was ist Poni hinsichtlich der Manufakturen in Piemont aufgefallen? Daß sie sich noch in der ersten Hälfte des 17. Jahrhunderts auf einem minimalen Niveau befinden: 1702 gibt es in Turin 432 Webrahmen, während es 1708 in Racconigi, dem größten Zentrum Piemonts „27 Spinnereien gab, die 2.525 Arbeiter beschäftigen". Nicht nur das, es handelt sich auch um neue Manufaktursysteme. So „hatte die Einführung und die Verbreitung der großen Seidenmühlen mit hydraulischem Rad in Racconigi zwischen 1677 und 1702 zu Phänomenen geführt, auf die man ein Jahrhundert später in Englands Bauernbezirken stoßen konnte"[30]. So wurde der traditionelle Verarbeitungsweg der von kleinen Handwebereien geprägt war, unterbrochen. Aber dies ist nicht die einzige Neuheit. In diesen Jahren erlebt ganz Italien eine Herausforderung, die auf eine Neuheit zurückgeht, die – welch ein Zufall! – aus Piemont stammt. Und während man in den anderen Regionen, die einst weiter entwickelt waren, tatenlos zusieht, macht man in Piemont riesige Fortschritte. „In keiner anderen Region war die Verbesserung der Rohseide so ausschlaggebend"[31]. Dies war zum Teil auf ein neues Verfahren zur Verdünnung des Fadens zurückzuführen. Mittels der Kreuzung von nur zwei verzwirnten Fäden erhielt man unter großer Rohstoffersparnis einen dünneren, runden Faden. Es ist sicherlich beachtenswert, daß dieser Erfolg in Piemont erzielt worden ist, wo die bolognesischen Seidenmühlen erst 1667 von Giovan Francesco Galeani eingeführt worden waren. Und nicht nur dies. Im selben Jahr erschienen in Turin

[30] *C. Poni,* All'origine del sistema di fabbrica: tecnologia e organizzazione produttiva dei mulini da seta nell'Italia settentrionale (secc. XVII-XVIII), in: Rivista storica italiana, LXXXVIII (1976), S. 444-497, vgl. S. 469-471.

[31] *C. Poni,* Misura contro misura: come il filo di seta divenne sottile e rotondo, in: Quaderni storici 18 (1981), Nr. 47, S. 385-421, 401-403.

die von Carlo Emanuele II. erlassenen „Regole per i filatori e lavoranti da seta", die 1720 und 1724 nachgedruckt wurden.

„In Italien sowie in Frankreich wurden die piemontesischen Regeln oft nachgedruckt, zusammengefaßt, übersetzt und mehr oder weniger komplett aufgenommen, angewendet und diskutiert. 1765 widmete die ‚Encyclopédie' einem eingehenden Kommentar der Regeln nicht wenige Seiten"[32]. Und es ist auch in Piemont, daß der Höhepunkt des Prozesses der unternehmerischen Ausdehnung der Spinnereien erreicht wird. Sie vermochten bis zu 100 Heizkessel zu verwenden, während die Maschinenspinnereien bis an die 200 und mehr Arbeiter beschäftigen konnten. Die Disziplin in den piemontesischen Spinnereien wird zum Vorbild für die französischen. Vorsteher, die die Spinner stets im Auge haben, sind die Vorläufer der heutigen Aufsichtführenden. Eine bürokratische Kontrolle sorgt für Stille, Ordnung und Unterwerfung – ein Bild, das nur zu leicht den Militarismus des Landes assoziieren läßt. Noch schneller in den Sinn kommen Analogien zu heutigen Situationen, zum Beispiel Fiat oder Japan.

Aber hiervon einmal abgesehen, wissen wir nichts über den Entwicklungsprozeß, der Piemont zu einem Modellfall werden ließ, nicht nur was den Staat, sondern sogar auch was die „industrielle" Entwicklung betrifft und dies besonders in Bezug auf andere italienische Regionen, die einst deutlich weiter entwickelt gewesen waren. Was feststeht, ist, daß der Staat interveniert hat. Auch das „Consolato di Commercio", die „Regole" Carlo Emanueles II. sowie die protektionistischen Eingriffe Vittorio Amedeos II. für die ungesponnene Rohseide belegen dies. In der zweiten Phase der Entwicklung des Herzogtums Savoyen ist das Augenmerk also nicht mehr allein auf das von der Armee gesicherte Überleben gerichtet. Nach Erreichung dieses Ziels gestaltet sich die Staatsräson komplexer. Man muß sich auch der wirtschaftlichen Entwicklung des Landes zuwenden. Aber gerade was diesen Punkt betrifft, sind die Untersuchungen mangelhaft. Zu plötzlich ist der Übergang von der gut dokumentierten Krise um die Mitte des Jahrhunderts zur darauffolgenden Entwicklung. Es sind Friedensjahre. Die Wirtschaftspolitik Carlo Emanueles II. ist sicherlich unterbewertet worden. Aber die Neuheiten in der piemontesischen Seidenindustrie waren zweifelsohne auch auf andere Faktoren zurückzuführen. Es ist aber auf jeden Fall eindeutig, daß sie von der staatlichen Autorität gefördert und geschützt wurden. Die Lobgesänge von Zanon in seinen „Lettere dell'agricoltura ..." auf die Politik Vittorio Amedeos II. zugunsten der piemontesischen Seidenverarbeitung und Seide sind sicherlich „hyperbolisch" – wie Prato sie nannte –, aber sie beweisen, daß diese Politik auch außerhalb Piemonts verstanden und geschätzt wurde[33].

---

[32] Ebd., S. 404. Diderot selbst scheint der Autor des Artikels zum Stichwort *soie* gewesen zu sein.

[33] *Zanon*, Lettere dell'agricoltura ..., Venezia 1764, Bd. II, S. 146 ff., S. 231; *G. Prato*, La vita economica in Piemonte a mezzo il secolo XVIII, Torino 1908, S. 217 ff. und *ders.*, Problemi monetari e bancari nei secoli XVII e XVIII, Torino 1916, S. 90.

Am Schluß seiner Arbeit über die spanische Lombardei hat Domenico Sella kürzlich an Gino Luzzattos ca. 40 Jahre alte Interpretation zum Verfall Italiens im 17. Jahrhundert[34] erinnert.

„Luzzatto stellte fest, daß das, was wirklich verfallen war, das wirtschaftliche Leben der Städte mit ihren zünftischen Privilegien und ihrem Lokalpatriotismus gewesen war, während das, was sich aus ihrer Asche erhob, eine moderne *Nationalwirtschaft* war, an der sich sowohl die Stadt als auch die Region gleichermaßen beteiligen konnten“[35].

Dürfen wir in diesem Fall ganz Piemont als ein großes Gebiet (*contado*) betrachten, das sich auf Grund der – vielleicht glücklichen – Tatsache, nie gegen eine städtische Wirtschaft angekämpft haben zu müssen, im Laufe des 17. Jahrhunderts in eine moderne Nationalwirtschaft eingliederte?

So hatte Luzzatto selbst geschrieben, daß „Piemont hingegen im 16. Jahrhundert eine fast ausschließlich landwirtschaftliche Region ist ...“[36]. Aber am Ende des 17. Jahrhunderts ist Piemont es nicht mehr, gerade dann, als andere Regionen, die einst fortschrittlicher gewesen waren, ihr Tempo verlangsamen. Die regionalen Unterschiede sind mit Sicherheit wichtig, Unterschiede, die meiner Meinung nach bis jetzt unterbewertet wurden. Vielleicht hat man Piemont mit dem gleichen Maßstab gemessen wie die Lombardei und die Toskana, wie Genua oder Venedig, da die Aufmerksamkeit aller auf die großen Unterschiede zwischen Zentral- und Norditalien, dem Kirchenstaat und dem Königreich Neapel gerichtet war. R. Romano hat geschrieben, daß „wir uns vielleicht zu sehr von Unterschieden beeinflussen lassen, die erst nach dem 17. Jahrhundert ans Licht traten“[37]. Aber – ich wiederhole – für den Fall Piemont trifft genau das Gegenteil zu. Die äußerst großen Unterschiede, die schon vor dem 17. Jahrhundert bestanden, wandeln sich und treten erst nach dem 17. Jahrhundert deutlich ans Licht.

Boteros „Ragion di stato“, die noch darauf ausgerichtet ist, „die Jurisdiktion des Gewissens“ neu zu bewerten indem die Mittel, den Staat zu bewahren, zum eigentlichen Problem werden, erweist sich als politisch überholtes Schema, das für Piemont kaum anwendbar ist. Weitaus geeigneter scheint die politische Auffassung des wenig jüngeren Denkers Ludovico Zuccolo, der schon ein sicheres Gespür für Probleme wie das Bevölkerungswachstum und die Verteilung des Reichtums des Landes hatte. In seiner kleinen Schrift „Della

---

[34] *D. Sella*, Crisis and Continuity. The Economy of Spanish Lombardy in the Seventeenth Century, Cambridge Mass. / London 1979; *G. Luzzatto*, Storia economica dell'età moderna e contemporanea, Padova 1955, 2. Bde., Bd. II, S. 151-152.

[35] Auch wenn Piemont in der Neuzeit die Gegenübestellung von Stadt und Land fremd war, wenigstens in dem Ausmaß wie diese sich in der Lombardei oder der Toskana entwickelte, verlief seine wirtschaftliche Entwicklung zweifelsohne auf der Ebene einer modernen Nationalwirtschaft.

[36] *G. Luzzatto*, Breve Storia economica dell'Italia medievale, Torino 1958, S. 202.

[37] *R. Romano*, Tra due crisi: l'Italia del Rinascimento, Torino 1971, S. 203.

ragion di stato", die 1621 erschien, entfaltet er das Problem in seinem wirklichen Ausmaß und verneint, daß es eine „gute oder schlechte" Staatsräson geben könne, da die Politik wesensgemäß auf einer prämoralischen oder amoralischen Ebene operiere.

Angefangen mit Emanuele Filiberto und dem genau abgesteckten Ziel, den Staat zu bewahren und zu retten, gelang es den Savoyern in wenig mehr als eineinhalb Jahrhunderten, ihre Politik auch auf komplexere Ziele auszudehnen, die Eingriffe in die Wirtschaft des Landes vorsahen. Wenn es also wahr ist, daß Piemont der einzige italienische Staat ist, der im Laufe des 17. Jahrhunderts nichts vom politischen Verfall zu spüren bekommt, dann ist es genauso wahr, daß Piemont die einzige Region Italiens war, die eine gewisse wirtschaftliche Entwicklung durchmachte, die es ihr zum Teil erlaubte, die Verspätung gegenüber den wirtschaftlich entwickelteren Regionen Italiens aufzuholen. Das ging so weit, daß Piemont auf einigen Gebieten zur Avantgarde gehörte und nicht nur für die anderen italienischen Regionen, sondern sogar auch für Frankreich zum Modell wurde.

Wer hätte je gedacht, daß die „Regole per i filatori e lavoranti da seta" von Carlo Emanuele II. auch für Regionen oder Staaten modellhaft werden sollten, die seit Jahrhunderten ein sehr viel entwickelteres verarbeitendes Gewerbe besaßen? Ein halbes Jahrhundert später beginnt die Verbreitung einiger Werke des noch unbekannten piemontesischen Autors, Papacino d'Antonio in Europa. „Dell'architettura militare", „Esame della polvere", „L'artiglieria in tempo di guerra", „Istruzioni fisico-meccaniche ..." und „Uso delle armi da fuoco", sind einige der bekanntesten Titel[38]. Aber dieses Aktionsfeld, wo sich Piemont wirklich der größten Erfahrung rühmen konnte, verwundert weniger als der Fall der äußerst schnellen Entwicklung des verarbeitenden Sektors.

Es bleibt die Tatsache bestehen, daß Piemont am Ende des 16. Jahrhunderts mit einer gewissen wirtschaftlichen Verspätung aufbricht und sich am Ende des 18. Jahrhunderts nicht nur als einziger italienischer Staat nach europäischem Maß vorstellt, sondern auch als einzige italienische Region, deren Wirtschaft sich im Laufe des so verrufenen 17. Jahrhunderts entwickelt hat.

Die Toskana der Medici

„... non è meraviglia che quelle città che hanno avuto il principio loro immediate servo, abbiano non che difficultà, ma impossibilità ad ordinarsi mai in modo che le possano vivere civilmente e quietamente; come si vede che è intervenuto alla città di Firenze, la quale, per avere il principio suo sottoposto all'imperio romano, ed essendo vivuta sempre sotto governo d'altri, stette un tempo soggetta e senza

[38] *A. Papacino d'Antaoni*, Torino 1765, 1773, 1778, 1780 und 1782. Die Arbeiten Papacinos erfreuten sich großer Beliebtheit und wurden sofort übersetzt; in Frankreich von Flavigny und S. Auban, in Großbritannien von Kellert und in Preußen von Tempelhoff.

pensare a se medesima, dipoi, venuta l'occasione di respirare, cominciò a fare i suoi ordini, i quali sendo mescolati con gli antichi, ch'erano tristi, non poterono essere buoni; e così è ita meneggiandosi per dugento anni, che si ha di vera memoria, senza avere mai avuto stato, per il quale ella possa veramente essere chiamata repubblica".

[„... Man (dürfe) sich nicht wundern ..., wenn es für Städte, die einen unmittelbar dienstbaren Ursprung hatten, nicht nur schwer, sondern unmöglich ist, sich jemals so zu ordnen, daß sie frei und ruhig leben können. Die Stadt Florenz war unter der Herrschaft des römischen Kaiserreichs gegründet worden und hatte immer unter fremder Regierung gelebt, sie blieb daher eine Zeitlang untertan und dachte nicht an sich selbst. Als später die Gelegenheit, aufzuatmen, kam, begann sie ihre Institutionen selbst zu machen. Diese aber konnten, da sie mit den alten, schlechten, vermischt waren, nicht gut sein. So regierte sie sich die letzten zweihundert Jahre hindurch, von denen wir glaubwürdige Nachrichten besitzen, ohne jemals eine Verfassung gehabt zu haben, wonach man sie mit Recht eine Republik hätte nennen können"[39].]

Das äußerst pessimistische Urteil Machiavellis ruft noch einmal die Struktur, das territoriale Gefüge der Republik Florenz in Erinnerung, ein Gefüge, das vielleicht ohne die notwendige Amalgamierung der institutionellen und administrativen Strukturen gewachsen ist. Mit einem Wort, ohne jene effektive Zentralisierung, die den modernen Staat charakterisiert. Also –

„ben vedendo che lo Stato stesso, come anche molti altri, è di tale natura e inclinazione da essere di gran lunga meglio e più felicemente retto e governato sotto un regime e un governo in cui la principale cura di esso spetti a uno solo, che non dove il potere è deferito a magistrati popolari ... si arriva alla signoria"[40].

[Da dieser Staat, wie auch viele andere, von Natur aus so geschaffen ist, daß er viel besser und zufriedenstellender von einem Einzelnen regiert werden kann, als von vielen Magistraten aus dem Volk ... gelangt man zur Signoria.]

Die Motivation der Urkunde Karls V. vom 28. Oktober 1530, mit der der Kaiser Alessandro dei Medici an die Spitze der Republik Florenz stellt, ist also eindeutig. Die Republik ist tot, die Signoria wird geboren. Aber welche Signoria? Jene, an die Anderson erinnert?

„Thus despite their often apparently *outré* modernism of means and techniques, their famous inauguration of pure 'power politics' as such, the *signorie* were in fact inherently unable to generate the characteristic State form of the early modern epoch, a unitary royal Absolutism"[41].

Die Übereinstimmung dieses Urteils mit H. Hausers sicherlich sehr viel älterem fällt auf.

„Les *principi* n'ont acune des prérogatives mystiques dont bénéfiient Valois, Tudor, ‚Rois Catholiques'; ils n'éveillent dans l'âme de leurs sujets aucun sentiment qui ressemble, même de loin, à un sentiment national. Arrivés au pouvoir par la force

---

39 *N. Machiavelli*, Vom Staate, in: Gesammelte Schriften, hrsg. von H. Floerke, Bd. 1, München 1925, S. 144.

40 Die Textstelle aus einer Urkunde Karl V. vom 28. Oktober 1530 findet sich in *F. Diaz*, Il Granducato di Toscana. I Medici, Torino 1976, S. 37-38.

41 *P. Anderson*, Lineages of the Absolutist State, S. 162.

unie à la ruse, ils doivent recourir constamment à la ruse et à la force pour se maintenir contre les tentatives d'un rival, contre un parti de mécontents. L'État qu'ils gouvernent vaut ce que vaut leur personne"[42].

Wenn man die Geschichte nach der Herrschaft der Medici betrachtet, so scheint der letzte Satz Hausers natürlich überzeugend: „L'État qu'ils gouvernent vaut ce que vaut leur personne". Wenn es nun wahr ist, daß eine ähnliche Behauptung genauso auf einen absoluten Staat zutreffen kann und daß folglich der Staat Ludwigs XIV. keineswegs der Ludwigs XIII. ist, so muß man bedenken, daß dies im Rahmen des Entwicklungsprozesses des modernen Staates zutrifft, wo das Konzept des Staates sich immer mehr behauptet, während die Figur des Souveräns immer weniger „unabkömmlich" wird: dort also, wo im Fürstentum die Unterscheidung zwischen der persönlichen Souveränität, die von einer Laune des Zufalls herstammen kann (Reich, Spanien, Heiliger Stuhl) und der unpersönlichen Struktur einer territorial gebundenen politischen Ordnung immer wenig eindeutig ist. So war selbst Machiavelli geneigt, seinen eigenen Begriff vom Staat auf den passiven Besitz des einzelnen Fürsten zu reduzieren. Welches kann also die Staatsräson in der Toskana der Medici sein? Jene Cosimos I.? Jene der Republik Florenz? Oder aber jene des neuen Regionalstaates? Oder eine Synthese zwischen den verschiedenen politischen Realitäten des Fürstentums?

Hier ein – meiner Meinung nach – relativ vielsagendes Beispiel. 1513, nach der Rückkehr der Medici nach Florenz, macht Vettori einige Vorschläge. Die Medici sollten sich auf ihre eigenen bewaffneten Kräfte stützen. „Man sollte den ‚contado' bewaffnen, der so, im Unterschied zur Stadt, befriedigt werden und eine feste Stütze gegenüber den unruhigen Elementen der Stadt abgeben könnte ... Vettori nimmt hier ein wichtiges Element des Medici-Staates und vor allem des Prinzipats Cosimo I. voraus"[43]. Und in einem schönen Bericht des Engländers Robert Dallington über den Staat der Medici aus dem Jahr 1596 wurde die Zusammensetzung des großherzoglichen Heeres, das nach Korps unterteilt war, einem für jede Stadt des Staates, unter bewußter Auslassung von Florenz, wie folgt kommentiert:

> „Man wird fragen können, wieso es in Florenz keine ausgebildeten Soldaten gibt außer den anderen; der Grund ist, daß *manet altamente reposta tyrannis Papae et consensus Imperatoris.* Die Usurpation durch Papst Klemens und die Zustimmung Karls V. liegen ihnen noch schwer im Magen. Denn sie haben noch nicht vergessen, daß ihre Väter frei waren und über andere befahlen; und daher werden sie nicht nur der Mittel beraubt, die sie vielleicht das eine oder andere Mal wieder zur Hand nehmen könnten, sondern es ist ihnen sogar verboten, Waffen im Haus zu haben ..."[44].

---

42 *H. Hauser / A. Renaudet*, Les débuts de l'âge moderne, 3. Aufl., Paris 1946, S. 39.

43 *R. von Albertini*, Das florentinische Staatsbewußtsein, S. 33.

44 *R. Dallington*, Relatione del Granducato di Toscana, mss, in: Archivio di Stato di Firenze, Miscellanea Medicea, f. 280, n. 7. Es handelt sich um die italienische Fassung des Werkes von Dallington: A Survey of the Great Dukes State of Tuscany. In the Year of Our Lord 1596, London, E. Blount 1605. Das englische Original wird derzeit in Florenz veröffentlicht von L. Rombai und N. Francovich Onesti, deren italienische Fassung hier verwendet wurde.

Kurz gesagt, noch am Ende des 16. Jahrhunderts flößt die Stadt Florenz den Medici kein besonders großes Vertrauen ein, und sie ziehen es vor, kein Risiko einzugehen. Die Rekrutierungsbasis der Milizen bleiben das Gebiet (*contado*) und die kleineren Städte. Einer der vielen Aspekte des politischen Knotens, den nicht einmal die mediceische Herrschaft lösen wird, ist die Gegnerschaft von Stadt und Gebiet. Diese sollte genauso lebendig bleiben wie die Trennungen und Differenzierungen zwischen den einzelnen Städten des mediceischen Staates. An erster Stelle ist hier an Florenz und Siena zu denken, den Widerspruch zwischen dem alten Staat und dem neuen Staat, zwischen Florenz und Pisa, oder zwischen Pisa und Livorno oder Pistoia und Prato. Der neue Staat Siena wird andererseits weiterhin – gemäß der Reform von 1561 – getrennt regiert. 1560 werden die „Nove Conservatori del Dominio e della Giurisdizione fiorentina" wiederernannt, die für die Kontrolle der Gemeinden des Gebiets und des Bezirks zuständig sind. Aber man wird nie eine gemeinsame und gleiche Verwaltung des gesamten mediceischen Territoriums erreichen, und es werden weiterhin grundlegende Unterschiede innerhalb ein und desselben Staates bestehen.

So ist der Fürst gezwungen, eine langwierige und langsame Umgestaltung des Dominiums anzugehen, die aber dennoch die fragilen Gleichgewichte berücksichtigt, die die neue Signoria überhaupt erst zustande kommen ließen. Und dies natürlich auch gegenüber den verschiedenen sozialen Kräften, die den Fürsten unterstützt oder gehindert haben. Zweifelsohne geben sich Gestalten wie Cosimo I. und Emanuele Filiberto für verschiedene Vergleiche her. Beide widmeten sie ihr Leben der Rückeroberung und dem Wiederaufbau eines Staates. In einem gewissen Sinn scheint das politische Werk des Herzogs von Savoyen nach der Rückkehr in seine Staaten leichter zu sein, als das Cosimos. Cosimo hat so auf verschiedenen Ebenen zu kämpfen, ohne – besonders anfänglich – etwa mit der Hilfe der kaiserlichen Kräfte rechnen zu können. Der lange und unerbittliche Kampf Cosimos gegen die Florentiner Landesverwiesenen und die Emigranten bezeugt dies. Außerdem muß er sich eine soziale Unterstützungsbasis schaffen, die die Grenzen und Widerspüchlichkeiten der üblichen mediceischen Faktion überwindet. Er muß also der alten Florentiner Aristokratie eine Reihe von Vorrechten und Privilegien zugestehen, ohne ihr aber auch nur ein einziges politisch wichtiges Amt zu geben. Von hier rührt die Trennung der Bürokratie im mediceischen Staate her. Einerseits umgibt sich der Herzog mit seinen Vertrauensleuten, den Sekretären der verschiedenen Staatsämter; andererseits erlaubt er es der Florentiner Aristokratie weiterhin, eine ganze Reihe von politischen, juristischen und finanziellen Ämtern zu bekleiden, indem er auf das längst überholte System der *tratta* zurückgreift, also auf die namentliche Auslosung der Florentiner Bürger, die dazu ausersehen sind, für sechs Monate oder ein Jahr die verschiedenen Ämter zu bekleiden[45].

---

[45] Die neusten Arbeiten über den Übergang vom republikanischen Staat zum mediceischen Staat sind von *A. D'Addario*, Burocrazia, economia e finanza dello Stato

Trotzdem gelingt es den Sekretären aus genau diesem Grund nicht, sich aus ihrer absoluten Abhängigkeit vom Fürsten zu befreien. Ihr Amt ist, mit einem Wort, streng persönlich. Die verschiedenen Aufgabenbereiche und Kompetenzen werden nicht für Ämter, sondern für Personen festgesetzt. Sie werden nicht Staatskanzleien mit präzisen Funktionen und Aufgaben.

„... in dieser persönlichen Regierung hatten die Sekretäre die Rolle von Beratern und besonders von Vollstreckern des fürstlichen Willens und wurden als seiner Person zugeteilt erachtet. Ihre Ernennung wurde als interne Angelegenheit betrachtet und besaß nicht den formellen Charakter der Nominierung eines ersten Auditors oder anderer Magistrate. Die Macht und die Einflußsphäre eines jeden einzelnen waren dem Ermessen des Fürsten unterstellt; ein Ermessen, das die Ursache für die Wechselfolge von Sekretären und ersten Sekretären in seiner Achtung und Gunst ist“[46].

Die eindeutige Konsequenz war, daß „der kontinuierliche Wechsel von Zuständigkeiten je nach Person die Formierung einer stabilen Kanzleistruktur verhinderte und sowohl ein koordiniertes Regierungshandeln als auch eine kohärente Verwaltungspolitik unmöglich machte“[47].

Das Überleben der alten republikanischen Ämter hatte auch auf sozialem Niveau relativ schwerwiegende Folgen. Wenn es Cosimo anfänglich vorzog, sich mit Personen aus den gebildeten Schichten, Beamtenkreisen oder Familien, die das Florentiner Ambiente nicht kannten, zu umgeben, so kam es mit der Zeit in der Toskana doch zu einer Aristokratisierung des bürokratischen Apparates. Genau das Gegenteil geschah zur selben Zeit in den absolutistischen Staaten. So erreichte der Adel, der 1604 ein Fünftel der Stellen in den zentralen Staatsämtern innehatte, 1695 ein Viertel der Stellen und 1736 ein Drittel[48]. Hinzu kommt, daß das Fehlen von Einrichtungen wie Rechnungshof oder Senat die Herausbildung eines Bürgertums, das professionell im Staatsdienst arbeitete, nicht gerade förderte. Und dies gilt auch für die richterlichen Ämter. Organe wie die „Ruota fiorentina“ zogen es meist vor, ihre eigenen Mitglieder, gemäß des inzwischen veralteten städtischen Modells, außerhalb des Staates anzuwerben. In den anderen Magistraturen verhinderte der Rückgriff auf die *tratta* zur Ernennung von Personen – immer aus dem Kreise der Einwohner von Florenz und ohne Anforderungen berufsmäßigen Charakters – den Aufstieg der gebildeten bürgerlichen Schicht, der so typisch für die modernen absoluten Staaten war.

---

fiorentino alla metà del Cinquecento, in: Archivio storico italiano, CXXI (1963); *D. Marrara*, Studi giuridici sulla Toscana medicea, Milano 1965; *E. Fasano Guarini*, Lo stato mediceo di Cosimo I, Firenze 1973.

[46] *G. Pansini*, Le segreterie nel Principato Mediceo, in: Cartaggio universale di Cosimo I de Medici. Inventario, I: 1536-1541, hrsg. von A. Bellinazzi / C. Lamioni, Firenze 1982, S. IX-L, S. XXVII.

[47] Ebd., S. XXXVIII.

[48] *R.B. Litchfield*, Office-holding in Florence after the Republic, in: Renaissance Studies in Honour of Hans Baron, Firenze 1971, S. 546-551.

Staat und Finanzen

Ein ausschlaggebendes Element zur Bewertung der Struktur, der Aufgaben und der Funktionen des neuen mediceischen Staates bleibt auf jeden Fall der immer gegenwärtige Bezug auf die Republik Florenz. Während in Piemont die von Emanuele Filiberto gewollte und von seinen Nachfolgern fortgesetzte Neuorganisation des Staates langsam, aber sicher Form annimmt, keine Beschränkungen kennt und sich freier behaupten kann, trifft für die Toskana das Gegenteil zu. Die Möglichkeiten, vor denen Cosimo steht, sind klar und deutlich: entweder einen ganz neuen Staat schaffen, oder sich auf die Strukturen des vorhergehenden stützen, die Wahl dazwischen ist vielleicht obligatorisch. Dennoch wird von ihr die folgende Entwicklung des Staates abhängen. In einem gewissen Sinn bleibt Hausers Behauptung gültig: der Staat, den die italienischen Herren regieren, ist so viel wert wie ihre Person. Wenn man z.B. die Außenpolitik Cosimos mit derjenigen seiner Nachfolger vergleicht, macht sich ein eindeutiger, recht vielsagender Tendenzumschwung bemerkbar. Gerade weil er klar macht, daß sich Ziel und Zweck der mediceischen Signoria – und konsequenterweise auch des Staates – im Verlauf der Zeit verändern. Cosimo scheint nicht nur darum bemüht gewesen zu sein, das Dominium in seinen Händen und jenen seiner Familie zu erhalten. Er verfolgt auch eine expansionistische Außenpolitik, deren Höhepunkt die Eroberung Sienas sein wird. Er begreift, daß „die Annexion anderer toskanischer Territorien, die ihm wirtschaftliche und militärische Vorteile, Prestige und Autorität in Italien und in Europa eingebracht hätte“[49], seinem Prestige und dem Prestige des neuen Staates förderlich ist. So lassen sich seine Ambitionen auf Piombino und Lucca und am Ende auf Siena erklären. Aber wie anders wird die Politik seiner Nachfolger im nächsten Jahrhundert sein! Das einzige Ziel der Großherzöge wird die Bewahrung des Staates sein, aber dennoch ohne Grandezza der Mittel und nur auf die Erhaltung des schon Bestehenden abzielend. Die internationalen Angelegenheiten werden nicht als Möglichkeit zur Größe gesehen, sondern als eine möglicherweise destabilisierende Gefahr für die Signoria und das Dominium. Genauso wie man im Verhalten der verschiedenen Herzöge von Savoyen – auch im Falle der schwächeren Souveräne wie Carlo Emanuele II. – immer dasselbe Ziel und dieselbe Verhaltensweise erkennen kann, da ihnen allen an einer Politik der Expansion und der Vergrößerung des Staates gelegen war, so wird andererseits die von den Medici verfolgte Politik jede Richtung vermeiden, die dem mediceischen Staat schaden könnte. Es war also eine Politik der Neutralität, die stur das gesamte 17. Jahrhundert hindurch, mit Ausnahme des Krieges von Castrum, verfolgt wurde; Neutralität gegenüber Spanien, Frankreich oder dem Reich, auch um den Preis gewaltiger militärischer Subsidien, die auf den Finanzen des Landes lasten werden – das genaue Gegenteil der savoyischen Politik. Man nimmt also keine finanzielle Hilfe der alliierten Mächte, sondern bezahlt den Preis der Neutralität. Auch dies ist ein

[49] *F. Diaz*, Il Granducato di Toscana, S. 111.

Indiz für eine ungenau definierte quasi-Unabhängigkeit des Großherzogtums. Es bleibt die Tatsache bestehen, daß die Großherzöge verschiedentlich dazu herangezogen werden, zu den Ausgaben, zuerst Spaniens und dann des Reiches beizutragen. Es wird angenommen, daß das Reich die ersten Militärzuschüsse von der Toskana um die Mitte des 17. Jahrhunderts einforderte, und sie erreichen in den Kriegsjahren 1690-1696 und 1700-1714 ihren Höhepunkt. In Wirklichkeit gibt es auch schon vorher sehr eindeutige Präzedenzfälle. In den Florentiner Archiven wird eine Vielzahl von Unterlagen über „die in Folge der Investitur Sienas an Mailand geleistete Hilfe" aufbewahrt. So wird 1615 eine „Expedition von Kriegsvolk" zugunsten des Königs von Spanien zur Verteidigung Mailands unternommen. 1625 heuert der Großherzog 4000 schweizerische Fußsoldaten und 400 Pferde an, nach wie vor „im Dienst des Königs von Spanien". Weitere Hilfen werden in den Jahren 1630-1634 gegeben. Während der Großherzog schon 1594-1596 Wien „für den Krieg mit Ungarn" Hilfsmittel zukommen ließ[50]. An dieser Stelle ist es unwichtig feststellen zu wollen, aus welchem Grund die Medici sich zu solchen Hilfeleistungen entschlossen, ob es sich um spontane oder erzwungene Entschlüsse handelte. Wahrscheinlich war es eine Form der Belohnung für die Investitur Sienas im Falle Spaniens und eine Form der Anerkennung der Oberhoheit des Reiches, die sich für die Medici ziemte, da sie ja im Grunde genommen ihren Staat dem kaiserlichen Willen zu verdanken hatten.

Daraus ergibt sich eine relativ konfuse Finanzpolitik. Es ist bekannt, daß es gerade auf diesem Sektor sehr schwierig ist, die Verwaltung der öffentlichen Finanzen des Großherzogtums von der privaten der Medici zu trennen. Diesbezüglich ist die Forschungslage, besonders was das 16. und 17. Jahrhundert betrifft, gänzlich unbefriedigend. Auch mangelt es an einschlägigen Quellen. Die Finanzpolitik des Staates hätte sich auf die „Depositeria Generale" stützen sollen. Dennoch wurde diese nie zu einer Zentralkasse für die Staatseinnahmen. Es existierte auch eine Militärbank, die jedoch keine eigenen Einnahmen zu verbuchen hatte, sondern Zuweisungen aus anderen Kassen erhielt. Man steht also vor mehreren Kassen, die an die verschiedenen Dienststellen gebunden waren, welche die Einkünfte verwalteten; so die Zollbehörden von Florenz und Livorno, die „Nove" und andere mehr. Erst nach Zahlung der eigenen Ausgaben und der Zuweisungen gaben diese Kassen die Restbeträge an die „Depositeria Generale" weiter. Das Fehlen eines „Ufficio Generale delle Finanze" bedingte zudem das Fehlen einer allgemeinen Staatsbilanz. Selbst die Kontrolle des öffentlichen Rechnungswesens war von Zufallsfaktoren bestimmt. Da kein Rechnungshof existierte, wo die Beamten am Ende ihres Mandats alle buchhalterischen Schriften hinterlegen konnten, wurde die Kontrolle vom „Ufficio dei Soprassindaci" ausgeführt, indem jedes Jahr einige Behörden ausgewählt wurden oder nach Maßgabe des Großherzogs. In diesem Archiv liegen viele Bilanzen und Abrechnungen von verschiedenen Behörden vor, von denen

50 Archivio di Stato (AS) di Firenze, Mediceo del Principato, Fol. 3145-3146, 3147, 3155, 3167, 3248-3249, 3258, 4470.

man möglicherweise ein genaues Bild der ordentlichen Einnahmen erhalten könnte, wenigstens, was gewisse Zeiträume oder Jahre betrifft. Für unsere Zwecke wird es aber genügen, eine einzige Serie von erhaltenen Bilanzen der Jahre 1625-1650[51] näher zu betrachten.

Zu den Finanzen des mediceischen Staates in der frühen Neuzeit eine notwendige Bemerkung zur außerordentlichen Stabilität der Einnahmen vorab. Die ordentlichen Einnahmen belaufen sich für mehr als ein Jahrhundert, zwischen 1590 und 1720, praktisch auf etwas mehr als eine Million Silberscudi zu sieben Lire. Es handelt sich um einen einzigartigen Fall, wenigstens im Vergleich zu den anderen italienischen und europäischen Staaten. Wegen der Geldentwertung, wegen der wachsenden Militärausgaben und letztendlich auch wegen der wachsenden Kosten des Staatsapparates, der sich mit der Zeit entwickelt, erleben Venedig, Rom, Neapel, Mailand oder Turin, wie sich ihre Ausgaben verdoppeln oder verdreifachen und konsequenterweise also auch die Einnahmen, um den Bedarf zu decken. In der Toskana nichts von alledem. An erster Stelle, weil sie keine großen Militärausgaben hat, die für die anderen Staaten die gewichtigste Ausgabenquelle darstellen. Die Abgaben, die der Toskana auferlegt werden, werden entweder durch eine außerordentliche Kontribution, an der sich auch der Klerus beteiligt, oder durch neue Subskriptionen auf „luoghi di Monte" gedeckt[52].

Außerdem bleibt der Staatsapparat stabil und seine Kosten relativ eingeschränkt. Mehr als andernorts entfallen in der Toskana Ausgaben öffentlicher Natur auf die Gemeinden und deren Einrichtungen, auf milde Stiftungen, „Ceppi" und Krankenhäuser. Oft verordnet der Großherzog sogar die Überweisung der Aktiva solcher Einrichtungen auf den „Monte Pio di Firenze", wo diese Aktiva dann für die Staatsausgaben in Anspruch genommen werden[53]. Das Durcheinander zwischen den fürstlichen Vermögensgütern und den Staatseinnahmen wird dazu führen, daß in der Toskana der Hof in der Bilanz einen der Hauptausgabenposten einnehmen wird. Schon in einer unveröffentlichten Bilanz aus dem Jahr 1567 tritt dieses Verhältnis klar ans Licht. In diesem Jahr belaufen sich die ordentlichen Einnahmen auf 349.000 Scudi. Die Militärausgaben erreichen 139.300 Scudi (39,8%), jene für den Hof 103.400 Scudi (29,5%)[54].

---

[51] AS Firenze, Archivio dei Sindaci (Atti degli ufficiali del Monte e Soprassindaci di S.A.), 5. Teil, Fol. 369-758, Bilanci delle entrate del Granducato, 1555-1834; Miscellanea Medicea, Fol. 264, Fol. 29, Ristretto delle entrate e delle uscite, 1625-1650.

[52] Vgl. *E. Robiony*, Gli ultimi Medici, S. 36 ff.; *E. Stumpo*, Credito privato e credito pubblico: due esempi diversi di diffusione (Toscana e Piemonte fra '500 e '600), in: L'attività di prestito in Terraferma veneta e negli antichi Stati italiani, hrsg. von G. Borelli / P. Lanaro / F. Vecchiato, Verona 1983, S. 61-85.

[53] *R. Dallington*, A survey; *G. Giani*, Saggio di una storia del Monte Pio del comune di Prato, in: Archivio storico pratese, VII (1924), S. 97-148; AS Firenze, Segreteria di Gabinetto Finanze, Fol. 848, 852.

[54] AS Firenze, Carte Strozziane, 1. Folge, Fol. 22, Entrate che al netto si spera saranno ...

In den fünf Jahren von 1626 bis 1630 ist das Verhältnis hingegen folgendermaßen: die durchschnittlichen jährlichen Einnahmen – ordentliche sowie außerordentliche – belaufen sich auf 1.129.000 Scudi, die Militärausgaben im jährlichen Durchschnitt auf 445.408 Scudi (39,4%) und jene für den Hof auf 347.360 Scudi (30,7%). In den fünf Jahren von 1637 bis 1641 verändern sich die jährlichen Einnahmen praktisch nicht: sie liegen bei 1.108.000 Scudi. Die Militärausgaben – immer im jährlichen Durchschnitt – liegen bei 473.000 Scudi (42,6%), jene für den Hof bei 386.291 Scudi (34,8%). Die Ausgaben für den Hof sind natürlich veränderlich, und zwar je nach Anzahl der großherzoglichen Familienmitglieder. Und in diesen Jahren ist die Anzahl beträchtlich. Dennoch ist das Verhältnis von Ausgaben für den Hof und Einnahmen ein konsolidiertes, nicht weit entfernt von jenem für die Militärausgaben. Diese scheinen auch gewichtiger, weil die Aufwendungen für die Galeeren des Ordens von S. Stefano miteinbezogen wurden, der trotz seines eindeutig militärischen Charakters eine andere ganz Rolle als ein normales Heer spielte. Sieht man von diesen Aufwendungen ab, sinken die Kosten für den Militärapparat auf weniger als 30% und wären somit geringer als die Kosten des Hofstaates[55].

Wenn es wahr ist, daß ein Großteil der Staatsausgaben dem großartigen Mäzenatentum der Medici zukam, welches es mit dem päpstlichen aufnehmen konnte, mit den verschiedenen Zuteilungen an die Garderobe, die Tapetenwirkerei, die Galerien oder an den Palazzo Pitti, so ist dennoch – was demgegenüber die Einnahmen betrifft – das Durcheinander von mediceischem Privatvermögen und Staatseinnahmen sehr viel weniger groß. Zweifellos treibt besonders zur Zeit Ferdinandos I. der Fürst Handel mit Getreide und das anscheinend als Privatmann. „Nicht einmal in den schwierigsten Momenten scheint der toskanische Fürst auf den Export von Getreide, das im Inneren des Landes produziert wurde oder aus Livorno kam, verzichtet haben zu müssen, was den Privatleuten strengstens verboten war“[56].

Was aber noch paradoxer erscheint, ist die Tatsache, daß der Fürst alle Produzenten verpflichtet, das Getreide im Inneren des Landes zu festgesetzten Preisen zu verkaufen, um es dann seinerseits zu entschieden höheren Preisen sowohl im Aus- als auch im Inland abzusetzen[57]. Eine schöne Art, aus den Gütern und Produkten der Untertanen Gewinn zu schlagen! Es verwundert nicht, daß sich selbst Diaz angesichts einer solchen Politik perplex zeigt. „Und so erscheint die sicherlich intensive und energische Lebensmittelpolitik Ferdinandos I. im Grunde genommen als eine seltsame Mischung aus Sorgen um das Allgemeinwohl und privaten Interessen des Fürsten selbst“[58].

---

55 AS Firenze, Miscellanea Medicea, Fol. 264, n. 29.

56 *F. Diaz*, Il Granducato di Toscana, S. 331.

57 AS Firenze, Magistrato dell'abbondanza, Statuti, 1560-1641.

58 *F. Diaz*, Il Granduacto di Toscana, S. 337.

Wo ist hier die Staatsräson zu suchen? Zeigt sich hier nicht allzu deutlich die Grenzlinie zwischen den Interessen des Fürsten, des Herren und jenen des Staates? Sicherlich würde die protektionistische Politik Vittorio Amedeos II., die darauf zielte, die Ausfuhr der ungesponnenen Rohseide zu verhindern, um die noch junge einheimische Herstellung zu fördern, genauso suspekt erscheinen, sollte man feststellen, daß der Souverän selbst höchstpersönlich in der Seidenherstellung und im Seidenhandel tätig war. Abgesehen von der Sache mit dem Getreide – auch wenn sie an sich eine andere Art von Mentalität erhellt – spiegeln die Finanzen im großen und ganzen die Wirtschaft des Großherzogtums wieder, auch in ihrer Starrheit und in ihrem Mangel an Innovationsfreude. Der Grund ist eindeutig. Sicherlich verändert sich im Laufe von anderthalb Jahrhunderten, oder besser von 1550 bis 1700, die Wirtschaft des Landes. Anders als für die piemontesische Wirtschaft beginnt für die toskanische eine Stagnationsphase oder gar Krise, an deren Ende sich – man sage was man möchte – die Vorherrschaft der Landwirtschaft deutlich von neuem bestätigen wird[59]. Wenn man in Florenz tatsächlich um die Mitte des 17. Jahrhunderts noch auf die Industrie setzte, um die wirtschaftlichen Probleme des Großherzogtums zu lösen, so erkennt man um die Mitte des 18. Jahrhunderts langsam „das Schicksal der Toskana in der Landwirtschaft“[60]. Spuren dieser Veränderung wird man erfolglos in der steuerlichen Belastung suchen, die eigentlich ein sehr genauer Indikator zu sein hätte. Ihr wurde zwar oft der Schwarze Peter für die Krise des 17. Jahrhunderts in den verschiedenen italienischen Staaten zugeschoben, aber in der Toskana sollte sich das Steuersystem als unzureichendes Meßinstrument der wirtschaftlichen Lage des Landes erweisen, gerade wegen seiner fehlenden Übereinstimmung mit den wirtschaftlichen Angelegenheiten des Landes – ob nun in konjunktureller oder struktureller Hinsicht. Wir sind auch weit entfernt von dem guten Willen, den der spanische Fiskus in der Lombardei gezeigt hat. Wie Vigo und Sella in ihren Arbeiten eindeutig bewiesen haben, kann man dort wenigstens den Versuch verfolgen, die Steuerlast zwischen Stadt und *contado*, zwischen Landwirtschaft, Industrie und Handel zu nivellieren. Aber die ausgedehnte Debatte über den Steuerausgleich findet in der Toskana nicht den geringsten Anklang[61]. Basis der gewöhnlichen Einnahmen bleiben die indirekten Steuern: die Torsteuer (*porte* und *dogane*), aber hauptsächlich die Salz- und Mehlsteuer, die Schlacht- und Weinsteuer. Das Verhältnis zwischen Gefällen und Handelssteuern und den Verbrauchssteuern liegt zu Beginn des 17. Jahrhunderts leicht zugunsten der Ersteren, aber im Lauf der Jahre tritt ein Umkehrprozeß ein. Kaum ins Gewicht fällt die direkte Steuer. Hier werden die Unzulänglichkeiten

---

[59] Ebd., S. 327 ff.; *P. Malanima*, Firenze tra '500 e '700: l'andamento dell'industria cittadina nel lungo periodo, in: Società e storia, I (1978), S. 231-256.

[60] *P. Malanima*, Firenze tra '500 e '700, S. 255-256.

[61] *G. Vigo*, Fisco e società nella Lombardia del Cinquecento, Bologna 1979; *D. Sella*, Crisis and Continuity; für die Toskana wird man noch auf die Ankunft der Herzöge von Lothringen warten müssen, um eine allgemeine Debatte zum Problem der Steuerbelastung oder eines allgemeinen Ausgleichs zu haben.

der großherzoglichen Finanz deutlich. Die direkte Grundsteuer ist der noch von der Republik übernommene Zehnt, der den Besitz des Gebiets und des Bezirks trifft. Aber für mehr als ein Jahrhundert werden die Quoten auf der Basis der Berechung mutmaßlicher Erträge nicht mehr verändert. Für mehr als ein Jahrhundert liegen die Einnahmen durch den großherzoglichen Zehnt praktisch bei 60.000 Scudi im Jahr. Die Gemeinden zahlen zwar seit dem Krieg um Siena auch eine andere direkte Abgabe, die von den „Nove“ erhoben wird. Aber auch diese Einnahme verändert sich praktisch nicht, und im Ganzen gesehen überschreitet die direkte Steuer – auch wenn man die geleistete Quote des Kirchenbesitzes miteinbezieht – nie die Summe von 100.000 Scudi im Jahr, ca. 10% der Staatseinnahmen[62]. Wenn es nun wahr ist, daß die Wirtschaft des Landes sich kontinuierlich veränderte, daß ein Großteil des Kapitals, das einst in den Handel, die Manufakturen oder die Banken gesteckt wurde, nun in die Landwirtschaft floß, so spürten die Finanzen des Großherzogtums hiervon nichts. Man hatte ja auch vor dem Eintreten dieses Prozesses nicht daran gedacht, bewegliche Vermögenswerte zu besteuern. So waren also die Gelder, die in der Bank, in den Monti, im Wechsel investiert waren, keiner Form der Besteuerung unterworfen, während diejenigen Gelder, die im Handel investiert waren, von den Grenzzöllen und Gefällen der Tore und des Zolls betroffen wurden. Die einzige Ausnahme war die „gabella dei Contratti“, die verschiedene notarielle Vertragsformen, inklusive Aussteuern, traf. Es ist also wenig verwunderlich, daß sich das großherzogliche Steuersystem als so steif und oft so ohnmächtig erwies. Auch auf dem Gebiet der außerordentlichen Steuern scheint den emsigen toskanischen Beamten die Phantasie auszugehen. In diesen Fällen greift man auf zwei Möglichkeiten zurück: die öffentliche Verschuldung oder die Auferlegung direkter Abgaben, die meistens auf der Basis des Zehnts berechnet werden. Man kann sich also leicht vorstellen, auf welchen Kriterien der Abgabenverteilung die Zahlungen an Wien gründeten, die Ende des 17. und Anfang des 18. Jahrhunderts auferlegt worden waren. Einige wurden auf der Basis der Quoten des Zehnts berechnet, die mehr als ein Jahrhundert zuvor festgesetzt worden waren, und andere wurden schließlich gemäß einer neuen Zusatzsteuer auf das Einkommen berechnet.

Die große Neuerung bestand darin, daß bei diesem Anlaß auch der Kirchenbesitz zur Zahlung dieser Abgaben herangezogen wurde. Und hier kann man wiederum einige Beobachtungen über die Geistesgegenwart der Beamten des mediceischen Staates machen. Wie die anderen italienischen Staaten hatte auch die Republik Florenz 1516 von Papst Leo X. die Ermächtigung erhalten, sowohl Güter, die schon vor diesem Jahr zum Kirchenbesitz gehört hatten, als auch die Erwerbungen jüngeren Datums zu besteuern. Diese neuen Steuern bekamen den Namen „decime per lo Studio“, da die Einnahmen zum Unterhalt des „Studio di Pisa“ bestimmt waren. Nach mehreren Jahren erregter Diskussionen erlangte auch Cosimo I. dieses Privileg, aber der großherzogliche Fiskus setzt die

[62] AS Firenze, Miscellanea Medicea, Archivio dei Sindaci, Bilanci, 1590-1690, Decima, Decima dello studio, Nove Conservatori.

einzutreibende Summe für neuerworbene Güter ein für alle Mal fest, auf 14.000 Silberscudi zu sieben Lire. Und so werden zwei schwerwiegende Fehler begangen. Über fast zweihundert Jahre hinweg kassiert der Fiskus nämlich die gleiche Summe, da man weder die Auswirkungen der Geldentwertung – besonders des Silberscudo gegenüber des Goldscudo – noch die progressive und kontinuierliche Ausdehnung des Kirchenbesitzes in Betracht gezogen hatte, der ausschließlich auf Neukäufe zurückzuführen war[63].

Die Beliebtheit der außerordentlichen direkten Steuern resultierte aber dennoch nicht sosehr aus dem Wunsch, den beweglichen Reichtum auf gerechtere Weise zu belangen, als vielmehr aus der leichteren und schnelleren Möglichkeit der Eintreibung. Bis zu einem gewissen Grad ist ihre sparsame Anwendung (besonders in den zwanzig Jahren von 1690-1710) der Hauptgrund für die beträchtliche öffentliche Schuldenlast, die die großherzoglichen Finanzen im Laufe des 17. Jahrhunderts ansammlten. So läßt sich die Stagnation der Eingänge im Laufe des 17. Jahrhunderts nur mit der Beanspruchung der Staatsschuld erklären. Jedesmal wenn man außerordentlichen Bedarf hatte, so wie im Krieg um Castro, zog man neue Subskriptionen auf „luoghi di Monte“, zu relativ hohen jährlichen Zinssätzen – auch 8 oder 9% –, direkten oder indirekten außerordentlichen Steuern vor. Dies ist eine typische Praxis der Florentiner Tradition: es handelt sich sicherlich nicht mehr um Zwangsabgaben oder -almosen, aber es handelt sich immer noch um die klassische Art, sich an die Besitzer beweglicher Reichtümer zu wenden. Wenn man so will, war das eine recht verhüllte Art der Besteuerung. Weniger verhüllt war sie im Fall der „Monti di Pietà di Firenze“, wohin die lokalen milden Stiftungen oder die „Ceppi“ ihren Überschuß einzahlen mußten, natürlich ohne je etwas davon wiederzusehen. Es bleibt die Tatsache bestehen, daß man das Kapital der Staatsschuld erhöhte, um eine Steuererhöhung zu verhindern. Um 1730 berechnet Robiony die öffentliche Verschuldung auf ca. 20.000.000 Scudi, während Zobi sie auf 14.250.000 ansetzt[64], während sich die jährlichen Staatseinnahmen immer auf wenig mehr als 1.000.000 Scudi beliefen. Das Kapital wurde also auf das 14- bis 20-fache der jährlichen Staatseinnahmen geschätzt, mit immer noch relativ hohen Zinssätzen, deren Herabsetzung man in diesen Jahren mehrmals in Angriff nahm.

Leider existieren keine neueren Untersuchungen zum Problem der öffentlichen Verschuldung in der Toskana unter den Medici. Dennoch wird ein Blick auf die verschiedenen Bekanntmachungen zu Einrichtung oder Suspendierung der verschiedenen im Laufe des 17. Jahrhunderts eingeführten „monti vacabili“ [Leibrenten] und „monti non vacabili“ ausreichen, um eine Vorstellung vom öffentlichen Kreditsystem und seiner Verwendung zu haben.

---

[63] So wurde das bedeutende Anwachsen des Kirchenbesitzes auf keine Weise behindert, nicht einmal durch eine Besteuerung. Im Gegenteil, die um die Mitte des 16. Jahrhunderts festgesetzte Summe verlor im Lauf der Jahre immer mehr an Gewicht und Bedeutung.

[64] *E. Robiony*, Gli ultimi Medici, S. 35 ff.; *A. Zobi*, Manuale storico, S. 80 und S. 92.

1625 wird z.B. der „monte vacabile del sale" suspendiert, der 1591 mit einem Kapital von nur 100.000 Scudi, aber mit einem relativ hohen Steuersatz eingerichtet worden war. „Fu pensato dal Governo d'estinguersi con restituire ai creditori i loro capitali, forse per liberare lo Stato dal gravoso annuo frutto, che pagava ai medesimi nella somma di scudi otto e mezzo per Cento ..."[65] [Die Regierung beschloß die Suspendierung sowie die Rückerstattung des Kapitals an die Gläubiger, vielleicht um den Staat von der belastenden jährlichen Verzinsung zu befreien, die denselben die Summe von 8,5% in Goldscudi einbrachte ...].

Es ist unzweifelhaft, daß die Regierung bei der Einrichtung neuer „luoghi di Monte" in der Lage sein muß, einen relativ hohen Zinssatz zu garantieren. Angesichts der auch noch in diesen Jahren bestehenden Unmöglichkeit, eine Alternative zu den typisch hohen Zinssätzen des Florentiner Kapitals oder besser der Kommanditen, des Devisenhandels, der Bank oder des Handels zu bieten, muß sie dennoch – neben der Sicherheit der jährlichen Zinszahlungen – einen relativ hohen Zinssatz garantieren – wie es jener von 8,5% war. 1643 wird bei der Einrichtung eines anderen „monte vacabile" ein jährlicher Zinssatz von 9% angeboten werden. Der neue Monte dient zur Deckung der Kosten des Krieges von Ferdinand II. gegen Urban VIII., und die Tatsache, daß ein neuer Monte eingerichtet wird anstatt den Steuerdruck zu erhöhen, ist meiner Meinung nach äußerst vielsagend, was das Denkmuster eines Fürsten betrifft, der seit ungefähr einem Jahrhundert an der Macht ist. Dies bestätigt auch Cantini in dem Kommentar seiner Sammlung von Gesetzen und Bekanntmachungen. „Le grandissime spese ... obbligavano quel Principe a de' provvedimenti che fossero capaci di portargli delle considerabili somme, senza aggravare forzatamente i Sudditi per non cagionare il menomo malcontento che in occasione della guerra è sempre grandemente pericoloso"[66] [Die sehr hohen Ausgaben ... nötigten den Fürsten, Vorkehrungen zu treffen, welche ihm beträchtliche Summen einzubringen vermochten, ohne die Untertanen zu belasten, um nicht die geringste Verstimmung hervorzurufen, welche im Falle eines Krieges immer äußerst gefährlich ist]. Mit anderen Worten nimmt der Fürst davon Abstand, die Steuerlast zu erhöhen, um nicht die geringste Verstimmung hervorzurufen. So auch als „le grandissime spese ... avevano cagionato un vuoto nell'erario dello Stato, per cui venivano alterate le finanze, era necessario porre qualche rimedio ..." [die sehr hohen Ausgaben ... hatten ein großes Loch in den Staatsschatz gerissen, weswegen die Finanzlage sich änderte und es notwendig wurde, Abhilfe zu schaffen ...]. Die Abhilfe bestand in der Ein-

---

65 *L. Cantini*, Legislazione toscana raccolta e illustrata ..., Firenze 1800-1808, XVI, S. 49-52.

66 Ebd., XVI, S. 360-367. Es ist dennoch klar, daß über einen längeren Zeitraum hinweg der Anstieg der passiven Kosten der Staatsschuld zu einer Erhöhung der Verbrauchssteuern sowie zu einem Rückgang der anderen Ausgaben – für das Militär und den Hof – geführt hätte, um die Ausgaben zur Bezahlung der passiven Zinsen aufzuwiegen.

richtung neuer Monti und also im konstanten Anstieg der öffentlichen Verschuldung. 1645 wurde ein neuer „monte del sale" installiert, dann in den zwanzig Jahren von 1690-1710, kam es wieder zu neuen Einrichtungen, diesmal aber begleitet von hohen direkten Abgaben wie der *collette*, da es unmöglich war, das schon gewichtige Kapital der Staatsschuld weiter zu erhöhen.

Ein schneller Blick auf die Bilanzen der Jahre 1625-1650 bestätigt das Obige – mit anderen Worten, die Weigerung des Staates, auch für ein außerordentliches Finanzwesen zu sorgen. Die Bilanz sieht verschiedene Möglichkeiten für außerordentliche Einnahmen vor: verschiedene verkaufte Vermögenswerte; verkaufte Waffensammlungen; Erlöse aus Getreideverkäufen; Rückzahlungen von Darlehen seitens des Königs von Spanien; aber in erster Linie das Einrichten von Monti: „Monte di Pietà", „Monte del Sale", „Monte delle Graticole". Erst in der zweiten Hälfte des 17. Jahrhunderts kommt es zu einer gewissen Tendenzänderung in der mediceischen Finanzpolitik, z.B. mit dem Rückgriff auf ein klassisches Instrument, typisch für souveräne Monarchien: die Schenkung. Normalerweise wurde es anläßlich der Geburt eines Thronfolgers oder dessen Hochzeit verwendet und war auch in Piemont immer schon gang und gäbe. Für Florenz sind drei Register solcher Schenkungen erhalten, für die Jahre 1656, 1661 und 1688. Grundlage der außerordentlichen direkten Besteuerung bleibt der Zehnt, daher trifft sie nur eine gewisse Art von Besitz. Auf jeden Fall liefern die Register eine detaillierte Liste aller florentiner Steuerzahler, in alphabetischer Ordnung. Andere Beispiele für die außerordentliche direkte Besteuerung sind einige eher besondere Steuern, die den Versuch des Fiskus unter Beweis stellen, auf der Suche nach neuen Besteuerungsformen, welche die privilegierteren Kategorien treffen, einen gewissen Grad an Gerechtigkeit herzustellen. So kommt es zu Abgaben auf Kutschen oder Perücken, mit denen man eher versuchte, einen gewissen Luxus der privilegierten Schichten zu treffen, als dem Staatsschatz neue Einnahmen zu verschaffen[67].

Was dem Abgabensystem des mediceischen Staates fehlt, ist eine zentrale Organisation, eine zentrale und einheitliche Struktur der Einnahmenverwaltung. Und diese fehlt, weil es nach dem Übergang von der Republik zum Fürstentum nicht zur Erneuerung des Staates gekommen war. So wie es nicht zur verwaltungstechnischen Vereinheitlichung des Territoriums gekommen war, wird auch das Steuerwesen von den einzelnen getrennten Zuständigkeiten der verschiedenen Territorien innerhalb des Staates blockiert. Es existiert also keine einzige, direkte Steuer, die im gesamten Dominium erhoben wird. So trifft z.B. der Zehnt Siena nicht. Und andere Beispiele gibt es mehr. Auch die Torsteuern sind in Pisa, Livorno, Florenz und Siena unterschiedlich. So werden die Einnahmen in der Phase der Erhebung nicht auf zentrale, sondern auf lokaler Ebene verwaltet. Viele Behörden besitzen buchhalterische Autonomie. Sie verwalten selbst die Einnahmen, bereinigen die Bruttoeinnahmen von den

---

[67] *F. Diaz*, Il Granducato di Toscana, S. 492-493. In den ersten Jahren des 18. Jahrhunderts wurden die *collette* auf die Einkommen angewandt, mit progressiver Besteuerung proportional zum Einkommen.

Unkosten und dann von den Unkosten jeder einzelner Behörde. Und die Nettoeinnahmen werden von Mal zu Mal dazu verwendet, die Ausgaben anderer Behörden zu decken, oder sie kommen in anderen Fällen der „Depositeria Generale" zu. Es bleibt also weiterhin bei dem komplizierten städtischen Autonomiesystem mit den verschiedenen Kassen bei verschiedenen, für die Steuererhebung zuständigen Behörden ... mit leicht auszumalenden Konsequenzen. In der Unmöglichkeit, ein einheitliches und zentralisiertes Steuersystem auf die Beine zu stellen, welches im gesamten Territorium gilt und die archaische Trennung zwischen Stadt und Gebiet überwindet, die inzwischen sogar die spanische Lombardei überwunden hat, zieht man die öffentliche Verschuldung vor – abgesehen von großen Ausnahmen wie den Militärabgaben an das Reich. G. Gullino hat jüngst daran erinnert, daß 1726 in Venedig „nella sola dominante il denaro pubblico era maneggiato da 213 casse che facevano capo a 54 magistrature le quali, a loro volta, si valevano di ben 18 pratiche diverse per registrare la contabilità ..."[68] [allein in der Dominante die öffentlichen Gelder von 213 Kassen verwaltet wurden, die ihrerseits 54 Magistraten unterstanden, die wiederum 18 verschiedene Praktiken zur Rechnungsführung anwendeten ...]. Daraus ergibt sich, wie schon Ventura geschrieben hat, „un autentico labirinto amministrativo in cui ... anche i contemporanei rischiavano ad ogni passo di smarrire il sentiero"[69] [ein richtiggehendes administratives Labyrinth, in dem ... auch die Zeitgenossen stets Gefahr liefen, vom Weg abzukommen].

Mir scheint eine Analogie zwischen der „Serenissima Repubblica di S. Marco" und der Signoria von Florenz zu bestehen. Es genügt, an die Verzweiflung der verschiedenen lothringischen Minister nach dem Übergang des Großherzogtums von den Medici an die Herzöge von Lothringen zu erinnern, als es um die äußerst verwickelte Steuerfrage ging. Dennoch erscheint der mediceische Staat auch gegenüber der Republik von S. Marco als weitaus weniger markant und funktional. Wenn es in Venedig auch nicht gelang, die wichtigste Grundsteuer, die *decima*, wie es die Theorie vorsah, alle zehn Jahre zu modifizieren, so wurde die Steuer immerhin verschiedentlich erneuert: 1537, 1566, 1581, 1661, 1711 und 1740, während in Florenz der Zehnt für die gesamte Dauer des mediceischen Fürstentums unverändert blieb. So blieb also in Florenz, wie unter anderem auch in Venedig, „l'apparato fiscale ... sostanzialmente ancorato alla struttura del vecchio comune ..."[70] [das Steuersystem im Grunde genommen in der Struktur der alten Gemeinde verwurzelt ...]. Zu einer Modernisierung kommt es erst nach der Ankunft der Herzöge von Lothringen[71].

---

[68] *G. Gullino*, Considerazioni sull'evoluzione del sistema fiscale veneto tra il XVI e il XVIII secolo, in: Il sistema fiscale veneto. Problemi e aspetti. XVI-XVIII secolo, hrsg. von G. Borelli / P. Lanaro / F. Vecchiato, Verona 1982, S. 59-92, S. 61.

[69] Bilanci generali della Repubblica di Venezia, 2. Folge, Bd. IV: Bilanci dal 1756 al 1783, hrsg. von A. Venturi, Padova 1972, S. XXI.

[70] *G. Gullino*, Considerazioni, S. 82.

[71] Vgl. *J.C. Waquet*, Les Fermes Générales dans l'Europe des Lumières: le cas toscan, in: Mélange de l'Ecole Française de Rome, M. A., 89 (1977), S. 983-1027; *ders.*,

Schlußwort

Nach dem Westfälischen Frieden kam der neue Kurfürst von Brandenburg, Friedrich Wilhelm I., in den Besitz seiner Staaten, nachdem diese Jahrzehnte feindlich besetzt gewesen waren. Er stand vor denselben Problemen wie Emanuele Filiberto ein Jahrhundert zuvor. Er brauchte eine ständige Armee, um dem schwedischen Expansionismus die Stirn bieten zu können und ein Steuersystem, welches die ständischen Hindernisse überwand. Von hier geht der siegreich geführte Kampf gegen die Stände aus; die Auferlegung von ordentlichen direkten Steuern; die Bestätigung der Immunität sowie der Privilegien des Adels; die Bildung eines „allgemeinen Kriegskommissariats“[72].

Die beiden – wenn auch unterschiedlichen – Prozesse der Herausbildung eines absolutistischen Staates in Piemont und Preußen haben viele andere historische Elemente gemein, so den militärischen Expansionismus. Ausgegangen war man anfänglich von dem Hauptziel der Verteidigung des Staates, aber schon bald wurde der Expansionismus zur einzigen staatlichen Entwicklungsmöglichkeit, wobei der kontinuierliche Wechsel politischer und diplomatischer Allianzen es ermöglichte, mit den geringstmöglichen Anstrengungen die günstigsten Ergebnisse zu erzielen. Folglich stimmt in beiden Fällen die Staatsräson genau mit jener der Dynastie überein. Und dieser Staatsräson wurde bald der gesamte Regierungs- und Verwaltungsapparat angepaßt, besonders die Finanzen – gemäß dem bekannten Spruch Tacitus': „Nec quies gentium sine armis, nec arma sine stipendiis, nec stipendia sine tributis haberi queunt“[73].

Manchmal hat man diesen Entstehungsprozeß des modernen Staates absolutistischer Bauart mit dem Entstehungsprozeß des Territorialstaates absolutistischer Bauart, der sicher nicht modern war, verwechselt. „So liegt denn bereits um das Jahr 1560 der republikanische Stadtstaat Florenz weit zurück. In kurzer Zeit und erstaunlich tiefgehend ist Cosimo die Umformung in den modernen Territorialstaat des werdenden Absolutismus gelungen“[74]. Diese Behauptung Albertinis trifft nur bis einem gewissen Punkt zu. So wie die angebliche Unabhängigkeit des mediceischen Fürstentums, auf welcher Cosimo fest besteht, nur bis zu einem gewissen Punkt der Wahrheit entspricht.

> „...che noi siamo principe, che per necessità o obligo non ricogniosco nissuno, salvo Iddio e, per voluntà, lo imperatore come nostro benefattore, ma non con tributo nè con sorte nisuna di ricognitione, salvo che colla gratitudine nelli bisogni, come a noi pare che meriti li tanti benefitti che da Sua Cesarea Maestà abbiamo

---

La Ferme de Lombart (1741-1749). Pertes et profits d'une compagnie française en Toscan, in: Revue d'histoire moderne et contemporaine, XXV (41978), S. 513-529; *ders.*, La Toscane après la paix de Vienne (1737-1765): préponderance autrichienne ou absolutisme lorrain?, in: Revue d'Histoire diplomatique, 31 (1979).

72 *P. Anderson*, Lineages of the Absolutist State, S. 218-222; *F.L. Carsten*, The Origins of Prussia, Oxford 1968.

73 *Tacitus*, Historiarum, liber IV, LXXIV.

74 *R. von Albertini*, Das Florentinische Staatsbewußtsein, S. 278.

ricevuto, dalla quale, etiam inanzi che ci restituissi li castelli mai sono stato aggravato d'un solo scudo, e non sono vassallo, come il duca di Ferrara che paga l'omaggio al Papa"[75].

[... wir sind der Fürst und erkennen weder aus Notwendigkeit noch aus Verpflichtung irgendwen an außer Gott und aus freien Stücken den Kaiser als unseren Wohltäter, aber weder durch Tribute noch durch irgendeine Art der Anerkennung, sondern nur aus Dankbarkeit, so wie Seine Majestät sie unserer Meinung nach für die vielen Wohltaten verdient, die wir erhalten haben, von dem wir auch vor der Rückgabe der Schlösser nie auch nur mit einem einzigen Scudo belastet worden sind. Und wir sind kein Vasall wie der Herzog von Ferrara, der Gelder an den Papst zahlt.]

Dennoch sind diese Behauptungen für sich allein genommen relativ widersprüchlich. So mag Cosimo zwar die Tatsache als „benefitio" bezeichnen, das Fürstentum mit einer kaiserlichen Urkunde von Karl V. persönlich erhalten zu haben, so wie er die Hilfeleistungen und Beitragszahlungen an den Mailänder Staat, die er demselben Kaiser zukommen ließ, als „gratitudine nelli bisogni" bezeichnen kann. Die Tatsache aber bleibt bestehen, daß diese angebliche Unabhängigkeit sich im Laufe der Jahre langsam in offensichtliches Vasallentum verwandelt und für die letzten Medici immer belastender wird. Wir konstatieren also einen im Verhältnis zu den modernen Staaten gegenläufigen Prozeß. Für andere Staaten stellt schließlich das Reich inzwischen nur noch eine rein formelle Realität dar. Natürlich kann es passieren, daß einige Charakteristika aufgebauscht werden, wenn der mediceische Staat aus zu großer Nähe und so in einer zu engen Optik betrachtet wird, besonders dann, wenn man ihn nicht in Beziehung zu anderen italienischen Staaten setzt. So kann Diaz zwar schreiben, daß die Vermählung des Erbprinzen Cosimo mit Marguerite d'Orléans, der Cousine Ludwigs XIV., „den Medici eine einzigartige Position unter den italienischen Staaten verschafft"[76] – auch wenn diese Einzigartigkeit am Maßstab der Savoyer gemessen wirklich erstaunlich ist, die für gewöhnlich ihre Frauen aus Frankreich oder aus Spanien, von Bourbon, Orleans oder Habsburg nehmen. Und wenn er über die Neutralität der Toskana in den Jahren 1690-1696 oder 1700-1714 schreibt, muß er doch hinzufügen, daß sich „alle italienischen Staaten ... in diesen Angelegenheiten neutral [sic]" verhalten hätten[77]; oder er schreibt, die Savoyer hätten dem Reich in diesen Jahren Abgaben geleistet, obwohl genau das Gegenteil zutrifft. Es war nämlich so, daß Vittorio Amedeo II. in seinen Allianzen mit Wien verlangte und durchsetzte, daß an Piemont Kriegszuschüsse gezahlt würden, ein Verlangen, das Wien aufgrund seiner Zahlungsunfähigkeit an Holland, England und Spanien weiterleitete. Und so zahlt der Herzog von Savoyen nicht etwa, sondern er erhält ca. 15.000.000 piemontesische Lire im Krieg der Augsburger Allianz und 44.000.000 Lire im Spanischen Erbfolgekrieg[78].

---

[75] Ebd., S. 275, Anm. 2. Aus einem Brief an den Gesandten in Frankreich vom 30. Mai 1545.

[76] *F. Diaz*, Il Granducato di Toscana, S. 466.

[77] Ebd., S. 477.

[78] *E. Stumpo*, Finanza e stato moderno, S. 93-98; *L. Einaudi*, La finanza sabauda, 278 ff. Der Wiener Vertrag wurde am 8. November 1703 unterschrieben, mit „la promessa scritta di far pagare dalle Potenze marittime, Inghilterra e Olanda, un sussidio

Nicht ohne Grund wurden auch von der jüngsten Geschichtsschreibung die Angelegenheiten Piemonts in der frühen Neuzeit fast vergessen. Fueter widmet in seinem klassischen Werk über das europäische Staatensystem in der ersten Hälfte des 16. Jahrhunderts Savoyen nur wenige Seiten, genau anderthalb, während auf Venedig mehr als zwanzig entfallen. Aber dies erklärt sich mit dem äußerst geringen politischen Gewicht, welches das kleine feudale Herzogtum Savoyen damals hatte, das außerdem auch politisch und wirtschaftlich hinter den anderen italienischen Staaten hinterherhinkte[79]. Aber gegen Ende des 17. Jahrhunderts hat sich die Lage Savoyens radikal verändert. Die internationale Politik des Staates stützt sich – wenn auch in einem Wechselspiel der Allianzen – auf eine konkrete politisch-militärische Grundlage, die weder England oder Holland, Spanien oder Frankreich unterschätzten. Savoyen hat also einen Wandlungsprozeß durchgemacht, der aus dem kleinen transalpinen Herzogtum einen modernen absoluten Staat geformt hat. Und mit einer Wirtschaft, die trotz der chronischen Verspätungen des 15. und 16. Jahrhunderts beginnt, konkurrenzfähig zu werden, auch was die Industrie betrifft.

Der Werdegang der Toskana ist ein anderer. Und die Realität des mediceischen Staates ist eine Realität, die sich im Laufe der Zeit verschlechtert und sich nicht konsolidiert. Wäre es vielleicht möglich, auch in einer unterschiedlichen Staatsräson die Ursache dieses Scheiterns zu sehen? Und nicht nur politisches Scheitern, sondern auch wirtschaftliches und soziales? „Jetzt geht die staatliche Gewalt nicht mehr von der ... städtischen Bourgeoisie aus, sondern von dem Fürsten mit anderen und neuen Forderungen. Die staatliche Autorität mit ihrem patrimonialen Charakter ist zwar zweifellos an einer gesunden Wirtschaft und am Wohlergehen ihrer Untertanen interessiert, bezieht aber doch diese Anstrengungen auf sich, versucht zu kontrollieren und läßt so den wirtschaftlichen Kräften nicht mehr den früheren Spielraum"[80]. Die Getreidespekulation des Fürsten, sein starkes Interesse an der Bank, an Wechselgeschäften und an Währungsmanipulationen sind Beispiele hierfür.

Das Modell Piemont unterscheidet sich auch hierin von der Toskana. Die Rolle des Staatsbeamten ist eine andere. Eine Rolle die auf „den beiden fundamentalen Axiomen der Definition des fürstlichen Dienstes" aufbaut: „1) daß der Fürst die oberste Quelle des Gesetzes ist; 2) daß er der einzige ist, der die Magistrate ernennen kann"[81]. Was aber keineswegs zu einer stillschweigenden

---

di 80.000 scudi o ducati di banco al mese ... oltre 100.000 scudi o ducati di sussidio straordinario per le prime spese di guerra" [dem schriftlichen Versprechen, die Seemächte England und Holland zu veranlassen, monatlich eine Abgabe von 80.000 Scudi oder Dukaten zu zahlen ... sowie 100.000 Scudi oder Dukaten als Sonderabgabe für die ersten Kriegskosten].

[79] *E. Fueter*, Geschichte des europäischen Staatensystems von 1492-1559, München / Berlin 1919.

[80] *R. von Albertini*, Das Florentinische Staatsbewußtsein, S. 288.

[81] *V.I. Comparato*, Uffici e società a Napoli (1600-1647). Aspetti della ideologia del magistrato nell'età moderna, Firenze 1974, S. 166.

Unterwerfung unter den Willen des Souveräns führen wird. Einrichtungen und Organe wie der Senat von Turin und der Rechnungshof von Piemont haben so z.B. in der Einrichtung der Registrierung der königlichen Erlasse dasselbe Instrument, um ihre Meinung und zuweilen auch ihren Willen gegenüber dem Herrscher durchzusetzen. So widersetzten sich ihre Magistrate im Laufe des 17. Jahrhunderts mehrmals den Initiativen des Souveräns. Sie verweigerten die Belehnung von Grenzorten an ausländische Untertanen, das Prägen von „minderwertigen und beschnittenen" Münzen oder die Schaffung von überflüssigen Ämtern. 1652 weigerte sich die Kammer ungeachtet von sechs *giussioni* von *Madama Reale*, die Ernennungsurkunde des Marchese von Clavesana zum Gouverneur zu registrieren, weil das vorgesehene Gehalt die übliche Ziffer überschritt. Und 1677 wies sie ein anderes Dekret in einem Zeitraum von 24 Tagen viermal zurück[82]. Auch in diesem ausgeprägten Sinn für die Amtswürde, in dieser Anhänglichkeit an das „Buongoverno", liegt die Andersartigkeit des savoyischen Staates. In dieser Hinsicht bleibt das Gutachten über die Einsetzung von Personen ohne die erforderliche juristische Erfahrung in das Magistratenamt exemplarisch, das Marcello de Gubernatis an Vittorio Amedeo II. schrieb und dem später stattgegeben wurde. Für den Präsidenten muß dieses Ersuchen

„a due eccettioni perentorie ... La prima riguarda immediatamente le sovranità di V.A.R. coll'ammettere nel podere de sudditi una delle ragalie principali, quale resta veramente inseparabile dalla dignità del sovrano, il che repugna direttamente alle leggi fondamentali di questa Real Corona et alla dispositione di ogni ragion canonica e civile.

La seconda precede dal pregiudicio notabile che l'osservanaza indeterminata dell'editto cagionerebbe al ben pubblico, mentre col dipender indistintamente la nomina dei senatori et presidenti dal privato interesse di chi n'ottenne la disponibilità si riempirebbero i magistrati di soggetti inhabili all'attuale esercitio di giudicare delle robbe et della vita de' sudditi; il che non deve ne può V.A.R. in alcuna maniera tollerare; anzi per ragione dell'esser sovrano, che tiene immediatamente da Dio, resta per discarico della propria conscienza con obligo preciso di apportarvi il conveniente rimedio; essendo questa la principale obligatione ch'Iddio ha imposto ai Prencipi in ricompensa et retributione del sovrano et assoluto podere che gl'ha dato sopra la persona et beni de sudditi, conforme all'ultimo ricordo che lasciò il santo duca Amedeo – *Facite iudicium et iustitiam et Dominus dabit pacem in finibus vestris* – la qual giustitia non può degnamente amministrarsi salvo che ne giudici concorra il sale della scientia, senza il quale sono insipidi, et quello della conscienza, senza cui riescono diabolici"[83].

[zwei Ausnahmen berücksichtigen ... Die erste betrifft die Souveränität von Eurer Königlichen Hoheit direkt, der den Untertanen die Möglichkeit zugestehen kann, eine der wichtigsten Regalien zu erhalten, welche mit der Würde des Souveräns aufs engste verknüpft bleibt, und all dies ist gegen das Grundgesetz der Krone und auch jedes kirchliche und staatliche Gesetz.

Die zweite geht davon aus, daß die Einhaltung des Edikts dem öffentlichen Wohl auf lange Sicht schaden würde, denn wenn die Ernennung gänzlich vom privaten

---

82 *E. Stumpo*, La vendita degli uffici nel Piemonte del Seicento, in: Annuario dell'istituto storico italiano per l'età moderna e contemporanea, XXV-XXVI (1973-1974), Roma 1976, S. 224.

83 Ebd., S. 179-182.

Interesse desjenigen abhängen würde, der sie ernennt, so gäbe es eine große Anzahl von Magistraten, die nicht in der Lage wären, über die Angelegenheiten und das Leben der Untertanen zu richten; was Eure Königliche Hoheit auf keinen Fall dulden darf. Als Souverän, der seine Macht von Gott erhält, muß er, um ein ruhiges Gewissen zu haben, das Notwendige unternehmen. Dies ist die Hauptaufgabe, die Gott den Fürsten gegeben hat, als Ausgleich für die absolute Macht, die er ihnen über Leben und Person der Untertanen gewährt hat, woran der heilige Herzog Amedeo testamentarisch erinnert hat – *Facite iudicium et iustitiam et Dominus dabit pacem in finibus vestris* –, da die Gerechtigkeit dann nicht würdig verwaltet werden kann, wenn den Richtern das Salz der Wissenschaft fehlt, ohne welches sie schal sind und jenes des Gewissens, ohne welches sie teuflisch sind.]

Finanzwesen und Staatsräson in Kursachsen zu Beginn der Neuzeit

Von Karlheinz Blaschke

Das Kurfürstentum Sachsen stellte zu Beginn der Neuzeit ein ausgedehntes Territorium in Mitteldeutschland dar, die an seiner Spitze stehende Dynastie der Wettiner kann zu dieser Zeit als die stärkste politische Kraft im deutschen Reiche nach den Habsburgern angesehen werden[1]. Das Land war dicht bevölkert, es umfaßte annähernd eine Million Einwohner, wobei der Anteil der Stadtbevölkerung bereits rund ein Drittel ausmachte[2]. Die gewerbliche Wirtschaft war nicht nur in den Städten, sondern auch auf dem Lande weit entwickelt, nachdem sich in den Dörfern größerer Gebiete eine Leinwandproduktion für den europäischen Markt herausgebildet hatte. Der seit dem 12. Jahrhundert betriebene Bergbau, vor allem auf Silber, gab der Wirtschaft einen starken Akzent. Von den rund 150 Städten besaßen die größeren die Ratsverfassung und eigene Hochgerichtsbarkeit, sie waren landsässig und hatten damit eine gewisse Autonomie innerhalb des Territorialstaates erreicht. Der Adel war weitgehend unter die Botmäßigkeit der Landesherrschaft gebracht und damit in den sich herausbildenden Territorialstaat eingeordnet worden. Gemeinsam mit der höheren Geistlichkeit und den landsässigen Städten hatte er sich seit dem Jahre 1438 in den Landständen organisiert, die gewisse Rechte bei der Regierung des Landes innehatten, doch war die Macht der Landesfürsten vorherrschend. Auf den Landtagen begegneten sich Landesherr und Landstände als die beiden Faktoren des „Ständestaates“, doch verstanden es die Wettiner in den Jahrzehnten um 1500, die Rolle der Landtage und damit der Landstände zurückzudrängen und eine straffe fürstliche Regierung auszuüben[3].

Die Landesherrschaft der Wettiner befand sich zu jener Zeit im Umbau zum frühneuzeitlichen Staat. Das zeigt sich besonders an der Herausbildung eines differenzierten zentralen Behördenapparates mit der Gründung eines Ober-

---

[1] *R. Kötzschke / H. Kretzschmar*, Sächsische Geschichte, Bd. 1, Dresden 1935, S. 191 ff.; *K. Blaschke*, Sachsen im Zeitalter der Reformation (Schriften des Vereins für Reformationsgeschichte Nr. 185, Jg. 75 und 76), Gütersloh 1970.

[2] *K. Blaschke*, Bevölkerungsgeschichte von Sachsen bis zur industriellen Revolution, Weimar 1967, S. 78 f.

[3] Sächsische Landtagsakten I: Staat und Stände unter den Herzögen Albrecht und Georg 1485-1539, bearbeitet von W. Goerlitz, Leipzig 1928.

hofgerichts 1483, mit der Verselbständigung der Kammerverwaltung am Ende des 15. Jahrhunderts, mit der festen Formierung des Hofrates als der allgemeinen Landesregierung im Jahre 1548 und der Gründung des Geheimen Rates 1574, der für die großen politischen Fragen zuständig war[4]. Dabei wurden persönliche, lehnsrechtlich begründete Beziehungen zwischen den adligen Grundherren und dem Landesherrn in eine institutionelle Abhängigkeit umgewandelt, wie es besonders deutlich der Vorgang der „Verämterung" zeigt, durch den die ritterlich-adligen Vasallen in das nunmehr stärker ausgebaute System der landesherrlich-staatlichen Amtsverwaltung eingefügt wurden[5]. An die Stelle der persönlichen Beziehung zwischen dem adligen Grundherrn und dem Landesherrn trat die Unterordnung unter eine staatliche Behörde. Die Institutionalisierung der Herrschaft ist ein für das anstehende Thema wichtiger Vorgang, er wurde in Sachsen durch eine straffe Verwaltung und Regierung in der Hand zielstrebiger Landesfürsten bewußt betrieben. Das gab den Wettinern eine ausreichende Basis für ihre maßgebliche Mitwirkung am politischen Kräftespiel im Reich, besonders in den gewichtigen Fragen der Religionspolitik in der Epoche der Reformation. Die gut ausgebaute Finanzverwaltung mit einem hohen und beständigen Steueraufkommen ermöglichte es den sächsischen Fürsten, die nötigen Geldmittel für eine kraftvolle Politik aufzubringen, ohne in größere Abhängigkeit von privaten Geldverleihern zu geraten.

Die Wirtschaft im sächsischen Raum erlebte zu Beginn der Neuzeit einen spürbaren Aufschwung. Es bildete sich eine qualitativ neue Wirtschaftsstruktur heraus, die vor allem durch die Entwicklung auf zwei Sektoren der Wirtschaft vorangetrieben wurde: im Bergbau und in der Textilproduktion.

Seit 1470 blühte im Westerzgebirge der Silberbergbau infolge neuer Erzfunde mächtig auf. Zahleiche neue Bergstädte wurden gegründet, die Bergbautechnik und die Montanwissenschaft wurden weiterentwickelt. Dazu gehörte auch die Herausbildung neuer Organisationsformen, um das nunmehr benötigte Kapital für den Betrieb der Bergwerke zu beschaffen. Der selbstständig als „Eigenlehner" arbeitende Bergmann wurde zurückgedrängt, mehrere Bergleute schlossen sich jetzt zu einer Gewerkschaft zusammen, die aber nun zur Deckung ihres Bedarfs an Investitionsmitteln fremdes Kapital aufnehmen mußte. Es entstand die Form der Kapitalbeteiligung in Gestalt der Kuxen als Vorläufer der Aktien, es trat die Trennung von Kapital und Arbeit ein, denn gleichzeitig wurden in den größer werdenden Bergwerks- und Hüttenbetrieben Lohnarbeiter eingesetzt. So hat die Entwicklung im sächsischen

---

[4] Deutsche Verwaltungsgeschichte, hrsg. von K.G.A. Jeserich u.a., Bd 1, Stuttgart 1983, S. 803 ff.

[5] *K. Blaschke*, Die Ausbreitung des Staates in Sachsen und der Ausbau seiner räumlichen Verwaltungsbezirke, in: Blätter für deutsche Landesgeschichte, 91 (1954), S. 74-109; *ders.*, Zur Behördenkunde der kursächsischen Lokalverwaltung, in: Archivar und Historiker. Festschrift für Heinrich Otto Meisner, Berlin 1956, S. 343-363.

Bergbau die Entstehung frühkapitalistischer Wirtschaftsformen gefördert und zugleich den Geldumlauf in starkem Maße erhöht.

Andererseits führte die spürbare Bevölkerungszunahme auf dem Lande zur Entstehung eines dörflichen Gewerbes, das von den jetzt aufkommenden nichtbäuerlichen Schichten der Landbevölkerung betrieben wurde. Dabei wurde vorwiegend Leinwand produziert, wobei der Einsatz von städtischem Kapital möglich und notwendig war[6]. An dieser Stelle setzte das Verlagswesen ein: Die kapitalkräftigen städtischen Verleger lieferten die Rohstoffe, die ländlichen Produzenten arbeiteten noch mit eigenen Produktionsmitteln, aber sie waren vom Verleger wirtschaftlich abhängig, der ihnen ihre Produkte abnahm, um sie auf den großen Markt zu bringen.

Es läßt sich also insgesamt ein starker Aufschwung der Geldwirtschaft feststellen, die jetzt auch in ländliche Bereiche eindrang, die aber vor allem das vermögende städtische Bürgertum begünstigte. Daneben beteiligten sich alle anderen Besitzer flüssiger Geldmittel an den neuen wirtschaftlichen Möglichkeiten durch den Erwerb von Kuxen: die Landesfürsten, adlige Grundherren, Bischöfe und andere Geistliche und die Städte als Korporationen. Eine auf finanziellen Gewinn gerichtete „kapitalistische" Gesinnung griff immer mehr um sich, so daß der sich entwickelnde Staat eine von geldwirtschaftlichem Denken beherrschte Gesellschaft vorfand.

Die gesellschaftlichen und politischen Verhältnisse in Sachsen wurden im frühen 16. Jahrhundert aber auch in stärkstem Maße durch die Reformation geprägt, die hier im Jahre 1517 begann und gerade in diesem Lande günstige Voraussetzungen für ihren Erfolg vorfand. Sie wurde hier von einem starken Landesherrn geschützt, es gab ein kraftvolles Städtebürgertum mit einer fortgeschrittenen Bildung, es waren soziale Konflikte aufgebrochen, die sich mit religiösen Forderungen verbanden, und es herrschte eine weitverbreitete Kritik an den Verhältnissen in der alten Kirche. So konnte sich ein sächsisches Modell der landesherrlichen Reformation herausbilden, das auf andere Territorialstaaten als Vorbild wirkte. Die Landesherren machten die Durchführung der Reformation zu ihrer eigenen Sache nicht nur aus ihrer persönlichen Glaubensüberzeugung, sondern auch deshalb, weil sie damit ihre staatlichen Machtmittel weiter ausbauen konnten. Die Einziehung der Kirchengüter stärkte die materielle Basis des werdenden Staates in quantitativer Hinsicht, während das neu aufgerichtete landesherrliche Kirchenregiment die fürstliche Autorität zu einer Art totaler Obrigkeit steigerte. Außerdem konnte das sächsische Territorium abgerundet und in Richtung auf den geschlossenen Flächenstaat weiterentwickelt werden, weil die eingestreuten Stiftsterritorien der Bischöfe nunmehr dem Kurfürstentum Sachsen inkorporiert wurden. Besonders wichtig für die Herausbildung des frühneuzeitlichen Staates war seine „ideologische" Stärkung durch die Reformation, denn der weltliche Landesfürst war jetzt

---

[6] *G. Heitz*, Ländliche Leinenproduktion in Sachsen 1470–1555, Berlin 1961.

zugleich als *summus episcopus* auch die höchste geistliche Autorität für seine Untertanen[7]. Die evangelische Landeskirche diente der Disziplinierung der Bevölkerung im Interesse des sich herausbildenden Staates. Sie unterstützte die Bestrebungen dieses Staates, seine Bewohner zu gehorsamen, fleißigen und sparsamen Untertanen zu machen und ihr sittliches Verhalten den Bedürfnissen der Staatsräson anzupassen.

Eine strukturgeschichtliche Betrachtung der Zeit um 1500 zeigt mehrere Entwicklungslinien, die aus unterschiedlichen Wurzeln kommend parallel nebeneinander herliefen. Neben der zum Frühkapitalismus führenden wirtschaftlichen Entwicklung ist dabei für das anstehende Thema jene Linie besonders wichtig, die von der spätmittelalterlichen Landesherrschaft zum frühneuzeitlichen Staat führte. Qualitativ neue Formen öffentlicher Gewaltausübung enstanden dadurch, daß die Landesherren neue Zuständigkeiten und Aufgaben an sich zogen. Zu den traditionellen Aufgaben eines Landesherrn im Mittelalter, dem Heerwesen, der Gerichtsbarkeit und der Verwaltung von Einkünften, trat jetzt immer stärker der Bereich der sogenannten inneren Verwaltung oder, wie man in der frühen Neuzeit sagte, der „Polizei". Weiterhin wurde die Aufsicht über das Kirchenwesen und die Volksbildung zu einer staatlichen Aufgabe, und schließlich traten die Volkswirtschaft, die Sozialordnung und das öffentliche Gesundheitswesen in das Blickfeld des werdenden Staates. Auf dem Felde der großen Politik konnte ein solcher Staat nur dann eine Rolle spielen, wenn er über eine Kriegsmacht verfügte. Diese aber bestand nun nicht mehr aus Rittern, die auf naturalwirtschaftliche Weise mit einem Lehen belohnt wurden, sondern infolge der grundlegenden Veränderungen im Kriegswesen aus Söldnern, die mit Bargeld bezahlt werden mußten. Staatliche Aktivitäten waren also nach innen und nach außen nur noch mit Hilfe finanzieller Mittel zu bewältigen, die weit über das bisherige Aufkommen an Bargeld hinausgingen.

Man kann diesen eben dargelegten Vorgang als den Beginn der Verstaatlichung der Gesellschaft bezeichnen[8], denn der neu sich herausbildende Staat zog öffentliche Aufgaben an sich, die bisher von anderen öffentlichen Gewalten verrichtet worden waren. Dieser Vorgang wird z.B. an der Verstaatlichung der Universitäten und am Einbau der Kirchenleitung in den zentralen Behördenapparat des Staates deutlich. Hierzu sind die im Jahre 1545 begründeten sächsischen Konsistorien zu nennen, mit deren Hilfe die sächsischen Fürsten ihr landesherrliches Kirchenregiment ausübten. Darüber hinaus wurde die gesamte öffentliche Gewalt mehr und mehr zentralisiert. Da alle diese Vorgänge mit dem Aufwand von Bargeld verbunden waren, kann

---

[7] *K. Blaschke*, Wechselwirkungen zwischen der Reformation und dem Aufbau des Territorialstaates, in: Der Staat, 9 (1970), Heft 3, S. 347-364.

[8] *K. Blaschke*, Frühkapitalismus und Verfassungsgeschichte, in: Wissenschaftliche Zeitschrift der Universität Leipzig, gesellsch. und sprachwissensch. Reihe, (1965), Heft 3, S. 435-441.

man den Entwicklungsstand des staatlichen Finanzwesens als Maßstab für den Reifegrad des modernen Staates schlechthin ansehen. Das Wort „Staat“ in dieser speziellen Bedeutung kam in der frühen Neuzeit neu auf, um eine gegenüber der älteren Landesherrschaft neue Sache zu kennzeichnen. In der deutschen Sprache läßt es sich seit dem Jahre 1602 feststellen, in den westeuropäischen Sprachen tritt es im späten 16. Jahrhundert auf, aber noch Jean Bodin schrieb 1576 sein Werk nicht über den Staat, sondern über „la république“, obwohl er den Staat meinte. Diese neu auftretende Institution brauchte natürlicherweise eine neue wirtschaftliche Grundlage.

Zwischen jeder Form öffentlicher Gewalt und der Wirtschaft sind Beziehungen unvermeidlich, denn keine Herrschaft kann auf eine materielle Basis verzichten. Jede Ausübung einer öffentlichen Gewalt ist darum von den jeweils gegebenen wirtschaftlichen Verhältnissen abhängig. Veränderungen in der Wirtschaft wirken sich auf die Formen öffentlicher Gewaltausübung aus und zwingen ihre Inhaber zur Anpassung und zu entsprechenden Veränderungen. Vorwärtsdrängende Kräfte, neue Verhältnisse und Veränderungen pflegen zuerst im Bereich der Wirtschaft aufzutreten, während die politische Verfassung in ihren festgefügten Ordnungen das beharrende Element darstellt. Es kommt daher immer wieder zu Anpassungsvorgängen der politischen Institutionen an die neue wirtschaftliche Struktur, worin man einen wesentlichen Teil des historischen Prozesses überhaupt zu sehen hat. Eine solche Anpassung kann durch allmähliche Entwicklung, durch Reformen oder durch eine Revolution geschehen. Im Falle des frühneuzeitlichen Staates lassen sich nach den sächsischen Quellen noch keine bewußten Reformen feststellen, es gab noch nicht das öffentliche Bewußtsein einer Krisensituation und keine aufgestauten Spannungen und Widersprüche im gesellschaftlichen Gefüge, die so drängend gewesen wären, daß sie ein regelrechtes Reformwerk gefordert und in Gang gesetzt hätten. Es vollzog sich vielmehr eine lautlose Anpassung an die neuen Gegebenheiten über einen längeren Zeitraum hinweg. Das staatliche Finanzwesen war derjenige Teil der Staatsverwaltung, in dem die neue Wirtschaftsstruktur in erster Linie wirksam werden mußte[9].

Der frühneuzeitliche Staat hatte einen zunehmenden Bedarf an materiellen Mitteln in Form von Bargeld. Er konnte sich diese Mittel nicht durch eine quantitative Steigerung seiner traditionellen Einkünfte beschaffen, da diese ja zum großen Teil in Naturalien geleistet wurden, d.h. in Sachlieferungen und Frondiensten der Bauern und in Heeresdiensten der adligen Vasallen. Außerdem waren diese Einkünfte feudal begründet und innerhalb der auf Gegenseitigkeit aufgebauten Feudalordnung festgelegt, so daß sie nicht ohne Grund einfach erhöht werden konnten. Naturaleinkünfte sind ortsgebunden und

[9] *K. Blaschke*, Steuer, Geldwirtschaft und Staat in vorindustrieller Zeit, in: Wirtschaftskräfte und Wirtschaftswege. Festschrift für Hermann Kellenbenz, Bd. 1, Stuttgart 1978, S. 31-42.

schwer beweglich, der Transport von Naturalabgaben wie Getreide und Vieh über größere Strecken war schwierig und unrentabel und die Verwendung von Frondiensten über eine bestimmte Entfernung hinaus sinnlos. Demgegenüber ist Bargeld leicht beweglich; es läßt sich überall einsetzen und konnte im 16. Jahrhundert schon mit Hilfe des gut ausgebauten Bankwesens im bargeldlosen Verkehr über große Entfernungen hinweg leicht verlagert werden. Bargeld gestattet die Konzentration von Macht.

Der Einsatz von Bargeld entsprach genau den Bedürfnissen des werdenden frühneuzeitlichen Staates, der daher seine neue materielle Basis ausschließlich durch Steigerung seiner Bargeldeinkünfte schuf. Der Anteil der Geldwirtschaft am Staatshaushalt nahm ständig zu, bis er schließlich größer war als der Anteil der Naturalwirtschaft. Dieses „Umkippen" ist in die erste Hälfte des 16. Jahrhunderts zu datieren. Dabei gab es drei Möglichkeiten, das staatliche Aufkommen an Bargeld zu erhöhen. Erstens nahmen im Zuge des allgemeinen wirtschaftlichen Aufschwungs die bereits seit jeher bestehenden Geldeinkünfte zu, die vor allem aus Zöllen und dem Bergzehnten bestanden. Zweitens wurden alte Naturalleistungen, die für den Staat unergiebig oder wertlos geworden waren, in eine Geldzahlung umgewandelt, wie es z.B. im frühen 17. Jahrhundert mit dem sogenannten Hufengeld geschah, das anstelle von bäuerlichen Fuhr- und Baudiensten bei den landesherrlichen Burgen trat. Vor allem aber wurden neue Geldabgaben eingeführt.

Die Erhebung und Verwaltung der neuen Geldeinkünfte machte entsprechende praktische Maßnahmen notwendig, denn es mußte ein leistungsfähiger Behördenapparat aufgebaut werden. Die alten Behörden der Finanzverwaltung, nämlich das Kammerkollegium und das Bergratskollegium, wurden personell erweitert und in ihrer Struktur aufgefächert. Dazu traten die neuen Finanzbehörden auf zentraler Ebene, das Obersteuerkollegium und später bei der Einführung der Akzise das Generalakziskollegium[10]. Auch auf der lokalen Ebene wurde die landesherrliche Verwaltung ausgebaut, wobei sich eine deutliche Gewichtsverlagerung von der Rechtsprechung auf die Finanzverwaltung feststellen läßt. In den Dienststellen der landesherrlichen Lokalverwaltung, den Ämtern, trat um 1500 der adlige Amtshauptmann in den Hintergrund und der mit der Finanzverwaltung betraute Schösser bürgerlicher Herkunft wurde zur Hauptperson. Seine Dienstbezeichnung zeigt mit ihrer Ableitung vom Schoß, einer Form der Grundsteuer, daß seine Hauptaufgabe auf dem Gebiet des Finanzwesens lag[11]. Hier entstand dann auch das Wort „Beamter" für den in einem Amt tätigen Staatsdiener. Die Beamten wurden mit Bargeld besoldet und nicht, wie die adligen Amtshauptleute, mit Natural-

[10] *R. Wuttke*, Die Einführung der Landakzise und der Generalkonsumtionsakzise in Kursachsen, Diss., Heidelberg 1890; *A. Reuschel*, Die Einführung der Generalkonsumtionsakzise in Kursachsen und ihre wirtschaftliche Bedeutung, Diss., Leipzig 1930.

[11] Vgl. *K. Blaschke*, Zur Behördenkunde.

einkünften. Sie wurden nun zu den wichtigsten Trägern der sich festigenden staatlichen Gewalt auch auf der Ebene der Zentralbehörden. Der moderne Staat ist ohne ein ausgeprägtes Beamtentum nicht denkbar.

Unter den neu eingeführten Geldeinkünften war in Sachsen die Landsteuer die wichtigste[12]. Sie entwickelte sich aus der „Bede" (= Bitte) des späten Mittelalters, die nur von Fall zu Fall eingehoben worden war, in den Jahrzehnten um 1500 zu einer regelmäßig zu leistenden Abgabe. Im Gegensatz zum Zins oder Erbzins war sie nicht in der Feudalordnung begründet, sie war keine Gegenleistung des Steuerpflichtigen für die Nutzung von Grund und Boden. Sie wurde vielmehr kraft einer staatlichen Hoheit gefordert, wie es sie im Mittelalter noch nicht gegeben hatte, und der Staat erbrachte dafür keine unmittelbar zu erkennende Gegenleistung. Für das anstehende Thema ist es wichtig, den fundamentalen Unterschied zwischen dem Erbzins und der neuen staatlichen Steuer deutlich zu machen. Während nämlich der feudal begründete Erbzins innerhalb des Systems der Grundherrschaft nur von nutzbaren Liegenschaften (Grundstücke, Häuser, Gewässer) zu entrichten war, ist die Landsteuer als eine kombinierte Grund-, Vermögens- und Einkommensteuer zu bezeichnen. Als Bewertungsgrundlage diente der in Bargeld ausgedrückte Wert des gesamten nutzbringenden Eigentums an Grundstücken, Häusern, Vieh und ausgeliehenem Kapital. Erwachsene Personen ohne einen solchen Besitz, die in einem Verhältnis der Lohnarbeit standen, hatten eine pauschal festgelegte Kopfsteuer zu zahlen. Gerade diese Tatsache zeigt, daß als Objekt der Besteuerung der einzelne Bewohner des Landes als Person, als Individuum angesehen wurde und nicht mehr, wie im Feudalsystem, die größere Leistungseinheit, die Familie, der Bauernhof.

Diese Beobachtung ist wichtig für das Thema der Staatsräson. Sie zeigt nämlich, daß der Staat jetzt eine unmittelbare Beziehung zum Individuum herstellte. Der einzelne Mensch wurde gegenüber seinen traditionellen Bindungen an feudale Institutionen und soziale Gemeinschaften immediatisiert, der Staat meldete seinen Anspruch auf jeden seiner Bewohner an und schaltete alle Instanzen und Inhaber öffentlicher Herrschaft aus, die bisher zwischen dem einzelnen Menschen und dem Landesherrn gestanden hatten. Das war die feudal begründete Grundherrschaft ebenso wie die korporativ organisierte Stadtgemeinde, auf deren materieller Kraft sich die mittelalterliche Landesherrschaft unmittelbar aufgebaut hatte. Diese kleineren sozialen Einheiten wurden beiseite gedrängt, die öffentliche Gewalt wurde im Sinne der schon angedeuteten Verstaatlichung der Gesellschaft in einer Hand konzentriert. Wenn dem einzelnen Menschen der frühen Neuzeit diese Vorgänge auch nicht deutlich bewußt gewesen sein mögen, weil sie sich fern von seinem eigenen Erlebnisbereich abgespielt haben, so wurde ihm durch die regelmäßig wieder-

---

[12] *E. Müller*, Die Ernestinischen Landtage in der Zeit von 1485 bis 1572 unter besonderer Berücksichtigung des Steuerrechts, in: Forschungen zur Thüringischen Geschichte. Festschrift für Friedrich Schneider, Weimar 1958, S. 188-228.

kehrende Entrichtung der Landsteuer die Existenz des Staates doch ohne weiteres und zuerst spürbar. Der Moderne Staat hat seinen Bewohnern im Laufe seiner Entwicklung eine Reihe von Pflichten auferlegt. Es ist bemerkenswert, daß die allgemeine Steuerpflicht die erste in dieser Reihe gewesen ist, längst bevor die allgemeine Wehrpflicht durchgesetzt werden konnte.

Das Recht zur Erhebung von Steuern ist vom werdenden Staat usurpiert worden. Er hat es kraft seiner Souveränität ausgeübt, und es kann als entscheidend wichtiger Bestandteil der staatlichen Souveränität angesehen werden. Es wäre nicht angebracht, das Besteuerungsrecht nur als eine Folge der neu aufgebauten Souveränität des Staates anzusehen, denn Souveränität und Besteuerungsrecht sind nicht im Sinne von zwei aufeinanderfolgenden Errungenschaften zu verstehen, sondern sie bedingen sich gegenseitig. Souveränität ist u.a. dadurch aufgebaut worden, daß der Staat das Besteuerungsrecht ausübte. Hier zeigt sich besonders deutlich der Zusammenhang zwischen der Entwicklung des Finanzwesens und dem Werden des frühneuzeitlichen Staates, ein Zusammenhang, der im Sinne einer Wechselwirkung zu sehen ist. Steuererhebung ist nur auf einer einzigen Ebene öffentlicher Gewalt möglich. Es ist darum von hoher Bedeutung, auf welcher Ebene der Herrschaftsausübung das Recht zur Steuererhebung usurpiert wurde. Im deutschen Reich ist die Einführung einer Reichssteuer zwar versucht worden, wie die verschiedenen Ansätze zum Gemeinen Pfennig seit 1495 zeigen, aber die deutschen Fürsten haben es verhindert, daß daraus eine regelmäßige Steuer wurde[13]. Sie mußten das tun, weil sie selbst die Steuerleistung ihrer Landesbewohner beanspruchten. Die landesherrliche Steuer schloß eine Reichssteuer ebenso aus wie der Aufbau des Territorialstaates es verhinderte, daß das deutsche Reich sich in einen modernen Staat verwandeln konnte.

Während der Landesherr das Besteuerungsrecht nach oben hin gegen das Reich abgeschirmt hatte, setzte er es nach unten gegenüber den Landständen mit aller Konsequenz durch[14]. Allerdings mußte dafür ein Preis gezahlt werden, der in der Steuerfreiheit der Rittergüter bestand. Der Adel als Inhaber der Grundherrschaft stimmte der Besteuerung seiner Untertanen nur unter der Bedingung zu, daß er selbst keine Steuern zu leisten hatte. Adlige Herrschaft sucht sich also stets einer staatlichen Gewalt zu entziehen, zumindest im Blick auf die eigene Person, so daß an dieser Stelle der frühneuzeitliche Staat durchlöchert war. Außerdem erreichten die Landstände das Recht, bei der Bewilligung und Verwendung der Steuergelder mitzuwirken. Sie setzten es durch, daß die Landsteuer nicht von der allgemeinen Finanzbehörde des Staates, dem Geheimen Kammerkollegium, verwaltet wurde, sondern daß seit 1570 eine eigene Zentralbehörde für die Steuerverwaltung ins Leben trat, das Obersteuerkollegium, dessen Räte paritätisch vom Landesherrn und von den Land-

---

[13] Deutsche Verwaltungsgeschichte, Bd. 1, S. 63 f.

[14] Ebd., S. 128 f.

ständen ernannt wurden[15]. Hier war der frühmoderne Staat an ständische Grenzen gestoßen, die ihn, jedenfalls im sächsischen Falle, an der völligen Ausbildung eines unkontrollierten Finanzwesens im absolutistischen Sinne hinderten. Die Stände haben sich stets als die Hemmschuhe des Absolutismus und der vollen Durchsetzung der Staatsräson erwiesen, das zeigt sich auch hier im Blick auf das staatliche Finanzwesen.

Es besteht ein enger Zusammenhang zwischen der Entstehung des modernen Staates und dem Finanzwesen. Ohne Bargeldeinkünfte gibt es keinen modernen Staat. Der Staat im strengen Sinne des Wortes kann sich nur auf derjenigen Ebene von Herrschaft, Macht und öffentlicher Gewalt ausbilden, auf der das Recht zur Besteuerung durchgesetzt werden kann. Das Finanzwesen auf der Grundlage von Bargeldeinkünften ist ein entscheidendes Merkmal des modernen Staates und unterscheidet ihn von jeder anderen geschichtlichen Form der Ausübung öffentlicher Gewalt. Mittelalterliche Landesherrschaft, die mit feudal begründeten Einkünften und vorherrschend mit Naturaleinkünften ausgestattet war, kann daher nicht mit dem gleichgesetzt werden, was der Begriff „Staat" ausdrückt. Der Begriff des „Feudalstaates" ist ein Widerspruch in sich selbst[16]. Der sächsische Territorialstaat war seit dem 16. Jahrhundert zum größeren Teil nicht mehr auf feudal begründeten Einkünften, sondern auf solchen aufgebaut, die er kraft seiner staatlichen Hoheit einnahm. Auch aus diesem Grunde kann man ihn seit dieser Zeit nicht mehr als einen Feudalstaat bezeichnen.

Die deutschen Territorialstaaten der frühen Neuzeit standen ihrer Verfassungsform nach zwar noch in feudalen Traditionen, aber ihre materiellen Grundlagen waren bereits modern geldwirtschaftlich. Sie schon als kapitalistisch zu bezeichnen, wäre gänzlich abwegig. Ein gut ausgebildetes Finanzwesen diente dem Aufbau und der Steigerung staatlicher Macht, es war schlechthin die Voraussetzung für die Entwicklung des modernen Staates, der alle konkurrierenden Inhaber öffentlicher Gewalt ausschaltete: das Kaisertum, die Kirche, den Adel, die Stadtgemeinde. So wurde die ganze Gesellschaft verstaatlicht. Die wichtigste soziale Schicht war dabei das geldbesitzende Bürgertum der Städte. Daher gelang der Aufbau des modernen Staates im Laufe der frühen Neuzeit überall dort am ehesten und am reibungslosesten, wo ein Bündnis zwischen der herrschaftlichen Gewalt und dem Bürgertum zustandekam. Wo der König die Finanzkraft des Bürgertums für sich gewinnen und einsetzen konnte, kam es zur Bildung eines Nationalstaates, wo die Fürsten dies taten, entstand der Territorialstaat.

---

[15] *H. Haug*, Das sächsische Obersteuerkollegium, in: Neues Archiv für sächsische Geschichte, 21 (1900), S. 224-240.

[16] Auf den qualitativen Unterschied zwischen mittelalterlicher Herrschaft und neuzeitlichem Staat hat Karl Bosl mehrfach hingewiesen, u.a. in: *K. Bosl*, Frühformen der Gesellschaft im mittelalterlichen Europa, München 1964, S. 15, 139, 205 und 218.

Der Begriff der Staatsräson läßt sich folgendermaßen definieren: Einsatz aller für die öffentliche Gewalt verfügbaren Mittel der Gesellschaft im Interesse und zum Nutzen des Staates.

Neben der militärischen Leistungsfähigkeit einer Gesellschaft ist für die öffentliche Gewalt vor allem ihre wirtschaftliche Kraft wichtig. Der Staat der frühen Neuzeit hat es verstanden, mit Hilfe eines gut ausgebildeten Finanzwesens diese Kraft in seinen Dienst zu stellen, ja er ist an dieser Aufgabe überhaupt erst so recht emporgewachsen. Der Vorschlag von Gerhard Oestreich, die erste Stufe des modernen Staates in der frühen Nuezeit als „Finanzstaat" zu bezeichnen, trifft genau den entscheidenden Sachverhalt, denn ohne ein gut ausgebildetes Finanzwesen mit größeren Einkünften an Bargeld wäre es nicht zur Entstehung dieses modernen Staates gekommen[17]. Die Finanzen erwiesen sich als die wichtigste Voraussetzung, zugleich aber auch als eine gewichtige Aufgabe für den Staatsapparat, für die staatliche Bürokratie, die oftmals fälschlicherweise mit dem Staat gleichgesetzt wird. Der Begriff der Staatsräson ist schwer zu definieren, man muß ihn beschreiben und durch seine praktischen Auswirkungen erfahren und begreifen. Auf dem Wege über die Beschäftigung mit dem Finanzwesen kann man dem Inhalt dieses Begriffs ein gutes Stück näher kommen.

---

[17] *G. Oestreich,* Ständetum und Staatsbildung in Deutschland, in: *ders.*, Geist und Gestalt des frühmodernen Staates, ausgewählte Aufsätze, Berlin 1969, S. 277-289; *K. Krüger*, Gerhard Oestreich und der Finanzstaat. Entstehung und Deutung eines zentralen Begriffs für die frühe Neuzeit.

Machiavelli und S. Giorgio

Rechtspolitische Kultur und institutionelle Debatte in Genua im 16. und 17. Jahrhundert*

Von Rodolfo Savelli

1. Machiavelli neu entdeckt

Am 30. Januar 1643 widmete der Drucker Pier Giovanni Calenzani dem jungen Genueser Juristen Orazio della Torre den „Tacito abburatato“ von Antonio Giulio Brignole Sale und vermerkte, wie „i partigiani di Tacito, vedendo offeso il lor idolo, ad una guerra sacra già si apparecchiano“ [die Anhänger des Tacitus, die ihr Idol beleidigt glauben, sich schon auf einen heiligen Krieg vorbereiten]. Seine Vorhersage war alles andere als unbegründet.

Wenige Jahre später, genauer gesagt 1647, veröffentlichte derselbe Drucker den „Astrolabio di stato da raccoglier le vere dimensioni de i sentimenti di Cornelio Tacito negl'Annali ... o sia instruttione ... nella quale si prescrivono e si pratticano i modi da ridurre a certa disciplina e arte la ragione di stato“. Der Autor war Raffaele della Torre, Vater von Orazio, dem Politiker und hervorragenden Juristen. Das Frontispiz schmückte Orazio als Adressat der „instruttione“; Orazio widmete das Werk dem Kardinal Antonio Barberini und erinnerte daran, wie sehr sein Vater „devoto al nome di V. Eminenza“ [dem Namen Eurer Eminenz ergeben] sei[1].

---

* Abkürzungen: ACG = Archivio storico del Comune Genova; AGS = Archivo General de Simancas; ASG = Archivio di Stato Genova; ASLSP = Atti della Società Ligure di Storia Patria; BAV = Biblioteca Apostolica Vaticana; BCB = Biblioteca Civica Berio Genova; BNF = Biblioteca Nazionale Firenze; BUG = Biblioteca Universitaria Genova; BUL = Bibliotheek der Rijksuniversiteit Leiden.

[1] Im selben Jahr wurde ohne die Widmung an Barberini das „Astrolabio“ in Venedig „appresso li Bertani“ neu gedruckt. Ein erster Hinweis auf das Werk von Raffaele della Torre findet sich vielleicht in der Widmung des „Ciro politico“ (Genova, P.G. Calenzani 1647) von Filippo Maria Bonini an Mazzarino: „non tarderà molto a comparire in questo nostro meridiano, acciò possino i periti col uso d'un perfett'Astrolabio di Stato d'un de maggiori ingegni che vanti nelle politiche essercitazioni ...“ [Es wird schon bald in diesen unseren Breiten auftauchen, so daß die Kundigen mit einem perfekten Astrolabium des Staaates eines der besten Geräte zur Ausübung der Politik besitzen werden ...]; (die Haltung Boninis war weitaus traditioneller als die della

In diesem Werk aber, das so offen und unverblümt zur Verteidigung Tacitus' schreitet (und nicht nur Tacitus', wie wir sehen werden), wird der Kritik des Brignole Sale nicht die geringste Beachtung geschenkt. So findet sich in den akademischen Ausführungen des Brignole Sale tatsächlich äußerst wenig über die lebhaften Debatten, die seit einigen Jahrzehnten in Italien und in Europa um Tacitus und die Staatsräson im Gange waren. Trotz verschiedener Aufwertungsversuche auch von einflußreicher Seite[2] kann man heute nicht umhin, dem Urteil beizupflichten, welches der erste moderne Biograph des Brignole zu Beginn des Jahrhunderts abgab: „im Grunde genommen wird alles so mühsam von Tacitus erreichte nur als Anlaß zu *Causerien* über tausenderlei Argumente genommen und endet größtenteils in moralischen und satirischen Tiraden"[3].

Die Parabel des Brignole Sale, des berühmten (und in Mode gekommenen) Intellektuellen und Spitzenpolitikers, der sich offensichtlich unerwartet und anscheinend ganz plötzlich zum Priester weihen ließ, muß wahrscheinlich noch vertieft werden[4]. Der „Tacito abburatato" scheint also das übliche Urteil

---

Torres: so sei „la ragion di stato maestra di tirannidi e germana dell'Atheismo" [die Staatsräson Lehrerin der Tyrannei und leibliche Schwester des Atheismus] insofern, als „la politica è propria de' Principi e la Ragion di stato de Tiranni" [die Politik der Fürsten und die Staatsräson der Tyrannen ist]). – Zu den Beziehungen della Torre, Barberini und Mazzarino s.u.

2 Vgl. die Anmerkung zur teilweisen Neuveröffentlichung des „Tacito", in: Politici e moralisti del Seicento, hrsg. von B. Croce / S. Caramella, Bari 1930, S. 306, wo die Rede ist von „neuen ethischen Anforderungen an die Interpretation des menschlichen Lebens, welche mit dem modernen Geist übereinstimmen". Bei weitem überbewertet wird dies auch in den beiden Aufsätzen von *R. Tommasinelli Gallo*, Anton Giulio Brignole Sale e l'Accademia degli Addormentati, in: La Berio, XIII (1973), Nr. 2-3, S. 65-74, und *ders.*, Anton Giulio Brignole Sale, in: Dibattito politico e problemi di governo a Genova nella prima metà del Seicento, in: Miscellanea Storica Ligure, VII (1975), 2, S. 177-208.

3 *M. de Marinis*, Anton Giulio Brignole Sale e i suoi tempi, Genova 1914, S. 197. Treffend ist das Urteil von *S. Bertelli*, Ribelli, libertini e ortodossi nella storiografia barocca, Firenze 1973, S. 32-33: „das Werk ist eine äußerst langweilige moralistische Erörterung ... ‚Tacito abburatato' wurde vor dem Eintritt in den religiösen Orden ausgearbeitet, auch wenn man es nicht vermuten sollte."

4 Vgl. die Bemerkungen von *C. Costantini*, La Repubblica di Genova nell'età moderna, Torino 1978, S. 298-299 (auch wenn die Hinweise auf Ribadeneira nicht besonders überzeugend scheinen). Die Unruhe, die der Entschluß von Brignole Sale in den Genueser Intellektuellenkreisen auslöste, kommt in den Briefen von Angelico Aprosio und von Girolamo Bardi zum Ausdruck. So schrieb der erste an Nicolas Heinsius: „il signor marcheses Brignole rinontiata la carica di Senatore in questa Republica si fece Prete e il dì di Natale disse la prima messa. Che cosa si possa aspettar da lui, non è così facile da indovinarsi, perché essendo caduto nelle mani de Giesuiti, temo non gli facciano perdere il cervello" (BUL, ms Burm. F. 7; Brief vom 11. Februar 1649) [Der Herr Marchese Brignole hat auf das Amt als Senator dieser Republik verzichtet und wurde Priester, Weihnachten hat er die erste Messe gehalten. Was man sich von ihm erwarten kann, ist nicht so leicht zu erraten – da er in die Hände der Jesuiten gefallen ist, fürchte ich um seinen Verstand]. Bardi seinerseits informierte

über die Armut und den Formalismus eines Großteils der Genueser Kultur des 17. Jahrhunderts und – noch allgemeiner – Meineckes Analyse des gesamten Versiegens der italienischen Literatur zur Staatsrason zu bestätigen[5].

Wenn man hingegen von Brignole Sale zum Werk von Raffaele della Torre übergeht, wird das Bild sofort bewegter, weniger manieristisch. Das „Astrolabio di stato" ist der Geschichtsschreibung keineswegs gänzlich unbekannt; aber es wurde sowohl wegen des relativ steifen Stils und der verworrenen Struktur, als auch wegen des geradezu überwältigenden Umfanges teils unterbewertet, und so blieben die neuen und interessanten Ansatzpunkte unerkannt[6]. An dieser Stelle braucht della Torres Beitrag zur Theorie der Staatsräson (die er mit dem Betrug gleichsetzte) nicht eingehend untersucht zu werden, es ist vielmehr von Nutzen, einige herausragende Punkte zu untersuchen, die hier für unseren Diskurs eine Rolle spielen. Der Grund, dieses Buch der Vergessenheit zu entreißen, liegt tatsächlich weder in der Verteidigung der „delitie" in Tacitus' Werken, noch in der weltlichen Einstellung, mit der die Wirklichkeit zu beurteilen sei („senz'altra guida fuori della sola ragione"[7] [ohne anderen Führer, abgesehen von der Vernunft allein]). In diesen Jahren hatten andere kluge Köpfe für Tacitus Partei ergriffen: man denke – nur um einen Namen zu nennen – an Paganino Gaudenzi, mit dem Raffaele della Torre keineswegs zufällig einen Briefwechsel führte[8].

Marco Aurelio Severini wie folgt: „il S. Brignole [si è] dato totalmente alla bacchetoneria et a studiar prediche, con il prurito di comparire in pulpito" (Biblioteca Lancisiana, Roma, Lettere diverse a M.A. Severini, ms 12) [S. Brignole hat sich ganz der Scheinheiligkeit hingegeben, studiert Predigen und hat Lust, auf der Kanzel zu erscheinen].

5 *F. Meinecke*, Die Idee der Staatsräson in der neueren Geschichte, hrsg. von W. Hofer, (Werke, Bd. 1, hrsg. von H. Herzfeld / C. Hinrichs / W. Hofer), 3. Aufl., München 1963.

6 Von „Dilettantismus" spricht *R. De Mattei*, Il Problema della „Ragion di Stato" nel Seicento, XI: Marginali contributi alla polemica, in: Rivista internazionale di filosofia del diritto, XXXIV (1957), S. 191 (jetzt in: Il problema della „ragion di stato" nell'età della controriforma, Milano / Napoli 1980, S. 185); etwas weniger oberflächlich wird das Urteil ausfallen in: *ders.*, Dal premachiavellismo all'antimachiavellismo, Firenze 1969, S. 151-154. Hinweise darauf finden sich bei *J. von Stackelberg*, Tacitus in der Romania. Studien zur literarischen Rezeption des Tacitus in Italien und Frankreich, Tübingen 1960, S. 147, 259. Es liegt außerhalb der chronologischen Grenzen des Werkes von *K.G. Schellhase*, Tacitus in Renaissance Political Thought, Chicago 1972.

7 *R. della Torre*, Astrolabio di stato, Genova 1647, S. 145-146: „facciamoci pertanto da un capo dicendo senz'altra guida, fuori della sola ragione: che tutti gl'huomini che sono, che furono o che saranno in l'avenire per naturale istinto altro con maggior sollecitudine non procurano che di avanzare nel proprio profitto" [Wir nehmen daher Stellung und behaupten: daß alle Menschen, die existieren, die existiert haben oder je existieren werden, instinktiv nichts mit größerem Eifer betreiben, als zum eigenen Vorteil voranzukommen].

8 „Non credetti mai con l'esca tanto povera del mio Astrolabio di stato poter fare l'acquisto pretiosissimo inviatomi da V.S. del suo Candore Politico" [Ich hätte nie gedacht, daß mir ein so armseliger Köder wie mein „Astrolabio di stato" den „Candore

Uns ist hingegen daran gelegen, hervorzuheben, wie in Genua um die Mitte des 17. Jahrhunderts – von der Gesellschaft Jesu hegemonial beherrscht und dem Anschein nach gut unter Kontrolle gehalten – ein Buch erscheinen konnte, das sich polemisch gegen Famiano Strada, Sforza Pallavicino und den Kardinal Bellarmino richtet – gegen die beiden letztgenannten besonders im Anhang, welcher der Verteidigung der republikanischen Regierungsform gewidmet ist[9]. Und in der Diskussion geht es wohlgemerkt nicht nur um „tacitistische" Themen, um das Sektierertum des Strada, um die Interpretation dieses oder jenen Passus' der „Annali", sondern sie scheint auch gegen andere Aspekte der Politik der Jesuiten gerichtet: „non abbiamo mestiere più eccellente ne genere di persone più sollecite, che maggiormente si adoprino ne per fine più sollevato, della Pia Famiglia del Santo di Loiola; e questa alla stessa misura conviene riconoscerla per piena d'inganni"[10] [Es gibt weder eine ausgezeichnetere Tätigkeit, noch fürsorglichere Personen, die sich einem höheren Ziel verschrieben haben, als der „Pia Famiglia del Santo di Loiola"; und diese muß gleichzeitig als betrügerisch erkannt werden].

Der Wunsch, zu demonstrieren, wie der Betrug auch auf das „Gute" ausgerichtet sein kann, führt Raffaele della Torre zu eindeutig gefährlichen Behauptungen:

> „non precetti della Pietà Christiana, ma inganni sono quelle ellettioni di Officiali e di Prefetti, di Assistenti e di Consiglieri nelle Congregationi dedicate al culto della Regina degli Angeli Nostra Signora. Ne li tendono solamente alla gioventù incauta, ma all'età più matura, e a tutti generalmente.
>
> Che fanno ne sacri Tempij quelle incrostature di marmo e d'oro, quel carricare di vascellamenta d'argento gl'Altari; quel far di giorno notte, togliendone la luce; di notte giorno, rendendola co' doppieri; quelle melodie di musicali instromenti e di voci canore? Son tutt'inganni"[11].
>
> [Keine Gebote der christlichen Frömmigkeit, sondern Betrug sind diese Wahlen von Beamten und von Präfekten, von Assistenten und von Ratgebern in den Kongregationen, die der Verehrung der Himmelskönigin, unserer lieben Frau gewidmet sind. Und er ist nicht nur auf die unvorsichtige Jugend gerichtet, sondern auch auf das reifere Alter und auf alle ganz allgemein.
>
> Was haben in den heiligen Tempeln die Inkrustationen aus Marmor und Gold zu suchen, dieses Überladen der Altäre mit Silber; dieses aus dem Tag Nacht machen, indem ihm das Licht genommen wird; aus der Nacht Tag, mit Leuchtern; jene Melodien von Musikinstrumenten und von Singstimmen? Es ist alles Betrug.]

---

politico" von Euer Hochwohlgeboren eingebracht hätte], schrieb ihm della Torre im März 1647 (BAV, Urb. Lat. 1268, c. 56r-v.; der Hinweis ist auf *Gaudenzi*, De candore politico in Tacitum, Pisa 1646). Ferner in BAV, Urb. Lat. 1268 weitere Briefe von Raffaele della Torre an Gaudenzi sowie Verse von Gaudenzi, die das „Astrolabio di stato" lobpreisen.

9 „Se il governo d'un solo s'habbia da preferire a quello di molti", S. 710 ff. der Genueser Ausgabe [ob das Regieren eines Einzelnen, demjenigen von Vielen vorzuziehen sei].

10 *R. della Torre*, Astrolabio, S. 159.

11 Ebd., S. 160.

Sicherlich kann man Raffaele della Torre nicht mit einem *esprit fort* an die Seite stellen, aber zweifelsohne sind diese Behauptungen nicht ganz indifferent. Komplex, voll vielseitiger Neigungen, aber auch kontrastreich und widersprüchlich präsentiert sich seine Persönlichkeit[12].

Dies zeigt sich, als er 1641 Muzio Vitelleschi, dem General der Gesellschaft Jesu, sein lehren- und informationsreiches Hauptwerk „De Cambiis" widmet; 1647 schießt er seine giftigen Pfeile auf gewisse devote Praktiken der Jesuiten ab (vielleicht auch besorgt, über den Einfluß, den diese inzwischen auf das Genueser Patriziat ausübten: der Fall des Brignole Sale wird im darauffolgenden Jahr aufs Tapet kommen, aber ihm waren nicht wenige andere vorausgegangen und es sollten noch mehr folgen). Emblematisch und exemplarisch ist also auch eine Verfügung seines Testaments, das er im ehrwürdigen Alter von 82 Jahren aufsetzte, derzufolge er die „Magdeburger Zenturien" eben der Gesellschaft Jesu vermachte![13].

Ein weiteres und noch bedeutsameres Merkmal der Vielschichtigkeit (und der kulturellen Originalität) Raffaele della Torres ist seine Haltung Machiavelli gegenüber. Wenn er sich in einem späteren Werk, „Delle materie del Finale" (auf das Manuskript, das nie gedruckt wurde, werden wir später noch ausführlich zu sprechen kommen), den gängigen Schmähungen und Verurteilungen des Florentiner Sekretärs anpaßt („L'autore di dannata memoria celebrato dagli ignoranti politici non per altra dottrina più soda che di leggere in esso un empio disprezzo della virtù et della religione, con farle ministre et ancelle di attioni tiranniche"[14] [Der Autor verdammten Andenkens, der von ignoranten Politikern verehrt wird, da sie in ihm eine gottlose Verachtung der Tugend und Religion lesen können, die so zu Handlangern und Dienern tyrannischer Aktionen werden]), so ist im „Astrolabio di stato", das mit kirchlicher Erlaubnis gedruckt wurde, seine Haltung Machiavelli gegenüber eine ganz andere.

---

[12] Er wurde auch angeklagt (so von dem anonymen und informierten Autor eines Briefes aus dem Jahr 1649, der unter den Papieren der Staatsinquisitoren gelandet ist), daß er – seinem Beruf als Rechtsanwalt entsprechend – einmal für dies, einmal für jenes schrieb (ASG, Senato, Sala Senarega 1081).

[13] „Item lascio alli RR.PP. della Compagnia di Giesù della casa professa in segno del mio ossequio verso la compagnia e per testificare la memoria delle obbligationi che professo a tutta la compagnia il picciol segno delle Centurie Magdeborgesi che tengo nella mia libraria, nelle quali se bene si sente da ogni lato il puzzo dell'heresia, ad ogni modo non vi mancano notitie degne di memoria" (ASG, Notaio Paolo Agostino Toso, s. 13, sc. 1019, f. 5; Testament vom 9. März 1662) [Ebenso hinterlasse ich den ehrwürdigen Vätern der Gesellschaft Jesu des Ordens, zum Zeichen meiner Ehrerbietung gegenüber der Gesellschaft und um die Erinnerung an meine Obligation gegenüber der gesamten Gesellschaft zu bezeugen, das kleine Zeichen der „Magdeburger Zenturien", die ich in meiner Bibliothek aufbewahre, in denen sich trotz des ketzerischen Gestanks, der ihnen auf jeder Seite entweicht, auf jeden Fall Erinnernswertes befindet]. Della Torre starb am 21. März 1666 (vgl. die Matrikel des „Collegio dei dottori" in ASG, Bibliotheca, Manoscritti. 142 – vormals 373).

[14] *R. della Torre*, Delle materie del Finale, in ASG, Membranacei di S. Giorgio, 66, S. 199-200.

In diesem umfangreichen Band geht es tatsächlich nicht nur um Tacitus sondern in gleichem Maße um den „Principe“ und die „Discorsi“. Lange und gewissenhafte Zitate stehen im Wechsel mit strenger (und oft pedantischer) Kritik.

Aber was vor unseren Augen bemerkenswert scheint, ist, wie Raffaele della Torre erklärt, an den Text Machiavellis herantreten zu wollen: zwar schreibt er ihm eine geringe „cognitione delle scienze migliori e più sollevate“ [Kenntnis der besten und gehobensten Wissenschaften] zu, gesteht ihm aber „una gran notitia delle cose andate, congionta una esquisita cognitione delle correnti“ [ein großes Wissen um vergangene Dinge, verbunden mit einer ausgezeichneten Erkenntnis der jetzigen] zu; demzufolge wird die Kritik Machiavellis „si manifesterà con l'evidenza delle ragioni; tralasciate le invettive, e gl'improperij a coloro i quali a somiglianza delle donne piu vili, non con altro combattono che con dir villanie“[15] [sich mit der Offensichtlichkeit der Gründe manifestieren; wenn die Schmähreden und Beschimpfungen denjenigen überlassen worden sind, die – ähnlich wie die niederträchtigsten Weiber – nur so zu kämpfen wissen, indem sie Gemeinheiten aussprechen].

Wir sind also – wie man sehen kann – weit von der ausgebildeten und traditionellen antimachiavellistischen Polemik entfernt. Es läßt sich hingegen – mit der gebotenen Vorsicht – bestätigen, daß wir vor einem alles andere als zweitrangigen Versuch der Wiedergewinnung und Aufwertung stehen. Abgesehen von der umfangreichen Kritik an diesem oder jenem Passus des „Principe“ oder der „Discorsi“ haben wir hier letzten Endes ein Urteil Raffaele della Torres, das uns (möglicherweise leicht verzerrt) die Quintessenz seines Denkens zu enthalten scheint:

> „Non si può ne si deve negare che [Machiavelli] non havesse un grandissimo ingegno, e che in quelle sue celebrate fatiche non si contenghino moltissimi documenti degni da esser seguiti, anzi havuti per oracoli nell'amministratione delli stati“[16].
>
> [Weder kann noch darf verneint werden, daß Machiavelli ein Mensch von größtem Verstand ist, und daß seine so berühmten Anstrengungen vieles enthalten, was wert ist, befolgt zu werden, oder besser noch, was als Orakelsprüche in der Verwaltung der Staaten zu gelten hat.]

„Oracoli nell'amministrazione delli stati“: wer anderes als Raffaele della Torre, der seit mehr als zwanzig Jahren aktiv in der Politik tätig war, konnte in Genua ein ähnliches Urteil abgeben? Er gehörte bekanntermaßen in den 30er und 40er Jahren des 17. Jahrhunderts zu jener Gruppe von Adeligen, die versuchten, den Schwerpunkt der Genueser Außenpolitik auf neutralistische Positionen zu lenken und die auf die gleichzeitige Ausrüstung einer Flotte drangen (aber wir werden später noch Gelegenheit haben, darauf zurückzu-

---

15 *R. della Torre.*, Astrolabio, S. 221.

16 Ebd., S. 220.

kommen)[17]; dies führte soweit, daß er und die anderen Mitglieder dieser Gruppe in den Berichten des Botschafters Francisco de Melo über den Genueser Adel als „mal afecto" (also anti-spanisch) beschrieben wurden[18].

Raffaele della Torre ist aber nicht nur eines von vielen Beispielen für die Verweigerung der Unterordnung unter Spanien: er bewegte sich nicht nur in der beschränkten Arena der Politik Genuas. Der Horizont seiner Beziehungen erstreckt sich von Frankreich[19] bis zu Barberini, mit dem er sicherlich auf seiner diplomatischen Mission im Jahr 1645 Kontakt aufgenommen hatte[20]. Und anläßlich dieses Aufenthaltes als Diplomat in Rom gelang es ihm, seine Gaben als Politiker und Intellektueller unter Beweis zu stellen[21].

Im Jahre 1637 hatte die Republik Genua beschlossen, fürstliche Insignien zu verwenden, um die volle Autonomie und Souveränität des Staates zu bekräftigen (ein Thema, an dem sich viele Gelehrten und Literaten nach Lust

---

17 Vgl. *R. Savelli*, Un seguace italiano di Selden: Pietro Battista Borghi, in: Materiali per una storia della cultura giuridica, III (1973), 1, S. 15-27; *C. Costantini*, La Repubblica di Genova, passim.

18 AGS, Estado, Genova 3591 (76/113). Zu diesen beiden Berichten von De Melo vgl. *G. Doria / R. Savelli*, „Cittadini di Governo" a Genova: ricchezza e potere tra Cinque e Seicento, in: Materiali per una storia della cultura giuridica, X (1980), S. 342 sowie die detaillierte Analyse von *C. Bitossi*, Famiglie e fazioni a Genova, 1576-1657, in: Nobilità e governo a Genova tra Cinque e Seicento, in: Miscellanea Storica Ligure, XII (1980), 2, S. 113-124.

19 Vgl. die Briefe von Mazzarino an Giannettino Giustiniani, hrsg. von V. Ricci in: Miscellanea di storia italiana, IV (1863), S. 28-29: „Resto sempre più obbligato a V.S. dei favori che mi procura dal Sig. Raffaele della Torre, quali sono da me grandemente stimati" (11. März 1646) [Ich fühle mich Euer Wohlgeboren immer mehr verpflichtet für die Gefälligkeiten, die er mir beim Herrn Raffaele della Torre bewirkt und die ich äußerst hochschätze]; S. 122: „Conosco ... bene l'affetto del signor Raffaello della Torre verso questa Corona" (8. Dezember 1648) [... ich weiß sehr wohl um die Zuneigung des Herrn Raffaello della Torre zu dieser Krone]; S. 189: „io resto molt'obbligato alla buona opinione ch'ha di me il sig. Raffaele della Torre" (26. Januar 1657) [Ich bleibe der hohen Meinung, die Herr Raffaele della Torre von mir hat, sehr zu Dank verpflichtet]; vgl. außerdem den intensiven Briefwechsel von Giustiniani, der in den Archives Diplomatiques, Ministère des Affaires Etrangères, Paris, Correspondance Politique, Gênes, 4, 5, 6 und 7 erhalten ist.

20 Vgl. die Briefe della Torres in BAV, Barb. Lat. 10.036. Della Torre ist außerdem der Autor der anonymen „Fuga del Cardinal Antonio male interpretata e peggio calunniata", Perugia 1646 (Vgl. *R. della Torre*, Historie, I, BUG, ms C. V. 7, S. 1144), und die Mazzarino in einem Brief an Giustiniani erwähnt (wie in Anm. 19, S. 26-27, im Original durchgesehen, ACG, ms 49, c. 15r): „Non ho veduto la risposta alla scrittura intitolata 'La mal consigliata fuga', ma son certo che sarrà ottima essendo parto del purgatissimo giudicio del sig. Raffaele della Torre, di cui io faccio molto caso" [Ich habe die Antwort auf das Werk „La mal consigliata fuga" nicht gesehen, bin aber überzeugt, daß sie ausgezeichnet sein wird, da sie von Herrn Raffaele della Torre stammt, dessen gerechtes Urteil ich sehr hochschätze]. Zur Rolle, die andere Genueser bei der Flucht von Barberini gespielt haben, vgl. *E. Rossi*, La fuga del cardinale Antonio Barberini, in: Archivio della R. Deputazione Romana di storia patria, LIX (1936), S. 303-327.

21 Die Depeschen aus Rom von Raffaele della Torre in ASG, Archivio segreto 2355.

und Laune austobten). Auch Raffaele della Torre versäumte es nicht, mit einer Schrift auf den Plan zu treten, in der er mit seiner Bildung protzt, aber nicht nur damit. „Esame delle preminenze reali pretese dalla Ser.ma Republica di Genova nella corte di Roma l'anno 1645"[22] ist ein kurzes Werk mit widersprüchlichen Zügen: einerseits unterscheidet es sich in nichts von anderen, die zu dieser Zeit erschienen (gespickt mit Zitaten und Informationen, die den vergangenen Ruhm der Republik zur Schau stellen sollen); andererseits enthält es einleitend eine Erklärung der Souveränitätstheorie, die es wert ist, in ihrer Gänze wiedergegeben zu werden:

> „La sovranità ne Prencipi è quel carattere che rendendoli nell'uffizio similissimi a Dio, dal quale solo e immediatamente riconoscono l'autorità, gli sollieva in dignità sovra tutti quelli che non l'hanno. Né s'acquista ella o si mantiene con maestà di titoli o con chiarezza del sangue, o si misura con l'ampiezza delle Dominate Provincie. Né più si confà con il Principato d'un solo, che con quello di più o di tutti, ma prende le sostanze d'una piena et illimitata indipendenza dovutale di ragione e esercitata di fatto nell'amministrazione della Repubblica, siasi pur ella di forma Aristocratica o Democratica, o pure di Monarchia".
>
> [Die Souveränität der Fürsten ist das, was sie im Amt Gott so ähnlich werden läßt, dessen Autorität allein sie direkt anerkennen, und erhebt sie in Würde über alle, die sie nicht besitzen. Sie kann weder gekauft, noch mit erhabenen Titeln oder der Reinheit des Blutes gehalten werden, noch läßt sie sich an den beherrschten Provinzen messen. Sie paßt weder zu der Herrschaft eines Einzelnen, noch zu der Herrschaft mehrerer oder aller, sondern sie nimmt aus einer vollen und grenzenlosen Unabhängigkeit Bestand an, die von der Vernunft herrührt und welche in der Verwaltung der Republik tatsächlich ausgeübt wird, sei diese nun aristokratischer, demokratischer oder auch monarchischer Form.]

Die logische Schlußfolgerung war, daß ein souveräner Staat sich nicht als „più sovrano dell'altro" [souveräner als der andere] bezeichnen kann[23].

Wie gesagt, ist der erste Name, der einem in diesem Zusammenhang in den Sinn kommt, derjenige von Jean Bodin[24]. Sicherlich mag es sich um einen rein instrumentalen Gebrauch gehandelt haben, ohne überzeugte Zustimmung (wie es hingegen im Fall von Machiavelli zu sein scheint); aber die Tatsache bleibt in gleicher Weise signifikant. Zwischen 1645 und 1647 kommt Raffaele della

---

[22] Zitat aus dem Manuskript BCB, mr. IV.3.14. Zahlreich sind die Manuskripte und die Antworten, die es hervorrief. Der Druck, den della Torre angeblich ohne Autorisation der Republik vertrieben hatte, war mir nicht zugänglich; in einem Brief der *Collegi* vom 22. September 1645 wird della Torre vom Mißfallen der Regierung gegenüber dieser Initiative und vom Entschluß, die Schrift geheim zu halten, informiert (ASG, Archivio segreto, 1904).

[23] Die möglichen anti-spanischen Implikationen der Frage der „onoranze regie" [königlichen Ehrenbezeigungen], hatte der Resident Antonio Briceño Ronquillo genau erfaßt, der am 3. März 1647 in einer Depesche die Rolle Raffaelle della Torres hervorstrich: es ist er, der „sin perder occasion" die Geister aufrührt „en la conbersaciones particulares y en los consexos" (AGS, Estado, Genova, 3602, 55).

[24] *R. De Mattei*, Sulla fortuna di Bodin in Italia. Proiezioni italiane del concetto di sovranità, in: Studi in onore di Antonio Segni, Milano 1967, Bd. 2, S. 17 ff.

Torre – in Gelegenheitsschriften oder in großangelgten Werken – nichts besseres in den Sinn, als bei zwei verbotenen Autoren (zwei verfluchten Autoren, wie man versucht ist, zu sagen) zu borgen und diese Autoren sind: Machiavelli und Bodin.

So ließe sich fast bestätigen, daß della Torre – er wurde sich inzwischen vielleicht auch angesichts des Ausgangs jener halbherzigen Reformen der 30er und 40er Jahren der begrenzten Möglichkeiten der inneren und internationalen Lage bewußt – sich den Klassikern der modernen Politik zugewandt hatte, um Inspiration und neue Impulse für die Fortsetzung seines Schaffens zu finden.

Es ist uns keineswegs daran gelegen, aus ihm einen Demiurgen, einen „principe nuovo" zu machen; er war und blieb ein adliger, ganz zum Establishment gehörender Genueser, ein Jurist und Rechtsanwalt von Ruf, der stets damit beschäftigt war, Gutachten und Aussagen für Privatpersonen, Magistraturen und Behörden der Republik zu erteilen. Dennoch kann dieses unerwartete Aufkommen bestimmter Themen kein reiner Zufall und nicht unmotiviert sein. Ohne Grund wendet man sich nicht Machiavelli und Bodin zu. Genua war eine kleine Republik, „arm" und schwach; die Staaten, die Politik auf europäischem Niveau betrieben, hatten ganz andere Dimensionen und Strukturen.

Und dennoch machte sich Raffaele della Torre zum Wortführer von Gruppen, die eine autonome Präsenz Genuas in Italien und im Mittelmeerraum widerhergestellt sehen wollten; und so entdeckte er Machiavelli, Bodin (und Tacitus) neu.

Hier stellt sich nun die Frage: War er eine isolierte Figur? Ein „harmloser" Intellektueller? Ein Exzentriker, ein „gebildeter Freigeist"? Keine dieser Umschreibungen wird ihm gerecht. Im Gegenteil, wenn man so will, steht er fest auf dem Boden der politischen und kulturellen Tradition im Genua der Neuzeit; oder wenigstens einer bestimmten Strömung des Denkens und der Regierung, die ihren eigenen Überlegungen nie die Ehre der gedruckten Form zukommen ließ; doch zwischen prächtigen Palazzi und armseligen Buden, unter einem scheinbaren Immobilismus, bewegte sich weiterhin etwas. Aber welche Präzedenzfälle gab es denn? Ist eine Reise zurück in die politischen und kulturellen Debatten der Vergangenheit möglich? Hatte es schon andere „partigiani di Tacito" gegeben?

2. „Sapere di stato"

Eines der zahlreichen Pamphlete, die Giovanni Antonio Ansaldi 1628 anläßlich der Verschwörung Vacheros (und anläßlich des Krieges des Herzogs von Savoyen gegen Genua) veröffentlichte, enhält einen Passus, der als Warnung gelten kann:

„La risolutione tirannica c'hanno fatto essequire cotesti pergiuri e ribaldi huomini che governano è stata fatta senza ragione alcuna, non dico christiana, ma ne anche di quella scelerata politica che il Bodino e il Machiavelli hanno lasciata scritta"[25]. [Der tyrannische Beschluß, der uns von diesen meineidigen Schurken in der Regierung auferlegt wurde, entbehrt jedweder Raison, und ich sage nicht der christlichen, sondern sogar jener ruchlosen politischen, die uns Bodin und Machiavelli schriftlich hinterließen.]

Obwohl der an Machiavelli und Bodin gekoppelte Abscheu inzwischen sicherlich ein konsolidierter Topos der politischen Publizistik ist[26], kommt in diesem Fall vielleicht nicht nur ein rein literarisches und propagandistisches Muster zum Vorschein. Es ist nicht das erste Mal, daß gegen die führende Gruppe der Republik Genua und insbesondere gegen die Exponenten des „neuen" Adels (jenes Adels, dem auch della Torre angehörte) die Anklage des „Machiavellismus" erhoben wird[27].

Einige Jahre früher erschienen in einem gequälten anonymen Dialog gegen das genuesische Establishment (aber insbesondere gegen die „neuen" Adeligen) folgende Behauptungen:

„Li nuovi sanno di stato et fanno professione di servirse del Machiavelli, se bene è prohibito, però li è stato scritto contra da quelle persone che attendono alla Monarchia, e mentre dicono il Machiavelli dice questo et se li risponde quest'altro, resta in elettione al lettore di attaccarsi a quello li piace del fomentare le questioni, et viddi io in quella del Marchese Spinola contro l'Imperiale ... non solo li Avvocati, che sono de novi, la tenevano viva, ma fu uno del Magistrato de Supremi che disse il Spinola haver ragione, ma per raggion di stato bisognava darla al Principe Doria"[28]. [Die Neuen wissen um den Staat, und behaupten, sich Machiavellis zu bedienen, auch wenn es verboten ist, aber gegen ihn stellten sich diejenigen, die die Monarchie anstreben, aber während sie behaupten, Machiavelli sagte dies und jenes andere werde darauf geantwortet, bleibt es dem Leser selbst überlassen, Stellung zu nehmen und die Diskussion anzuregen, wie man in der Haltung des Marchese Spinola gegenüber der kaiserlichen Position sehen kann ... nicht nur die Rechtsanwälte, die zu den Neuen gehören, vertraten diese Seite, sondern es war einer aus dem *Magistrato de Supremi*, der behauptete, daß Spinola recht habe, was aber die Staatsräson betrifft, so müsse man sie dem Fürsten Doria überlassen.]

---

25 Auf S. 4-5 des „Secondo Aviso" enthalten in „Verità essaminata a favor del Popolo il quale con ingiustitia è tenuto fuori del governo in Genova. Contro alcuni Tiranni dell'istesso Popolo che già se ne credono impossessati con fraude, MDCXXVIII". Zu den Opuskeln des Ansaldi vgl. *G. Doria / R. Savelli*, „Cittadini di governo" a Genova, S. 309-312. In einem Exemplar des BCB, mr. Coll. 52.17 wurde nachträglich eingedruckt: „Di Gioffredo Lomellino", der – wie wir noch sehen werden – schon seit Jahren tot war, aber es konnte immer noch von Nutzen sein, seinen Namen zu verwenden.

26 Vgl. *R. De Mattei*, Dal premachiavellismo, S. 244 ff.

27 Und Raffaele della Torre spielte im Prozeß gegen Vachero keine unwesentliche Rolle.

28 Dialoghi sopra la Republica di Genova, in: ASG, Manoscritto 859, S. 232-234; zu diesen Dialogen vgl. *G. Doria / R. Savelli*, „Cittadini di governo" a Genova, S. 306-307.

Diese Bezeugung läßt sich auf verschiedenen Ebenen lesen und kann interessante Hinweise liefern; nicht nur über einen republikanischen Machiavelli, gegen den diejenigen schreiben, „che attendono alla Monarchia“ oder uber einen „curiale“ [höfischen] Gebrauch des Machiavelli. Interessant aber wird diese Behauptung, wenn man sie im Zusammenhang mit der folgenden sieht: „li avvocati che sono de novi“. Dies entsprach zweifelsohne der Wahrheit: zwischen 1541 und 1603 sind mehr als doppelt so viele „nuovi“, neue Adelige, im *Collegio dei dottori* [Juristenkolleg] wie Adelige alten Geschlechts[29]. Während der Zeit der Unstimmigkeiten innerhalb des Adels konnten die „nuovi“ auf den qualifizierten Beitrag einer zahlenmäßig weitaus überlegeneren technischen Intelligenz zählen, mehr, als dies den „vecchi“ möglich war. Aus diesem Grund urteilt der Autor der Dialoge, der behauptet, daß „li nuovi sanno di stato“ – genauso entschieden, „li vecchi non sanno di stato“ [Die alten Adeligen verstehen nichts vom Staat][30]. Und auch dies ist ein traditionelles Urteil in der Genueser Publizistik und den veröffentlichten Memoiren: vom Bericht von Monsignore Goffredo Lomellini aus dem Jahr 1575 („i vecchi poco si curano dello stato“ [Die Alten kümmern sich wenig um den Staat]), über jenen unbestimmter Herkunft aus dem Jahr 1597 („se i vecchi sapessero di stato“ [Wüßten die Alten um den Staat ...]) bis zu vielen anderen mehr[31].

Nun gut, dieser Satz vom „Wissen um den Staat“ klingt an einen Passus aus dem „Principe“[32] an und alle, die ihn verwendet haben, sind Leser (und zum Teil auch Verehrer) Machiavellis.

Nehmen wir z.B. den Kammergeistlichen Goffredo (oder Gioffredo) Lomellini. Um 1545 geboren, studiert er in Mondovi, Pisa und Turin Jura; 1571 wird er in Genua ins *Collegio dei dottori* hineingewählt[33], ab 1573 finden wir

---

[29] *G. Montagna*, Il Collegio dei dottori a Genova: la documentazione dal 1541 al 1603, in: Università di Genova, Annali della Facoltà di giurisprudenza, XVIII (1980/1981), S. 69-107. Der Prozentsatz an neuen Adeligen nimmt in der ersten Hälfte des 17. Jahrhunderts noch zu: vgl. *R. Savelli*, Diritto e politica: „doctores“ e patriziato a Genova, in: Sapere e/è potere. Discipline, Dispute e Professioni nell'Università Medievale e Moderna. Il caso bolognese a confronto, III, Bologna 1990, S. 294-295.

[30] Dialoghi, S. 81.

[31] Zu diesen beiden Texten siehe unten. Was den Gegensatz „vecchi“ - „nuovi“ betrifft, so verweise ich auf meinen Aufsatz: La repubblica oligarchica. Legislazione, istituzione e ceti a Genova nel Cinquecento, Milano 1981 (siehe das interessante Zitat aus dem Tagebuch von Marco Gentile, einem anderen Leser Machiavellis, auf S. 81).

[32] „io li resposi ch'e' franzesi non si intendevano dello stato; perché, se se ne intendessino, non lascerebbano venire la Chiesia in tanta grandezza“ (*N. Machiavelli*, Il Principe, hrsg. von S. Bertelli, Milano 1960, III, S. 25) [„... antwortete ich ihm, die Franzosen verstünden sich nicht auf die Staatskunst; denn wenn sie sich darauf verstünden, würden sie nicht die Kirche zu solcher Macht kommen lassen“; *ders.*, Der Fürst, Stuttgart 1986, III, S. 29]. Vgl. außerdem *F. Chiappelli*, Studi sul linguaggio del Machiavelli, Firenze 1952, passim u. bes. S. 69.

[33] ASG, Notai Ignoti 220 und *G. Montagna*, Il Collegio dei dottori, S. 98.

ihn in der römischen Kurie[34], wo er vielleicht vom Kardinal Benedetto Lomellini – ebenfalls einem Juristen – eingeführt wurde[35]. Er unterhielt Verbindungen zu den Medici[36] und zur französischen Krone[37], zwischen 1593 und 1595 vertrat er in Rom auch die Interessen der Republik Genua[38]; dann erlitten seine Beziehungen zur Genueser Führung aufgrund seiner frankreichfreundlichen Haltung irreparablen Schaden. 1600 wurde er aus Genua ausgewiesen: „fu risoluto anco col consiglio del principe Doria far dire a detto monsignor Lomellino … a nome de due Colleggi che debba esso fra 3 giorni partir dalla Città e Dominio ne ritornarvi senza espressa licenza del Senato"[39] [Der Rat des Fürsten Doria beschloß außerdem, dem besagten Monsignore Lomellini mitzuteilen … im Namen der beiden Kollegien, daß er binnen 3 Tagen aus Stadt und Staat sein müsse und nicht ohne ausdrückliche Erlaubnis des Senats zurückzukehren habe]. Aus diesen sehr vorläufigen und fragmentarischen Untersuchungen ergibt sich also das Bild eines Lebens, das ganz den Angelegenheiten der Kurie, der Politik und der Diplomatie gewidmet ist, aber nicht ohne literarische Interessen[40]. Im Hause des Kardinals Cinzio Aldobrandini, wo „un'Academia di cose di stato" [eine Akademie für Staatsangelegenheiten] ab-

---

[34] *B. Katterbach*, Referendarii utriusque signaturae, Città del Vaticano 1931, ad indicem.

[35] Vgl. z.B. die Widmung des „Consiliorum seu responsorum in causis criminalibus … tomus secundus, Venetiis, Apud Bernardinum & Iacobum Zilettos 1572, von G.B. Ziletti an Benedetto Lomellini. Goffredo Lomellini ließ den Grabstein für den 1579 gestorbenen Kardinal Benedetto legen: vgl. BCB. mr. V. 2.5, wo eine kurze und anonym verfaßte Biographie des Kardinals enthalten ist.

[36] Archivio di Stato, Firenze, Mediceo del Principato, 3617.

[37] Sehr viele Briefe in der „Bibliothèque Nationale", Paris. Für eine gewisse Zeit nahm er an den Verhandlungen über die Absolution Heinrichs IV. teil, welcher ihn 1599 vergebens für die Kardinalswürde vorschlug: vgl. Lettres du Cardinal d'Ossat … avec des notes Historiques et Politiques de Mr. Amelot de la Houssaie, Paris 1698, 2 Bde. (passim), und *L. von Pastor*, Storia dei Papi, Roma 1928-1929, Bd. 10, S. 244 und Bd. 11, S. 94.

[38] Vgl. die Korrespondenz in ASG, Archivio segreto 1868, 1869, 1975.

[39] Racconto delle cose successe in Genova dall'anno 1600 al 1610, ACG, Fondo Brignole Sale 109.D.4; in diesem Tagebuch (das wahrscheinlich Giulio Pallavicino zuschreibbar ist) findet sich unter dem 31. Dezember 1600 die Eintragung des Todesdatums Lomellinis: „Mons.r Gioffredo Lomellini … morto ne contorni di Ginevra nel Campo del Re di Francia di morte improvvisa mentre disputava con uno heretico" [Monsignore Gioffredo Lomellini verstarb plötzlich in der Umgebung Genfs, auf französischem Gebiet, während er mit einem Häretiker diskutierte]. Lettere relative al contrasto con il Senato, in ACG, Manoscritto 339 und Biblioteca Corsiniana, Roma, 682 (35.B.11).

[40] Vgl. z.B. den Brief von Ansaldo Cebà, in dem er Lomellini zu der Zusammenfassung von Senecas „De beneficiis" gratuliert, in *A. Cebà*, Lettere, Genova, G. Pavoni, 1623, S. 46-47; oder die Verse ihm zu Ehren, in *G. Catena*, Latina monumenta, Papiae, apud Hieronymum Bartolum, 1577, c. 35r (zu den Beziehungen von Catena mit den Genuesern und Giulio Pallavicino vgl. auch „Delle lettere … primo volume" Roma, apresso Jacopo Tornieri, 1589).

gehalten wurde, bot sich Lomellini die Gelegenheit, unter Beweis zu stellen, wie sehr er – laut Aldobrandini selbst – „un bello spirito“ [ein Schöngeist] sei[41].

Es ist schon länger bekannt, daß Botero 1594 gerade in Rom wegen seines Buches „Della ragion di stato“ heftig angegriffen wurde: schon Boccalini hatte darüber im 87. *ragguaglio* des zweiten Bandes von hundert *ragguagli* geschrieben und trug als Anklagepunkt gegen Botero vor, daß „entro il libro solo trattandosi della politica in genere, in lui menzion alcuna non si faceva di quella ragion di Stato che altrui prometteva il titolo“[42] [In dem Buch gehe es nur um die Politik im allgemeinen und die Staatsräson, die im Titel versprochen worden sei, werde mit keinem Wort erwähnt].

Zum Überbringer dieser Anklage hatte sich eben unser Lomellini gemacht, der in der akademischen Gesellschaft Aldobrandini „disse ch'un moderno ha dato un libro di ragione di Stato, che non contiene altro di ragione di Stato che l'inscrizione“[43] [... sagte, ein Moderner habe ein Buch über die Staatsräson geschrieben, das – abgesehen vom Titel – über die Staatsräson nichts enthält].

Chabod, der in der Diskussion von einer anderen Quelle ausgegangen war, stellte folgende Hypothese auf: „non è forse infondato il supporre – dato che il disparere verteva con un prelato – che l'opera boteriana fosse giudicata troppo poco ‚cattolica'“[44] [Angesichts der Tatsache, daß die Unstimmigkeiten einen Prälaten betrafen, ist die Annahme vielleicht nicht unbegründet, daß das Werk Boteros für zu wenig „katholisch“ gehalten wurde]. Aber schon Firpo hatte mit der Veröffentlichung eines Briefes von Botero an Aldobrandini Aspekte

---

[41] Das Urteil Aldobrandinis ist in einer Depesche an den Großherzog der Toscana wiedergegeben, veröffentlicht von *A. Desjardins*, Négociations diplomatiques de la France avec la Toscane, Paris 1875, Bd. 5, S. 235 (und auf S. 641-649 eine Rede Lomellinis, an den Kardinal Caetani gerichtet). Wie sich aus der Korrespondenz mit der Republik (angeführt in Anm. 38) und aus *G. De Leva*, La legazione di Roma di Paolo Paruta (1592-1595), in: Miscellanea di storia veneta, 1. Folge, VII-IX (1887), entnehmen läßt, muß Lomellini ein enger Mitarbeiter von Aldobrandini gewesen sein. – Zur Akademie im Hause Lomellini vgl. *A. Personeni*, Notizie genealogiche storiche critiche e letterarie del cardinale Cinzio Personeni da Ca Passero Aldobrandini, Bergamo 1786, S. 111 ff.; *A. Solerti*, Vita di Torquato Tasso, Torino / Roma 1895, Bd. 1, S. 734 ff.

[42] *T. Boccalini*, Ragguagli di Parnaso, Bd. 2, hrsg. von L. Firpo, Torino 1948, S. 289-292 (und auf S. 359-361 die Anmerkungen mit den Varianten).

[43] Vgl. den Brief von Anastasio Germonio, veröffentlicht von L. Firpo, Lettere inedite di Giovanni Botero, in: Atti della Accademia delle Scienze di Torino, LXXXIX (1945-1955), S. 11 des Sonderdrucks.

[44] *F. Chabod*, Giovanni Botero, in: Scritti sul Rinascimento, Torino 1967, S. 451. Chabod veröffentlichte einen Brief von Girolamo Frachetta an Botero, in dem geschrieben steht: „è stata malmenata la sua prima compositione, havendo annullato con qualche fondamento il contenuto di quella et lasciato solamente il titolo illeso“ [Sein erstes Werk wurde übel zugerichtet, indem nicht ganz ohne Grund der Inhalt vernichtet und nur der Titel intakt gelassen wurde].

betont, die geeignet waren, das Urteil Chabods zu korrigieren[45]. Was Lomellini in jener auserwählten Versammlung genau sagte, werden wir vielleicht nie wissen; es ist aber ein (um wenig jüngeres) Manuskript vorhanden, in dem unser Kammergeistlicher begonnen hatte, seinen Diskurs erneut darzulegen und zu erweitern, offensichtlich um den Gedankengang zu glätten, auf Einwände einzugehen und seine Kritik erneut zu artikulieren – angefangen bei jener, die seine Zuhörer am meisten getroffen hatte: „Egli è uscito fuori ultimamente un libro con questo titolo de la Ragion di Stato il qual io confesso essermi posto a leggere con molta avidità e non havervi ritrovato de la Ragion di Stato altro che il titolo“[46] [Kürzlich ist ein Buch mit dem Titel der Staatsräson erschienen, welches ich zugegebenermaßen mit großem Eifer gelesen habe, aber von der Staatsräson fand ich nichts, außer dem Titel].

Die Tatsache, daß dieser Text unvollendet geblieben ist, erlaubt einerseits keine umfassende Untersuchung von Lomellinis Anschauungen, noch interessiert uns andererseits an dieser Stelle eine Rekonstruktion der verschiedenen und möglichen Theorien der Staatsräson. Beachtlich ist auf jeden Fall die Anzahl der von ihm herangezogenen Quellen: von Aristoteles bis Plutarch, von Platon über Xenophon und Tacitus bis hin zu „De regimine principum“. Von den Modernen liegen ihm zwei besonders am Herzen, und er zitiert sie häufig: Scipione Ammirato und Antonio Montecatini. Beide hatten 1594 ihre Schriften veröffentlicht; wenn die „Discorsi sopra Cornelio Tacito“ des Erstgenannten sowie seine Beziehungen zu den Aldobrandini gut bekannt sind, so trifft dies weniger auf den umfangreichen Band „Aristotelis politicorum hoc est civilium librorum secundus“ des letzteren zu, worin sich – mit eigenem Frontispiz und selbstverständlich einer Widmung an Cinzio Aldobrandini – der Kommentar zu Platon befindet, auf den sich Lomellini bezieht[47].

---

[45] Siehe diesen Passus des Briefes: „Il Machiavello che'l prelato mostra di avere in cotanta stima“ (*L. Firpo*, Lettere inedite, S. 38) [Machiavelli, für den der Prälat solche Hochachtung zeigt].

[46] Es befindet sich in einer Manuskriptsammlung: „Memorie genovesi“, Bd. 2, in ACG, Manoscritto 22, cc. 938-948; der Titel lautet: „Della ragion di stato. Libro primo“; von anderer Hand wurde seitlich hinzugefügt: „cavata da manoscritto di mons.r Giofredo Lomellino chierico di camera“ (ebd., c. 941v) [aus dem Manuskript des Kammergeistlichen Monsignore Giofredo Lomellino entnommen]. Wie auch aus der Lektüre des Texts hervorgeht, ist dieser unvollständig geblieben. Anscheinend hinderten den Verfasser die politischen Verpflichtungen der Jahre 1594-1595 an der Fertigstellung der Schrift, obwohl er eingangs zu seiner Entschuldigung anbringt: „essendo la politica tanto diversa de la mia principal professione degli studij legali e da le cure in cui mi sono essercitato tant'anni“ [da sich die Politik so sehr von meiner Hauptbeschäftigung, den juristischen Studien, und von den Beschäftigungen unterscheidet, die ich nunmehr seit Jahren ausübe], auch wenn er dann von „una certa mia naturale inclinatione inverso le cose politiche“ [einer gewissen natürlichen Neigung meinerseits zur Politik] spricht. Wie Enzo Baldini bewiesen hat, ist der Brief eine Fälschung, die wahrscheinlich Lomellini selbst zuzuschreiben ist (vgl. *A.E. Baldini*, Botero e la Francia, in: Botero e la „Ragion di stato“. Atti del convegno in memoria di Luigi Firpo, Firenze 1992, S. 335-359).

[47] Zu S. Ammirato vgl. *R. De Mattei*, Il pensiero politico di Scipione Ammirato, Milano 1963; Montecatini war im Juni 1594 im Auftrag des Herzogs von Ferrara in

Wir möchten zwei Dinge hervorheben. Erstens eine Auffassung, die auch in anderen Schriften Lomellinis wiederkehrt: „deve sempre il publico bene essere preferito al privato, non come giusto opposto all'altro, ma come vero giusto“[48] [Das öffentliche Wohl ist immer dem privaten vorzuziehen, nicht als ein Rechtes gegenüber einem anderen, sondern als wahrhaft Rechtes].

Das zweite ist sein Urteil über Machiavelli. Es waren die Jahre, in denen die schärfsten Polemiken um Machiavelli ausgetragen wurden (man denke nur an die Schriften von Possevino oder Bozio); nun gut, unser Kleriker hebt sich deutlich gegen diesen Hintergrund ab. Er weigert sich, die Gleichsetzung Staatsräson / „machiavellistische Doktrin“ zu akzeptieren, die einige Personen aufgrund von „molte cose poco pie, imprudentemente dette da Nicolò Machiavelli ne' suoi discorsi civili e nel libro del Principe“[49] [vielen wenig frommen Dingen, die Nicolò Machiavelli unvorsichtigerweise in seinen „Discorsi“ und seinem „Principe“ gesagt hat] postuliert haben.

„Cose poco pie“, „imprudentemente“: keine schlechte Art, sich dem Verabscheuungswürdigen zu nähern. Nachdem er an einige „nostri huomini dotti e pij“ [unserer gebildeten und frommen Männer] erinnert hat, die Machiavelli kritisiert haben, wendet er sich den „eretici“ auf der anderen Seite der Alpen zu, die nur scheinbar „per lo fine medesimo“ [mit dem gleichen Ziel im Sinn] geschrieben haben. Tatsächlich sind genau sie laut Lomellini die wahren „Machiavellisten“:

> „da loro scritti si scuopre che sotto falso prettesto de oppugnare il Macchiavelli habbiano più tosto havuto la mira ad assalire questo Sacro Ecclesiastico Principato e l'autorità del Sommo Pontefice, sforzandosi di mostrare che molte male propositioni del Machiavelli da loro peggio interpretate sieno dottrine di questa corte“[50].
>
> [Aus ihren Schriften geht hervor, daß sie unter dem Vorwand, Machiavelli zu widerlegen, eigentlich das Ziel hatten, dieses Heilige Geistliche Fürstentum sowie die Autorität des Papstes selbst anzugreifen, indem sie sich zu zeigen bemühten, daß viele der üblen Anschauungen des Machiavelli, noch schlechter interpretiert, Doktrinen dieses Hofes sind.]

Nachdem er so einen Teil der Gegner aus dem Weg geräumt hatte, mußte Lomellini jedoch noch die Hürde direkt nehmen, welche Werke wie der „Principe“ und die „Discorsi“ darstellten. Und hier unterscheidet er mehrere Analyseebenen: einerseits erkennt er an, daß die Kirche gut daran tat, jene Schriften zu verbieten, „in quanto contengono semi e principii di uno ateismo“ [insofern als sie Samenkörner und Keime eines Atheismus enthalten] und weil „la letteratura di essi in materia di stato è anco pericolosa a chi non habbia il

---

Rom: vgl. *G. De Leva*, La legazione, Bd. 2, S. 341; zum aristotelischen Kommentar von Montecatini vgl. die bibliographischen Verweise von *C.H. Lohr*, Renaissance Latin Aristotle Commentaries, in: Renaissance Quarterly, XXXI (1978), S. 595.

[48] *G. Lomellini*, Della ragion di stato, c. 946v, und siehe Anm. 100.

[49] Ebd., c. 938v.

[50] Ebd., c. 939r.

giudicio ben saldo per discernere il bene dal male" [für denjenigen, der nicht über eine sichere Urteilskraft verfügt, um zwischen Gut und Böse zu unterscheiden, ihre Lektüre in Sachen Staat auch gefährlich ist]. Andererseits versucht er, die innovatorische Bedeutung des machiavellistischen Gedankenguts einzuschränken und stellt fest, daß seine Beispiele „da gli antichi maestri de le cose politiche e massime da Aristotile" stammten, „di cui chi torcesse in mal' uso li precetti politici cossì bene come dal Machiavelli imparerebbe la falsa Ragion di Stato" [von den alten Meistern in politischen Angelegenheiten und besonders von Aristoteles stammen, und wer dessen politische Gebote so geschickt falsch interpretieren würde wie Machiavellis, der würde die falsche Staatsraison lernen][51]. Dieser Versuch gehört in den Zusammenhang der schon öfters erwähnten Behauptung, Machiavelli habe „imprudentemente" geschrieben.

Aber Lomellinis wirkliche Haltung und seine Sympathie Machiavelli gegenüber treten dann deutlich ans Licht, wenn er eine eigene Interpretation anbietet:

> „Quanto al Macchiavelli io non mi posso recare a credere ch'egli habbia espressamente voluto cossì falsa Ragion di Stato insegnare ne ch'egli habbia havuto principal mira come sinistramente viene interpretato da molti de ammaestrare il Prencipe a mancar di fede, ad essere più avaro che liberale, a far tradimenti e congiure, et ad esser perfettamente tristo."
>
> [Was Macchiavelli betrifft, so kann ich mich nicht dazu bringen, zu glauben, daß er absichtlich eine falsche Staatsräson lehren wollte, noch daß es sein ausdrückliches Ziel war – wie vielfach böswillig interpretiert wird –, den Fürsten zu lehren, wortbrüchig zu werden, geizig und nicht großzügig zu sein, zu betrügen und sich zu verschwören und ganz und gar ruchlos zu sein.]

Er schließt also eine böse Absicht beim „unvorsichtigen" Machiavelli aus, (dem er „unredliche" Interpretationen der Exegeten und Oppositoren gegenüberstellt), und beschuldigt ihn in erster Linie, „la religione come atione d'umana prudenza" [die Religion als Handlung menschlicher Vorsicht] behandelt zu haben. Aber was die „cose di stato" betrifft:

> „più insegna, a mio giuditio, a fugir il male, e loda et antepone sempre il bene, preferisse assolutamente il governo de Prencipi buoni a quello de tristi, e dimostra quanto sia più desiderabile esser Traiano che Caligula ... Nel libro del Prencipe havendo distinto i Prencipati in antichi o nuovi, in ereditarij, ellettivi o violenti, di ciascuno da i precetti del governarsi ... e poiché fra i Prencipi e fra sudditi vi sono più tristi che buoni ... egli degl'uni e degl'altri va scoprendo gli artificij et i ripari"[52].
>
> [Meiner Meinung nach, lehrt er eher, das Böse zu fliehen; er lobt das Gute und hält es hoch, er zieht die Regierung des guten Fürsten jener des ruchlosen vor und zeigt, wieviel erstrebenswerter es ist, Trajan als Caligula zu sein ... Im Buch vom „Fürsten" teilt er die Regierungen in alte oder neue, ererbte, gewählte oder gewalttätige ein und erklärt die Regierungsform jeder einzelnen ... und da es unter Fürsten und Untertanen mehr ruchlose als gute gibt ... deckt er die Winkelzüge und Mittel der einen sowie der anderen auf.]

---

[51] Zum „aristotelischen" Machiavelli vgl. *G. Procacci*, Studi sulla fortuna del Machiavelli, Rom 1965, S. 45 ff.

[52] *G. Lomellini*, Della ragion di stato, c. 939r-v.

Wie man diesen Zitaten entnehmen kann, stehen wir vor einer der klassischen Interpretationstypologien des Machiavelli. Hervorhebenswert ist, daß diese Thesen innerhalb der akademischen Gesellschaft von Aldobrandini zu einem so schwierigen Zeitpunkt der Geschichte der Kultur und der Kirchenpolitik aufgestellt wurden. Außerdem sind sie ein weiteres Indiz für eine untergründige „machiavellistische" Präsenz im Inneren der genuesischen Kultur.

Sicherlich, Lomellini hat in Rom davon gesprochen, aber wir glauben, nicht weit von der Wahrheit entfernt zu sein, wenn wir meinen, daß er diese Themen auch in Genua diskutiert haben könnte. Wo es Personen gab, die ihm hätten zuhören können und solche, mit denen er den Diskurs hätte finden können.

3. Diskussionen in akademischen Gesellschaften: von Machiavelli bis Tacitus

Beginnen wir mit dem Hinweis auf eine erste Tatsache: 1588 erscheint in Genua die italienische Übersetzung von Bodins „La République". Autor dieser mühevollen Arbeit ist eines der Mitglieder des *Collegio dei dottori*, Lorenzo Conti, der es wiederum einem anderen einflußreichen Juristen, David Vaccà, dem damaligen Dogen der Republik, widmet[53]. Sicherlich war das keine einwandfreie Übersetzung, insofern sie da und dort manipuliert ist; aber sie machte von sich reden und trug nicht wenig zur Verbreitung des Gedankenguts von Bodin in Italien bei. Schon im November desselben Jahres konnte Monsignore Minucci an Possevino schreiben:

> „io viddi prima i suoi libri di Republica in francese et li stessi tradotti et augmentati, ai quali ho di nuovo dato un'occhiata poiché sentivo andar con tanto applauso per le mani degli huomini la conversione italiana"[54].
>
> [Zuerst sah ich seine Bücher über die Republik auf Französisch und dann die übersetzte und erweiterte Ausgabe, die ich mir von Neuem angesehen habe, da ich hörte, wie sehr die italienische Version allerseits gelobt wurde.]

Über die Rezeption dieser Übersetzung in Genua, die auf das Konto eines bekannten Juristen ging, der für seine turbulente Vergangenheit und seine radikale Haltung in den Bürgerkriegen von 1575 bekannt war, wissen wir nichts Sicheres. Unbemerkt blieb sie auf keinen Fall.

Was kulturelle Institutionen betrifft, befand sich die Stadt damals keineswegs in einer glücklichen Lage: öffentliche Einrichtungen existieren nicht; nur private akademische Gesellschaften, die gegründet werden und genauso schnell wieder

---

[53] Zu L. Conti siehe den Artikel, den ich für das „Dizionario Biografico degli italiani" ausgearbeitet habe, „La repubblica oligarchica", wo sich auch einige Hinweise auf D. Vaccà finden; vgl. auch *G. Montagna*, Il Collegio dei dottori.

[54] *M. D'Addio*, „Les six livres de la République" e il pensiero cattolico del Cinquecento in una lettera di Mons. Minuccio Minucci al Possevino, in: Medioevo e Rinascimento. Studi in onore di Bruno Nardi, Firenze 1955, S. 141.

vergehen. 1587 wurde die berühmte Akademie der „Addormentati“[55] gegründet, die vielleicht knapp ein Jahr bestand. 1588 jene der „Invaghiti“, die sich auf das Dominikanerkloster von Santa Maria di Castello[56] stützte; 1591 jene der „Dispersi“[57] und erneut jene der „Addormentati“, oder „Addormentati secondi“[58].

Eine der wichtigsten Persönlichkeiten der „Addormentati“ („primi“ und „secondi“) war ohne Zweifel Giulio Pallavicino, ein bibliophiler Gelehrter und Mäzen[59]. Seine Beziehungen waren ganz gewiß nicht nur auf das Genueser Ambiente beschränkt. Hinweisen möchten wir an dieser Stelle nur auf zwei unter den vielen Namen: Scipione Ammirato[60] und Traiano Boccalini. Als Boccalini 1590 in Genua war, beschränkte er sich anscheinend nicht nur darauf, sich über die große Zahl der bewaffneten Bravi im Dienste des Adels[61] zu wundern, sondern er muß mit Pallavicino Verbindung aufgenommen haben, die auch nach seiner Abreise nach Rom nicht abriß, da er ihm Nachrichten und Manuskripte schickte: bis jetzt können wir diese Beziehung nur anhand eines einzigen, aber nicht uninteressanten Briefes des folgenden Jahres dokumentieren[62].

So kündigte er ihm die Sendung verschiedener „scritture“ an, darunter seiner „annottationi sopra Tacito“ und die „Commentari“ des Francesco Beltramini zu den französischen Religionskriegen. Und am Schluß des Briefes, als Gruß, schrieb er: „le bacio le mani raccordandoli il Bodino et il Machiavelli“ [Ich küsse Ihnen die Hände und erinnere Sie an Bodin und Machiavelli]. Die Triade ist wieder vollständig: Tacitus, Machiavelli und Bodin. Und es ist Boccalini, der Pallavicino darum bittet, ihm Bodin und Machiavelli zu beschaffen.

Aber es gibt noch eine Zeugenaussage, die beweist, daß das Thema nicht nur für die beiden Briefpartner allein – wie man mit Recht bemerken könnte

---

55 Zur Akademie der „Addormentati“ siehe *D. Ortolani*, Cultura e politica nell'opera die Ansaldo Cebà, in: Studi di filologia e letteratura, Bd. 1, Genova 1970, S. 117-178 und die dort angeführte Bibliographie.

56 Vgl. *I. Cibo Ghisi*, Oratione della libertà, Genova, Girolamo Bartoli, 1588.

57 *G.N. Carrega*, De concordiae laudibus oratio, Genova, s.t., 1591.

58 Compositioni degli Accademici Addormentati, BNF, II.III.475, c. 10r; sowie die Einleitung von C. Bitossi zu *A. Spinola*, Scritti scelti, Genova 1981, S. 11-13.

59 Vgl. die Enleitung von E. Grendi zu *G. Pallavicino*, Inventione, Genova 1975 und *R. Savelli*, La repubblica oligarchica, S. 244-247. Pallavicino war auch einer der Organisatoren der „Compagnia de Signori Gaudenti“ oder „Canonici“: vgl. ASG, Manoscritti tornati da Parigi, 9 (vormals 9-10), cc. 312-340; Inventione, S. 212; *A. Roccatagliata*, Annali, Genova 1873, S. 148.

60 Vgl. den Brief von Girolamo Catena vom 20. April 1583 an Giulio Pallavicino in ACG, Manoscritto 339, c. 40r.

61 „Non so come in una città libera si comportasse questa peste“ [Ich weiß nicht, wie sich diese Pest in einer freien Stadt aufführen mag] kommentierte er später: *T. Boccalini*, Bilancia politica, Castellana [Genève] 1678, Bd. 1, S. 485.

62 ACG, Manoscritto 339, cc. 49v-50r; vgl. auch *R. Savelli*, Su una lettera inedita di Traiano Boccalini e alcuni manoscritti di Giulio Pallavicino, in: Il Pensiero politico, XVI (1983).

– von Interesse war, und diese führt uns direkt in die akademische Gesellschaft der „Addormentati secondi". Es handelt sich um eine akademische Prosaschrift, aufgesetzt in Form eines Briefes und an den „Dissensato" – also an Giulio Pallavicino – gerichtet, die auf das Jahr 1592 zu datieren ist. Nach dem – inzwischen – üblichen Loblied auf seine Bibliothek finden wir eine Bitte um Klarstellung der Diskussionen, die innerhalb der Akademie stattfanden:

> „Desidero sapere che ha da fare la Republica del Bodino col dicchiarare Cornelio Tacito, e se vi pensate che il Bodino sia maggiore d'Aristotile del quale parlate in modo che pare l'habbiate a schivo. Oltre ciò la politica d'Aristotile è il più facile libro ch'egli habbia composto, si che non vi è pericolo di rompersi il capo"[63].
>
> [Ich würde gern wissen, was die Republik von Bodin mit einer Erläuterung des Cornelius Tacitus zu tun hat und ob Ihr denkt, daß Bodin bedeutender sei als Aristoteles, von dem Ihr in einer Weise sprecht, daß man denken könnte, Ihr hättet ihn über. Abgesehen davon ist die „Politik" des Aristoteles das verständlichste seiner Bücher, so daß keine Gefahr besteht, sich daran den Kopf zu zerbrechen.]

Wie man sieht, wurde die Genueser Ausgabe der „République" gelesen und dazu gebraucht, Tacitus zu „erklären", und das in anti-aristotelischer Funktion[64].

Die Nachrichten über die Rezeption Bodins sind spärlich und scheinen vor allem zunächst einmal abzureißen. Trotz ihres fragmentarischen Charakters stellen sie aber ein wichtiges Kapitel der Kulturgeschichte Genuas Ende des 16. Jahrhunderts dar; sie liefern Argumente für einige der bisher aufgestellten Hypothesen über den „bürgerlichen" Charakter, den einige Organisatoren der „Addormentati" ihrer Akademie geben wollten.

Andererseits waren es Jahre, in denen man es sich nicht erlauben konnte, allzu frei über Bodin zu sprechen: schon war es zur Verurteilung der „République" durch die Inquisition gekommen, und dann sollte sie auch noch auf den Index gesetzt werden. Der Fall Genuas bestätigt allenfalls ein vor kurzem gefälltes Urteil Firpos: „la congregazione dell'Indice si desta ... laddove abbia delle suggestioni di pericolosità sul territorio italiano o su quello più vicino all'Italia"[65] [Die Indexkongregation wacht auf ... wenn sie Gefahr auf italienischem Boden oder in Italiens nächster Nähe vermutet].

---

[63] Compositioni degli Accademici Addormentati, c. 36r.

[64] Der Vollständigkeit halber erinnern wir daran, wie ein anderer der „Eingeschlafenen" [Addormentati] Akademiker, der Arzt und Literat Giulio Guastavino, in jenen Jahren ein anderes Werk Bodins, die „Demonomanie", verwendete: vgl. *G. Guastavino*, Discorsi et annotationi ... sopra la Gierusalemme liberata di Torquato Tasso, Pavia, Eredi di G. Bartoli, 1592, S. 230.

[65] *L. Firpo*, Ancora sulla condanna di Bodin, in: Il pensiero politico, XIV (1981), S. 178 (im gleichen Heft, auf S. 154-172, vgl. auch *R. Crahay*, Jean Bodin devant la censure: la condamnation de la „République"). Und weiter von *L. Firpo*, Filosofia italiana e controriforma, in: Rivista di Filosofia, XLI (1950), S. 155 ff. – Zur Strenge, mit der die Lektüre von Werken Bodins und Machiavellis bestraft wurde, vgl. die Beispiele von *J.R. Charbonnel*, La pensée italienne au XVIe siècle et le courant libertin, Paris 1919, S. 396.

Die Intellektuellen Genuas wandten sich so anscheinend weniger gefährlichen Büchern zu, die ihnen eine „vorsichtigere" Ausübung ihrer Interessen erlaubten. Wir sehen also den schon zitierten Lorenzo Conti Hand an eine andere Übersetzung legen; dieses Mal handelt es sich um die „Memoiren" von Commynes[66]. Abgesehen von der Bedeutung des Werkes als solches, liefert es zwei Indizien, die uns bei unserer Rekonstruktion der so vergänglichen und dahinschwindenden geistigen Bewegungen behilflich sind. Das erste ist der Abdruck eines kurzen Passus' aus den „Politicorum" von Lipsius (sofort nach der Widmung), wo dieser Commynes lobt: ein allererster und schwacher Hinweis auf eine „flandrische Straße", nicht für Waffen und Geld, Bilder und Goblins, sondern auch für Bücher.

Das zweite Indiz ist die Widmung an den Marchese Ambrogio Spinola, den später berühmt gewordenen Bankier und General[67]. Abgesehen von der Vorankündigung seiner neuen Schriften stellt Conti in dieser Widmung einen Vergleich zwischen Commynes und Tacitus auf und beklagt den geringen Erfolg des ersten im Verhältnis zum zweiten („Cornelio Tacito da parecchi anni in qua si fa vedere da ciascuno con molto grido e applauso, ridotto nelle più nobili lingue"[68] [Hochgelobt und allerseits bekannt, ist Cornelius Tacitus seit nunmehr vielen Jahren überall in Übersetzung zu finden]). Und er scheint Commynes zwar als einen historischen Text zu empfehlen, aber einen, der gespickt ist mit praktischen und politischen Unterweisungen und den es zusammen mit Tacitus zu lesen gilt:

> „Et avenga che Cornelio Tacito sia molto favorito da VS. Ill.ma leggendolo spesso, come fa, e osservando con gli effetti quello di buono ch'egli ci insegna, non per tanto crederò io che l'Argentone le habbia ad essere men grato per la lettura, ne men fruttuoso per le operationi".
>
> [Auch wenn Cornelius Tacitus bei Euer Hochwohlgeboren besonders beliebt ist und Ihr ihn viel lest und das Gute, das er uns lehrt, in die Tat umsetzt, glaube ich trotzdem, daß der Mann aus Chateaux Argenton keine undankbarere Lektüre wäre und daß sich diese auch nicht weniger segensreich auf das konkrete Handeln auswirken würde.]

Was gewisse Aspekte betrifft, scheint Conti sogar Commynes Tacitus vorzuziehen. Sicherlich kann er nicht umhin, die Vorzüge der Bücher Tacitus' „per la materia di stato di che sono ripieni" [aufgrund der Staatskunst, die sie ausfüllt]

---

66 Delle memorie di Filippo di Commines, Genova, appresso gli Heredi di Girolamo Bartoli, 1594. Von den „Mémoires" war schon eine partielle Übersetzung von Nicolas Raince erschienen (Venezia, Michele Tramezzino, 1544 sowie eine zweite Ausgabe: Venezia, Girolamo Giglio, 1559); vgl. *E. Picot*, Les Français italianisants au XVIe siècle, Paris 1906, S. 88 ff. und *F. Simone*, La prima fortuna di Commines nella cultura italiana del Rinascimento, in: Studi in onore di Carlo Pellegrini, Torino 1963, S. 109-118.

67 Zu seiner Person vgl. die sorgfältige Analyse von *G. Doria*, Un pittore fiammingo nel „secolo dei genovesi", in: Rubens e Genova, Genova 1977, S. 20-21.

68 Zu den theoretischen Beziehungen Staatsräson / Commynes und zu „politischen" Lesarten der „Mémoires", vgl. *A. Stegmann*, Commynes et Machiavel, in: Studies on Machiavelli, hrsg. von P.M. Gilmore, Firenze 1972, S. 265-284.

anzuerkennen, (und fügt hinzu, „o non bene intesa dalle età passate, o così non sottilmente posta in uso, come si fa hoggidì" [die vielleicht in der Vergangenheit nicht gut verstanden wurde, oder – wie heute – ungeschickt angewendet wird]); dennoch erläutert er, „questo so ben io, ch'el Tacitus quasi insensibilmente con sue ragioni di stato induce altrui talhora a molte sconce cose, quello che mai non fa questo divino scrittore [Commynes], apprendendovi con honestissimi modi a esser sempre dabbene" [das weiß ich wohl, daß Tacitus mit seiner Staatsräson andere bisweilen fast unmerklich zu so mancher Anstößigkeit verleitet, was dieser göttliche Schriftsteller [Commynes] nie tut, von dem man hingegen auf ehrlichste Art lernen kann, immer ein rechtschaffener Mensch zu sein].

Waren dies Anzeichen für eine nun „vorsichtigere" Vorgehensweise? Es ist anzunehmen. Es handelt sich sicherlich nicht um einen Zufall, daß einige Jahre später gerade in Genua die Übersetzung eines anderen Werkes erscheint, aber unter ganz anderen Vorzeichen: es handelt sich um den berühmten „Trattato della religione e virtuti che tener deve il principe christiano" von Pedro Ribadeneira[69], dessen Polemik gegen Tacitus, gegen Machiavelli und gegen Bodin wohlbekannt ist (und was den letzteren betrifft, muß daran erinnert werden, daß Ribadeneira ausdrücklich auf die Genueser Übersetzung der „République" verweist).

Bodin und Machiavelli scheinen so aus dem Mittelpunkt des Interesses der Genueser Kultur zu verschwinden. Lebendig bleibt andererseits das Interesse an Tacitus, aber vielleicht doch nun ohne jene starken politischen Akzente. So veröffentlichte 1602 der Jurist Giulio Salinieri aus Savona, mit der Billigung von Lipsius (obwohl er nicht mit ihm übereinstimmte) di „Annotationes ad Cornelium Tacitum", einen Text mit eminent philologischem Charakter[70]. 1605 ist bei Paolo Moneglia (einem anderen Mitglied des *Collegio dei dottori*) der holländische Jurist Johannes Baptista Hansenius zu Gast, ein Schüler und Briefpartner von Lipsius – so wie es Moneglia[71] gewesen war. Und wahrscheinlich hielt

---

[69] Genova, G. Pavoni, 1598; die Übersetzung ist von Scipione Metelli.

[70] Genova, G. Pavoni. Zu Salinieri vgl. *G.B.* [*Girolamo Bertolotto*], Un presunto chirotipo di Giulio Salinero, in: Giornale Ligustico di Archeologia Storia e Letteratura, XXI (1896), S. 48-58. Vgl. die Briefe von Lipsius an Salinieri in der vierten *centuria* der „Epistolarum selectarum centuriae VII, Genevae, sumptibus Ioannis de Tournes, 1639, S. 591-592; von Lipsius an Jean Moretus in *A. Gerlo / H.D.L. Vervliet*, La correspondance de Juste Lipse conservée au Musée Plantin Moretus, Anvers 1972, S. 142 und von Salinieri an Lipsius in BUL, Ms. Lips 4 (sowie einen, veröffentlicht in *P. Burmannus*, Sylloges Epistolarum a viris illustribus scriptarum, Leidae 1727, Bd. 2, S. 126-127). Zum Einfluß Tacitus'auf Lipsius erinnern wir nur an *J. Ruysschaert*, Juste Lipse et les Annales de Tacite, Louvain 1949 und die Aufsatzsammlung von *G. Oestreich*, Neostoicism and the Early Modern State, Cambridge 1982. 1605 schrieb ein anderer Flame, Erycius Puteanus, an Salinieri und betonte das gemeinsame Interesse an Tacitus: *E. Puteanus*, Epistolarum atticarum missus secundus, Colonia, sumpt. Haeredum L. Zetzner, 1636, S. 29 (zu Puteaneus vgl. die veraltete Monographie von *T. Simar*, Étude sur Erycius Puteanus, 1574-1646, Louvain 1909).

[71] Moneglia hatte gemäß einem typischen „kosmopolitischen" Fahrplan vieler Genueser, in Rom bei Muret, in Bologna (wo er zum Doktor der Philosophie promo-

er an der Akademie der „Dispersi“ Vorträge über Tacitus und Geschichte, von denen uns nur die Eröffnungsrede überliefert ist. Eine Rede, die von keinem besonderen Interesse ist, abgesehen von der Tatsache, daß Tacitus – in dem Hansenius auch „artes tuendae libertatis“[72] findet – weiterhin gelesen und studiert wurde.

Wie man sieht, handelt es sich um flüchtige Spuren einer öffentlichen Präsenz von politisch-kulturellen Interessen und Debatten. Die Diskussionen scheinen sich immer mehr auf enge Kreise zu beschränken und die Reflexionen scheinen immer mehr an handschriftliche Mittel gebunden. Was Burckhardt über Venedig schrieb, gilt auch für Genua: „die Stadt des scheinbaren Stillstandes und des politischen Schweigens“[73]. Andrea Spinola schreibt über zwei Jahrzehnte hinweg unermüdlich über jedes nur denkbare Argument der genuesischen Politik, aber keine einzige Zeile wird je in Druck gegeben[74].

---

vierte) und in Löwen bei Cornelius Wouters (Cornelius Valerius) studiert; 1595 hatte er in Antwerpen bei Plantin die „Introductio ad varias scientias, praecipue ad Iuris prudentiam“ veröffentlicht. Zu den Beziehungen Lipsius / Moneglia vgl. *I. Lipsius*, Epistolarum selectarum, centuria terza, passim sowie die Briefe von G. Mercuriale und G. Guastavino an Lipsius in *P. Burmannus*, Sylloges Epistolarum, Bd. 1, S. 263. 1596 ist Moneglia in Genua und schickt Lipsius über Ortelius einige Pflanzen (vgl. Abrahami Ortelii et virorum eruditorum ad eundem ... Epistolae, hrsg. von J.H. Hessels, Cambridge 1887, S. 676 und S. 688). Interessant ist der Brief an Flaminio Moro, in dem er an die Studienzeit in Bologna erinnert (Biblioteca Universitaria Bologna, Manoscritti Aldrovandi, 21, c. 481v; weitere Briefe von Moro und Moneglia in BUL, Ms. Lips 4). Hansenius war von 1599-1600 in Rom (*I. Lipsius*, Epistularum, S. 348-350; *P. Burmannus*, Sylloges Epistolarum, Bd. 2, S. 74-75; *E. Puteanus*, Epistolarum, Bd. 1, passim). Zu seinem Aufenthalt in Rom und seinen Beziehungen zu dem jungen Scioppius vgl. *M. D'Addio*, Il pensiero politico di Gaspare Scioppio e il Machiavellismo del Seicento, Milano 1962, S. 19 (und auf S. 611, aus der „Philoteca“, in der Scioppio Hansenius als „graecis et latinis literis excultum“ definiert). 1614 wird er in Toulouse das „De iure iurando veterum“ veröffentlichen.

72 *J.B. Hansenius*, Oratio cum C. Cornelium Tacitum esset auspicaturus; habita Genuae XI kal. Dec. MDCV, Genuae, apud. Io. Pavonem, 1606, S. 14. Ab S. 19 sind verschiedene Briefe des Moneglia abgedruckt (auf diese bezieht sich wahrscheinlich Hansenius in einem Brief an Lipsius: „Paulus Monelia hospes meus collegit ex epistolis suis nonnullas ut publicaret, vgl. *P. Burmannus*, Sylloges Epistolarum, Bd. 2, S. 75-76). Weiter erscheint in Genua im selben Jahr *J.B. Hansenius*, Gustus in quo funeris romani antiquitas, wo es von Zitaten aus Tacitus nur so wimmelt. Was die Akademie der „Dispersi“ betrifft, so habe ich nicht nur aus Mangel an Informationen über die „Addormentati“ zu diesem Zeitpunkt „wahrscheinlich“ geschrieben, sondern auch weil die Beziehungen von Paolo Moneglia zu Gio. Nicolo (Sauli) Carrega darauf schließen lassen, vgl. *G.N. Carrega*, Epistolarum libri tres, Genuae, apud Io. Pavonem 1603 und *ders.*, Epistolarum libri IIII, ebd., 1622 (auf S. 28 ff. Briefe von Aubert de la Mire und von Carrega zum Tod von Lipsius; und auf S. 97 ff. einer von Carrega an Cebà über Leben und Tod von Moneglia). Als letztes erinnern wir daran, daß 1608 in Genua eine Übersetzung des „De constantia“ von Lipsius erschien.

73 *J. Burckhardt*, Die Kultur der Renaissance in Italien. Ein Versuch, in: Gesammelte Werke, Bd. 3, Basel / Stuttgart 1978, S. 41.

74 *A. Spinola*, Scritti scelti, und auch hier ist Tacitus zweifelsohne einer der meistzitierten Autoren.

Dasselbe gilt für Giulio Pallavicino, den unermüdlichen Sammler von heimatkundlichen Memoiren, Büchern und Manuskripten: auch er veröffentlichte nichts. Dennoch sieht man beim Durchblättern des Kataloges seiner reichhaltigen Bibliothek, daß „Tacitus" (zusammen mit anderen Sachbegriffen, wie „Genua", „Geographie", „Geschichte" usw.) sogar als Stichwort auftaucht[75].

Außerdem gibt es aber noch ein anderes Niveau politischer Diskussionen, welches enger an die Institutionen geknüpft ist, in denen in der gesamten ersten Hälfte des 17. Jahrhunderts eine Debatte über das taktische und strategische Vorgehen der Republik im Gang ist, die uns weit in die Vergangenheit und – was für ein Zufall – noch einmal zu den Lesern von Machiavelli[76] zurückführt.

4. Eine wehrlose Republik

In Genua sind die 60er Jahre des 16. Jahrhunderts vom Aufkommen einer unüberwindbaren Krise des Patriziats gekennzeichnet, das in „nuovi" und „vecchi" – „neue" und „alte" – Adelige gespalten war. Der Krieg um Korsika (und die damit verbundenen Implikationen militär-, finanz- und außenpolitischer Natur) wurde zum Katalysator eines inzwischen um sich greifenden und weit verbreiteten Dissenses.

Es existiert ein Text (verfaßt, als die Repression der korsischen Revolte bereits ihrem Ende zuging), in dem sich die Forderungen eines Teils des neuen Adels plakativ herauskristallisieren: gemeint ist der „Sogno sopra la Republica di Genova veduto nella morte di Agostino Pinello ridotto in dialogo"[77].

---

[75] BNF, II.III.475. Was dieses Manuskript betrifft, möchten wir hervorheben, daß *D. Ortolani*, Cultura e politica, S. 25 das Inventarverzeichnis der Bibliothek nicht nur fälschlich den „Addormentati" zugeschrieben hat, sondern auch von „caratteri ... pressoché illegibili" [fast unlesbaren Buchstaben] spricht, was nicht der Wahrheit entspricht (auch wenn sich dieser Teil des Manuskripts sicherlich nicht in besonders gutem Zustand befindet).

[76] Zur Kontinuität der jahrhundertelang andauernden Debatte zum Schiffbau (sowie zu verwandten Themen) vgl. *C. Costantini*, La Repubblica di Genova, S. 66 ff.

[77] Ich zitiere aus den Exemplaren des ACG, Ms. 164 und BUG, B.I.19 (z.T. habe ich den „Sogno" schon in „La republica oligarchica" analysiert, S. 40 ff.). Der Text wurde in den ersten Monaten des Jahres 1567 verfaßt. Agostino Pinelli starb nämlich Mitte Dezember 1566; dort gibt es dann auch einen meiner Meinung nach besonders interessanten Hinweis auf Sampiero della Bastelica: dieser wurde am 17. Januar 1567 umgebracht. Nun gut, der Autor des Dialogs wirft es den führenden Genuesen vor, daß sie ihn nicht umbringen ließen: „mancavano ... cittadini al governo della Republica quali o con benefitij havessero riconciliato questo San Piero con la Republica overo come era dovuto farlo più tosto estinguere come hoggidi si usa tra grandi" [Es fehlte an Bürgern in der Regierung der Republik, die diesen San Pietro entweder vorteilhaft mit der Republik versöhnt hätten oder ihn – was eigentlich hätte geschehen sollen – umgebracht hätten, wie es heute unter Mächtigen Brauch ist], und auf die moralischen Einwände eines der Sprecher des Dialogs, läßt er antworten: „per queste vostre coscienze supine havete lasciato vivere uno che meritava mille morti e fatto morire mille

In diesem Text finden wir ein anderes (wahrscheinlich vorsätzlich modifiziertes) Zitat des „weisen" Machiavelli, „che vuole che tutte le Republiche ben ordinate de 40 in 40 anni al più tardi repiglino il stato per mantenerlo più longamente" [der will, daß alle wohlgeordneten Republiken spätestens alle 40 Jahre den Staat erneuern, um ihn möglichst lange am Leben zu erhalten][78]. In diesem Fall gibt es aber keine Diskussion über die Schriften des florentiner Kanzlers, noch versucht man, sich an Kritik oder Interpretationen seiner Anschauungen – es gibt nur einen Verweis auf eine Autorität auf dem Gebiet der politischen Theorie. Es geht darum, dem eigenen Diskurs, der Analyse der Situation Genuas sowie den Reformvorschlägen (die ein wenig in allen Bereichen in der Luft liegen, wie wir gleich noch sehen werden) mehr Autorität zu verleihen.

Bevor wir mit der Analyse des „Sogno" fortschreiten, erscheint es sehr nützlich, auf einige Themen einzugehen, die schon mit großer Lebhaftigkeit und Klarheit in einem anderen Dialog aufgekommen waren, dessen Autor aber diesmal wohlbekannt ist: Uberto Foglietta und sein Buch „Della republica di Genova", 1559 in Rom erschienen[79]. Bis zum heutigen Tage fehlt eine Untersuchung dieses Textes, die ausführlich und erschöpfend die Motive darlegte, die Foglietta dazu brachten, sich zum Wortführer eines anscheinend in der Republik verbreiteten Unbehagens zu machen, und die insbesondere den politisch-sozialen Hintergrund veranschaulichte, vor dem diese Schrift heranreifte. Wir erinnern nur daran, daß 1559 der alte Andrea Doria seinen Neffen Gian Andrea, angesichts des Verlaufs der Dinge in Genua, nach Brüssel schickte, um den König von Spanien zum Eingreifen aufzufordern[80].

---

innocenti che meritavano mille vite" [Wegen eures geringen Verantwortungsbewußtseins habt ihr einen Menschen am Leben gelassen, der es verdient hätte, tausend Tode zu sterben, und habt tausend Unschuldige umgebracht, die tausend Leben verdient hätten]. Da es schwierig ist, sich vorzustellen, daß dieser so umfangreiche und ausgefeilte Dialog in weniger als einem Monat geschrieben wurde, scheint uns die literarische Fiktion, Sampiero noch am Leben zu lassen und seinen Mord nahezulegen, die machiavellistische Inspiration des Autors noch deutlicher hervorzuheben.

78 Sogno, BUG, B.I.19, c. 114r (auch vgl. *R. Savelli*, La repubblica oligarchica, S. 48). Höchstwahrscheinlich stammt eine Gruppe wenig später erschienener, polemischer und satirischer Dialoge von demselben Autor, wo Charon mit verstorbenen Persönlichkeiten über die politische Situation Genuas diskutiert; im ersten dieser Dialoge finden wir noch einmal einen „machiavellistischen" Hinweis. Auf die Behauptung Charons, „altre volte ne trattai a lungo [di materia di stato] con Nicolò Machiavelli fiorentino il quale a mio giudizio non ha pari" [mit dem Florentiner Nicolò Machiavelli mehrfach über den Staat diskutiert zu haben], antwortet Francesco Spinola, daß er es sehr bedauere, daß er die Werke Machiavellis nicht habe lesen können, sei ihm doch gesagt worden, daß sie „wunderbar" seien (Dialog „Francesco Spinola, Caronte, Geronimo Sauli, Ceva Doria", BUG, B.I. 19, c. 158v).

79 Ich zitiere die Mailänder Ausgabe, Gio. Antonio degli Antoni, 1575 (zu ihm vgl. *R. Savelli*, La pubblicistica politica genovese durante le guerre civili del 1575, in: ASLSP, Neue Folge, XX, [1980], S. 92-93).

80 Vgl. *R. Emmanuelli*, Gênes et l'Espagne dans la guerre de Corse. 1559-1569, Paris 1964, S. 13; *E. Grendi*, Andrea Doria, uomo del Rinascimento, in: ASLSP, Neue

Fogliettas Dialog behandelt drei Problemkomplexe: der erste und bekannteste (den wir an dieser Stelle nicht behandeln werden) ist die Polemik gegen das „verbrecherische" Gesetz von 1547 und gegen die Teilung des Adels in „vecchi" und „nuovi"[81]; der zweite geht um die Kriegsführung mit Korsika; der dritte betrifft allgemeiner die Beziehungen Republik – Macht des Adels und den Konflikt Staat – Macht im privaten.

Der Fall Korsika hatte nicht nur die unzureichende militärische Organisation des genuesischen Staates, sondern auch die Untüchtigkeit der Oligarchie unter Beweis gestellt (und sollte das in den folgenden Jahren weiter bezeugen). So kommt Foglietta – der den Dialog damit begonnen hatte, daß er sich fragte, ob es nicht „li pianeti et la fortuna" [die Planeten und das Glück] gewesen seien, die Genua seine Kolonialmacht hatten einbüßen lassen – am Ende des Dialogs zu dem Schluß, daß

> „si può dire veramente ... che i nostri mali governi, e non l'avversa fortuna, ci habbia fatto perdere in gran parte quell'Isola, la quale non haveriamo perduta, se ci fussimo svegliati prima a far galere, e l'haveriamo all'hora d'adesso ricuperata, se quelli danari, che habbiamo spesi in vano nella ricuperatione, gli havessimo convertiti in fare e mantenere quell'armata"[82].
>
> [Man kann wirklich behaupten, daß unsere schlechten Regierungen und nicht ein hartes Schicksal zum größten Teil die Schuld daran tragen, daß wir diese Insel verloren haben, welche wir nicht verloren hätten, wenn wir etwas früher zu Sinnen gekommen wären und Schiffe gebaut hätten; und wir hätten sie schon längst zurückerobert, wenn wir das Geld, das wir umsonst für die Wiedererlangung ausgegeben haben, zum Bau und zum Unterhalt jener Kriegsflotte eingesetzt hätten.]

So gelangen wir direkt ins Innerste eines komplexen Problemkreises, in dem die Schiffsarmierung der Republik an erster Stelle steht; ein Problem, welches das gesamte folgende Jahrhundert hindurch diskutiert werden wird, ein bezeichnendes, propagandistisch relevantes Thema (das aber mit Sicherheit nicht von entscheidender Bedeutung ist), mit dem viele andere verflochten sind – angefangen mit dem der Einnahmen und Ausgaben der Republik, über das sich Foglietta nicht sonderlich ausläßt, es sei denn, um die Ungerechtigkeit des genuesischen Steuersystems zu kritisieren[83]. Das Steuerproblem wird im

Folge, XIX (1979), S. 91-121. Natürlich erwähnt Gio. Andrea Doria in seiner Autobiographie – obwohl er von der Brüsseler Reise spricht – den Inhalt der geheimen Anweisungen mit keinem Wort: Vita del Principe Gio. Andrea Doria scritta da lui medesimo, BCB, mr. XIV. 3. 13, S. 24 ff.

[81] *U. Foglietta*, Della republica di Genova, S. 113 ff.; hierzu vgl. *R. Savelli*, La repubblica oligarchica, S. 39 ff.

[82] *U. Foglietta*, Della republica di Genova, S. 5 und S. 178. Nicht weniger drastisch wird später das Urteil von Antonio Roccatagliata ausfallen: die Regierenden Genuas sahen nicht „periculum cervici eorum imminens ... aut si viderunt, adeo ignavi, ... aut Reipublicae inimici" (*A. Roccatagliata*, Bellum cyrnicum, Société des Sciences historiques et naturelles de la Corse, Bastia 1887, S. 1).

[83] Im Gegensatz zum römischen System des republikanischen Zeitalters, als „del tutto esenti dalle gravezze li poveri" [die Armen ganz von Abgaben befreit] waren,

folgenden Jahrzehnt mit Übermächtigkeit aufkommen und wird eines der Hauptthemen des „Sogno" und anderer Schriften der Zeit sein.

Foglietta hingegen ist hauptsächlich daran gelegen, die Gründe für die Krise aufzudecken, die seiner Meinung nach die Republik Genua heimsucht, und Wege zu ihrer Überwindung vorzuschlagen. Ursachen und Lösungen liegen auf zwei eng miteinander verflochtenen, aber von der Konzeption her getrennten Diskussionsebenen. Die erste ist eindeutig genuesisch – also die Teilung des Patriziats in „vecchi" und „nuovi" (oder „nobili" und „populari") Adelige, das System der „alberghi", das Gesetz von 1547. Die zweite Ebene ist allgemeiner und betrifft alle Staaten mit republikanischer Regierungsform, mit spezifischen Konnotationen, die auf lokale Eigenheiten zurückzuführen sind[84]. Wir wollen hier unser Augenmerk auf dieses Niveau konzentrieren.

In Fogliettas Analyse der Geschichte Genuas erscheint ein Thema fast als Obsession. Der „Ehrgeiz" des Adels war schon immer der Anlaß für Auseinandersetzungen gewesen[85], und damit auch des Ruins der republikanischen Regierung – ein Ehrgeiz, der seine *raison d'être* in der wirtschaftlichen und militärischen „privata potentia" der Adeligen findet. Hieraus läßt sich das Lob für Boccanegra und seine Reformen ableiten[86]. So pflanzt sich also konti-

---

erinnert er daran, wie „noi altri gli quali pur siamo Christiani, più gli graviamo con le gabelle sul vitto, ugualmente da loro pagate come da i ricchi, ne è alcuno che mosso da charità o da humano rispetto, dica la ragion della misera gente" (*U. Foglietta*, Della republica di Genova, S. 160) [Wir andere, obwohl wir Christen sind, belasten sie mit Gebühren auf die Verköstigung, die sie genauso wie die Reichen zahlen, und keinen bringt die Barmherzigkeit oder der menschliche Respekt dazu, für die armen Leute Partei zu ergreifen].

[84] „Della cagione de nostri mali varie sono in Genova le opinioni. Altri ne danno la cagione all'ambitione et cupidità di pochi grandi, et potenti, li quali havendosi fatto idolo la privata loro potentia, et le immoderate ricchezze … non lasciano alla Patria essercitare la sua libertà. Altri approvando tutto questo per vero, aggiungono … che de i nostri mali siano principal cagione le nostre discordie et la non buona intelligentia et biasmevole emulatione, che è fra noi, la quale nutrisce la importunità de i potenti predetta. Et con questi secondi io accordo il parere mio" (ebd., S. 9-10) [Über die Gründe für unser Übel gibt es in Genua verschiedene Meinungen. Einige geben dem Ehrgeiz und der Gier der wenigen Großen und Mächtigen die Schuld, die ihre persönliche Macht und ihren maßlosen Reichtum zum Fetisch erhoben haben und die Heimat daran hindern, in Freiheit zu leben. Andere halten dies für wahr und fügen hinzu, daß der Hauptgrund unseres Übels in unseren Zwistigkeiten, der geringen Einsicht und dem tadelnswürdigen Wetteifer zu suchen sei, der unter uns herrscht, und der die obenerwähnte Aufdringlichkeit der Mächtigen nährt. Und mit den zweiten stimme ich überein].

[85] Vgl. auch *U. Foglietta*, Oratio pro se ipso ad Ducem et magistratum genuensem, in: Anecdota, Genova 1838, S. 60: „Seditionum … ac discordiarum causa in illis est, Patres, qui superbia sua et ambitione, omnium rerum arbitrium penes se esse contendunt".

[86] „Simone Boccanegra … si fece far Duce et tirò a se l'autorità per poter fare quel buono effetto … di liberare la Patria della tirannide dei Doria e de i Spinoli …

nuierlich ein Widerspruch zwischen den ausgerufenen (und erwünschten) egalitären Prinzipien der Regierung republikanischer Ausrichtung und der eigentlichen Realität der Kräfte auf dem Schlachtfeld fort:

„Dico dunque che questa disgiuntione e poca intelligenza [fra cittadini] è cagione di tutti li mali che habbiamo e di quelli che siamo per havere. Perciò che vedendo quelli del colore nobile che non possono ottenere questa principalità senza essere muniti di forze straordinarie, non pur patiscono, ma procacciano e difendono che in una città libera siano cittadini potentissimi e di eccessive forze e la Republica sia debole e disarmata“[87].

[Ich sage also, daß diese Unterscheidung und geringe Einsicht unter den Bürgern die Ursache all unserer jetzigen Übel und der Übel, die noch auf uns zukommen werden, ist. Da jene Adeligen diese Führungsrolle nicht ohne den Besitz außerordentlicher Machtmittel erreichen können, lassen sie es nicht nur zu, sondern fördern, daß es in einer freien Stadt sehr mächtige Bürger mit maßlosen Kräften gibt und der Staat selbst schwach und unbewaffnet ist.]

Vor diesem Hintergrund kann der Wunsch entweder nach dem Eingriff einer fremden Macht[88] oder der Wunsch, zu beherrschen, nach einer „tirannide perpetua“[89], laut werden.

Es handelt sich um eine klassische Analyse, die einen Kausalitätszusammenhang zwischen dem Reichtum und der privaten „potenza“ aufdeckt, sowie zwischen diesen Elementen und der Verweigerung des öffentlichen und staatlichen „comando“ und sogar dem Wunsch, den Staat schwach, wehrlos und (wie wir noch sehen werden) arm zu halten.

---

istituendo lo stato comune a tutti i cittadini“ (*U. Foglietta*, Della republica di Genova, S. 94) [Simone Boccanegra ließ sich zum Dogen ernennen und zog die Autorität an sich, um jenes gute Ergebnis zu erreichen, die Heimat von der Tyrannei der Doria und der Spinola zu befreien, indem er allen Bürgern eine kommunale Verfassung einrichtete].

87 Ebd. S. 127.

88 „Stando noi ne lo stato in che siamo ... li chiamati Gentilhuomini vecchi hanno fatto aperta professione di volere dare la Città ad un Principe forestiero ... allegando volere più presto essere signoreggiati da forastieri et dal Diavolo, che fra loro et li Popolari non si cognoscesse differentia“ (ebd., S. 130-131) [Da wir nun einmal den Staat haben, den wir haben, ... haben die sogenannten alten Edelmänner öffentlich bekannt, die Stadt einem fremden Fürsten übergeben zu wollen ... und haben gesagt, daß sie eher von Fremden oder vom Teufel regiert werden wollten, als daß der Unterschied zwischen ihnen und den Popularen unkenntlich würde]. Zur „Tradition“ des 15. Jahrhunderts, sich fremden Mächten hinzugeben, vgl. jetzt *V. Piergiovanni*, Il sistema europeo e le istituzioni repubblicane di Genova nel Quattrocento, in: Materiali per una storia della cultura giuridica, XIII (1983), S. 3-46.

89 *U. Foglietta*, Della republica di Genova, S. 7, vgl. außerdem S. 133-135: „Quando in una città disunita una parte de' Cittadini, per battere et tenere bassa l'altra, ha dato straordinaria potentia ad una casata ... si è sempre scoperto che ha comprato ... quello favore con la servitù della sua Patria“ [Wenn in einer uneinigen Stadt ein Teil der Bürger einer Familie außerordentlich große Macht gegeben hat, um den anderen Teil der Bürger zu bekämpfen und unterdrückt zu halten, so ist es noch immer geschehen, daß dieser Gefallen mit der Knechtschaft der Heimat bezahlt wurde].

Es war die Rede von einer klassischen Analyse: und tatsächlich kommt uns wieder einmal ein Kapitel der „Discorsi" von Machiavelli zu Hilfe, dort, wo es um „equalità", „nobilità", „republica" und „principato" geht[90]. Die Probleme Staatsmacht und Legalität – um es anders auszudrücken – im Gegensatz zur privaten Macht (und zum privaten Reichtum) werden aus verschiedenen Perspektiven beleuchtet: so gibt es z.B. ein allgemeines Problem der inneren Ordnung[91], doch an erster Stelle steht die Frage der realen Wurzeln dieser „potentia privata" und der Mittel, diese einzuschränken.

---

[90] *N. Machiavelli*, Discorsi, I, LV (hrsg. von S. Bertelli, Milano 1960, S. 256 ff.): „gentilhuomini sono chiamati quelli che oziosi vivono delle rendite delle possessioni abbondantemente ... Questi tali sono perniziosi in ogni republica ed in ogni provincia; ma più perniziosi sono quelli che oltre alle predette fortune comandano a castella, ed hanno sudditi che ubbidiscono a loro ... Di qui nasce che in quelle provincie [Napoli, Roma, Romagna, Lombardia] non è mai surta alcuna republica né vivere politico." Und zum venezianischen Patriziat: „gentilhuomini ... più in nome che in fatto: perché loro non hanno grandi entrate di possessioni ... e di più nessuno di loro tiene castella o ha alcuna iurisdizione sopra gli huomini" [„Um die Bezeichnung ‚Edelleute' näher zu erklären, möchte ich sagen, daß man diejenigen so nennt, die müßig vom Ertrag ihrer Besitzungen im Überfluß leben ... Solche Leute sind in jedem Freistaat und überhaupt in jedem Land verderblich. Am verderblichsten sind aber die, die außer den genannten Gütern auch noch über Burgen verfügen und Untertanen haben, die ihnen gehorchen ... Daher kommt es, daß in diesen Ländern nie ein freier Staat entstand, noch sich irgend ein freies politisches Leben entfaltete"; „... denn die Edelleute in der Republik Venedig sind es mehr dem Namen nach als in Wirklichkeit: Sie haben nämlich keine großen Einkünfte aus Gütern ... Außerdem besitzt keiner von ihnen eine Burg, und keiner hat die Gerichtsbarkeit über andere Leute"; *ders.*, Discorsi, 2. Aufl., Stuttgart 1977, I, Kap. 55, S. 143 ff.].

[91] Man beachte wie Roccatagliata die innere Lage am Vorabend des korsischen Krieges beschrieb: der Großteil des Genueser Adels hatte sich so bereichert, „ut ... in aedium magnificentia et structura, in apparatu, familiae ornatu cultuque et elegantia reges aequarent, unde pauci eorum erant qui magistratibus obtemperarent" (*A. Roccatagliata*, Bellum cyrnicum, S. 3). Das Problem der Strafjustiz und der Kontrolle über die Kriminalität des Adels war eines der am meisten erörterten und immer wiederkehrenden Themen in der institutionellen Debatte Genuas im 16. und 17. Jahrhundert. Wir verweisen an dieser Stelle nur auf die Haltung, die Matteo Senarega 1575-1576 einnahm, der sich negativ gegenüber der Einrichtung einer Rota fremder Juristen ausdrückte und wollte, daß die Kontrolle über die Gerichtsgewalt auf irgendeine Art weiter den Regierungsbehörden unterstünde: „La città diventerà facilmente un bosco, ed ogni cosa sarà regolata dalla forza ne sarà alcuno che tema il Palazzo ... perché il timor della morte, che suole contenere gli uomini in ufficio, nascerà dai tre Giudici criminali, quando corrotti, quando minacciati ... La Republica nostra non è caduta nei travagli passati, che per esservi molti cittadini troppo più eminenti" (Zitat aus *R. Savelli*, La repubblica oligarchica, S. 174-175) [Die Stadt wird leicht zu einem Dschungel, jede Angelegenheit wird mit Gewalt geregelt werden und niemand wird mehr den Palast fürchten ... da die Furcht vor dem Tod, die die Menschen ihre Pflichten erfüllen läßt, von den drei Kriminalrichtern ausgehen wird, wenn sie korrupt sind, wenn sie bedroht werden ... Unsere Republik ist in den vergangenen Unruhen nicht gefallen, da es mehr hervorragende Bürger gab als jetzt]; und vgl. *N. Machiavelli*, Discorsi, I, XLIX (S. 243): „... mantennono questa autorità in uno forestiero, il quale chiamavono Capitano: il che per potere essere facilmente corrotto da' cittadini potenti, era cosa perniziosissima" [„... überließen sie dieses Recht einem Fremden, den man ‚Capitano'

Die Aufmerksamkeit Fogliettas scheint sich in diesem Fall hauptsächlich auf einen einzigen Aspekt der Macht und des Reichtums seiner adeligen Mitbürger zu richten: nämlich jenen der Armierung von Schiffen, der Galeeren der Doria, der Lomellini, der Centurione, die an Spanien vermietet worden waren. Bis heute gibt es leider noch keine Studie über den privaten Genueser Schiffbau im 16. Jahrhundert: die Angaben sind verstreut und fragmentarisch. In den Jahren 1547 und 1552 hatte Andrea Doria die alleinige Kontrolle über 20 Galeeren[92], 1567 zählt der „Sogno" insgesamt 23 in Spaniens Diensten auf[93]; Anfang des 17. Jahrhunderts sind es 17 oder 18[94]. Es handelte sich auf jeden Fall um keine festgelegte Zahl, sie variierte je nach den spanischen Bedürfnissen.

Was Foglietta beunruhigte, war die Tatsache, daß dieser privaten militärischen Macht nichts Vergleichbares gegenüberstand, wenn man die Streitmacht der Republik betrachtete (welche zwischen 3 und 6 Galeeren schwankte)[95]. Die Furcht vor einer Unterordnung der Oligarchie unter eine noch striktere spanische Kontrolle basiert gerade auf dieser Tatsache:

> „Havete a considerare che, benché li successori del Principe Doria e gli altri cittadini, li quali vanno sorgendo potenti e sono armati, tutti diano inditio di buoni e di moderati cittadini, non di meno non deve stare la Patria a questo risico. Perciò che gli animi de gli huomini sono incogniti e sono pieni di scondaglie, e la simulatione è molto propria dell'uomo"[96].
>
> [Ihr müßt bedenken, daß die Heimat, obwohl die Nachfolger des Fürsten Doria und die anderen Bürger, die immer mächtiger werden und bewaffnet sind, den Eindruck erwecken, gute und mäßige Bürger zu sein, dieses Risiko trotzdem nicht

---

nannte. Da dieser aber leicht von den Bürgern bestochen werden konnte, so war diese Einrichtung höchst verderblich"; *N. Machiavelli*, Discorsi, I, Kap. 49, S. 130]. Als zu Beginn des 17. Jahrhunderts in Genua das Gesetz der „biglietti" (eine Art Scherbengericht oder *discolato* nach der Art Luccas) verabschiedet wurde, klagte der Autor des Dialogs, der in Anm. 28 zitiert wird, eben die neuen Adeligen (diejenigen, die „sanno di stato", die Bewunderer Machiavellis) an, dessen Förderer zu sein, „per tener bassi li vecchi" [um die alten Adeligen unten zu halten]. Wie kann man in diesem Zusammenhang die positiven Worte Machiavellis im „Sommario delle cose della città di Lucca" (in: Arte della guerra e scritti politici minori, hrsg. von S. Bertelli, Milano 1961, S. 242-243) vergessen: „È ancora bene ordinato che il Consiglio generale abbia autorità sopra i cittadini, perché è un gran freno a gastigare quelli che si facessino grandi ... Fu questa legge [del discolato] benissimo considerata, ed ha fatto un gran bene a quella repubblica" [Es ist gut angeordnet, daß der *Consiglio generale* Macht hat über die Bürger, denn er zügelt jene, die zu groß werden wollen ... Dieses Gesetz ist sehr gut ausgedacht und hat sich gut ausgewirkt für die Republik].

92 *E. Grendi*, Andrea Doria, S. 107.

93 Sogno, BUG, B. I. 19, c. 34v: 12 von G.A. Doria, 4 der Lomellini, 4 der Centurione, 2 der De Mari und 1 von Bendinelli Sauli.

94 Biblioteca Governativa Lucca, ms 1315, c. 92r. Weitere Daten in *V. Borghesi*, Il magistrato delle galee (1559-1607), in: Miscellanea Storica Ligure, Neue Folge, III, I, S. 201.

95 *C. Costantini*, La Repubblica di Genova, S. 68 ff.; *R. Savelli*, La republica oligarchica, S. 40.

96 *U. Foglietta*, Della republica di Genova, S. 133.

eingehen darf. Da die Seele der Menschen undurchdringlich und voller Geheimnisse und die Heuchelei so typisch für den Menschen ist.]

„In Genova coloro che hanno queste forze e delli quali per la loro bontà non si può temere, ma bene de i loro posteri, li quali non si può indovinare che huomini habbiano ad essere … Costoro dunque … saranno armati di così gagliarde loro forze private che quasi basteriano … ad opprimere la città e haranno li appoggi e provisioni grossissime di Principi forastieri"[97].

[In Genua werden diejenigen, die diese Macht haben und von denen man aufgrund ihrer Güte nichts zu befürchten hat, aber sehr wohl von ihren Nachfahren, bei denen man nicht erraten kann, um was für Menschen es sich handeln wird … diese also … werden mit so großer privater Macht ausgestattet sein, daß sie fast ausreichen wird … die Stadt zu unterdrücken und sie werden Unterstützung sowie starke finanzielle Hilfe von den fremden Fürsten haben.]

Welchen Ausweg wählen? Fogliettas Vorschlag ist natürlich ganz und gar literarischer Natur, gewiß auch provokant, aber nicht ohne Charme: der Fürst Doria sollte seine Galeeren dem Heimatland vermachen[98]. Von diesem Grundstock wäre man ausgegangen, um eine Flotte von 50 Galeeren zu bauen und auszurüsten, mit denen sich nicht nur die Rückeroberung Korsikas als Kinderspiel erweisen sollte, sondern auch die Einrichtung eines richtiggehenden militärisch-wirtschaftlichen Unternehmens: es wäre die Republik höchstpersönlich, die die Flotte den anderen Staaten vermieten würde, und „quando questo non ci riuscisse con questi Prencipi italici, non ci mancarebbe mai dalla corona di Spagna grossissime provisioni, almeno quelle che egli da a privati nostri cittadini"[99] [falls uns dies mit den italienischen Fürsten nicht gelingen sollte, so wären da aber immer noch die beträchtlichen Provisionen der spanischen Krone, wenigstens diejenigen, die jetzt an unsere Privatbürger gehen]. Foglietta war natürlich nicht so naiv, zu glauben, daß Doria und die anderen *asentistas* je freiwillig dieses Machtinstrument, die Quelle ihres Reichtums, aufgegeben hätten; was aber ausschlaggebend ist, ist die tiefere Bedeutung des Vorschlages: den Staat zu „bewaffnen" und die Privatleute zu „entwaffnen".

Jene lang ersehnte Vereinigung des Adels, die Grundlage des zivilen und staatlichen Lebens, wäre nur so zustande gekommen und hätte nur so ein reales Fundament gehabt. Das Genueser Patriziat aber war gespalten, und

---

97 Ebd., S. 137.

98 Ebd., S. 139-140; ein Vorschlag, den natürlich nicht einmal Foglietta selbst ernst zu nehmen scheint: „io penso che il Principe Doria sia horamai satio delle nostre inettie e dappocaggini, e che egli conosca molto bene che non siamo cervelli da potersi governare come Republica … e perciò che li parrebbe fare una gran pazzia a privare la casa e successione sua di quella grandezza senza proposito" [Ich glaube, daß der Fürst Doria inzwischen von unserer Faulheit und Nichtsnutzigkeit genug hat, daß er sehr wohl weiß, daß wir nicht genug Verstand besitzen, um als Republik regiert zu werden … und daß es ihm aus diesem Grunde als große Torheit erscheinen müßte, seinem Haus und seinen Nachfolgern diese seine unvergleichliche Größe zu nehmen].

99 Ebd., S. 177; auch Ansaldo Giustiniani hatte 1554 vorgeschlagen, 50 Galeeren zu bauen und auszurüsten (vgl. *V. Borghesi*, Il magistrato delle galee, S. 192).

eine der Machtquellen der alten Adeligen war gerade das Ausrüsten von Galeeren, wie wenige Jahre später Goffredo Lomellini mit dem ihm eigenen Scharfsinn feststellen sollte[100].

Aber abgesehen von der politischen Wahrscheinlichkeit, fehlte es Fogliettas Vorschlägen in erster Linie auch an der allergeringsten finanziellen Möglichkeit: er berechnete, daß 140.000 Scudi im Jahr zum Unterhalt von 50 Galeeren ausreichend wären; während errechnet worden war, daß im Jahr 1560 eine einzige Galeere den Magistrat der Galeeren 13.500 Lire kostete (gleichbedeutend mit 3.656 Scudi, im Gegensatz zu den 2.800 von Foglietta veranschlagten)[101]. Die Probleme zeigen sich in ihrer gesamten Komplexität, wenn man über diese mehr oder weniger phantasievollen Berechnungen hinausgeht. Der entscheidende Punkt war die chronische finanzielle Krise, in der die Republik steckte. Was die Rolle des „Banco di San Giorgio" betrifft (sowie deren Beurteilung durch die Zeitgenossen), verweise ich auf Abschnitt 5; wir erinnern nur kurz daran, daß die öffentliche Verschuldung Genuas zu keinem Zeitpunkt zu wachsen aufgehört hatte und daß die gewöhnlichen Steuereinnahmen inzwischen fast ausschließlich von San Giorgio verwaltet wurden. Auch die Verwaltung der ausgedehnten Territorien des Staates, inklusive Korsikas, das 1562 an die Republik zurückgegangen war, wurde ihr abgetreten.

Wie schon gesagt, sind es genau die 60er Jahre des 16. Jahrhunderts, in denen sich das Steuerproblem in seiner gesamten Breite und Komplexität entfaltet[102]. Gerade im Jahr 1562 zeigte der Kanzler der Republik, Ambrogio Senarega, in einem der vielen Gesuche an den Banco di San Giorgio, daß er sehr wohl wußte, was es bedeuteten würde, dem Handelsverkehr neue Steuern aufzubürden: man befürchtet, „che lo imporre nuove gravezze in Dugana non causasse gran danno alla negociatione, rispetto alla propinquità delle

---

[100] *G. Lomellini*, Relatione della Republica di Genova, BUG, C. II.7, cc. 83v-84r: „molti d'essi con le galee, con compagnie d'huomini d'arme, et con sudditi et seguaci erano più potenti de magistrati et anco per mantenersi in questa loro grandezza hanno cercato li più che la Republica non diventasse potente, non armasse le galee et non pigliasse gran forza, onde ne sono la maggior parte de Nobili vecchi di non voler che la Republica faccia galee, acciò armandosi ella, non manchino le forze et la grandezza loro; al contrario gli altri cittadini, et massime tutti i nuovi a voler che se ne faccino, per fare il publico potente et privar delle forze i particolari" [Mit ihren Galeeren, ihren Truppen bewaffneter Männer, ihren Untergebenen und ihrer Gefolgschaft waren viele von ihnen mächtiger als die Magistrate; und um sich weiterhin diese ihre Grandezza zu erhalten, haben die meisten von ihnen versucht, zu verhindern, daß die Republik mächtig würde, daß sie Galeeren baue und zu großen Kräften komme, weswegen es größtenteils die alten Adeligen sind, die zu verhindern suchen, daß die Republik Galeeren baue und ausrüste, denn der Schiffbau würde ihrer Macht und Grandezza abträglich sein – im Gegensatz zu den anderen Bürgern, und insbesondere den neuen, die wollen, daß Galeeren gebaut werden, um den öffentlichen Bereich mächtig werden zu lassen und den Einzelnen die Kräfte zu entziehen].

[101] *V. Borghesi*, Il magistrato delle galee, S. 198.

[102] *G. Giacchero*, Il Seicento e le compere di San Giorgio, Genova 1979, S. 137 ff.

vicine scale alle quale come ogn'un vede concorre hoggidì tutto il negocio per esser niente o poco gravate"[103] [daß neue Grenzzölle den Warenaustausch stark beeinträchtigen würden, wegen der Nähe der umliegenden Häfen, auf die heute der gesamte Handel ausweiche, da sie gar nicht oder nur wenig besteuert würden]. Es wird also deutlich, daß das Unterhalten einer Flotte von nur 20 Galeeren (ganz zu schweigen von 50) eine finanzielle Anstrengung bedeutet hätte, die alle Möglichkeiten überstieg – selbst wenn man außer Betracht läßt, daß die Einbeziehung Genuas in den Machtbereich Spaniens inzwischen zu einer Tatsache ohne realistische Alternativen geworden war[104].

Der korsische Krieg aber ließ kaum eine andere Wahl: der Steuerertrag mußte unter allen Umständen erhöht werden. So kann man im Februar und im März des Jahres 1565 einer lebhafte Diskussion über mögliche Geldquellen folgen. Die ersten beiden alternativen Lösungsvorschläge zu diesem Problem waren: eine allgemeine Vermögenssteuer oder „l'impositione del dritto sopra drappi di seta che si cavano per fuori del Dominio" [das Recht, auf Seidenstoffe, die zum Export hergestellt werden, Steuern zu erheben]. Und selbstverständlich wurde der Vorschlag verabschiedet, die Ausfuhr von Seide zu besteuern[105]. Aber auch diese neue Steuer, die den Hauptmanufaktursektor Genuas traf, reichte nicht aus und man griff auf neue Verbrauchs- und Handelsabgaben zurück. In einem anderen Gesuch um Erhöhung der Steuern, das dem Banco di San Giorgio vorgelegt wurde, wurde „la debolezza et l'impotenza della Republica esausta sopra modo per haver preso a carricho la Corsica e stati di terraferma"[106] [die Schwäche und Ohnmacht der Republik, die sich mit Korsika und Staaten auf dem Festland belastet hat] beklagt.

Vorschlag folgte auf Vorschlag, in einer immer wiederkehrenden Wechselfolge – Steuern „sopra le sostanze" [auf die Gegenstände] / oder Handels- und Verbrauchsgebühren –; aber wie der „Sogno" und die zeitgenössischen Erzählungen von Giovanni Recco erwähnen, wird die Wahl fast immer auf indirekte Abgaben fallen. Andererseits ging es in den Diskussionen und Auseinandersetzungen nicht nur darum, welche Steuereinnahmen zu bevorzugen seien, sondern auch, auf welche Ausgaben man abzielen sollte. Das weitgefächerte Spektrum der Vorschläge zur Sache läßt sich gut auf eine einfache Formel bringen, die zwei Exponenten des „alten" und „neuen" Adels anläßlich einer von der Regierung der Republik geförderten Umfrage machten: Francesco Benigassi bekräftigte „che si debba far provisione di armamento di galere e

---

[103] ASG, Manoscritti, Membranacei, C.

[104] Vgl. hierzu die interessanten Beobachtungen (und die Angaben zu den Kosten der Galeeren) von *E. Stumpo*, Aspetti e problemi della storia politico-diplomatica dell'Italia non spagnola nell'età di Filippo II, in: Quaderni sardi di storia, II (1981), S. 101-117.

[105] ASG, Manoscritti Membranacei, C. Vgl. außerdem *G. Sivori*, Il tramonto dell'industria serica genovese, in: Rivista storica italiana, LXXXIV (1972), S. 933.

[106] ASG, Cancellieri di S. Giorgio, 297 (atti di V. Calvi Carpeni).

che per tale effetto si facci qual si voglia gravezza“ [daß man sich Galeeren beschaffen müsse und daß man zu diesem Zweck alle beliebigen Steuern erheben solle]; und Leonardo Spinola sagte: „che si passi la posta senza il carrico agionto per la pinta, et che per compiacere l'universale si tenti la guerra di Corsica con galere“ [daß die Steuer durchgebracht werden solle, ohne die „pinta“, eine Weinsteuer, zusätzlich zu belasten, und daß man den korsischen Krieg mit Galeeren wagen solle, um die Allgemeinheit zufriedenzustellen][107]. Der Bündigkeit der Zusammenfassung der Kanzlei zum Trotz bemerkt man sofort eine Unstimmigkeit, sei es auch nur im Ton: „quali si voglia gravezza“, wenn nur eine Flotte zustande kommt, schlägt der neue Adelige Benigassi vor. Während Spinola anregt, den Wein, der im Detail verkauft werden soll, mit keiner neuen Steuer zu belegen; er spricht davon, den Krieg zu wagen, „per compiacere l'universale“.

Wir befinden uns im Mai des Jahres 1567, der anonyme Bewunderer Machiavellis hatte wahrscheinlich soeben den „Sogno“ beendet, und der schon erwähnte Giovanni Recco schrieb an seiner Geschichte von Genua[108]. Die Übereinstimmung in den Ansichten, die fast identischen Analysen und Urteile reichen so weit, daß die beiden Texte parallel gelesen werden können[109]. Das

---

[107] ASG, Archivio Segreto, 1650 (69).

[108] *Giovanni Cibo Recco*, Historie di Genova (1550-1570), BCB, mr. VII.3.9. Das Buch wurde nie veröffentlicht, obwohl sowohl der lateinische als auch der italienische Text weit verbreitet waren. Ein erster Verweis auf (Cibo) Recco findet sich im „Dizionario Biografico degli Italiani“, Bd. 15, S. 277-278. Der richtige Nachname nach dem „albergo“, lautet aber Recco und nicht Cibo Recco; Cibo war nur der Nachname, der laut Gesetz von 1528 bis 1576 gebräuchlich war (vgl. *R. Savelli*, La repubblica oligarchica, S. 7 und S. 58 ff.).

[109] Ich habe auch vermutet, daß es sich bei Recco und dem Autor des „Sogno“ um ein und dieselbe Person handelt; aber unter den Elementen, die mich zur Annahme führten, daß es sich um zwei verschiedene Autoren (wenn auch mit einer außerordentlichen Übereinstimmung in ihren Einschätzungen) handeln muß, war das Auffinden eines Bandes des „Sogno“, der ausgerechnet Recco gewidmet ist (Biblioteca Durazzo Genova, C.X.4). Der Autor der Widmung – der wie folgt zeichnete: „Giovanni come voi sono, il resto col tempo saprete“ [Giovanni heiße ich wie Ihr, den Rest werdet Ihr mit der Zeit erfahren] – ist mit dem geschichtlichen Werk Reccos vertraut („sapendo che dal 1550 in qua havete scritto i successi di Genova“ [im Wissen, daß Ihr seit 1550 die Vorgänge in Genua niedergeschrieben habt]) und lobt das Ergebnis, da es die Erinnerungen der Bürger „insieme con le ruine e disagi che patirono per l'ambitione de pochi privati“ (Hervorhebungen R.S.) [zusammen mit dem Ruin und den Beschwerlichkeiten, die sie aufgrund der Ambitionen einiger weniger Privater erleiden mußten] aufgenommen hat. Diese Widmung ist aber hinsichtlich der Datierung problematisch: so lautet das Datum Rom, den 29. Juni 1575; nun war aber Recco zu diesem Zeitpunkt schon tot (vgl. den Vertrag über die Mitgift der Tochter vom 9. Februar 1575, in ASG, Notaio Gregorio Ferro, s. 8. sc. 290. f. 6). Es könnte auch sein, daß der Autor der Widmung vom eingetreten Tod nichts weiß, da er in der Widmung schreibt: „adesso che andate in Corsica“ [jetzt wo Ihr nach Korsika reist]; er bezieht sich auf eine präzise, ihm bekannte Tatsache; denn aus dem Werk Reccos geht hervor, daß er um 1565 wirklich nach Korsika reiste. Also ist das Datum dieses Manuskripts entweder falsch oder wurde absichtlich in den Jahren der Bürgerkriegswirren verfälscht.

Thema, das diesen beiden Werken (wie auch dem Dialog Fogliettas und vielen anderen Veröffentlichungen „neuer" Adeliger) zugrunde liegt, sind die oligarchischen Tendenzen in der Republik[110]. Neu ist jedoch die Thematik der Steuern und der einträglichen finanziellen Aktivitäten des Genueser Adels.

Wir setzen voraus, daß die Rolle der Bankiers der „Superba" innerhalb des spanischen Reichs bekannt ist. Uns ist hier daran gelegen, aufzuzeigen, wie diese wirtschaftliche Option eines beträchtlichen Teils des Patriziats weder schmerzlos noch allerseits akzeptiert war. So herrschte nicht nur Angst vor erneuten spanischen Bankrotten, wie jenem des Jahres 1557 (sosehr, daß an das inzwischen klassisch gewordene Beispiel der Bankrotterklärungen der Bardi und der Peruzzi erinnert wird)[111]; und daher kam die allgemeine Ansicht über die Gefährlichkeit dieser Art von Anleihen und Investitionen. Es gab auch eine Meinung ethisch-religiösen Charakters über die Statthaftigkeit dieser Verträge[112]. Aber besonders im „Sogno" wird ein neues Element eingeführt: es geht um die Interessengegensätze zwischen denjenigen, die Darlehen gewähren und sich dem Devisenhandel widmen und denjenigen, die andererseits in Manufakturwaren investieren, besonders in die Seidenindustrie: „l'arte della seta non da danno a Genova, anzi utilissimo più di quello che non fanno gli usurai quali non attendono ad altro che ad usurpar delle gabelle di consumo per il viver di quelli che fabbricano essa seta"[113] [Die Seidenzunft verursacht Genua keinerlei Schaden, im Gegenteil ist sie sehr viel nützlicher als das, was die Wucherer betreiben, die nur darauf warten, die Verbrauchssteuern zu usurpieren, um von denjenigen leben zu können, die ihrerseits Seide produzieren].

Die Fragestellung ist neu und interessant und wir werden in Kürze sehen, wie sie im Verhältnis zu den Problemen des Schiffbaus und der Finanz weiterentwickelt wird. Denn sowohl der Autor des „Sogno" als auch Recco benut-

---

110 Sogno (BUG, B. I. 19, c. 108r): „si può dunque dire che Genova non sia più Republica, ma uno stato oligarchico cioè de pochi et appresso al tiranno" [Man kann also sagen, daß Genua keine Republik mehr ist, sondern ein oligarchischer Staat, also von einigen wenigen und nahezu tyrannisch regiert wird]; *G. Recco*, Historie, S. 543, „mi cruccio quando chiaramente vedo che la Republica declina in tirannide" [es quält mich, zu sehen, daß die Republik zur Tyrannenherrschaft verfällt]; S. 637: „tra gli amici segretamente s'andava dicendo che la Republica era divenuta quasi all'oligarchia" [Unter Freunden sprach man davon, daß die Republik schon fast zur Oligarchie geworden war].

111 Sogno, ACG, ms 164, c. 37r; *G. Recco*, Historie, S. 646.

112 Sogno, c. 36r: „hanno con le grosse usure havuto grandissimi guadagni de 25 e 30 per cento l'anno" [Sie haben mit dem Wucher unverhältnismäßig hohe Gewinne von 25 und 30 Prozent im Jahr erzielt]; *G. Recco*, Historie, S. 452, spricht nicht nur von „vostri illeciti cambi" [euren unzulässigen Wechselkursen], sondern fügt noch hinzu: „in verità sono più lecite le prede de Turchi, che degli christiani, e di più sicura conscienza vi sarebbero che i denari dati a cambio" [In Wirklichkeit ist das Beutegut der Türken rechtmäßiger als jenes der Christen, und es wäre für euer Gewissen besser als das ausgeliehene Geld].

113 Sogno, BUG, B. I. 19, c. 72r.

zen natürlich die Frage der Galeeren als eine ihrer Waffen; und zunehmend rief Recco im Verlauf seiner Erzählung mit eindrucksvoll wachsendem Pathos dazu auf, den Schiffbau zu forcieren.

Tatsächlich muß das Problem bestimmten Kreisen der neuen Adeligen sehr am Herz gelegen haben. Ein Symptom dieses Gefühls und dieser Ideen haben wir in einer etwas ungewöhnlichen Quelle gefunden, nämlich in dem langen Testament von Leonardo Strata (Sauli), einer relativ unbekannten Persönlichkeit, die aber im „Sogno“ sowie von Recco mehrfach zitiert wird. Unter anderem teilt Recco einen Brief Stratas an den Senat aus dem Jahr 1567 mit, in dem dieser die Regierung ermahnt, „che era di necessità, se disideravano conservar libera la Republica e se stessi salvi, ridurre la Republica alle prime regole“[114] [daß es notwendig sei, die Republik zu den ersten Regeln zurückzuführen, wenn sie den Staat weiterhin frei und sich selbst sicher sehen wollten]. Leonardo Strata motivierte seinen Entschluß, testamentarisch einen Fonds einzurichten, der dem Arsenal und der Unterhaltung der öffentlichen Galeeren zukommen sollte, wie folgt:

> „Perché la città nostra senza armata di galere è come un corpo nudo circondato da nemici col ferro in mano, et è esposta ad ogni pericolo così nelli beni come nell'istessa libertà, oltre la indignità che ne segue per essere da ogn'uno sforzati, non potendo disarmati ne giovare ne nocere ad alcuno“.
>
> [Da unsere Stadt ohne Kriegsflotte wie ein nackter Körper ist, der von bewaffneten Feinden umstellt ist – jeder Gefahr ausgesetzt, sowohl was die Güter als auch was ihre Freiheit selbst betrifft, abgesehen von der Unwürdigkeit, die sich daraus ergibt, daß ihr von allen Gewalt angetan wird, da sie – unbewaffnet wie sie ist – niemandem nützen oder schaden kann.]

Strata ist sich der Tatsache voll bewußt, daß die Republik in ihrem damaligen Zustand den Entscheidungen der anderen Mächte ausgeliefert war.

Wenn uns seine Vorstellungen getreulich überliefert wurden, so war er sich aber auch sehr wohl der Tatsache bewußt, daß die Schwäche Genuas nicht nur die äußeren Verhältnisse betraf, sondern auch die inneren. Recco gibt einen Diskurs Stratas zum Problem Finale wieder, in dem dieser bekräftigt hätte, daß „le disarmate e deboli republiche, quale è la nostra, sono obligate

[114] *G. Recco*, Historie, S. 625; der „Sogno“ (ACG, ms 164, c. 131r) erinnert daran, wie Strata aus Rom verbannt wurde, „per haver parlato in San Giorgio che non si dovesse dare denari a Palazzo per gettarli via in Corsica“ [weil er in San Giorgio gesagt hätte, daß man dem Palazzo kein Geld geben sollte, um es dann in Korsika zu vergeuden]. Das Testament (aus dem ich zitiere, nachdem ich es mit dem Original in ASG, Notaio Agostino Lomellino, sc. 248, f. 17 verglichen habe) vom 22. August 1564, das um die Mitte des 17. Jahrhunderts in Genua gedruckt wurde, ist ein äußerst interessantes Dokument; abgesehen von dem, was im Text zitiert wird, möchte ich nur kurz daran erinnern, wie Strata Verfügungen hinterließ, um „zahlreiche“ [Fonds] zu schaffen, darunter einen, um die Errichtung einer Universität in Genua zu finanzieren. Von Strata existiert das Manuskript eines „Discorso sopra l'abboccamento di Piacenza” aus dem Jahr 1548, in dem er die Republik vor den Gefahren eines militärischen Eingriffs der Spanier warnt.

più tosto regolarsi dalla volontà degli ottimati che dalle publiche deliberazioni de consigli"[115] [die unbewaffneten und schwachen Republiken wie die unsere eher gezwungen sind, sich nach dem Willen der Optimaten zu richten als nach den öffentlichen Ratsbeschlüssen]. Wie man sieht, war die Antinomie öffentlich / privat, Schwäche der Republik / „potentia privata" inzwischen zu einem akzeptierten Modell in verschiedenen Kreisen des „neuen" Adels geworden.

Giovanni Recco steht auf der gleichen Linie wie Strata und er betont – wenn man so will – die Wichtigkeit des Schiffbaus vielleicht noch mehr; dort, wo er die „avarizia" [den Geiz] der Reichen kritisiert, die keine Steuern wollten und die sogar gewillt wären, auf Korsika zu verzichten, verleiht er dem Prinzip Ausdruck, daß „perduto il comando, pure sono perdute le ricchezze"[116] [wenn die Führung erst einmal verloren ist, auch die Reichtümer verloren seien]. Es scheint uns, daß Giovanni Recco deutlich eine enge Beziehung zwischen der Macht des Staates und dem „nationalen" Reichtum sah[117], die in einer Aufforderung zum Schiffbau ein Korrelat findet: „apparecchiate galee, sollevate con le armi de vostri cittadini la Republica cadente; non con le ausiliarie e stipendiarie si conserva la libertà"[118] [Baut und rüstet Galeeren, erhebt die baufällige Republik mit den Waffen eurer Bürger; die Freiheit kann man nicht mit Hilfsschiffen und Söldnern erhalten]. Diesen Ideen Reccos stand eine ganz anders

[115] *G. Recco*, Historie, S. 412.

[116] Ebd., S. 567.

[117] So wird er, als er die exzessive Last der indirekten Steuern kritisiert, bemerken, „non si puonno più gravare le gabelle del vivere, perché sono al colmo, e se si gravassero quelle della mercanzia si leveremo il trafico di qui, e faremo buono Livorno e Nizza, terre de nostri nemici" (ebd., S. 606) [Man kann die Steuern auf Lebensmittel nicht erhöhen, da sie schon auf die Spitze getrieben wurden, und wenn wir die Waren besteuern würden, wären wir den Handel ganz los und wir würden Livorno und Nizza, Ländern unserer Feinde, ein Gutes tun].

[118] Ebd., S. 570. Daß es für die unbewaffnete Republik unmöglich war, eine internationale Politik zu führen, ging aus dem zitierten Diskurs Stratas über das Problem von Finale hervor. Genua „non aveva le galee, che sono l'anima della Republica, mentre se fussero state pronte 20 galee della nostra Republica Ferdinando sarebbe stato a beneplacito de Genovesi e non del tiranno Alfonso" del Carretto (ebd., S. 412) [Genua besaß die Galeeren nicht, die die Seele der Republik sind, wenn aber 20 Galeeren unserer Republik fertig gewesen wären, dann wäre Ferdinando die Zustimmung der Genueser und nicht des Tyrannen Alfonso sicher gewesen]. Recco erinnerte seinerseits an die Wichtigkeit einer „nationalen" Bewaffnung gegenüber dem alliierten Spanien: die Galeeren dienen „non solo per difendere la Republica e infestare gli inimici, ma ancora per spaventare i finti amici" (ebd., S. 451) [nicht nur zur Verteidigung der Republik und zur Heimsuchung der Feinde, sondern auch dazu, die falschen Freunde zu erschrecken]. 1575, im entscheidenden Jahr der Bürgerkriege, erscheint in einem Pamphlet von Silvestro Facio, einem Exponenten des radikalen Flügels, die Anklage an die „alten" Adeligen, „non voler fabrica di gallere, dalle quali (come l'ombra dal corpo) pende lo splendore e la salute della Republica" [keine Galeeren bauen zu wollen, an denen (wie der Schatten am Körper) Glanz und Gesundheit der Republik hängen] (zu Facio und seinem Werk vgl. *R. Savelli*, La pubblicistica, S. 98 ff. und *ders.*, La repubblica oligarchica, S. 150 ff.).

geartete soziale und institutionelle Wirklichkeit gegenüber: die Republik wurde inzwischen von einer Elite von Finanziers regiert, die sich immer mehr durch eine besonders schikanöse und ungerechte Steuerpolitik auszeichnete[119].

Auf diesem Streifzug durch verschiedene Texte der 60er und 70er Jahre des 16. Jahrhunderts wollen wir uns nun etwas intensiver mit dem „Sogno" beschäftigen, da sich gerade in diesem Text einige Entwicklungen der Debatte über die politisch-soziale Lage Genuas erkennen lassen, die es wert sind, genauer analysiert zu werden. Der Autor des „Sogno" beschränkt sich nicht nur darauf, auf die Antinomie öffentlich / privat zurückzugreifen oder die Notwendigkeit des öffentlichen Schiffbaus zu betonen[120], sondern behandelt an erster Stelle das Thema der Steuererhebungen im Verhältnis zu den politischen Entscheiden und zum Kräftegleichgewicht.

Als Stefano Giustiniani, der positive Protagonist des Dialogs, vorschlägt, die Luxus- und Genußwaren zu besteuern und das bürgerliche oder politische Leben lobt, entgegnet ihm Agostino Pinelli, der negative Protagonist: „è quasi impossibile questo, perché i ricchi non vogliono cabelle se non sopra le vettovaglie"[121] [dies ist fast unmöglich, da die Reichen keine Steuern wollen, wenn nicht auf Lebensmittel]. Aber die Meinungsverschiedenheiten betreffen nicht nur die Quelle der indirekten Steuern, sondern natürlich auch die umstrittene Alternative direkte oder indirekte Besteuerung. Wie gesagt wurde, besaß die Republik Genua eine mittelalterliche Tradition direkter Besteuerung[122]. Auf die allgemeine Besteuerung

[119] *G. Recco*, Historie, S. 436; „quelli ancora che danno a cambio centinaia di mille scudi d'oro a Principi amministrano e governano la Republica ... queste cose ... sono quelli che riducono la Republica in perpetua servitù" [diejenigen, die hunderttausende von Goldscudi an Fürsten leihen, verwalten und regieren die Republik ... diese Dinge ... sind es, die die Republik auf Dauer in Sklaverei halten]; S. 637: „altri dicevano doversi imponer tassa e non prorogar gabelle, dicendo che i premij e dignità della Republica erano goduti solamente da pochi principali e più ricchi" [andere sagten, man solle Steuern erheben und nicht Gebühren prorogieren, sie behaupteten, daß ausschließlich einige wichtige Persönlichkeiten und die Allerreichsten in den Genuß von Belohnungen und Würden der Republik kämen]; S. 702: „i più ricchi dicevano che era profano riformare la gabella dei cambi, poiché la cosa li toccava" [Die Reichsten sagten, daß es profan sei, die Gebühren für Wechselgeschäfte zu reformieren, da sie davon betroffen waren].

[120] Die Galeeren von Privatleuten „non fanno alcun caldo e manco utilità al ben publico et grandezza di Genova, anzi l'abbassano et ingrandiscono quella de particolari" [erregen nicht den geringsten Eindruck und tragen gar nichts zum öffentlichen Wohl und zur Grandezza Genuas bei, im Gegenteil, sie verringern sie und erhöhen nur diejenige der Einzelnen]; „a salvar la republica non c'è altro rimedio che la intiera osservanza delle leggi, che le armi proprie" [um die Republik zu retten, gibt es nur einen Ausweg, nämlich das Einhalten der Gesetze aufs Genaueste und die eigenen Waffen]; „il sostegno di tutto sono l'armi proprie. Alli genovesi l'armi proprie sono le galee" [Der Rückhalt aller liegt in den eigenen Waffen. Für die Genuesen sind die eigenen Waffen die Galeeren], (Sogno, ACG, ms 164, cc. 37r, 40v, 79r).

[121] Ebd., c. 49r.

[122] Vgl. *E. Grendi*, Capitazioni e nobiltà genovese in età moderna, in: Quaderni storici, (1974), S. 420.

der Vermögen des Adels griff man im Verlauf des 16. und 17. Jahrhunderts mehrmals zurück, aber es handelte sich hierbei immer um Entscheidungen, die von außergewöhnlichen Anforderungen diktiert wurden. Das reguläre Finanzwesen beruhte andererseits grundsätzlich auf der indirekten Besteuerung (abgesehen von den Eingängen aus dem Dominium).

Es ist der zitierte Agostino Pinelli, der im „Sogno" bestätigt, daß man der Republik zu Hilfe kam, „quando con le gabelle nuove, quando con augumentarle et quando con qualche tassa, benché questo ultimo sia contro il voler dei ricchi"[123] [sowohl mit neuen Gebühren, als auch deren Erhöhung sowie mit einigen Steuern, obwohl letzteres gegen den Willen der Reichen ist]. Aber der Autor des „Sogno" ist nicht nur Fürsprecher einer allgemeinen Antifiskalpolitik. Wir haben ja schon einen Passus zitiert, in dem die Interessen der „setaioli" und der „cambisti" als gegensätzlich dargestellt wurden; und genau bei den Themen Seide und Galeeren offenbart sich deutlich, welches die Interessen sind, die der „Sogno" verteidigen möchte, indem er auf diesen Doppelbegriff die Hypothese einer andersgearteten Entwicklung der Genueser Wirtschaft aufbaut.

Eine Möglichkeit, die man sich ausgedacht hatte, um die Idee einer bedeutenden öffentlichen Flotte akzeptabel zu machen, ist, den Transport der Seide auf Galeeren der Republik als obligatorisch zu erklären[124]. Um aber aus diesem Rohstofftransport aus dem Süden einen bedeutenden Posten in der Bilanz des Unterhalts der Galeeren zu machen, war es notwendig, daß in Genua das Seidengewerbe expandierte und steuerlich begünstigt wurde (was aber nicht der Fall war; oder auf jeden Fall nicht im erwünschten Ausmaß). Der „Sogno" wird so zu einem der ersten literarischen Zeugnisse der Schwierigkeiten, in denen sich die Genueser Zunft der Seidenmacher befand[125].

> „L'arte della seta ... che si poneva fra gli essercitij nobili, voi con haverli ogni dì fatti nuovi ordini sopra e nuove gravezze l'havete quasi estinta e fattola mettere in tutte le parti d'Italia e Francia. Ancor et che è peggio, la navigatione quale restava nei vostri cittadini di mezzo, l'havete similmente perduta per diffetto vostro di non provedere alli inconvenienti"[126].

---

[123] Sogno, ACG, c. 22r-v.

[124] „Fatte che i vostri cittadini non carrichino sete se non sopra le vostre galee, et a questo modo havrete di armare diece galere" [Erreicht, daß eure Bürger Seide nur auf euren Galeeren transportieren, so werdet ihr Mittel haben, um 10 Galeeren aufzurüsten]; „per le galee li noli delle sette suppliscono" [Für die Galeeren reicht die Fracht der Seide] (Sogno, ACG, ms 164, cc. 51r und 52v). Mit Sicherheit dachte der Autor des „Sogno" nicht, daß diese Einnahmen ausreichend wären, um die vorgesehene Flotte zu unterhalten, aber er war der Meinung, daß sie alles andere als irrelevant hätten sein können. Zum Problem vgl. *V. Borghesi*, Il magistrato delle galee, S. 215-219; *O. Baffico*, Contributo allo studio dei costi di trasporti: i noli della seta dal mezzogiorno a Genova nel secolo XVI, in: ASLSP, Neue Folge, XIX (1979), S. 123-145.

[125] Zu den Problemen der Seide (abgesehen von dem oben angeführten Artikel von Sivori) vgl. *P. Massa*, L'arte Genovese della seta nella normativa del XV e del XVI secolo, in: ASLSP, Neue Folge, X (1970); *ders.*, Un'impresa serica genovese della prima metà del Cinquecento, Milano 1974, und *ders.*, La „fabbrica" dei velluti genovesi, Milano 1981.

[126] Sogno, ACG, ms. 164, cc. 65v-66r.

[Die Zunft der Seidenmacher ... die zu den vornehmen Berufsbetätigungen gehörte, habt ihr mit euren täglich neuen Reglementierungen und Abgaben fast zum Aussterben gebracht und sie dazu gebracht, sich in ganz Italien und Frankreich auszubreiten und – was noch schlimmer ist – ihr habt die Seefahrt, die inmitten eurer Bürger heimisch war, in gleicher Weise verloren, weil ihr die Mißstände nicht aus dem Weg geräumt habt].

Es ist Stefano Giustiniani, der Agostino Pinelli die Nachlässigkeit der Regierung gegenüber den Manufakturbetrieben und der kommerziellen Seefahrt vorwirft. Das Interesse an diesem Passus beruht nicht nur darauf, daß in ihm das Echo der jüngst erhöhten Steuerbelastung aus dem Jahre 1565 nachklingt (und einer der Prokuratoren, der sich als offizieller Antragsteller herausstellt, ist eben Pinelli)[127]; sondern weil es sich um das lebendige Zeugnis eines Umstellungsprozesses handelt, der sich inzwischen innerhalb des Genueser Patriziats konsolidierte.

Was genau sagt der Autor des „Sogno" eigentlich? „L'arte della seta che si poneva fra gli essercitij nobili", „la navigazione quale restava nei vostri cittadini di mezzo": er gebraucht das Imperfekt, um auf einen scheinbar unaufhaltsamen Prozeß hinzuweisen, einen Prozeß, der von zunehmender Aufgabe gewerblicher und maritimer (und teils auch kommerzieller) Aktivitäten seitens des Adels gekennzeichnet ist, besonders des „alten" Adels, der sich stärker in der Welt der internationalen Finanz engagierte[128].

Versuchen wir an dieser Stelle kurz Ordnung in die verschiedenen Positionen zu bringen, die erstmals bei Foglietta aufkamen, und die sich dann im „Sogno" und in den „Historie" Reccos durchsetzten: Gruppen des „neuen" Adels machten sich zu Trägern eines politischen Projekts, das sich die Stärkung des Staates auf internationaler sowie auf nationaler Ebene zum Ziel gesetzt hatte und dessen polemisches und propagandistisches Ziel der Schiffbau ist; das „nautische" Thema verband sich sodann mit Forderungen nach einer neuen Wirtschafts- und Steuerpolitik, zu deren Hauptverfechtern die Seidenmacher gehörten. Im „Sogno" ist dies offensichtlich; aber auch das Werk Reccos erscheint in neuem Licht, wenn man bedenkt, wer Giovanni Recco in Wirklichkeit war: auch er war ein Seidenmacher, der letzte Nachkomme einer Familie von Seidenmachern[129]. Uns erscheint diese Verbindung von Machiavelliverehrern, Verteidigern des Staates gegen die „potentia privata" der Oligarchie und dem wichtigsten Produktionszweig Genuas in der zweiten Hälfte des 16. Jahrhunderts nicht irrelevant.

An diesem Punkt tut eine kurze Abschweifung auf die Zunft der Seidenmacher not, auf die Rolle des Adels innerhalb dieser Zunft, sowie auf einige institutionelle und normative Ergebnisse, zu denen es im Falle der Seidenmacher kam.

---

[127] Zu den Folgen der Verfügungen aus dem Jahre 1565, vgl. *P. Massa*, L'arte, S. 79.

[128] Vgl. die Erwägungen und die Daten, die G. Doria erarbeitet hat, in: *G. Doria / R. Savelli*, „Cittadini di governo" a Genova, S. 335-337.

[129] Auch der Bruder Stefano, gleichfalls Seidenmacher, griff zugunsten des Schiffbaus und der Ausrüstung einer Flotte in die Debatte ein, die in den Jahren 1566-1568 über die finanziellen Probleme im Gang war (ASG, Archivio Segreto, 1650).

Für das 16. bis 18. Jahrhundert sind die Gesamtzahlen der Einschreibungen in die Zunft der Seidenmacher bekannt[130]; und es ist auch bekannt, wie mit der zweiten Hälfte des 16. Jahrhunderts ein Schrumpfungsprozeß einsetzte. Wir haben versucht, die Daten zu trennen und stichprobenhaft anhand dreier Jahrzehnte herauszufinden, welchen Anteil der Adel an den Seidenmachern hatte. Gewählt wurden die drei Jahrzehnte (1536-1545; 1566-1575; 1596-1605) in erster Linie aufgrund einiger Hauptdaten der institutionellen Geschichte der Republik: das erste Jahrzehnt geht einher mit der Konsolidierung des Patriziats nach den Reformen des Jahres 1528; das zweite umspannt die Jahre des Konflikts innerhalb des Adels, der 1575 zum Bürgerkrieg und 1576 in den „Leges novae" führte; im dritten wurde das Problem der „mechanischen Zünfte" und der Gewerbe, die dem Adel offenstanden, endgültig gelöst[131]. Die Ergebnisse der Erhebung sind[132]:

	1536-1545	1566-1575	1596-1605
Gesamteinschreibungen	204	339	162
% der immatrikulierten Adeligen	29,4 - 35,2	24,4 - 27,4	4,3

[130] *P. Massa*, L'arte, S. 24, sowie *ders.*, La Fabbrica, S. 24; *G. Sivori*, Il tramonto dell'industria serica, S. 895.

[131] *G. Doria / R. Savelli*, „Cittadini di governo" a Genova, bes. S. 297-299 und passim.

[132] Zu den Angaben der Einschreibungen wurde die „Matricula MM. Seateriorum ab anno MDXXXII", ms, Biblioteca della Camera di Commercio di Genova verwendet, vervollständigt wurde sie zur Verbesserung einiger Namen mit einem alphabetischen Index von Seidenmachern des Zeitraums 1499-1593, aufbewahrt in ACG, ms 210, cc. 154r-177v (leider stellenweise beschädigt und von Holzwürmern zerfressen). Was die Angaben zu den Adeligen betrifft, ist die Sache komplizierter: das „Liber nobilitatis", hrsg. von *G. Guelfi Camajani* (Firenze 1965), nach einer Fassung aus dem späten 18. Jahrhundert, bietet für den Zeitraum 1528-1575 wenig Verwendbares. Wir haben es mit den folgenden handschriftlichen Kopien vervollständigt: ACG, ms 300 und 396; ASG, Manoscritti 181, 182; BCB, mr. IX.3.8; diese sind vollständiger und spiegeln den Prozeß besser wider, in dem sich das Genueser Patriziat in der ersten Hälfte des 16. Jahrhunderts herausbildete: die einzelnen Familien werden noch unter dem Zunamen des „albergo" geführt, es wird mehr oder weniger zwischen „approbati" und „approbandi" unterschieden; es sind noch Personen angeführt, die nach 1576 nicht länger erscheinen werden (sowohl aus politisch-rechtlichen Gründen, als auch wahrscheinlich wegen der Frage der verbotenen „arti"). Keines dieser Manuskripte ist jedoch vollständig oder stimmt mit den anderen überein. Hieraus erklärt sich, warum ich für den Prozentsatz der immatrikulierten Adeligen jeweils für die ersten beiden Jahrzehnte zwei verschiedene Ziffern angegeben habe. So stehen in der *Matricola* und im alphabetischen Index (ACG, ms 210) tatsächlich zahlreiche Seidenmacher mit doppeltem Nachnamen, dem der Familie und dem des „albergo", Anzeichen einer Erhebung in den Adelsstand oder einer Nobilitierung *in fieri* (die „approbandi"). Von einigen aber ist nicht die geringste Spur in den verschiedenen, von mir konsultierten Kopien des „Libro della nobiltà" vorhanden. Der geringere Prozentsatz betrifft also alle adeligen Seidenmacher, die wenigstens in einem Kodex auftauchen; der höhere kam zustande,

Die Angaben scheinen völlig unanfechtbar: über einen Zeitraum von achtzig Jahren verläßt der Adel fast gänzlich diese unternehmerische Tätigkeit, mit einem brüsken Abfall nach 1575. Wenn man dann einen Namen nach dem anderen überfliegt, wird deutlich, daß die Adeligen, die der Zunft der Seidenmacher dienen, fast ausschließlich dem „neuen" Adel angehören[133].

Noch bleibt die insgesamt relativ hohe Zahl des zweiten untersuchten Jahrzehnts zu erklären. Die Ziffer verbirgt jedoch ein nicht leicht zu lösendes Problem. Von den 339 Seidenmachern, die zwischen 1566 und 1575 der Zunft beitraten, taten dies 193 erst im Jahre 1573[134]. Worauf ist dieser plötzliche Eintritt *en masse* in die Zunft der Seidenmacher zurückzuführen? Die einzig plausible Erklärung ist, daß die Zunft der Seidenmacher – angesichts einer politischen Auseinandersetzung, die unausweichlich schien – für einen sehr kurzen Zeitraum für einen Teil des Adels und der nicht-adeligen Stände zu einer organisatorischen Anlaufstelle geworden war. Es handelt sich hierbei um eine reine Hypothese, aber sie hat einen gewissen Wahrscheinlichkeitsgrad und eine gewisse Verifizierbarkeit.

Während des Bürgerkriegs im Jahr 1575 gaben sich „neue" Adelige und Bürger – „borghesi" – (so werden sie in einem zeitgenössischen Dokument genannt) eine politisch-militärische Organisation territorialer Art, die sich auf in den verschiedenen Stadtvierteln ansässige „pacificatori" stützte. Aus einer Aufstellung von 48 „pacificatori", von diesen für die Organisation Verantwortlichen, geht hervor, daß ganze 19 Seidenmacher waren, also 39,5%[135]. Kurz und gut, der radikale Flügel des „neuen" Adels, jener, der um jeden Preis den Krieg mit dem „alten" Adel wollte, jener, der engeren Kontakt zu den nicht-adeligen Ständen hatte, und der wußte, daß er auf die organisatorische Struktur der Zunft der Seidenmacher zurückgreifen konnte, machte sich zum Wortführer der

---

indem auch die Seidenmacher mit doppeltem Nachnamen hinzugefügt wurden, von denen man annehmen kann, daß sie adelig waren, was ich aber nicht bestätigt gefunden habe.

133 In jenem schicksalhaften Jahr 1575, als in Casale über das Problem der Zünfte, denen Adelige angehören konnten, diskutiert wurde, legten die Delegierten der „nuovi" ein Dokument vor, in dem – unter den anderen – auch die „vecchi", die Seidenmacher waren, aufgeführt waren, und obwohl bestätigt wird, daß „infiniti sono stati ad essercitarsi circa l'arte della seta" [es unendlich viele waren, die der Zunft der Seidenmacher dienten], werden nur 12 Namen angegeben (Archivio Segreto Vaticano, Segreteria di stato, Genova, 4, c. 452v). Zur qualifizierten Anwesenheit von Genuesen in der Zunft der Seidenmacher in Neapel in der ersten Hälfte des 16. Jahrhunderts vgl. *R. Colapietra*, Dal Magnanimo a Masaniello. Studi di storia meridionale nell'età moderna, Salerno 1972, Bd. 2, S. 69-70.

134 Unter den 193 Immatrikulierten im Jahr 1573 liegt der Anteil an Adeligen bei 29%, während er für die verbliebenen 146 bei 24% liegt.

135 Biblioteca Estense, Modena, Fondo Campori, γ.W.3.7. und vgl. *R. Savelli*, La repubblica oligarchica, S. 90 ff. Prozentual weniger herausragend, aber dennoch auffällig ist die Präsenz der adeligen Seidenmacher unter den im Juli desselben Jahres gewählten *capitani* der Republik: es sind 17,2% (ACG, ms 337).

Seidenzunft und versuchte deren Wichtigkeit noch weiter in den Vordergrund zu rücken. Die Seiten des „Sogno", die wir oben analysiert haben, stellen wahrscheinlich einen Aspekt der programmatischen Vereinigung verschiedener Gruppen der Genueser Gesellschaft dar, die am Ende jedoch die Besiegten sein werden[136].

In der Tat traf jedoch die Ausdifferenzierung der Zünfte – in solche zu denen Adelige zugelassen waren und solche, die ihnen verschlossen blieben (so wie es in den „Leges novae" festgelegt wurde) – außer den Notaren hauptsächlich die Seidenmacher[137]. Zwei Wochen nach Bekanntgabe der Gesetze erhielt der Erzbischof von Acqui (einer der Vermittler im Konflikt) einen Brief (und reichte ihn sofort an den Kardinal Morone weiter), in dem er über einige Aspekte des grassierenden Unwillens in der Stadt in Kenntnis gesetzt wurde:

> „I Cittadini benemeriti della Civilità restano similmente mal sodisfatti per restar privi di speranza di mai più esser ammessi per le strettezze delle leggi et per esser stato dechiarato Mecanica l'arte della seta dove molti di loro si essercitano e vedendo ch'invece di accrescere la nobiltà resta diminuita di più di 300 Cittadini per la dechiaratione della detta arte; vi s'agionge ancora la mala sodisfattione del Popolo il quale essendo abbandonato dall'essercitio della seta per esservi molti di quelli che l'essercitavano che non voggliono [sic] perseverarvi per la detta dechiaratione ..."[138].
>
> [Die verdienstvollen Bürger des Adels sind ähnlich unzufrieden, da sie ohne Hoffnung sind, je wieder aufgenommen zu werden; wegen der strengen Gesetze und weil die Zunft der Seidenmacher zur „mechanischen Zunft" erklärt wurde, der viele von ihnen dienen, und weil sie sehen, daß die Zahl der Adeligen nicht zunimmt, sondern aufgrund der Deklaration besagter Zunft sich um mehr als 300 Bürger verringert hat; dazu kommt noch die Unzufriedenheit des Volkes, welches das Seidengewerbe aufgeben mußte, da viele einstige Zunftgenossen diese Tätigkeit wegen der besagten Deklaration nicht mehr ausüben wollen ...]

---

136 Mit Sicherheit ist es kein Zufall, daß einer der wenigen, die wegen der Verschwörungen der Zeit nach 1576 auf dem Schafott landeten, der Seidenmacher Giacomo Rovereto war; ein Zeuge trug während des Prozesses dessen Ideen wie folgt vor: „dal tempo delli rumori in qua era molto inclinato a dover far galere a servitio della Republica, et li pareva che la terra non potessi star bene senza haver galere assai, anzi propose un modello come si potevano mantenere sei o sette senza più spesa della Signoria: quel modello era che la Corsica ne pagassi una e l'Ufficio di S. Giorgio un'altra et le altre dalli noli delle sete" [Seit den Unruhen war er darauf aus, der Republik Schiffe zu bauen und auszurüsten und es schien ihm, als ob es Genua ohne Galeeren nicht gut gehen könne; er machte sogar einen Plan, wie man sechs oder sieben Galeeren unterhalten könne, ohne daß der Signoria daraus weitere Ausgaben erwüchsen: dieser Plan sah vor, daß Korsika eine Galeere bezahle, San Giorgio eine andere und die übrigen sollten mit der Seidenfracht bezahlt werden]; und genau das wurde im „Sogno" vorgeschlagen (vgl. *R. Savelli*, La repubblica oligarchica, S. 43). Giacomo Rovereto ist einer der Nachkommen der Rovereto, die *P. Massa*, Un'impresa, untersucht hat.

137 Die Debatte über die „arti" habe ich schon in „La repubblica oligarchica" und in „‚Cittadini di governo' a Genova" rekonstruiert. An dieser Stelle füge ich nachträglich einige Überlegungen über die Rolle der Seidenmacher in dem untersuchten Zeitraum hinzu.

138 Archiv der Leningrader Sektion des „Istituto di Storia dell'Accademia delle Scienze dell'URSS", Carte Morone, 2, S. 1295-1296.

In Wirklichkeit hinderten die „Leges novae" den Adel nicht völlig an der aktiven Beteiligung am Textilsektor (und dem Seidensektor insbesondere), sondern setzten ihr enge Grenzen: es war erlaubt „dum tamen nobiles ipsi neque eas propriis manibus exerceant, neque in apothecis resideant". Es hatte sich um eine Kompromißlösung gehandelt, die die untere Schicht der Seidenmacher ausschloß – die sogenannten „toscani", diejenigen, die in größerem Maße in den Handwerkerstand aufgenommen werden konnten und am wenigsten Handelsunternehmern ähnelten[139]. So wurde nicht nur verschiedenen Gruppen nicht-adeliger Stände der Zutritt zum Adel verwehrt, sondern man führte im Patriziat eine Absonderung der untersten Stände durch, die in erster Linie an Produktionstätigkeiten gebunden waren; und dies führte (zusammen mit anderen wirtschaftlichen Wandlungsprozessen) zur fast totalen Abwendung des Adels von der Welt der Seidenmacher. Das ging soweit, daß man um die Mitte des 17. Jahrhunderts schreiben konnte:

> „gli abitanti della Città di Genova (toltone li nobili nelle cui mani è il governo) si dividono in due classi, una delle quali consiste del Popolo grosso, ossia cittadini et in questa classe si comprendono li Mercadanti, li Seatieri, li Scrivani ..."[140].
>
> [Die Einwohner der Stadt Genua (abgesehen von den Adeligen, in deren Händen die Regierungsgeschäfte liegen) zerfallen in zwei Klassen, eine besteht aus dem *Popolo grosso*, oder den Bürgern und diese Klasse enthält die Händler, die Seidenmacher, die Schreiber ...]

Sicherlich ist das Bild, das uns die politische Literatur vermittelt, zum Teil extrem und tendenziös, insofern als das Genueser Patriziat seine Handels- und Unternehmertätigkeiten niemals ganz aufgab[141]. Diese wurden aber, gemessen

---

[139] Dieser Entschluß hatte weitreichende Folgen: so verringerten sich z.B. die Beitrittsmöglichkeiten zum *Collegio dei dottori*. Den Protokollen der Aufnahmeverhandlungen zweier Kandidaten, Innocenzo Andora und Gio. Battista Calissano (1592 und 1601) haben wir einige Bezeugungen zum Problem entnommen: „l'ho veduto in detta butega ... stirar la seta, tagliar al minuto, portar le robbe a casa de Cittadini e far tutte le altre cose che si fanno comunemente in dette buttege di tuscani" [Ich habe ihn in jener Werkstatt Seide spannen, sorgfältig zuschneiden, die Gewänder den Bürgern nach Hause tragen und alle diejenigen Dinge tun sehen, die für gewöhnlich in jenen Werkstätten der *tuscani* gemacht werden]; „prima che fussero prohibite e dichiarate le arti mechaniche era tuscano, poi si publicò le leggi e lui vendette la sua butega" [Bevor die Zünfte verboten und für mechanisch erklärt wurden, war er *tuscano*, dann wurde das Gesetz erlassen, und er verkaufte seine Werkstatt]; (ASG, Notai ignoti, 222 und vgl. *G. Montagna*, Il Collegio dei dottori, S. 77 ff.). Aber wieviele wechselten den Beruf nur, um adelig zu bleiben?

[140] Panacea politica. Discorso di Cassandro Liberti, BCB, mr. IV.3.13, cc. 96v-97r.

[141] *G. Doria / R. Savelli*, „Cittadini di Governo" a Genova, S. 336-337, und vgl. die äußerst interessante „Instruttione famigliare di Francesco Lonaspiggio (= Gio. Francesco Spinola), Roma, Per Nicol'Angelo Tinassi, 1670, wo er zu einer differenzierten Verwendung der Gelder – Grundbesitz, Einkommen, Lehensgüter und Handelstätigkeiten – rät: „havendo comodità vi lodo l'impiego del denar contante in qualche negotio mercantile, e in quelle materie che apportano traffico alla Città con beneficio e sollievo degli artisti" (S. 67) [Nach Möglichkeit, rate ich euch dazu, das Kapital in den Handel zu investieren und in Bereiche, die Handelsaktivitäten in die Stadt ziehen und den Zünften Vorteil und Nutzen einbringen].

am gesamten Kapitaleinsatz, im großen und ganzen zweitrangig, so sehr, daß in Genua mit der zweiten Hälfte des 16. Jahrhunderts lautstark die Ansicht vertreten wurde, der Adel dürfe unter keinen Umständen den „negotio delle merci" und den Bau und die Ausrüstung von Schiffen aufgeben. Die Zeugnisse dafür sind zahlreich, und das Spektrum der Argumentationen ist breit und differenziert; sie reichen von einem Satz des schon erwähnten Giulio Pallavicini[142] bis hin zu einem kompletten Traktat, der um die Mitte des 17. Jahrhunderts veröffentlicht wurde[143].

Die Zeitgenossen deckten bei einer Analyse des Phänomens verschiedene Zusammenhänge auf: allgemein bekannt ist Boteros Schluß aus dem Vergleich zwischen Venedig und Genua[144]; ein Urteil, das wir im schon angeführten, auf circa 1623 zu datierenden, „Dialogo" wiedergegeben finden, wo hervorgehoben wird: „con li cambij hanno rovinato li negotij delle merci"[145] [mit den

---

[142] „Se volessimo seguire l'orma de nostri maggiori, s'impiegherebbono [i denari] nelle cose di mare, e forse sarebbe meglio per noi e per la Patria nostra che in privato fossimo più poveri pur che più n'appreggiassero i Principi del mondo, come appreggiavano e temevano i nostri antichi. Ma habbiamo voluto lasciar il mare e consumiamoci tra questi scogli" [Wenn wir dem Beispiel unserer Vorfahren folgen wollten, würde das Geld in die Seefahrt investiert werden, und vielleicht wäre es für uns und unsere Heimat besser, wenn wir als Privatleute ärmer wären und die anderen Regierungen uns mehr achten würden, so wie sie unsere Vorfahren achteten und fürchteten. Aber wir wollten die Meere verlassen und nun verarmen wir hier auf den Klippen], in *B. Paschetti*, Le bellezze di Genova, Genova 1583, S. 8-9. Die Quelle ist glaubwürdig, weil Paschetti in engem Kontakt mit Giulio Pallavicino stand und der Dialog einem Bruder Giulios, Nicola, gewidmet ist.

[143] *T. Pallavicino*, Della navigatione e del commercio, Genova 1656.

[144] *G. Botero*, Della ragion di stato, hrsg. von L. Firpo, Torino 1948, S. 78-79: „Abbiamo in Italia due republiche floridissime: Venezia e Genova: di queste senza dubbio che Venezia avanza di gran lungo Genova e di stato e di grandezza. Se ne cercaremo la ragione, trovaremo ciò essere avvenuto perché Veneziani, attendendo alla mercatanzia reale, si sono arricchiti mediocremente in particolare, ma infinitamente in commune; all'incontro i Genovesi, impiegandosi affatto in cambi, hanno arricchito immoderatamente le facoltà particolari, ma impoverito estremamente l'entrate publiche" [Es gibt in Italien zwei blühende Republiken, Venedig und Genua, von denen Venedig Genua zweifelsohne an Status und an Bedeutung um ein Weites überragt. Wenn wir die Gründe dafür suchen, sehen wir, daß dies darauf zurückzuführen ist, daß die Venezianer, die dem wirklichen Handel nachgehen, sich zwar persönlich nur mäßig, dafür aber die Allgemeinheit unendlich bereichert haben; während im Gegenteil die Genueser, die Devisenhandel treiben, ihre Privatvermögen übermäßig bereichert haben, die öffentlichen Einnahmen aber außerordentlich geschröpft haben].

[145] „Dialoghi", ASG, Manoscritto 859, S. 224-226: „Da questo si può fare il paragone da Venetia et Genova, ma [sic] per havere atteso alli negotij reali delle merci essersi arricchiti in publico et in particolare, et l'altra per li cambij impoverita in publico et arricchita in particolare ... In Genova si negotia diversamente di Venetia, perché in Venetia li Nobili mettono li suoi denari nelli fondaghi et botteghe de Popolari ... il contrario segue in Genova, perché tantosto un artiggiano ha cento scudi se li fanno dare a cambio, così delle vedove e pupilli, a quali pagano cinque o sei per cento, e loro ne cavano dal Re venticinque o trenta con li partiti che fanno in Fiandre" [So

Geldgeschäften haben sie den Warenhandel ruiniert]. Einer der energischsten Verfechter der „mercantia reale" war Andrea Spinola, der nicht vor der Behauptung zurückschreckte, daß „la Republica ha bisogno sopra tutto di huomini dati al negotio delle merci, li quali si abbellischino di andar in dogana et al magazzeno"[146] [die Republik vor allem Männer benötige, die sich dem Handel von Waren widmen, welche sich verschönern, indem sie zum Zoll und ins Lager gehen]. Aber bei Spinola resultiert die Verurteilung der Aufgabe von Handel und Schiffbau[147] unter anderem aus der Sorge um eine unberechenbare Abhängigkeit vom glücklichen (oder unglücklichen) Geschick Spaniens. Das war sicherlich nichts Neues. Die Tatsache, daß der Adel wachsende Kapitalquoten in Kreditgeschäfte sowie in den Erwerb von Renten und Lehen in den spanischen Dominien investierte, war von der Mitte des 16. Jahrhunderts an eine gut eingespielte Praxis.

Und wenn für Foglietta die an Spanien vermieteten Galeeren der Privatbürger Symbole der Schwäche der Republik waren, sollten die Autoren, die den Genueser Staat später (und sorgfältiger) analysieren würden, gerade in der umfassenden wirtschaftlichen Beziehung zwischen dem Patriziat und der spanischen Monarchie einen der Hauptgründe für die institutionelle und militärische Schwäche Genuas sehen. So ist es für den ernüchterten Autor der „Relazione" aus dem Jahr 1597[148], so für Spinola[149], für Raffaele della Torre, der bemerken wird, wie die Spanier „ad altro pare … non habbiano havuto e non

kann man einen Vergleich zwischen Venedig und Genua anstellen, insofern, als sich Venedig mit dem konkreten Warenhandel öffentlich und privat bereichert hat … In Genua wird anders als in Venedig gehandelt, weil in Venedig die Adeligen ihr Geld in die Warenlager und Werkstätten des Volkes investieren … in Genua geschieht das Gegenteil, denn sobald ein Handwerker 100 Scudi zusammenhat, verborgt er sie, und genauso die Witwen und Kinder, und die Adeligen erlangen vom König 25 oder 30% mit den Geschäften, die sie in Flandern machen].

146 *A. Spinola*, Ricordi, BCB, mr. XIV.1.4 (2), S. 59. Spinolas Haltung ist vielleicht aufgrund seiner politischen Leidenschaft und seiner nüchternen Beurteilung der Situation des Genueser Adels eine der extremsten, und er geht soweit, Äußerungen zu tun, wie: „se ci liberassimo di quel sciocchissimo, pregiudicalissimo e costosissimo cerimoniale, e facendo professione di esser borghesi liberi …" (Ricordi, IV, BUG, B.VIII.28, S. 194) [Wenn wir uns nur von diesem so albernen, schädlichen und furchtbar teuren Zeremoniell befreien könnten und von Beruf freie Bürger seien könnten…].

147 *A. Spinola*, Scritti scelti, S. 98: „la disciplina marinaresca almeno nella nobiltà è perduta a fatto; dal che nasce che siamo sforzati a crear Generale delle nostre galee chi non ha mai navigato" [Die Kunst der Seefahrt ist wenigstens dem Adel gänzlich abhanden gekommen; daher kommt es, daß wir dazu gezwungen sind, jemanden zum General über unsere Galeeren zu ernennen, der noch nie zur See gefahren ist].

148 Siehe unten, Anm. 202.

149 *A. Spinola*, Scritti scelti, passim und besonders S. 93 unter der Eintragung „Arti de' cittadini aggranditi dal re di Spagna", wo unter den aufgezählten ‚Künsten' enthalten ist, „che la Republica non cresca di forze o di riputazione, dubitando sempre che li cittadini non scuotino il giogo" [daß die Republik nicht an Macht oder an Ansehen zunehme, in der Angst, daß die Bürger das Joch abschütteln mögen].

habbiano la mira che a tener corta di stato la republica genovese" [zum anderen scheint es, daß es einzig ihr Ziel gewesen ist und noch ist, die Republik Genua schwach zu halten], und erklären wird, daß dies nicht an böser Absicht läge, sondern „conforme l'esigenza dello stato delle cose" [den Zwängen der Verhältnisse entspreche][150].

In Wirklichkeit scheint die Jahrzehnte währende Abhängigkeit von Spanien die Genueser Gesellschaft derart verändert zu haben, daß auch nach der Lockerung der politischen und wirtschaftlichen Beziehungen (welche zweifelsohne mit den 30er Jahren des 17. Jahrhunderts einsetzte), die Situation gänzlich unabänderbar war. Als Beweis hierfür ist auch die in Stereotypen erstarrte Debatte anzusehen, auf die schon verwiesen wurde.

Noch in den 30er und 40er Jahren des 17. Jahrhunderts lautet die Alternative öffentlicher Schiffbau: ein ehrenhafter Versuch der vorsichtigsten Gruppen des Genueser Adels, der aber von einem Traditionalismus gekennzeichnet ist, der vielleicht teilweise dessen Scheitern erklärt[151].

In diesem Blick zurück auf die Ursprünge, auf die Gründe des Abhängigkeitsmechanismus von Spanien ist der Grund dafür zu suchen, wie ein anderer Intellektueller (Exponent dieser inzwischen ausgedehnten Gruppe von Patriziern, die Francisco de Melo „mal afectos" nannte) dazu kam, eine äußerst interessante Fälschung vorzunehmen. Im Anhang zum dritten Band der „Annali" von Filippo Casoni wurde Ende des 18. Jahrhunderts ein Diskurs veröffentlicht, der Bernardino de Mendoza zugeschrieben wurde. Nach einer kurzen Analyse der politisch-militärischen Lage riet der Verfasser Karl V. davon ab, in Genua eine Festung zu bauen, ungeachtet der Gefahr, die die Verschwörung des Fieschi bedeutet hatte. Die Motivation sei die folgende gewesen:

> „Se ... in pagamento delli denari ... dovuti se li dassero tanti giuri, fiscali, e tanti feudi nelli Regni di Napoli o di Sicilia, si formerebbe una catena volontaria, con la quale si legarebbero fra brieve tutti li principali cittadini di quella Repubblica, di legame tale che non potrebbero ne saprebbero loro stessi liberarsene giammai ... e potendosi anco far arbitri della fortuna dei mediocri ... non è dubbio che tutta quella Città si farebbe interessata seco in maniera che andrebbero con la volontà e col cuore dove fosse impiegato il loro tesoro"[152].

---

[150] *R. della Torre*, Delle materie del Finale, S. 4-5.

[151] Zu den Projekten für den Schiffbau und der gleichzeitigen Politik der Erneuerung des Hafens und der Mauern vgl. *R. Savelli*, Un seguace, S. 15-27; *C. Costantini*, La Repubblica di Genova, passim; *G. Giacchero*, Il Seicento, S. 370 ff.

[152] *F. Casoni*, Annali della Repubblica di Genova del secolo decimo sesto, Bd. 3, Genova 1799, S. 242-243. Und vgl z.B. *B. Vannozzi*, Della suppellettile degli avvertimenti politici ..., Bologna, Heredi di Giovanni Rossi, 1609, Bd. 1, S. 318: „Queste precise parole si lege haver detto Carlo V a Filippo Re suo figliolo. Co' mercanti ha un Prencipe a mantenersi il credito ... e particolarmente dovete voi farlo con la nation genovese, perché tenedoli voi impegnati ne' vostri Regni per questa via de lor crediti e interessi, vi assicurarete, senza farvi altra fortezza tanto da loro aborrita, di quella loro Republica" [Genau diese Worte, so kann man lesen, hat Karl V. an seinen Sohn,

[Wenn man ihm an Stelle der geschuldeten Gelder eine Vielzahl Rechte, Steuerprivilegien und Lehnsgüter im Königreich Neapel oder im Königreich Sizilien geben würde, würde sich von selbst eine Kette bilden, durch die in Kürze alle Bürger dieser Republik verknüpft wären, von solcher Kraft, daß sie selbst sich weder zu befreien wüßten noch es je könnten ... und da sie auch zu den Richtern des Glücks des Mittelstandes werden können ... besteht kein Zweifel daran, daß jene ganze Stadt so sehr daran interessiert wäre, daß sie willig nach diesem ihrem Schatz suchen würde.]

Eine klare, ja fast zu klare Analyse, die keiner Erklärung bedarf. Ist es möglich, daß 1548 selbst ein so geschickter Politiker wie Mendoza so seherische Fähigkeiten besitzen konnte? Dem scheint nicht so zu sein; der Autor ist Federico Federici, ein Genueser Adeliger, in erster Linie als Gelehrter und Antiquar bekannt und nun auch als geschickter Fälscher[153].

Nun gut, auch Federici ist Vertreter jener geistigen Bewegung, deren Ursprünge sich auf Foglietta und die Debatte der zweiten Hälfte des 16. Jahrhunderts zurückverfolgen lassen und die ununterbrochen bis über die Mitte des 17. Jahrhunderts hinaus andauert. Eine andere, wenig spätere Schrift, „Disegni spagnoli osservati da Federico Federici per benefitio della sua Patria"[154], enhält auf wenigen Seiten so ungefähr alle Elemente, die sich über Jahrzehnte hinweg in den Debatten herauskristallisiert hatten. Seine Quellen sind nicht nur Recco oder Leonardo Strata, sondern z.B. auch Silhon[155]; heftig ist seine Kritik an der spanischen Abhängigkeit; sogar von Andrea Doria, dem mythischen „padre della patria", wird behauptet, daß er „introdusse quasi tutta la nobiltà alla servitù di Carlo V" [fast den gesamten Adel Karl V. untertänig machte]; er sah in den Spaniern und in den „filospagnoli" diejenigen, denen es gelungen

König Philipp, gesagt. Ein Fürst hat immer Kreditnehmer der Händler zu sein ... und ihr müßt besonders mit den Genuesen so verfahren, denn indem ihr sie mittels ihrer Kredite und Zinsen in euren Reichen engagiert haltet, werdet ihr diese ihre Republik fest in eurer Hand haben, ohne dort eine andere Festung zu bauen, welche ihnen so verhaßt ist].

153 In einem Band vermischter Schriften von Federici findet sich der „Discorso del S. Federico Federici sotto nome di D. Bernardino de Mendoza fatto in consiglio di stato nella pratica delle cose di Genova ..., ACG, Fondo Brignole Sale, 106.D.20, cc. 23-28. Hinweise auf F. Federici in *G. Beltrando*, Succinta narratione dell'antica e nobile famiglia de' Federici, Palermo 1691; *G. Doria / R. Savelli*, „Cittadini di governo" a Genova, S. 343-345. Federici starb im März des Jahres, als er Senator war. Der zur Diskussion stehende „Discorso" müßte um 1640 verfaßt worden sein.

154 ASG, Manoscritti tornati da Parigi, 14 (vormals 13), cc. 392-400. Dieser Sammelband enthält (wie andere derselben Art) unterschiedliche, von Federici gesammelte Materialien: so kann man den Werdegang, die politischen und kulturellen Interessen des Gelehrten, des Politikers (und des Fälschers) in ihrer Entwicklung und konkreter Ausformung verfolgen. Es ist, als ob man direkten Zugang zu der „officina" eines Historikers der Mitte des 17. Jahrhunderts hätte.

155 Auf c. 197 des angeführten Manuskripts steht ein Passus aus *J. De Silhon*, Il ministro di Stato, Venezia, Marco Ginammi, 1639, Bd. 1. S. 57-58, wo von den Genuesen als „schiavi del denaro" [Sklaven des Geldes] und „coloro che glie lo conservano" [denjenigen, die es ihnen erhalten] die Rede ist.

war, die militärische Entwicklung der Republik zu verhindern: „procurano che non si armino galere usando i loro partiggiani grand'industria per disuaderne l'effetto" [sich sehr anstrengen, um zu erreichen, daß keine Schiffe gebaut und ausgerüstet werden], und diese „si oppongono ... a tutti i pensieri honorifichi e guerrieri della Republica" [und diese stellen sich allen löblichen und kriegerischen Gedanken der Republik in den Weg][156]

Was überraschen kann, ist die Tatsache, daß die Reform- und Veränderungsvorschläge fast völlig mit denen im „Sogno" übereinstimmen: größerer Zusammenhalt der Bürger, mehr Sparsamkeit und weniger Luxus, die „essercitio maritimo della navigatione" [die Ausübung der Seefahrt] und das Lob der „mercantia" [des Handels]: „il negotio de merci porge materia et occasione d'impiegare l'azenda con fundamento più stabile che spargerla fra Principi stranieri et occupa la gioventù togliendola dall'otio" [Der Handel bietet Material und Gelegenheit, das Vermögen mit festerer Grundlage anzulegen, als es unter fremden Fürsten zu verstreuen, und er kann die Jugend beschäftigen, indem er sie vom Faulenzen abhält][157].

Die Wiederholung ähnlicher Positionen (die sich mitnichten mit Federici erschöpfen: uns war nur daran gelegen, einige der signifikantesten auszuwählen) deutet wahrscheinlich darauf hin, daß innerhalb der Genueser Gesellschaft gewisse Spannungen weiterhin existierten; erreicht worden war eine beachtliche politische Stabilität der Regierung, aber die Debatte über die fundamentalen Perspektiven der wirtschaftlichen Entwicklung und die Staatsgewalt ging weiter.

Aber warum gehen die paar Exponenten des Genueser Patriziats, die versuchten, die Republik wehrhaft zu machen, nicht einen Schritt weiter und fragen sich nicht auch, warum die Republik arm (abgesehen davon, daß sie unbewaffnet) ist? So stehen wir vor einem Thema, das nicht nur Fragen zur institutionellen Wirklichkeit Genuas evoziert, sondern auch interessante historiographische Probleme aufwirft: der „Banco" (oder die „Casa") di „San Giorgio". Und dieses Thema bringt uns noch einmal zu Machiavelli und seinen Lesern in Genua zurück.

5. Eine zweite Republik oder eine „vortreffliche Maschine"?

Antonio Lobero, der in den 30er Jahren des 19. Jahrhunderts als erster eine historische Rekonstruktion von S. Giorgio versuchte, bemerkt wie „questo mirabile corpo ... forse più conosciuto dagli esteri che dagli stessi nazionali"[158] [diese wundervolle Einrichtung im Ausland vielleicht bekannter, als bei uns] sei. Und noch heute ist es nicht einfach, diesem Urteil jeden Wahrheitsgehalt

---

[156] Manoscritto, cc. 392v, 397r-v.

[157] Ebd., c. 400r.

[158] *A. Lobero,* Memorie storiche della Banca di S. Giorgio, Genova 1832, S. 90.

abzusprechen. Wenn man so möchte, wurde es sogar von den historiographischen Entwicklungen bestätigt: die einzige wirkliche Monographie ist bis heute noch jene, die Sieveking[159] Ende des 19. Jahrhunderts veröffentlichte. Und auch die jüngste Abhandlung, die sich mit S. Giorgio verwandten Themen befaßt, hat die nunmehr 80 Jahre zurückliegende Warnung Sievekings vor apologetischen Rekonstruktionen ignoriert[160].

Die erste und letzte Arbeit, die ausschließlich diesem Thema gewidmet ist, liegt weiter zurück und ist von Luigi Corvetto „Saggio sopra la Banca di S. Giorgio" aus dem Jahr 1800, als die jahrhundertealte Einrichtung in einer Krise steckte, ja man könnte sagen, daß sie in Auflösung begriffen war[161].

Wenn wir dann zu den lebhaften Diskussionen zurückkehren, die in Genua zwischen dem 16. und 17. Jahrhundert im Gang waren, stellt sich die Lage noch seltsamer dar. Wie wurde S. Giorgio tatsächlich beurteilt, wie beschrieben, wo war die Einrichtung innerhalb des Machtsystems des Patriziats anzusiedeln? Zusammenfassend läßt sich sagen, daß wir vor zwei Interpretationstraditionen stehen: die eine ist technischen und die andere politischen Charakters.

Die erste ist wahrscheinlich die ärmere, wenn auch nicht ohne Höhepunkte. Beginnen wir mit einem Text, der sich mit einer gewissen amtlichen Billigung präsentiert, da er „con permissione" der Protektoren des Bankhauses herausgegeben wurde. Übergehen wir hier alle technischen Aspekte (*luoghi, lire di paghe* oder den summarischen Überblick über Ämter und Magistraturen) und packen das Problem an der Wurzel. Was ist S. Giorgio?

> „La casa di S. Giorgio non è altro oggidi che un aggregato d'interessati in molte gabelle della Republica, la quale, travagliata da guerre ora civili et ora esterne, ebbe bisogno prima d'impegnare, e finalmente d'alienare esse gabelle"[162].

---

[159] *H. Sieveking*, Genueser Finanzwesen mit besonderer Berücksichtigung der Casa Di S. Giorgio, Freiburg i.B. / Leipzig / Tübingen 1898-1899. Zum Problem der *paghe* vgl. heute *J. Kirshner*, The Moral Problem of Discounting Genoese paghe, 1450-1550, in: Archivum Fratrum Praedicatorum, XLVII (1977), S. 109-167.

[160] Wir beziehen uns auf *G. Giacchero*, Il Seicento; mit diesen Worten wendet sich Sieveking an die Historiker: „Aber sie mögen bedenken, dass nur, wenn man die schweren sozialen Schädigungen erwägt, deren Ausdruck die Casa di San Giorgio war, es erklärlich wird, wie die französische Revolution ohne weiteres mit ihr aufräumen konnte. Hätte dies Institut alle die trefflichen Eigenschaften besessen, welche ihm die Tradition beilegt, so wäre es unverständlich, dass der Genuesische Handel der Casa entbehren konnte, dass mit der Herstellung gesicherter politischer Zustände nicht alles daran gesetzt wurde, sie wieder aufzurichten" (Genueser Finanzwesen, Bd.2, S. VII-VIII).

[161] Zu Corvetto vgl. *C. Solari*, Elogio storico del Conte Luigi Corvetto ... Seconda edizione coll'aggiunta del Saggio sulla Banca di S. Giorgio, Genova 1824, bes. S. 45-46. *S. Rotta*, Idee di riforma nella Genova settecentesca e la diffusione del pensiero di Montesquieu, in: Il movimento operaio e socialista in Liguria, VII (1961), S. 271 ff.

[162] Che cosa sia la Casa di S. Giorgio. Relazione data al Ser.mo Principe Maurizio di Savoia, in nome del quale fu richiesta dal Sig. Francesco Grimaldi q. Ioannis Iacobi uno de SS.ri Protettori l'anno 1637 con permissione di detti SS.ri Protettori a quali fu letta, ACG, Fondo Brignole Sale, 110 bis. E. 31.

[S. Giorgio ist heute nichts anderes als eine Ansammlung von Personen, die an vielen Gefällen der Republik interessiert sind, die sich – ständig von Kriegen und Bürgerkriegen heimgesucht – gezwungen sah, diese Gefälle zuerst zu verpfänden und am Ende zu veräußern.]

In wenigen Zeilen haben wir das Problem umschrieben: S. Giorgio ist die Einrichtung, die die Kreditoren der Republik vereint und diese hat ihnen den größten Teil der indirekten Steuereinnahmen abgetreten. Zu betonen sind die besonderen und vielfältigen Privilegien, wie die Unantastbarkeit der „luoghi", („sono intatti e sicuri dal Fisco della Republica e dalle confiscationi, tanto che neanche a ribelli dello stato sono stati presi" [Sie sind unangetastet und vor dem Fiskus der Republik und Beschlagnahmungen sicher, ja sie wurden nicht einmal denen genommen, die gegen den Staat rebelliert hatten]), oder die Tatsache, daß „il governo di questa Casa [è] indipendente" [die Leitung dieses Hauses unabhängig ist]; aber es wird anerkannt, daß „la Casa di S. Giorgio ... è governata dalli medesimi che governano la Republica" [S. Giorgio von denselben Männern regiert wird, die die Republik regieren].

Das ist eine Feststellung, die z.B. in einer Schrift des Andrea Spinola wiederkehrt, wo S. Giorgio mit einem „monte pecuniario"[163] verglichen wird, oder im Werk von Peri: „possiede molte gabelle acquistate dalla Republica per soccorsi fattigli in varij tempi. Questa casa è una compagnia di molti partecipi nelle suddette gabelle"[164] [besitzt viele Gefälle, die es von der Republik für zu unterschiedlichen Zeiten geleistete Hilfsdienste erhielt. Dieses Haus ist ein Unternehmen aus Vielen, die an den obengenannten Gefällen beteiligt sind].

„Monte", „compagnia di interessati", „aggregato di interessati" – das sind alles mehr oder weniger ähnliche Wendungen, die darauf ausgerichtet sind, eine komplexe wirtschaftliche und institutionelle Realität zu illustrieren, die

---

[163] *A. Spinola*, Ricordi, BAV, Ferraioli 184, S. 389-391; abgesehen von dem Vorschlag einer gemäßigten Ausweitung der Beteiligung an der Leitung des Banco, bemerkte Spinola: „quando siamo al governo di S. Georgio guardiamo le dimande de i Ser.mi Collegi come dimande di forastieri; e quando siamo in palazzo co'l robbone, non habbiamo forse quell'amor alla detta casa, che converrebbe. Moderiamoci per tanto tutti d'accordo, col considerar che siamo tutti su l'istessa nave, e che la salute de gli uni dipende dalla salute de gl'altri ... Procuriamo ... di mantenere la libertà publica perche s'ella si perdesse, il monte di S. Georgio non sarebbe piu lasciato in piede" [An der Leitung von S. Giorgio sieht man die Forderungen der durchlauchten *Collegi* wie Forderungen von Fremden; und im Palast fühlen wir vielleicht nicht diejenige Liebe für die genannte Casa, die angebracht wäre. Aber wir sollten uns einstweilen darüber einig werden, daß wir alle im selben Boot sitzen, und daß die Gesundheit der einen von der der anderen abhängig ist ... Nehmen wir uns vor, die öffentliche Freiheit zu bewahren, denn wenn sie verloren ginge, würde S. Giorgio nicht mehr lange existieren].

[164] *G.D. Peri*, Il Negotiante ... Parte seconda, Venetia, presso Gio. Giacomo Herz 1672, S. 95. Die Erstausgabe stammt aus dem Jahr 1647. Zu dieser interpretativen Linie vgl. z.B. *G. Gualdo Priorato*, Relatione della città di Genova e suo dominio, Colonia, appresso Pietro de la Place, 1668, S. 96: „quest'è un'Università de molti creditori della Republica" [diese ist eine Gesamtheit vieler Kreditoren der Republik].

wir auch in einem merkwürdigen anonymen Brief antreffen, in dem außer der Definition der „congregatione di molti interessati" auch jene der „machina" vorkommt. Es handelt sich hier um einen Ausdruck, der eine aussagekräftige Metapher ins Spiel bringt[165].

Aber diese technischen Beschreibungen (und Metaphern) streifen das Phänomen trotz ihrer Präzision nur oberflächlich, oder sie geben wenigstens die Komplexität und die Besonderheit der Probleme, die mit S. Giorgio und dessen Beziehungen zur Republik verbunden waren, nicht voll wieder.

Es existiert aber noch eine andere interpretative Tradition, die wir als „politisch" bezeichnen können. Sie geht auf Machiavelli zurück und war wirklich erfolgreich.

Im achten Buch der „Geschichte von Florenz" hat Machiavelli das Bedürfnis, den Fluß der Erzählung zu unterbrechen und ein Zwischenspiel über Genua und S. Giorgio einzufügen: „non mi pare inconveniente gli ordini e modi di quella città, sendo una delle principali d'Italia, dimostrare" [„... scheint es mir nicht am unrechten Ort, die Verfassung dieser Stadt zu beschreiben, welche eine der vornehmsten in Italien ist"]. Aber nach einer kurzen Beschreibung der Vorgehensweisen und der Motive, die zur Gründung von S. Giorgio führten, versäumt er es nicht, ein politisches Urteil über die genuesische Wirklichkeit abzugeben:

> „è nato che quelli cittadini hanno levato lo amore dal Comune come cosa tiranneggiata e postolo a San Giorgio come parte bene e ugualmente amministrata; onde ne nasce le facili e spesse mutazioni dello stato, e che ora ad un loro cittadino ora ad uno forestiero ubbidiscono, perché non San Giorgio ma il Comune varia il governo".
>
> [„Daher kommt es, daß die Anhänglichkeit der Bürger von der Gemeinde auf San Giorgio übergegangen ist, indem man dort Willkür, hier geregelte Verwaltung gefunden. Daher die leichten Staatsumwälzungen, bald die Herrschaft eines Bürgers, bald eines Fremden, indem nicht San Giorgio, sondern die Gemeinde das Regiment wechselt".]

Nachdem er daran erinnert hat, wie die Gesetze und Privilegien von S. Giorgio durch viele Unruhen hindurch unverändert geblieben seien („perché, avendo arme e denari e governo, non si può sanza pericolo di una certa e pericolosa ribellione alterarle" [Denn da die Bank Geld und Waffen und Regierungsmacht hat, so könnte

[165] Der anonyme Brief vom 1. Dezember 1634 (den gerichtlichen Konflikten zwischen S. Giorgio und der Republik gewidmet) befindet sich in ASG, Archivio segreto 1568 (und siehe unten). Der Ausdruck „machina" findet man auch in anderen Texten: z.B. in einem Beschluß der Protektoren aus dem Jahr 1637, wo S. Giorgio als „aegregiam hanc machinam comperarum" bezeichnet wird (ASG, Cancellieri di S. Giorgio 595, atti di F.M. Viceti), oder in der „Annotazione alle leggi delle Compere di S. Giorgio, BCB, mr. VIII.2.7, aus dem späten 18. Jahrhundert, wo auf S. VII von „questa machina economica" [dieser wirtschaftlichen Maschine] die Rede ist. Zur Metapher der „Maschine" vgl. *H. Blumenberg*, Paradigmen zu einer Metaphorologie, in: Archiv für Begriffsgeschichte, VI, Bonn 1960, passim.

eine solche Umänderung nicht ohne die Gefahr eines ohne Zweifel gefahrvollen Aufstandes unternommen werden"], beschließt Machiavelli das Kapitel mit einem denkwürdigen Urteil:

> „Esemplo veramente raro e dai filosofi in tante loro immaginate e vedute republiche mai non trovato, vedere drento a uno medesimo cerchio, infra i medesimi cittadini, la libertà e la tirannide, la vita civile e la corrotta, la giustizia e la licenza E s'egli avvenisse, che con il tempo in ogni modo avverrà, che san Giorgio tutta quella città occupasse, sarebbe quella una republica più che la viniziana memorabile".
> [„Es ist gewiß ein seltenes Beispiel, wie es keinen Philosophen in ihren vielen geträumten und dagewesenen Republiken vorgekommen, dies Nebeneinanderstehen, in demselben Kreise, in derselben Stadt, von Freiheit und Tyrannei, von gesetzlichem und gesetzlosem Leben, von Gerechtigkeit und Gewährenlassen ... Geschähe es aber, was mit der Zeit unausbleiblich ist, daß die ganze Stadt San Giorgio anheimfiele, so würde eine solche Republik noch merkwürdiger sein als die venezianische".][166]

Dies ist nicht die geeignete Stelle um die Beweggründe für Machiavellis Interesse und Sympathie für S. Giorgio zu klären (auch weil es hierzu eine höchst überzeugende Analyse von Dionisotti gibt)[167]; wir wollen hier nur diesem Urteil nachgehen, das so weitreichenden Einfluß auf die späteren Interpretationen des Phänomens gehabt hat.

Kaum waren zwei Jahre seit der Veröffentlichung der „Geschichte von Florenz" vergangen, finden wir in Genua eine präzise Gegenüberstellung: Agostino Giustiniani, Bischof von Nebbio, einer der scharfsinnigsten Intellektuellen der genuesischen Kultur zu Anfang des 16. Jahrhunderts, mit weitreichenden europäischen Kontakten und sehr differenzierten Interessen, schreibt seine „Annali". Für das Jahr 1407 fügt er eine Beschreibung der Entstehung und der Entwicklung der Casa hinzu, an welche er folgende Bewertung anschließt:

> „chi considera bene, per cagione di questo magistrato in la città sono quasi due communità, una grande, e una picola, la grande è governata dal palazzo, e comprende tutta la città, la picola è governata da S. Giorgio, solamente quanto alle cose dette di sopra, e comprende solamente i luogatari; la prima, o sia la grande, è suggetta a variationi, e già più volte è stata sotto regimento più presto tyrannico che altrimente, la seconda o sia la picola è sempre stata ferma, non variata e libera, sotto regimento paterno opposito totalmente al tyrannico. Et come a scritto alcuno, è una cosa meravigliosa e non già più trovata ne da Philosophi ne da altri, che hanno trattato in libri di Republica, e con effetto governato quelle, che in un medesimo accinto di mura, e in quel medesimo tempo, possi essere, e in fatto sia stata tyrannide e libertà, la vita civile e la corrotta, la giustita e la licenza"[168].

---

[166] *N. Machiavelli*, Istorie, S. 560-562; (*ders.*, Geschichte von Florenz, S. 538-539).

[167] *C. Dionisotti*, Machiavellerie (III), in: Rivista storica italiana, LXXXV (1973), S. 294-295 (jetzt in: Machiavellerie, Torino 1980, S. 407-409).

[168] *A. Giustiniani*, Annali ..., Genova, Antonio Bellone, 1537, c. 172r (ebd.: „questo anno di mille cinquecentotrentaquattro che noi scriviamo" [dieses Jahr fünfzehnhundertvierunddreißig, das wir schreiben]).

[aufgrund dieser Verfassungsstruktur gibt es in der Stadt praktisch zwei Gemeinschaften, eine große und eine kleine. Die große wird vom Palast regiert und umfaßt die ganze Stadt, die kleine wird von S. Giorgio nur hinsichtlich der oben genannten Dinge regiert und umfaßt nur die *luogatari*; die erste, oder große, ist Schwankungen unterworfen und war schon öfters unter eher tyrannischer Herrschaft, die zweite oder kleine war immer ruhig, nicht schwankend und frei, unter einer wohlwollenden, alles andere als tyrannischen Regierung. Und wie jemand geschrieben hat, handelt es sich um eine wunderbare Einrichtung, die sich weder Philosophen noch andere je ausgedacht haben, die in Büchern über den Staat geschrieben haben; diese Einrichtung hat wirkungsvoll regiert, was innerhalb derselben Mauern und zur gleichen Zeit Tyrannei und Freiheit, anständiges oder korruptes Leben, Gerechtigkeit oder Gewährenlassen sein könnte oder tatsächlich gewesen ist.]

Giustiniani läßt sich aber nicht auf Vorhersagen von zukünftigen Entwicklungen der Beziehungen zwischen S. Giorgio und der Republik ein, auch, weil seiner Meinung nach S. Giorgio inzwischen reformbedürftig war[169].

---

[169] Ebd.: „Quello anchor che bisognassi per opinion mia a riformare e mantenere questo magistrato, che non si può dire che da qualche anni indrieto non sia se non declinato, ommetterò al presente, havendone massimamente scritto in una operetta mia intitolata Notomia di Corsica“ [Was meiner Meinung nach noch nötig ist, um diesen Magistrat zu reformieren und erhalten, da seine Macht seit einigen Jahren immer mehr abnimmt, werde ich an dieser Stelle auslassen, da ich in einem meiner Werke mit dem Titel „Notomia di Corsica“ schon ausführlich darüber geschrieben habe]. Er verweist hier auf ein – keineswegs zufällig – unveröffentliches Werk, das erst im vergangenen Jahrhundert gedruckt wurde, „Dialogo nominato Corsica“ (Bastia, Société des sciences historiques et naturelles de la Corse, 1882); die Widmung an Andrea Doria enthält folgenden Passus: „io per quanto bastano le mie forze, non cesso continuamente di lodare e magnificare Sua Maestà, supplicando quella che così come ha movuto il cuore de cittadini a reformare il regimento nostro, così vogli ancora moverlo a reformare le cose annesse e dependenti da quello, come sono ciò che governa il Magnifico Ufficio di S. Giorgio, le quali non bisognano niente meno di reformazione quanto bisognassino quelle del Comune primo della reformata unione“ [Solange ich leben werde, werde ich nicht aufhören, Eure Majestät fortwährend zu loben und zu preisen und flehe Euch an, daß Ihr, so wie Ihr die Herzen der Bürger dazu bewegt habt, unsere Regierung zu reformieren, sie so noch einmal bewegen möget, die ihr zugehörigen und von ihr abhängigen Dinge zu reformieren. Ich verweise besonders auf die Verwaltung des *Magnifico Ufficio* von S. Giorgio, die genauso reformbedürftig ist, wie es die Gemeinde vor der Reform war]. Im Text geht es aber in der Hauptsache um die Reform der Verwaltung Korsikas, wo die Beamten S. Giorgios „pare che tutti siano venuti col rampino et con lo gancio in mano“ (S. 82) [anscheind alle mit Krampen und Haken in der Hand gekommen sind]. Auch im „Dialogo“ (S. 89) findet sich ein Urteil über S. Giorgio, das demjenigen in den „Annali“ ähnelt; der Text stammt aber aus dem Jahr 1531, also vor der Veröffentlichung von Machiavellis „Geschichte von Florenz“; aber da diese Klemens VII. 1525 vorgelegt wurde, scheint es nicht ganz unmöglich, daß Giustiniani sie eingesehen haben könnte:

Machiavelli	Giustiniani
„ ... in tanto è proceduta la cosa, nata dai bisogni del Comune e i servigi di S. Giorgio, che quello si ha posto sotto la sua amministrazione la maggior parte delle terre e città sottoposte allo imperio genovese, le	„ ... molte terre si sono date e sottoposte al dominio e al regimento di questo offitio, de le quali terre e de le quali iurisdittioni sopradìtte, li Signori de la Città non se intromettono in cosa alcuna“.

In der Folge taucht – entweder auf direktem Weg oder über Giustiniani – die Metapher der beiden verschiedenen „governi" innerhalb ein und derselben Stadt kontinuierlich in allen historischen Schriften oder Berichten über Genua auf, ob sie nun von Genuesern oder nicht geschrieben wurden. So spricht Paolo Interiano von „due diversi Prencipati dentro da un medisimo cerchio di mura"[170] [zwei verschiedenen Fürstentümern innerhalb ein und derselben Mauern]; Paschetti betont hingegen die freiheitliche Tradition des Hauses[171]; Foglietta (von dem man eigentlich eine größerer Urteilsselbständigkeit erwartet hätte) wiederholt:

> „dentro al medesimo cerchio di mura (cosa non mai pensata da alcuno di quelli, che hanno dato leggi a populi, ne tampoco trattato tra le dispute de Filosofanti) si rinchiuggono due Republiche, l'una piena di romori e travagliata ... l'altra quieta e pacifica"[172].

quali e' governa e difende ... senza che il Comune in alcuna parte se ne travagli".

[„ ... und so ist es bei dem Geldbedarf der Stadt und den Diensten der Gesellschaft von San Giorgio dahingekommen, daß letztere den größen Teil der unter genuesischer Herrschaft stehenden Orte und Städte unter ihrer Verwaltung hat; so daß sie dieselben regiert und schützt ... ohne daß die Gemeinde eine Müheverwaltung dabei hat"].

[Viele Orte wurden dieser Gesellschaft gegeben und wurden deren Herrschaft und Verwaltung unterstellt, und die Herren der Stadt kümmern sich nicht im geringsten um die Orte oder um deren gerichtsbarkeit.]

„Esemplo veramente raro ... vedere drento a uno medesimo cerchio, infra i medesimi cittadini, la libertà e la tirannide, la vita civile e la corrotta, la giustizia e la licenza".

[„Es ist gewiß ein saltenes Beispiel ... dies Nebeneinanderstehen, in demselben Kreise, in derselben Stadt, von Freiheit und Tyrannei, von gesetzlichem und gesetzlosem Leben, von Gerichtigkeit und Lizenz"].

„ ... si è fatto in la città nostra quasi due Communità et due Signorie, et l'una è administrata per lo Palatio e l'altra per l'Officio ... et come li tiranni hanno sempre attesa al ben proprio, così il Magnifico Offitio ha sempre dato opera al bene comune".

[Es gibt in unserer Stadt praktisch zwei Gemeinden und zwei Signorien, die eine wird durch den „Palatio" verwaltet und die andere durch den „Offitio" ... und so wie die Tyrannen immer auf den eigenen Wohlstand aus waren, so hat sich das *Magnifico Officio* immer um das öffentliche Wohl gekümmert.]

[170] *P. Interiano*, Ristretto delle historie genovesi, Lucca, V. Busdrago, 1551, c. 155r: „cosa non mai più da tanti Filosofi in alcuna o sia vera o sia imaginaria Republica, considerata" [eine Sache, die von keinem Staatsdenker, sei es für einen wirklichen, sei es für einen fiktiven Staat, je in Betracht gezogen wurde].

[171] *B. Paschetti*, Le bellezze di Genova, S. 75: „questo officio è stato sempre libero e in tutto ne' tempi che la Republica è stata sotto la tirannide" [diese Behörde war immer frei und auch in der Zeit, als die Republik unter der Tyrannenherrschaft stand].

[172] *U. Foglietta*, Historie di Genova ... tradotte per M. Francesco Serdonati, Genova, Eredi di Girolamo Bartoli, 1596, S. 397.

[innerhalb ein und derselben Mauern (was nie jemand von denen gedacht hätte, die Völkern Gesetze gegeben haben, ebensowenig je in den Disputen der Philosophen behandelt wurde) sind zwei Republiken beschlossen, die eine laut und unruhig … die andere ruhig und friedlich.]

Sogar Goffredo Lomellini kommt nicht von dieser Metapher los, die inzwischen fast obligatorisch zu sein scheint: „un'altra Republica nella nostra Republica"[173] [ein anderer Staat in unsererm Staat]. Und noch am Anfang des 17. Jahrhunderts, in einer kurzen Schrift, die S. Giorgio gewidmet ist, finden wir die klassische Beschreibung à la Machiavelli-Giustiniani, auch wenn anerkannt wird, daß „coloro i quali facevano le deliberazioni nel Palagio erano per la maggior parte gli medesimi che nelle raunate nella casa di S. Giorgio intervenivano"[174] [… diejenigen, die im Palast die Entscheidungen trafen, zum größten Teil dieselben waren, die sich an den Versammlungen der Casa S. Giorgio beteiligten].

Was erstaunlich ist, ist weniger die Tatsache, daß die Formel, die Metapher, bei denjenigen Interesse erweckten, die literarisch vorbelastet oder aus zweiter Hand darüber schrieben – wir denken hier an Bizzarri oder an die gesammelten Berichte von Sansovino[175]; sondern vielmehr, daß sie in Genua über

---

[173] „Ragioni che devono muovere i Genovesi a far ogn'opera che il Finale non caschi in mano del Re Cattolico", Bibl. Comunale, Siena, Miscellanea K.II.32, c. 75r (die Rede Lomellinis wurde teilweise ediert von *M. Gasparini*, La Spagna e il Finale dal 1567 al 1619, Bordighera 1958, S. 204 ff.).

[174] *M. Merello*, Della guerra fatta da' francesi e de tumulti suscitati da Sampiero dalla Bastelica nella Corsica … Con una breve dichiarazione dell'Istitutione della Compera di S. Giorgio, Genova, G. Pavoni, 1607, S. 590 und S. 591: „non è da meravigliare se da cotal mischuglio ne avvenissero poi tanti disordini e se in que' tempi molti forastieri fossero costumati di motteggiare che la Republica di Genova non sarebbe mai dirittamente governata, insino a tanto che S. Giorgio non havesse il tutto posseduto" [Es ist kein Wunder, wenn aus so einem Gemisch solch eine große Unordnung hervorgeht und wenn viele Fremde es in jenen Zeiten gewohnt waren zu spötteln, daß die Republik Genua nie redlich regiert werden würde, bis S. Giorgio nicht alles besäße].

[175] *F. Sansovino*, Del governo de i regni et delle republiche, Venetia, F. Sansovino, 1561, c. 138r: „il corpo della città contiene in se quasi due communità … Et certo che è cosa meravigliosa e non più trovata ne da filosofi ne da altri che habbia trattato la materia delle Republiche scrivendo, poiché in un medesimo circolo di mura et in un medesimo tempo può esser e tirannide e libertà, la vita civile e la corrotta, la giustitia e la licenza" [Der Körper der Stadt enthält eigentlich zwei Gemeinden … Und sicherlich handelt es sich um eine wunderbare Sache, die man weder bei Philosophen noch anderen, die über den Staat geschrieben haben, antreffen kann, daß in ein und denselben Mauern und zur gleichen Zeit Tyrannei und Freiheit, ziviles Leben und Korruption, Gerechtigkeit und Zügellosigkeit sein können] (mehrmals nachgedruckt und neu herausgegeben im zweiten Teil des „Tesoro politico", Milano, Girolamo Bordoni 1601, S. 279-281; dann von *Alberi*, Relazione degli ambasciatori veneti, 2. Folge, t. II, Firenze 1841, S. 431-443; und im Anhang von *U. Foglietta*, La republica di Genova, Milano 1865, S. 163 ff.). Zu Bizzarri vgl. „Senatus populique genuensis … historia, Antverpiae, ex officina Christophori Plantin, 1579, S. 797 ff. Die Beispiele ließen sich endlos weiter anführen: wir erinnern nur an *E. Lenoble*, Relation de l'etat de Gennes, Paris, chez Charles de Sercy, 1685, S. 27. „un Etat dans un Etat".

eine so lange Zeitspanne hinweg lebendig und gültig blieb, während man es gleichzeitig vermied, sich über die Wirklichkeit von S. Giorgio näher zu informieren. Unter den hundert und aberhundert Seiten, die Andrea Spinola hinterlassen hat, gibt es nur eine einzige, ganz kurze Erinnerung.

Die „machina economica" präsentiert sich also als eine so weithin akzeptierte Wirklichkeit, daß sie fast keine Fragen aufzuwerfen scheint. Und die machiavellistische Metapher führt weiterhin ein im großen und ganzen unangefochtenes Dasein[176], auch weil die institutionelle Entwicklung der Republik und von S. Giorgio in gewissem Grade einige Aspekte der Theorie der „zwei" Republiken in den Vordergrund gestellt hatte: z.B. unterstrich die bestätigte gerichtliche, zivilgerichtliche und strafrechtliche Autonomie des Hauses[177] einerseits faktisch das Bild der beiden (fast) souveränen Körper, schuf aber andererseits auch den Boden, auf dem eine nicht unbedeutende Streitsache entstehen konnte.

Wir haben im Vorangehenden einen anonymen Brief zitiert, in dem die Casa als „machina" und „congregatione di molti interessi" beschrieben wird und in dem keineswegs zufällig das Bild der „zwei" Republiken fehlt[178]. Nun gut, das Motiv, das den anonymen Verfasser anscheinend dazu brachte, sich an den Senat zu wenden, war der Vorwand der Protektoren von S. Giorgio, für sich den Titel „supremo" zu beanspruchen und Kategorien wie jene der „lesa maestà" [Majestätsbeleidigung] zu verwenden; demgegenüber bekräftigte er, daß „la ragion del buon governo" [die Räson des *buon governo*] es nicht erlaube, daß es mehrere Autoritäten in einer Stadt oder in einer Provinz gäbe. „Guai a noi se ve ne fussero due" [Es wäre schlimm für uns, wenn es zwei gäbe][179].

An dieser Stelle ist es angebracht, Raffaele della Torre einen zweiten Besuch abzustatten und zwei seiner Schriften zu analysieren, in denen sich von

---

[176] Abgesehen von dem außergewöhnlichen Fall des Berichts aus dem Jahr 1597 (zu dem wir weiter unten zurückkehren werden), vgl. z.B. das kurze Urteil von *G. De Marinis*, Genua sive dominii, gubernationis ... compendiaria descriptio, Genuae, Petrus Ioannes Calenzanus, 1666, S. 56: „Huic Universitati multa a Republica privilegia concessa sunt adeoque religiose custodita, ut non defuerint qui in una civitate duas putaverint Respublicas constitutas, quod ... falsum est".

[177] Zum Schwinden der Macht der *Rota criminale*, des Strafgerichts, nach 1576 und zu den Zugeständnissen an S. Giorgio vgl. *R. Savelli*, Potere e giustizia, in: Materiali per una storia della cultura giuridica, V (1975), S. 71 und S. 83-85. Zu dem Gesetz aus dem Jahr 1581 vgl. „Criminalium Iurium Civitatis Genuae libri quatuor", Genuae, apud Io. Pavonem, 1616, S. 155-156.

[178] ASG, Archivio segreto 1568.

[179] Und er fügt noch hinzu: „Io non ho studiato, o molto poco, tuttavia trovo che il Jus Maiestatis spetta al Supremo Prencipe solamente" [Ich habe nicht studiert, oder nur sehr wenig, und dennoch bin ich der Meinung, daß das Jus Maiestatis nur dem höchsten Fürsten gebührt].

neuem Bilder machiavellistischen Ursprungs finden[180]. Die erste ist ein Gutachten aus dem Jahr 1637, das anscheinend im Auftrag der Protektoren von S. Giorgio für einen Strafprozeß erstellt wurde. Darin hatten sie Gio. Batta Savignone, Notar und Kanzler des *Ufficio del Sale* zu einer verschärften Gefängnisstrafe verurteilt; und dieser hatte bei den *Supremi sindacatori* Beschwerde eingelegt[181]. Um die Unzulässigkeit dieser Appellation zu beweisen, theoretisierte Raffaele della Torre, daß die Bank und die Republik „due Republiche" [zwei Republiken] seien, die sich „in loro stessi con leggi, con magistrati, con concioni e con ministri fra di loro diversi, senza alcuna confusione" [jeweils ohne Vermischung mit unterschiedlichen Gesetzen, Magistraten, Versammlungen und Ministern] regierten. Dies ist der Grund, aus dem die Beschwerde an die *sindacatori* von S. Giorgio zu richten war[182], insofern, als die *Supremi sindacatori* nur für die Magistrate der Republik (oder der Roten) zuständig waren, während es sei „cosa certissima e ricevutissima [sei] che fra i magistrati della Republica Ser.ma non si comprendono quelli delle Compere" [eine sichere und bekannte Sache, daß die Magistrate der Compere nicht zu den Magistraten der Ser.ma Republik gehörten].

Um seine Gedankengänge noch besser zu erläutern, geht er sogar so weit, die Autonomie von S. Giorgio in Sachen Gerichtsbarkeit mit jener der Kirche zu vergleichen, so daß man sich, wollte man es auf einen Kompetenzstreit ankommen lassen, an den Senat, den „Supremo Rettore", zu wenden hatte, welcher „può e deve difender la giurisdittione della Republica"[183] [die Gerichtsbarkeit der Republik verteidigen kann und muß]. Die Tatsache, daß er die Autonomie von S. Giorgio auf eine so hohe Stufe stellte und soweit ging, sie mit der kirchlichen zu vergleichen, beruht vielleicht auch darauf, daß della Torre in diesem Fall für einen Auftraggeber schrieb und zwar nicht nur als angesehener Jurist, sondern auch als Anwalt einer Partei.

So erscheint seine Haltung tatsächlich in einem darauffolgenden Werk etwas nuancierter: es handelt sich um das schon oben erwähnte „Delle materie del Finale"[184]. Er schrieb es 1655, in einer der vielen Phasen des jahrelang wäh-

---

[180] Zum Thema S. Giorgio wird er auch in den späteren „Historie delli avvenimenti de suoi tempi", BUG, C.V. 6-7, wo er die Bank „un'altra Republica delli cittadini istessi" [eine andere Republik der Bürger selbst] nennen wird (I, S. 372).

[181] ASG, Membranacei di S. Giorgio, 218.

[182] Leges comperarum Sancti Georgii, Genova 1698, S. 45 ff., (I, § 25-26).

[183] Der Ausgang des Verfahrens, wie er einer Anmerkung auf der Rückseite von Raffaele della Torres Schreiben zu entnehmen ist, war in Wirklichkeit von großer Bedeutung: „perché detti Sig. Supremi etiandio dopo la morte del detto Gio. Batta tiravano inanzi ad istanza del procuratore constituito in vita dal Savignone, il Ser.mo Senato hebbe per bene … di assumersi la cognitione di detta causa e così non si trattò mai più cosa alcuna" [Da die sogenannten *Sig. Supremi* auch nach dem Tod des erwähnten Gio. Batta auf Gesuch des Prokuratoren, der zu Lebzeiten von Savignone eingesetzt worden war, in ihren Angelegenheiten fortfuhren, handelte der Senat weise … sich ein Wissen dieses Falles anzueignen und in dieser Weise wurde nie wieder etwas verhandelt].

[184] ASG, Membranacei di S. Giorgio, 66.

renden Konflikts um die Kontrolle des Ligurischen Meer und um der Jurisdiktion von S. Giorgio auch im ligurischen Finale Anerkennung zu verschaffen[185]. Das Werk als solches war nicht für die Öffentlichkeit bestimmt[186]; sondern nur für die Protektoren von S. Giorgio, in der Hoffnung, sie davon überzeugen zu können, daß die Abkommen zwischen der Republik Genua und Spanien zu respektieren seien. Das letzte Kapitel trug den Titel „Come siano congionti et come separati gl'interessi delle compere et della Republica, e fra quali termini venga ristretta l'indipendenza e dependenza loro" [Was verbindet und was trennt die Interessen der Compere und der Republik und welche Grenzen sind ihrer Unabhängigkeit und Abhängigkeit gesetzt].

Der Anfang bringt uns – wenn auch mit einigen Variationen – direkt zu den Stilelementen Machiavellis und Giustinianis:

> „Le Compere di S. Giorgio nella Republica di Genova sono miracolo nella Politica non mai pensato da alcuno otioso filosofante, ne mai inteso o pratticato in alcuna delle tante Republiche greche o latine. Anzi a tutti i principij delle politiche ripugnante, per modo che niente è più alieno et lontano da essi, di che in un'istessa cittadinanza si trovino due corpi disitinti, non meno diversi d'interessi, che distinti di leggi e di magistrati con soprema aottorità senza attuale subordinatione"[187].
>
> [Die Compere von S. Giorgio in der Republik Genua sind ein Wunder der Politik, an die kein fauler Philosoph je gedacht hat, und die auch nicht in irgendeiner der vielen griechischen oder lateinischen Staaten je geplant oder angewandt wurden. Im Gegenteil, sie verstoßen aus dem Grunde gegen alle Prinzipien der Politik, als ihr nichts fremder ist oder ferner steht, als daß sich in ein und derselben Einwohnerschaft zwei getrennte Körper befinden, weniger unterschiedlich was die Interessen anbelangt, als was die Gesetze und Verwaltungsorgane mit höchster Autorität betrifft, die nicht jeweils untergeordnet sind.]

Raffaele della Torre dehnt das „miracolo" der Beziehungen zwischen S. Giorgio und der Republik noch weiter aus, indem er die vorhandenen unterschiedlichen Interessen illustriert und einzeln anführt:

> „Aggiongasi (il che vale a confondere tutta la dottrina politica) che la diversità delle Compere e coloro i quali le compogono, dalla Republica e cittadini di essa, non consiste in opinioni, che finalmente si mutano, in emulationi, che poco durano, in contradittioni, che alle volte s'accordano ... Ma in interesse del tutto opposto e contrario di debitore et creditore, che mai non s'accorda"[188].

---

185 Vgl. *R. Savelli*, Un seguace.

186 So schreibt er in der Widmung: „Non devo però tralasciare: molte cose in esso contenersi le quali benché sincere, quando si palesassero, caggionerebbono con riguardi diversi pregiuditij non leggieri a publici interessi, e perciò a guisa de i misterij più venerati custodir si devono negl'Arcani più intimi ne farsi ad altri palesi che a questi Sacerdoti i quali deputati saranno per successori" [Ich muß aber auf etwas hinweisen: vieles, was in diesem Buch enthalten ist, würde, wenn es an die Öffentlichkeit gelänge, dem öffentlichen Interesse schweren Schaden zufügen und ist deshalb als ein großes Geheimnis, unter den *arcana*, zu hüten und darf nur jenen ‚Priestern' anvertraut werden, die zu den Nachfolgern der *deputati* bestimmt sind]. Und so entscheiden die Protektoren am 11. Juni 1655 tatsächlich, daß die Schrift von Raffaele della Torre geheim zu halten sei.

187 *R. della Torre*, Delle materie del Finale, S. 197.

188 Ebd., S. 198.

[Man füge hinzu (was die gesamte politische Doktrin durcheinanderbringt), daß die Unterschiedlichkeit der Compere und derer, die sie bilden, aus der Republik und ihren Bürgern nicht in Meinungen liegt, die sich irgendwann einmal ändern, im Nacheifern, das nur kurze Zeit andauert, in Widersprüchlichkeiten, die einmal in Einklang gebracht werden ... Sondern in gänzlich entgegengesetzten und widersprüchlichen Interessen von Schuldner und Gläubiger, welches nie zu Übereinstimmung gelangen wird.]

Es ist genau diese Beziehung von Gläubiger/Schuldner, die nicht nur eine „singolarissima simmetria“ [einzigartige Symmetrie], eine „soave armonia“ [süße Harmonie] schafft (um mit della Torre zu sprechen), sondern auch erklärt, weshalb die Compere den Staat benötigen: diese „tuttoché indirizzate all'utilità p e c u n i a r i a e t p r i v a t a vogliono sostenuta la Republica come suo debitore, et bene intendono che al pericolar di questa, andrebbe inseparabilmente congionta la perdita loro“[189] [möchten die Republik als ihren Schuldner gänzlich auf den p e k u n i ä r e n u n d p r i v a t e n Nutzen ausgerichtet haben, und sie wissen nur zu gut, daß eine Gefahr für den Staat, automatisch einen Verlust für sie mit sich bringen würde].

„Utilità pecuniaria et privata“ – hier haben wir endlich eines der Arkana von S. Giorgio. Die „egregia machina“ unterstützt zwar die öffentliche Sphäre, aber zu privaten Zwecken. Und es ist in Anbetracht dieser Tatsache, daß Raffaele della Torre seiner Unzufriedenheit gegenüber Machiavellis Analyse Ausdruck verleiht: dieser „hebbe a celebrar le compere di S. Giorgio sollevando il governo di esse sopra quello della Republica“ [dieser rühmte die Compere von S. Giorgio und hob deren Regierung über jene der Republik], weil seine Analyse „nelle apparenze di vederle governare pacificamente con soprema aottorità ... qualche parte del Dominio“ [angesichts des äußeren Scheins, daß sie friedlich und mit höchster Autorität einen Teil des Dominiums regiere] halt gemacht hatte. In Wirklichkeit war die Verwaltung auch ausgedehnter Teile des Territoriums nur eine vorübergehende Beschäftigung und nicht der Hauptgrund des Erfolgs der Bank.

Die wahre Natur von S. Giorgio wurde vom Gebiet der Ökonomie bestimmt; Machiavellis Fehler sei es gewesen, Wirtschaft und Politik verwechselt zu haben[190]. Wie man sieht, haben wir es hier mit einer Untersuchung zu tun,

---

[189] Ebd., S. 199 (Hervorhebung des Autors).

[190] Ebd., S. 200-202; und vgl. S. 203: „si vede quanto sia errato il giuditio del Machiavelli riprovato anche dall'uso. Posciaché i Predecessori di VV.SS. Ill.me, padroni da Lerice verso Levante di tutto il Dominio della Republica in val di Magra, e in ver ponente con la Pieve e Valle di Teico, et altri castelli e borghi del Dominio, dello stesso Regno di Corsica, pervenuti nelle compere ... trovarono buon consiglio restituirle alla Republica con la gionta d'annue prestationi ... Tutto ciò non per altra ragione ... ecetto perché il governo economico quantonque perfetto del tutto riesce sproportionato al maneggio politico“ [Man sieht, wie falsch Machiavellis Urteil war, das auch in der Praxis widerlegt worden ist. Nachdem die Vorgänger Eurer Hochwohlgeborenen, Herren von Lerice gegen Osten, des ganzen Gebiets der Republik im Magratal und im Westen mit der Pieve und dem Teicotal und anderen Burgen und Ortschaften des

die wenigstens im Ansatz zu einer tiefer gehenden Analyse der Beziehungen zwischen der Republik und der Bank gelangt, obwohl auch sie im Rahmen einer apologetischen Sichtweise bleibt. So wird die gerichtliche Autonomie des Hauses als unentbehrliche und ihm zustehende Qualität erklärt, als Voraussetzung für eine korrekte Verwaltungsführung. Und um begreiflich zu machen, wie weit diese Autonomie zu gehen habe, erzählt della Torre eine Geschichte. Als Don Juan Vivas Cañamas – zu Beginn des 17. Jahrhunderts etwa 20 Jahre lang spanischer Botschafter in Genua – fragte, wie er in Sevilla eine ähnlich segensreiche Einrichtung begründen könne („introdurre somigliante beneficio nella città di Seviglia"), sei ihm geantwortet worden: „se quel Re havesse voluto veder fiorir in Siviglia la casa di contrattatione, com'egli vedeva fiorire in Genova quella di S. Giorgio, li conveniva anticipatamente privarsi del Dominio di quella città" [wenn dieser König in Sevilla ein Bankhaus erblühen sehen wolle, so wie er in Genua S. Giorgio blühen sah, dann wäre es angebracht, wenn er die Herrschaft über die Stadt im Vorhinein aufgeben würde]. Die Begründung lag darin, daß eine Einrichtung wie S. Giorgio auf der Treue aufbaue, und „è impossibile a fatto che possa alloggiarsi nella stessa città con il poter assoluto" [es unmöglich ist, daß sich diese in einer Stadt zusammen mit der absoluten Macht niederläßt][191].

In Wirklichkeit handelte es sich, mehr als um Vertrauen, um ein „unabhängiges" Machtsystem wie S. Giorgio, daß gegenüber einem besser gerüsteten Staat als Genua weder hätte entstehen noch wachsen können. Zusammenfassend könnte man sagen, daß die Casa anfangs die private wirtschaftliche Macht des Patriziats über den Staat darstellte und der entscheidende Grund für dessen angeborene Armut, dessen „wehrlosen" Zustand ist[192]. Aus diesem Grund

---

Dominiums, des Königreichs von Korsika, die in den Besitz der Compere gelangt waren ... es für gut befanden, sie der Republik mit einem jährlichen Ausgleich zurückzugeben ... Dies alles aus keinem anderen Grunde ... als dem, daß der wenn auch vollkommenen wirtschaftlichen Führung die politische Handhabung vollkommen unproportional gelingt].

[191] Ebd., S. 208. Das Werk Raffaele della Torres schließt mit einer Aufforderung an die Protektoren, die Unabhängigkeit von S. Giorgio gut zu verteidigen, „spogliata però d'ogni emulatione" [bar aber jeden Wettstreits], sich aber nicht in die Politik und die diplomatischen Beziehungen der Republik einzumischen – „quasi che volessero piegare la falce nell'altrui messe" [in einer Weise, als ob sie ihnen in den Kram hineinreden wollten].

[192] Vgl. *H. Sieveking*, Genueser Finanzwesen, Bd. 2, S. 16: „Dagegen vermochten die Adlichen als Protektoren der Casa di S. Giorgio (zusammen freilich mit den vornehmsten der Mercatores) eine selbständige Stellung im Staate einzunehmen, so dass man sagen kann, die Verfassung, welche der Casa di S. Giorgio 1411 gegeben wurde, habe die adliche Reaktion von 1528 vorbereitet"; *J. Heeres*, Gênes au XVe siècle, Paris 1961, S. 146: „San Giorgio est, en somme, la Commune débarassée de tous les éléments féodaux. Les *Compere* préfigurent la République génoise issue de la Réforme d'Andrea Doria en 1528". Zu den Thesen von Heers vgl. allerdings die kritischen Bemerkungen von *R.S. Lopez*, Quattrocento genovese, in: Rivista storica italiana, LXXV (1963), S. 710-727 (jetzt in: Su e giù per la storia di Genova, Genova 1975, S. 63-80), und von *V. Piergiovanni*, Il sistema europeo, passim.

ist Machiavellis Hypothese („geschähe es aber, was mit der Zeit unausbleiblich ist, daß die ganze Stadt San Giorgio anheimfiele") wahr und falsch zugleich: S. Giorgio hatte schon ganz Genua erobert[193]. Dafür spricht jedenfalls, daß auch der Versuch, der im 16. Jahrhundert unternommen wurde, die Männer des Hauses direkt in den institutionellen Mechanismus der Republik einzugliedern, nur von kurzer Dauer war[194].

S. Giorgio präsentiert sich als eine sakrale, unantastbare Wirklichkeit, die nicht zur Diskussion gestellt wird. In den 70er Jahren des 16. Jahrhunderts, als praktisch jeder Aspekt der genuesischen Einrichtung heftig kritisiert wird, als die Zahl der Reformprojekte der Republik sich auf zweistellige Ziffern beläuft, findet sich keine einzige Stimme, die die Existenz von S. Giorgio in Frage stellt[195].

Oder besser gesagt, eine Stimme gab es, aber sie war allein auf weiter Flur und wurde sofort zum Schweigen gebracht. An anderer Stelle habe ich schon auf diesen Text hingewiesen[196]. Es war kein Zufall, daß Gio. Francesco Rivarola, der den Text ausarbeitete, nicht dem Patriziat angehörte: er war ein Exponent jenes relativ gutsituierten kaufmännischen Bürgertums (er besaß Häuser und eine Villa), das von der Macht ausgeschlossen war und an der politisch-militärischen Organisation der „neuen" Adeligen beteiligt war, die im Frühjahr 1575 unter anderem hoffnungsfroh glaubten, daß der Moment gekommen sei, die Bank zu schließen.

---

193 Vgl. *P. Pieri*, Il Rinascimento e la crisi militare italiana, Torino 1952, S. 125: „Il Banco rappresentò soprattutto l'oppressione della classe plutocratica. L'inguaribile indebolimento dello Stato genovese datava dalla crisi non più sanata del suo gigantesco debito publico" [Die Bank stand in der Hauptsache für die Unterdrückung durch die plutokratische Klasse dar. Die unheilbare Schwächung des genuesischen Staates ging auf unüberwundene Krise seiner enormen öffentlichen Verschuldung zurück].

194 Wir beziehen uns auf das Gesetz aus dem Jahr 1547, das sogenannte „garibetto" (1575 abgeschafft): auf der Basis dieser Reform wurde auch das Ufficio di S. Giorgio Teil der Gruppe, die den Kleinen Rat und einen Teil des Großen Rats wählte (ASG, Biblioteca, Manoscritti, 6, cc. 146v-148v; zu den Polemiken über das „garibetto" vgl. *R. Savelli*, La repubblica oligarchica, passim). Im 15. Jahrhundert war es hingegen häufig anzutreffen, vgl. *V. Piergiovani*, Il sistema europeo, S. 27, 30, 35 und S. 45.

195 Zu den Debatten und Projekten vgl. *R. Savelli*, La repubblica oligarchica; auch ein halbherziger Vorschlag, wie jener, den Rat der Compere zu erweitern, kam nicht durch (ASG, Membranacei di S. Giorgio 112). Es ist kein Zufall, daß der „Sogno" (der, wie wir gesehen haben, einer der kritischtsten Texte gegenüber dem genuesischen Establishment war) die mögliche Schließung des Hauses als eine Hypothese, die der „alte" Adel formuliert hatte, deutete: es ist der „negative" Sprecher, der bekräftigt: „ ... noi altri Procuratori e io fra li altri havemo più e più volte considerato che per mantenere questo Santissimo stato di libertà sariamo sforzati per men male far falire S. Giorgio e prendere tutte l'entrate e rendite" (Sogno, ACG, ms 164, c. 68v) [Wir anderen Prokuratoren, und ich mit ihnen, haben schon des öfteren erwogen, ob wir nicht – als kleineres Übel – gezwungen sein könnten, S. Giorgio in Konkurs gehen zu lassen und alle Eingänge und Erträge an uns zu nehmen, um diesen allerheiligsten Zustand der Freiheit zu erhalten].

196 *R. Savelli*, La repubblica oligarchica, S. 110-111. Auf S. 110 steht aufgrund eines Satzfehlers „10%", während die exakte Ziffer „12%" zu lauten hat. Der Text des Projekts in ACG, ms 92, cc. 148-149v.

Sein Projekt war relativ einfach: er berechnete, daß von den 420.000 *loca* von S. Giorgio 100.000 (wahrscheinlich ist diese Ziffer zu hoch angesetzt) zur Tilgung von *gabelle* bestimmt waren (und daher keiner Rückzahlung bedurften); 120.000 sich in Händen von Privatleuten befanden, denen das Kapital zurückerstattet werden könnte „con li effetti di detta casa e quello li mancherà si compirà con una tassa che se potrà far per tutto lo stato, che serà di pochissimo momento" [aus den Effekten der genannten Casa und das Fehlende mit einer Steuer, welcher der gesamte Staat zu unterliegen hat, die aber nur über einen kurzen Zeitraum nötig sein würde]. Die restlichen 200.000 *loca* von Geistlichen und milden Stiftungen würden dem *Monte di pietà* zur Last gelegt werden, dem die Zolleinnahmen erhalten bleiben sollen (welche zur Rückzahlung des Kapitals und der Zinsen und nach und nach zur Tilgung der Schuld herangezogen werden könnten); und schließlich „restituir la dugana al publico la quale insieme con gl'altri introiti ... farà un infinito thesoro di avanzo che per suo mantenimento e diffesa non darà più causa di gravare ne di taxe ne di gabelle a soi cittadini" [sollten die Zolleinnahmen der Öffentlichkeit zurückgegeben werden, welche zusammen mit den anderen Eingängen einen unendlichen Schatz an Überschüssen bilden wird, der bewirken wird, daß es zum Unterhalt und zur Verteidigung der Bürger, nicht mehr nötig sein wird, sie mit Steuern oder mit *gabelle* zu belasten].

Es handelt sich um ein grundsätzliches, etwas simples Projekt, das aber trotz allem verführerisch ist. Sehen wir es uns etwas genauer an: es bleiben nur noch vier indirekte Steuern: der Zoll (12% bei der Einreise und 4% bei der Ausreise); die *gabelle* auf Wechsel und auf Versicherungen; das Monopol des Salzhandels. Wir stehen also vor einem modernen und extremen Vereinfachungsversuch des Steuersystems, das gleichzeitig wieder unter die Obhut des Staates gegeben wird (und dieses Konzept wird mehrmals unterstrichen)[197]. Außerdem muß man sich das beträchtliche Problem der Einnahmen aus jenem Komplex von Fürsorgeeinrichtungen vor Augen halten, die für Genua so typisch waren und die von S. Giorgio einen Teil der für ihr Funktionieren notwendigen Einnahmen bezogen[198]. Und so spielt man mit dem Gedanken, eine der Casa alternative Einrichtung zu Hilfe zu nehmen, eine Einrichtung die außerdem in Genua schon immer eine ganz verkümmerte Existenz gehabt hatte[199].

---

[197] Ein schwaches Echo dieses Konzepts findet sich auch im „Pamphlet" von Silvestro Facio (siehe Anm. 118), wo der „alte" Adel angeklagt wird, „haver mantenuti tutti i beni del Publico impegnati nella casa di S. Giorgio" [alle Güter der Allgemeinheit, die in der Bank S. Giorgio eingesetzt waren, behalten zu haben].

[198] Vgl. die Bemerkungen, die *G. Felloni*, Gli investimenti finanziari genovesi in Europa tra Seicento e la Restaurazione, Milano 1971, S. 114, für das Ende des 18. Jahrhunderts macht: „die *loci* von S. Giorgio waren in ihrer übergroßen Mehrheit im Besitz von philantropischen, der Krankenpflege dienenden und religiösen Einrichtungen, die die Summen, welche die Casa der Compere über die Konsumsteuern einnahm, oder besser gesagt, die sie zu einem Großteil von den ärmeren Schichten erhob, an die Bedürftigsten verteilte. Und da diese Einrichtungen von den herrschenden Klassen verwaltet wurden, war S. Giorgio unter diesem Gesichtspunkt das Hauptinstrument, mit dem diese Klassen ihre patriarchalische Politik der sozialen Aussöhnung betrieben".

[199] Vgl. *M. Bruzzone*, Il monte di pietà di Genova. 1483-1810, in: ASLSP, XLI (1908),

Diesmal waren es die „nuovi", die sich höchstpersönlich um die Repression dieses Projekts kümmerten und alles zum Schweigen brachten. Das Projekt von Rivarola mag zwar „bonissimo et ottimo" [sehr gut und ausgezeichnet] gewesen sein, aber zu seinem Unglück habe er sich in Begleitung „d'alquanti scelerati ... huomini scalzi, plebei ... gente vile" [von einigen ruchlosen Menschen ... elenden Männern, Plebejern ... gemeinen Leuten] befunden[200]. Außerdem ist zu bedenken, daß das Projekt höchst unrealistisch und nur schwer zu verwirklichen war. Um eine öffentliche Verschuldung von diesem Ausmaß abzutragen, hätte mit Sicherheit eine Steuer von „pocchissimo momento" nicht ausgereicht!

Auch wenn sich in den Jahren 1575-1576 die Dinge innerhalb der Regierung der Republik veränderten, so veränderte sich nichts in den Beziehungen zu S. Giorgio; alles ging wie bisher weiter und so sahen sich die *Collegi* 1589 gezwungen, zu erklären, sie seien „astretti in fine d'ogni mese quasi mendicar il modo di pagar i soldati"[201] [am Ende jeden Monats gezwungen, den Sold für die Soldaten fast zu erbetteln].

Aber bevor wir zum Schluß dieser Abhandlung kommen, wäre es vielleicht nicht abwegig, die Aufmerksamkeit noch kurz auf einen Text zu lenken, der am Ende des 16. Jahrhunderts in Genua erstellt wurde: es handelt sich um den berühmten Bericht aus Genua, der abwechselnd Matteo Senarega (schon Doge der Republik und damals ständiger Staatsanwalt) oder Giacomo Mancini (toskanischer Literat und Ritter von S. Stefano) zugeschrieben wird[202]. Aber wer

und S. 78-79: „der alte und mächtige Banco S. Giorgio ... verhinderte die Entwicklung jeder anderen Einrichtung, der es aus Abenteuerlust in den Sinn gekommen wäre, eine noch so bescheidene Rivalität anzustreben".

200 ACG, ms 339, c. 35r.

201 ASG, Manoscritti, Membranacei, C. Vgl. *G. Giacchero*, Economia e società del Settecento genovese, Genova 1973, S. 297: „Die *Magnifici* meinten, daß die Staatsfinanzen oder, wie man sagte, die Kammer finanziell kurz gehalten werden sollten, da die Einschränkung der Mittel automatisch die Macht des Staates beschränke".

202 Ich zitiere aus der Ausgabe ASG, Biblioteca, Manoscritto 129 (vormals 166). Zu dieser Frage vgl. *C. Costantini*, La Repubblica di Genova, S. 158; *G. Doria / R. Savelli*, „Cittadini di Governo" a Genova, S. 299. Es ist mir bis jetzt noch nicht gelungen, das Rätsel der Autorschaft der Schrift zu lösen, und auch die kürzliche „sichere" Zuschreibung auf Senarega (*R. Belvederi*, Il „Ragionamento" di Giovanni Costa ..., in: Genova, la Liguria e l'oltremare tra medioevo ed età moderna, Genova 1981, Bd. 4, S. 309) steht nicht auf sicheren Füßen, insofern, als die Zeugenaussage von F. Casoni nicht besonders beweiskräftig ist: es ist keineswegs gesagt, daß die zitierten „Memorie" von M. Senarega der zur Frage stehende Bericht sind, im Gegenteil. Außerdem wird auch das Problem nicht gelöst, warum so viele Manuskripte den Namen von Mancini tragen. Was dies betrifft, verweisen wir auf die vielen Bezeugungen seines langen Aufenthaltes in Genua: er hatte nicht nur eine Adelige von Savona geheiratet (*A. Parisi*, Notizie del cardinale Roberto Nobili e degli altri illustri Poliziani, Montepulciano 1836, S. 106-107); 1584 wird er auf Befehl der Inquisition in Genua verhaftet (*G. Pallavicino*, Inventione, S. 39); 1591 hat er Kontakt zu den „Addormentati" (Compositioni, BNF, II.III. 475, c. 24 r-v). Zahlreich sind seine Veröffentlichungen in Genua in jenen Jahren, von denen eine eben Senarega gewidmet ist.

auch immer der Autor sein mag, er ist gewiß ein aufmerksamer Leser Machiavellis gewesen[203]. Und unter den vielen Gründen, die ein Interesse an diesem Bericht rechtfertigen, findet sich auch die großangelegte Analyse von S. Giorgio.

Der Autor kennt die Casa gut – auch von ihrer technischen Struktur her und was ihre Geschichte anbelangt; er hatte die offiziellen Dokumente, auch jene der Republik, einsehen können[204]. Aber dies ist nicht die Perspektive, die uns an dieser Stelle interessiert. Es ist die politische Beurteilung, der hier Aufmerksamkeit geschenkt werden soll, die Analyse, die der Autor von der komplexen (sozialen und institutionellen) Wirklichkeit Genuas durchgeführt hat. Und diese Analyse ist so mitleidslos, daß die Annahme, diese Schrift müsse von jemandem, der sich außerhalb des Machtsystems des genuesischen Patriziats befand, stammen, als begründet erscheint[205].

Der Bericht möchte untersuchen, wer in Genua das Sagen hat und mit welchen Mitteln regiert wird, welches die starken Seiten und die Schwachstellen des Staates sind. Wer die Macht hat, ist schnell gesagt: „tutti i ricchi sono quelli che veramente comandano" [es sind alle Reichen, die wirklich befehlen], „sono i veri padroni di quella Città et fanno ciò che a loro agrada" [sie sind die wirklichen Herren und tun, was ihnen gefällt]. Und in wenigen Zeilen wird auch erklärt, auf welche Weise dies vor sich geht:

> „La maniera poi con la quale si mantengono è col tenere la Republica debole, il che aparisce non solo nelle entrate publiche alienate da loro ... a San Giorgio, come anche a tenere la Republica disarmata"[206].

---

[203] Er wird nicht nur ausdrücklich zitiert (c. 1V); unter den vielen Passagen, die auch stilistisch an Machiavellis Schriften anklingen, führen wir eine an: „quanto possa ne petti della credula moltitudine la religione ben usata nelle cose politiche, potrà meglio chi legge historie vederlo, che io scrivendo narrarlo" [Was in den Herzen der leichtgläubigen Masse die Religion, geschickt auf die Politik angewendet, bewirken kann, kann derjenige besser verstehen, der Geschichtliches liest, als ich es schreibend erzählen kann]; und vgl. *N. Machiavelli*, Discorsi, I, XI-XV, und bes. XIII (S. 167): „la religione ben usata giovò e per la espugnazione di quella città e per la restituzione del Tribunato nella nobiltà" [ebd., I, 11-15, und bes. 13 S. 51: „So verhalf der gute Gebrauch der Religion sowohl zur Eroberung von Veji wie zur Wiedereinsetzung der Patrizier in das Tribunat"].

[204] So ist z.B. der letzte Absatz des Berichts (der unvollständig ist) eine Kopie aus den Jahresberichten der *Supremi Sindacatori* über die Bilanz der Republik (Kammer, sowie alle Magistraturen und Ämter): für das Jahr 1594, 1595 sowie 1597 vgl. ASG, Archivio segreto, 1651 (6); für die folgenden Jahre ASG, Senato Sala Gallo, 506 ff. Wir erinnern daran, daß Sieveking als einer der ersten diesen Bericht kritisch verwendete.

[205] So läßt sich auch die Schrift von Mancini im Anhang eines der Exemplare des Berichts erklären (ASG, Manoscritto 995, aus der Sammlung Phillips, Nr. 4980): hier finden wir eine Reihe von hilfreichen Ratschlägen an Agostino Spinola betreffs eines Staatsstreiches in Genua mit folgendem tyrannischen Regiment, wobei der Großherzog der Toskana davon in Kenntnis gesetzt wird „essendo prencipe al quale più che a qualunque altro il vostro stabilimento sarebbe grato" [da er derjenige Fürst ist, dem eure Machtergreifung mehr als jedem anderen gelegen käme].

[206] Relazione, c. 9r-v.; und vgl. c. 27v: „chi governa vuol tenere povero il publico. Il che nasce perché volendo i ricchi dominare non possono farlo meglio che con

[Sie behaupten sich, indem sie die Republik schwach halten, dies zeigt sich nicht nur an den öffentlichen Geldern, die sie von San Giorgio abzweigen, sondern auch daran, daß die Republik wehrlos gehalten wird.]

Wie man sieht, reiht sich der Bericht klar und deutlich in eine Serie von Debatten und Meinungen ein, die ab der Mitte des 16. Jahrhunderts Form annahmen[207]; aber er führt auch beachtliche neue Elemente ein, die zugleich an die Entwicklung des genuesischen Patriziats gebunden sind, aber nicht nur dies. Natürlich ist noch von „vecchi" und „nuovi" die Rede, aber den Kern der Debatte stellen die „ricchi" [Reichen] dar – diejenigen, die befehlen und ihre Machtinstrumente.

Und zu diesen wird S. Giorgio gerechnet, was einen beachtlichen Fortschritt in der Analyse der genuesischen Wirklichkeit darstellt. Dafür spricht jedenfalls, daß der Bericht sich klar und deutlich von der inzwischen traditionellen Theorie der „zwei" Republiken entfernt (die ja sogar auf breiter Ebene und äußerst lebhaft kritisiert wird)[208]. Er versucht hingegen zu verstehen, welche

---

questa via, e potendo per la copia delle ricchezze comperar le entrate publiche, si sono ottimamente serviti della commodità" [Wer regiert, will die Öffentlichkeit arm halten. Das kommt daher, daß die Reichen, da sie dominieren wollen, es nicht besser anstellen können, als auf diesem Wege, und da sie sich aufgrund der Fülle ihres Reichtums die öffentlichen Einnahmen kaufen können, haben sie sich der Bequemlichkeit wohl bedient].

[207] „Non è meraviglia che Genova non sij cresciuta di stato, poiché quelle Republiche che non sono statte armate non hanno giamai ben fatto i fatti loro, ancorché in tutte le altre cose habbiano havuto li ordini ottimi; e le armate al'incontro, quantonque nel restante imperfette, sempre sono cresciute … li antichi non tenevano Republiche quelle le quali se bene havevano buone leggi, non erano per loro stesse bastanti a diffendersi … poco stabile senza dubio è la libertà et imperfetta forma di Republica quella che non fortifica li ordini civili con li militari … Per sigillo donque di questa parte dico che questa città è tanto disarmata che ella è preda certa di qualche suo cittadino potente, che prima vogli tentarla" (ebd., c. 22r) [Es ist kein Wunder, daß Genua – was den Staat betrifft – nicht reifer geworden ist, da die Republiken, die sich nicht aufgerüstet haben, noch nie besonders klug waren, auch wenn sie in allen anderen Bereichen vollkommene Regelungen gehabt haben mögen; demgegenüber sind die Armeen, obwohl sie sonst ungenügend sein mögen, immer gewachsen … die Alten unterhielten keine Staaten, die zwar gute Gesetze hatten, sich aber nicht verteidigen konnten … wenig beständig ist zweifelsohne die Freiheit und unvollendet jene Staatsform, die die zivile Ordnung nicht mit einer militärischen untermauert … Zum Abschluß also möchte ich noch sagen, daß diese so hilflose Stadt eine sichere Beute für einen mächtigen Bürger ist, der sie sich unterwerfen möchte].

[208] „Dovendo trattare delle ricchezze de gentil'huomini, genovesi … ragionevol cosa è che si parli delle cose di San Georgio, essendo il più fermo, certo e maggior fondamento … e tanto volentieri ne ragionerò, quanto che alcuni p o l i t i c i hanno con l'occasione di San Giorgio voluto dare ad intendere al mondo strani miracoli di due Republiche dentro di un meddesimo giro di mura. Il che quanto sia vero dal nostro discorso si comprenderà; ma perché si intenda bene tutta questa m a c h i n a, bisogna prima sapere l'institutione di S. Giorgio …" (ebd., c. 29r; Hervorhebungen R.S.) [Da es um den Reichtum der genuesischern Edelmänner geht, ist es richtig, über San Giorgio zu sprechen, da es sich um das sicherste und festeste Fundament handelt und ich spreche umso lieber darüber, als einige S t a a t s t h e o r e t i k e r der Welt mit San Giorgio seltsame Wunder von zwei Republiken innerhalb ein- und der-

die reale Funktion der Casa und was die Art ihrer Autonomie ist. So wenn die Rede auf die Gesetze der Compere kommt: „vi si scorge solamente un governo di robba e d'entrate, et per conseguente hanno più tosto dell'economico che del politico“[209] [man erkennt nur eine Verwaltung von Waren und Einnahmen, und so sind diese auf Wirtschaftliches und nicht Politisches ausgerichtet]; diese Deutung wird mehrfach bekräftigt, wenn eine politische Abhängigkeit der Casa von der Ordnung der Republik anerkannt wird[210].

Im Gegenteil, ein ganzes Kapitel (LXVII der zitierten Version) ist dem Beweis gewidmet, daß S. Giorgio in dem Maße weiterexistieren kann, wie die „ricchi“ dessen Existenz befürworten. So sind es tatsächlich nicht die Eide der Senatoren, die dessen gleichbleibendes und anhaltendes Glück gestatten[211]. Und da „il maneggio di San Georgio tutto ... de denari“ ist [die Verwaltung von San Georgio nur Geld betrifft], ist es deutlich, wie der Staat sich ganz anders verhalten könnte, als er es bis jetzt getan hatte, wäre nur der politische Wille der Regierenden ein anderer. Auf diese Weise kann unser Machiavelli-Leser (indem er die Thesen seines Meisters auf den Kopf stellt) eine Entwicklung der Beziehungen zwischen S. Giorgio und der Republik darlegen, die der angenommenen Entwicklung der „Geschichte von Florenz“ in jeder Hinsicht widerspricht:

> „Il fondamento [di S. Giorgio] ... non consiste in altro che ne beni della Republica, in maniera che se ella vuole l'ufficio di S. Giorgio si può annullare et si sarebbe mille volte fatto se i ricchi spogliatisi della ambitione del governo havessero lasciato ... Tutta l'autorità di San Giorgio consiste nell'obligo de contratti accordati con la Republica, li quali non sono osservati per altro se non perché gli huomini della Republica sono i

---

selben Stadtmauern vormachen wollten. Was an unserem Diskurs wahr ist, wird man erkennen; um aber diese M a s c h i n e gut zu verstehen, muß man zuerst S. Giorgio als Anstalt kennen].

[209] Ebd., c. 34r.

[210] „Oltre a ciò li detti otto Protettori di S.G. e gli altri suoi magistrati non possono essere se non con questa meddesima qualità de magistrati della Republica cioè che siano ... gentil'huomini Genovesi scritti al libro della nobiltà. Il che altresì dimostra che S.G. non sia cosa tanto separata dalla Republica che possa da per se stessa formare un'altra. Al che parmi di aggiongere che S.G. è statto forzato di alterare li ordini suoi con l'alteratione di quelli della Republica. Sono donque quanto alla politica una cosa istessa“ (ebd., c. 34v) [Abgesehen davon können die obengenannten acht Protektoren von S.G. und die anderen Magistrate nur als Magistrate der Republik sein, was sie sind, nämlich ... genuesische Adelige, die in das Buch des Adels eingetragen sind. Und dies beweist, daß S.G. gar keine so von der Republik gesonderte Angelegenheit ist, die sich von ihr trennen und eine andere bilden könnte. Außerdem muß ich noch hinzufügen, daß S.G. gezwungen war, seine Ordnung zu ändern, als die Republik die ihren änderte. Was die politische Ordnung betrifft, sind sie also ein und dieselbe Sache].

[211] „Questa casa ha bisogno del giuramento de Senatori acciò li siano conservati i suoi privilegi. Gran sostegno certo agli huomini devoti, ma debolissimo delle materie politiche et agli huomini di stato“ (ebd., c. 35r) [Diese Bank bedarf des Eides der Senatoren, um sich so ihre Privilegien zu bewahren. Dies ist sicherlich eine große Unterstützung für religiös Gläubige, aber sehr schwach im Bereich der Politik].

medesimi che li interessati delle compere, ma quando fossero diversi overo questi contratti fossero stipulati con un Prencipe solo, credo di certo che non sarebbero osservati"[212].

[Grundlagen von S. Giorgio sind nichts anderes als die Güter der Republik, so daß man auf ihr Geheiß hin S. Georgio auflösen könnte und dies wäre schon tausendmal geschehen, wenn die Reichen – bar ihres auf die Regierung gerichteten Strebens – es zugelassen hätten ... Die gesamte Autorität S. Giorgios liegt in vertraglichen Verpflichtungen mit der Republik, an die man sich nur deshalb hält, weil die Männer der Republik dieselben sind, wie die an den Compere interessierten, aber wenn es sich um andere Männer handeln würde, oder die Verträge nur mit einem Fürsten abgeschlossen worden wären, bin ich sicher, daß man sich nicht daran halten würde.]

Aber innerhalb des Machtsystems des genuesischen Patriziats war dies nicht möglich, wie einige Jahre später ein anderer außenstehender Beobachter urteilen sollte[213] – auch deshalb, weil jene Einrichtungen, denen die Unterstützung der Bedürftigen anvertraut worden waren, nicht unbeträchtliche Gelder von S. Giorgio bezogen[214].

Die Republik Genua wurde (trotz der Annahmen Machiavellis) nicht „merkwürdiger" als Venedig, aber als Herrschaftssystem war sie es vielleicht im gleichen Maße.

---

212 Ebd.; und vgl. c. 27v: „i nuovi et i poveri sopratutto non potriano far meglio che per via di tassa pagar le spese ... e lasciar a poco a poco redimersi a San Giorgio et ho detto i poveri soprattutto perché vi è una legge che chi non passa scudi 6.000 di valuta non paghi le tasse, e questa è adonque la via con la quale potrebbono con la maggior quantità de denari d'altri far potente la Republica e loro stessi" [Die Neuen und die Armen könnten nichts besseres tun, als mit ihren Steuern für die Ausgaben aufkommen ... und so nach und nach zulassen, daß San Giorgio eingeht, und ich habe besonders die Armen erwähnt, weil es ein Gesetz gibt, laut welchem keine Steuern zu zahlen hat, wer nicht mehr als 6.000 Scudi verdient, und dies ist also der Weg, auf dem sie mit einem Großteil fremder Gelder die Republik und sich selbst mächtig machen könnten].

213 Vgl. den Bericht aus dem frühen 17. Jahrhundert, in: *F. Braudel*, Gênes au debut du XVIIe siècle, in: Fatti e idee di storia economica nei secoli XII-XX. Studi dedicati a Franco Borlandi, Bologna 1977, S. 467; „l'entrate escono quasi tutte dal popolo et dal povero et entrano ne' cittadini et ne' ricchi mediante le compere de San Giorgio: et ... il disimpegnarle et liberarle, oltre all'esser quasi impossibile perché ci vorrebono intorno a quattordici milioni, è dalla nobiltà con ogn'arte fuggito et al popolo dimostrato il contrario" [Die Einnahmen stammen fast alle vom Volk und den Armen und gehen über die Compere von San Giorgio in die Taschen der Bürger und Reichen: sie einzulösen – abgesehen davon, daß dies fast unmöglich ist, weil man dazu um die 14 Millionen benötigen würde – wird vom Adel geschickt verhindert und dem Volk so das Gegenteil bewiesen].

214 Der Bericht über die Krankenhäuser und Fürsorgeanstalten aus dem Jahre 1597 (c. 24v) gibt zu bedenken: „se non si tenessero da ricchi in quello stato in cui sin' hora la religione e la pietà de molti li hanno mantenuti, darebbero più tosto adito a qualche tumulto popolare ... poiché essendo i plebei avezzi a tirarne molto commodo, non potrebbono se non con molta turbatione sopportare la perdita" [Wenn sie sich nicht von den Reichen in jenem Zustand halten lassen würden, in dem sie bis jetzt von der Religion und der Barmherzigkeit vieler gehalten wurden, dann gäbe es einen Volksaufstand ... da die Plebejer, die daran gewöhnt sind, viele Vorteile zu haben, diesen Verlust nicht ohne Rebellion hinnehmen könnten]. Vgl. hierzu auch das Urteil Fellonis in Anm. 198.

Staatsräson und Staatsfinanzen in Bayern im 16. und frühen 17. Jahrhundert

Von Heinz Dollinger

Vorbemerkung

Das Thema dieses Vortrags ist zwar eingebettet und abgesichert in der Gesamtthematik des Seminars, bedarf aber einer besonderen Explikation und Legitimation, weil in mehrfacher Hinsicht angezweifelt werden könnte, ob das Bayern an der Schwelle vom 16. zum 17. Jahrhundert überhaupt eine „Staatsräson" im üblichen vollen Wortsinn hatte oder beanspruchen bzw. entwickeln konnte[1]. Der Haupteinwand kommt daher, daß es – objektiv betrachtet – ein Kleinstaat und überdies vor 1648 reichsrechtlich nicht voll souverän war. Mit dem Begriff Kleinstaat verbindet man in diesem Zusammenhang gern die Vorstellung, er sei nicht entwicklungsfähig, habe kein Telos, keine Zukunft und sei darum auf die Dauer zum Absterben verurteilt[2]. Diese sehr fragwürdigen Wertungen und Prämissen brauchen hier nicht im einzelnen erörtert und widerlegt zu werden.

Das damalige Bayern war der Rest des einstigen Stammesherzogtums. Es bestand im wesentlichen aus den seit dem Landshuter Erbfolgekrieg – unter nicht unerheblichen Gebietsverlusten – (wieder-)vereinigten Herzogtümern Ober- und Niederbayern. An Gebietsumfang und Bevölkerungszahl konnte es sich nicht vergleichen mit den gleichzeitigen europäischen Nationalstaaten, z.B. Spanien, Frankreich, Dänemark; es war auch kleiner als die habsburgischen Erblande im Südosten des Reiches, kleiner auch als die Territorien der drei größten weltlichen Kurfürstentümer: Böhmen, Brandenburg, Sachsen. Dagegen konnte es sich gut messen mit dem vierten weltlichen Kurfürstentum, der

---

1 Zur Problematik vgl. insbesondere: Handbuch der bayerischen Geschichte, hrsg. von M. Spindler, Bd. 2, München 1969, vor allem die Abschnitte B IV: *H. Lutz*, Das konfessionelle Zeitalter, Erster Teil, und B V.: *D. Albrecht*, Das konfessionelle Zeitalter, Zweiter Teil.

2 *Fr. Hartung*, Der deutsche Territorialstaat des XVI. und XVII. Jahrhunderts nach den fürstlichen Testamenten, in: Deutsche Geschichtsblätter, Monatsschrift zur Förderung der landesgeschichtlichen Forschung, 13 (1912); anders *W. Kaegi*, Über den Kleinstaat in der älteren Geschichte Europas, in: *ders.*, Historische Meditationen, Zweite Folge, Zürich 1946, S. 43-80.

Kurpfalz (mit ihren Annexen), die im Besitz der anderen Linie des Hauses Wittelsbach war. Unter den Reichsfürsten war Bayern – sieht man von Habsburg ab – der größte weltliche Reichsstand; der bayerische Herzog nahm in der Fürstenkurie auf der Bank der weltlichen Reichsfürsten den ersten Platz ein (um aber die Präzedenzrivalität Habsburgs auszugleichen, durfte Habsburg dafür die geistliche Bank – obwohl weltlicher Reichsstand – anführen). Im bayerischen Reichskreis hatte der Herzog von Bayern die Führung inne.

Die wittelsbachische Dynastie, in deren Besitz die Herzogswürde vererbt wurde, war durch Alter und Würde ausgezeichnet. Die Dynastie hatte zwei deutsche Könige bzw. Kaiser hervorgebracht; sie war mit dem englischen Königshaus versippt; die pfälzische Linie des Hauses gehörte dem Kurkollegium an. Das geistliche Kurfürstentum Köln und eine Reihe anderer west- und nordwestdeutscher geistlicher Stifte waren oder wurden damals im Gefolge der Gegenreformation Sekundogenituren der bayerischen Linie des Hauses Wittelsbach. Der Wille nach weiterem Gebietserwerb und Machtgewinn, bis hin zur gelegentlich auftauchenden Fata Morgana einer Wiedergewinnung der Kaiserwürde, war lebendig. 1623 stieg Maximilian von Bayern (1573 geboren, seit 1598 regierender Herzog, gestorben 1651) in den Rang eines Kurfürsten auf, und seine Nachfolger konnten sich bis zum Ende des alten Reiches darin behaupten. Mehrfach intendierte weiterreichende dynastische Ziele (unter Max Emanuel und Karl VII. Albrecht) erwiesen sich dagegen als nicht durchsetzbar. Die bayerische Königswürde von Napoleons Gnaden und die Schaffung Neubayerns aus säkularisiertem Kirchen- und mediatisiertem Adelsbesitz liegen nicht mehr innerhalb des Horizontes der Staatsräson des 16. und 17. Jahrhunderts.

Selbst dieser geraffte Überblick läßt erkennen, daß Bayern tatsächlich nur eine schmale territoriale Machtbasis hatte, deren Beschränktheit noch drückender wurde durch seine nicht gerade günstige geographische (bzw. geopolitische) und insbesondere wirtschaftsgeographische Lage und durch den (vom Bergsalz abgesehen) fast völligen Mangel an Bodenschätzen. Umringt von wirtschaftlich zunächst sehr mächtigen (wenn auch aus verschiedenen Gründen immer schwächer werdenden) Reichsstädten, vor allem Augsburg, Ulm, Nürnberg und Regensburg, war das Herzogtum nicht nur ohne ein eigenes nennenswertes Wirtschaftszentrum, sondern sah sich wirtschaftspolitisch in die Rolle versetzt, agrarisches Hinterland der benachbarten Reichsstädte zu sein[3].

Indes hat es am bayerischen Herzogshof weder an Einsicht in die Schwächen der eigenen Position gefehlt noch an – z.T. sehr konsequent verfolgten – Bemühungen, diese Schwächen zu überwinden oder zu kompensieren. So-

---

[3] Vgl. *M. Spindler*, Handbuch, Bd. 2, vor allem C V: *A. Sandberger*, Die Landwirtschaft, und C VI-VII: *E. Schremmer*, Gewerbe und Handel; dazu auch *H. Dollinger*, Studien zur Finanzreform Maximilians I. von Bayern in den Jahren 1598-1618. Ein Beitrag zur Geschichte des Frühabsolutismus, Göttingen 1968.

wohl in der nüchternen Bestandsaufnahme des vorhandenen materiellen und ideellen Machtpotentials als auch in der gerade in dem von uns betrachteten Zeitraum nie ruhenden Bereitschaft und Entschlossenheit, die nötigen und möglichen Schritte zur Verbesserung der eigenen Lage, zur Stärkung der eigenen Macht zu unternehmen, haben wir Elemente der klassischen Staatsräsonlehre vorliegen. Die Beziehungen des bayerischen Herzogshauses zur Staatsräson werden überdies untermauert durch den nachweisbaren Einfluß der zeitgenössischen Staatsräsonliteratur auf die Prinzenerziehung und darüber hinaus ganz allgemein auf das Denken der bayerischen Herzöge und ihrer Berater. Unter dieser zweifachen Voraussetzung ist es wohl berechtigt, ungeachtet der eingangs erwähnten Bedenken auf jeden Fall nach der Staatsräson Bayerns im späten 16. und frühen 17. Jahrhundert, auf welchen engeren Zeitraum wir uns im folgenden beschränken werden, zu fragen.

Die gedankliche Verbindung von Staatsräson und Staatsfinanzen, wie sie im Thema gegeben ist, hat zudem einen doppelten Sinn und Nutzen. Sie dient uns einerseits als Katalysator für die theoretische Analyse des Begriffs „Staatsräson" im 16. Jahrhundert. Sie hilft uns andererseits zu der empirischen Erkenntnis, auf welche reale Basis Herzog Maximilian seine Machtpolitik, seine politische Räson gründete, im Unterschied zu seinem Vater, Herzog Wilhelm V. dem Frommen (geboren 1548, 1579-1598 regierender Herzog, gestorben 1626), der gewissermaßen hazardierend und ohne Rücksicht auf eine vorgängige reale Basierung seiner Politik, gegenreformatorische Kirchenpolitik und dynastische Machtexpansion in großem Stil betrieb oder zu betreiben suchte. Aber wenn etwas, dann konnte das mobile Geld, das durch eine kluge, konsequente und moderne Finanz- und Wirtschaftspolitik in gewissem Umfang zu beschaffen war, die strukturellen machtpolitischen Schwächen Bayerns kompensieren und zum mindesten teilweise überwinden. Sowohl die Theorie und Praxis der Staatsräson, wie wir sie damals in Bayern antreffen, als auch die daraus resultierende Reform der Staatsfinanzen lassen den bayerischen Herzog bzw. Kurfürsten Maximilian in der Avantgarde damals moderner, fortschrittlicher Politik erscheinen.

Zum Problem des Staatsräsondenkens und seiner Differenzierung im 16. und 17. Jahrhundert

Der Begriff der Staatsräson: Machiavelli, Lipsius und Botero

Lassen Sie mich das Problem eröffnen mit einer Äußerung des Justus Lipsius aus dem Jahre 1589 über den Begriff oder – erlauben Sie die Variation – die Sache „Staatsräson", die er mit dem Wort *prudentia civilis* (= politische Klugheit, Staatsklugheit) bezeichnet:

„Aperitur mihi campus propriae [sc. prudentiae], sed vere campus, in quo certam viam aut limitem quis comprehendet? Diffusa nimis res est, confusa, obscura …

Itaque (verum fateamur) ego et alii hic caligamus; nec est quisquam qui ad plenum praecepta non dicam tradiderit, sed tentarit"[4].

[„Es öffnet sich mir das weite Feld der eigentlichen politischen Klugheit, doch wahrhaftig ein weites Feld; denn wer fände auf ihm sicheren Weg oder Begrenzung? Allzu weitläufig, verworren, dunkel ist dieser Gegenstand ... Daher tappen – wir wollen, was wahr ist, zugeben – ich und die anderen hier im Dunkeln; und es gibt keinen, der erschöpfend Ratschläge ich will gar nicht erst sagen weitergeben, sondern überhaupt wagen könnte".]

So offen stellt sich Justus Lipsius dem Problem, d.h. der Tatsache der immer anders sich darbietenden und vom Politiker immer anders zu beantwortenden Situation. Zum Teil mag diese Aporie-Erklärung auch Flucht nach vorne und *reservatio mentalis* gewesen sein, um die christlichen Fürsten (und ihre theologischen Ratgeber) auf seine Lehre behutsam vorzubereiten, die einen, wie ich es genannt habe, wohltemperierten Machiavellismus darstellte und in Extremfällen extreme Mittel zuzugestehen bereit war[5]. Aber es ging Lipsius nicht nur um kluge und behutsame didaktische Behandlung seiner Leser, nicht nur darum, sie nicht zu schockieren, sondern auch und in erster Linie um prinzipielle wissenschaftliche Vorsicht, Skepsis und Redlichkeit, um Zurückhaltung mit Urteil und Norm gegenüber empirischen Tatsachen des politischen Lebens und mithin und nicht zuletzt um politischen Realismus und realpolitische Praktikabilität und Verantwortbarkeit seiner Lehre. Und eben aus dieser prinzipiellen Haltung resultierte dann zum erheblichen Teil auch die Methode des Lipsius: Was er sagen will, umschreibt und belegt eine locker gereihte Kette von Zitaten aus antiken wohlausgewählten Autoritäten, insbesondere Historikern. Lipsius war einer der letzten großen Renaissance-Humanisten.

Das Bemühen um Offenheit gegenüber dem Problem der je wechselnden historischen politischen Situation scheint es vor allem auch gewesen zu sein, die ihn die Bezeichnung *prudentia civilis* der Bezeichnung *ratio status* hat vorziehen lassen, was nicht ausschließt, daß er durch die Vermeidung des ominös und odios gewordenen Wortes der von ihm verfochtenen Sache bei seinen Lesern auch umso leichter Eingang und Zustimmung verschaffen konnte und wollte. *Prudentia civilis* bezeichnet an sich eine (angeborene oder durch Theorie oder/und Praxis erworbene) Fähigkeit des in der jeweiligen politischen Situation handelnden Herrschers. Es dürfte nicht zuviel vermutet sein, daß Lipsius die *ratio status* vom Inhalt her zu wenig von dieser sehr weit defi-

---

[4] *J. Lipsius*, Politicorum sive civilis doctrinae libri sex, qui ad principatum maxime spectant, [Erstausgabe 1589], hier benutzt die Ausgabe Antwerpen 1604, lib. 4, cap. 1, S. 76 und 77.

[5] Vgl. *H. Dollinger*, Kurfürst Maximilian I. von Bayern und Justus Lipsius. Eine Studie zur Staatstheorie eines frühabsolutistischen Fürsten, in: Archiv für Kulturgeschichte, 6 (1964), S. 300, dazu auch *G. Oestreich*, Lipsius als Theoretiker des neuzeitlichen Machtstaates, in: Historische Zeitschrift, 181 (1956), S. 31-78; *E.-L. Etter*, Tacitus in der Geistesgeschichte des 16. und 17. Jahrhunderts, Basel 1966; *H. Lutz*, Ragione di Stato und christliche Staatsethik im 16. Jahrhundert, 2. Aufl., Münster 1977.

nierten Fähigkeit und Kunst, richtig auf stets wechselnde Situationen zu antworten, aussagte und zu nahe an dem angesiedelt war, was er *praecepta* nannte, daß ihm der Begriff zu gesetzmäßig, zu regelhaft, rechenhaft und versachlicht erschien. Er, der Humanist, bevorzugte jedenfalls eine psychologische und moralische, eine im engeren Sinne menschlich-subjektive Kategorie. Eine menschliche Begabung, eine Tugend, eine subjektive diffizile Fähigkeit und Kunst stand gegen eine (objektivere) Gesetzmäßigkeit, eine abstrakte Regel, eine Rechnung, eine Sache. Je mehr er ein politisches Dogma, eine politische Orthodoxie überhaupt ablehnt, desto mehr vertraut er – muß er, der Humanist und Moralist, dem Menschen, dem handelnden Subjekt, dem jeweiligen Herrscher (an-)vertrauen. Daß Lipsius mit der Wortwahl *prudentia civilis* seine (Staatsräson-)Lehre in den den damaligen Zeitgenossen sehr wohl bewußten Rahmen der vier klassischen Kardinaltugenden einzuordnen erlaubte, war ihm sicher nicht unwillkommen, wenn es nicht vielmehr beabsichtigt war (die Gliederung seines politischen Hauptwerkes zeigt deutlich die Spuren jenes alten Tugendkanons). Auch Machiavelli hat in seinem „Principe" aus Gründen, denen hier nicht im einzelnen nachgegangen werden kann, die Bezeichnung „ragion(e) di Stato" nicht gebraucht, obwohl dieses Werk fast ausschließlich von der Sache handelt, die seither mit dem – ominös verstandenen – Wort „Staatsräson" (*ragion di Stato, ratio status* usw.) bezeichnet wird[6].

Nehmen wir das alles zusammen, so stehen wir vor der Frage, die wir in diesem Zusammenhang nur hypothetisch stellen und beantworten können, ob der Ausdruck *ragion di Stato* nicht ursprünglich in einem anderen und ganz harmlosen bilanztechnischen, fiskalischen und statistischen Sinne – ich denke vor allem an den römischen Hof und seine Finanzverwaltung, seinen Fiskalismus – gebraucht wurde und erst von da aus dann als Euphemismus, als euphemistische, ironisch-zynische Metapher und Kurzformel zur Bezeichnung der machiavellistischen *politique à tout prix* verwendet wurde. Verhält es sich so, dann wäre zu einem guten Teil erklärt, warum Machiavelli nicht selbst für die von ihm vertretene Sache diesen Ausdruck, diese Chiffre einführen konnte. Das *tertium comparationis* zwischen der fiskalischen Verwendung und der politischen im Sinne der Lehre Machiavellis wären dann die bewußte Einseitigkeit und Ausschließlichkeit des Kalküls, das nur auf Gewinn, Interesse und Nutzen (sei es hier an Macht, dort an Geld, sei es an beidem) gerichtet ist, ohne jede andere Rücksicht. Die politische Realität des spätmittelalterlich-frühneuzeitlichen päpstlichen Hofes eignete sich vortrefflich als Drehscheibe einer solchen Verschiebung des Sprachgebrauches, zur Erfindung einer solchen Metapher.

---

6 *H. Lutz*, Reformation und Gegenreformation (Oldenbourg-Grundriß der Geschichte, 10), München / Wien 1979, S. 163; dazu auch *F. Meinecke*, Die Idee der Staatsräson in der neueren Geschichte, München / Berlin 1924; *R. De Mattei*, Dal Premachiavellismo all'Antimachiavellismo europeo del Cinquecento, Roma 1956; *E.-L. Etter*, Tacitus in der Geistesgeschichte; Staatsräson. Studien zur Geschichte eines politischen Begriffs, hrsg. von R. Schnur, Berlin 1975.

Ein für den deutschen Sprachraum sehr früher, vielleicht sogar der erste schriftliche Beleg der Übernahme der vermutlich in italienischer Sprache zuerst und original formulierten *ragion di Stato* findet sich in einem Brief Herzog Maximilians von Bayern an seinen Vater aus der Mitte des Jahres 1598[7]. Der politische Zusammenhang war, daß Bayern bei seinem Bemühen, den Passauer Bischofsstuhl mit einem bayerischen Prinzen besetzen zu können, in Rom gegen das Haus Habsburg unterlegen war. Der Brief ist in vielschichtiger Erregung geschrieben, dafür aber umso aufschlußreicher:

> „... Wie vnfürseehenß, derf nit sagen, *vnbillich* eß sey, auß einer rechtssach ein gnadensachen machen vnd dieselbe gnadensach auf disen füreilenden weg zu expediern vnd so gar khein güetliche handlung pflegen wellen, das sechen vnd erfahren wir; wie nit weniger, waß vnß die *römischen practikhen* mit so großen vncosten vnd vnserm schaden nuzen ... Ich siche haltt, das sowol bej geistlichen alß weltlichen nur auf die *ragion di Stato* gesechen wirdt vnd das der *respectiert* wirdt, *der vil land oder vil gelt hatt*, vnd dieweil wir deren khainß, so wer[d]en wir sowol bej den Welschen alß andern nimmermehr khein *authoritet* haben, *biß wir doch in geltsachen vnß beßer schwingen, vnd wirdt gewiss daran alleß gelegen sein,* wie mich dann gedunkht, eß soll diß werkh vnß vrsach geben, auf dise geltsachen eußerist acht zu geben, vnd da wir da wol steen, so werden wir den geltgeizigen Welschen wenig, sonder sie vnß nachlauffen ... Den ganzen handl hatt vnß der schen cardinal Aldobrandin zuegericht ...“ (Hervorhebungen vom Verfasser).

Kurz zusammengefaßt sagt Maximilian: Am Sitz des Stellvertreters Christi auf Erden, am römischen Hof, herrsche nicht Recht und Billigkeit, sondern Geldgier; wie überall interessiere am politischen Partner nur seine Bilanz, sein Konto, sein Vermögen, seine *ragion di Stato.* Ist diese positiv, hat er Macht und Einfluß, Autorität und Respekt und gewinnt noch mehr Macht usw. hinzu. – Dieser frühe Fremdwortbeleg ist für uns deshalb bei unseren begriffsanalytischen Überlegungen so wichtig, weil er zum einen den fiskalischen Charakter und Ursprung der Chiffre *ragion di Stato* erkennen läßt, zum anderen aber diese Chiffre hier bereits in das Ambiente einer rücksichtslosen, auch ungerechten und unbilligen, eben sogenannten machiavellistischen Utilitätspolitik („römische Praktiken“) eingebettet erscheint. Diese Briefstelle kann darum als eine Art *missing link* der Begriffsgeschichte von *ragion di Stato* dienen und helfen, die von uns vermutete und als Hypothese behauptete Genese zu bestätigen. Daß dieses Zitat aus dem Brief eines bayerischen Herzogs stammt, ist für unser Thema auch noch in anderer Hinsicht von Bedeutung. Die „römischen Praktiken“, die machiavellistische Politik (und Staatsräson) verabscheut der junge Herzog, und dies anscheinend nicht nur, weil er und sein Haus damals als Opfer davon betroffen wurden; dagegen ist er durchaus bereit, die *ragion di Stato* in ihrer ökonomisch-fiskalischen engeren Bedeutung – soweit es der Brief erkennen läßt, zumindest *nolens volens* – mitzumachen. Er ist entschlossen, sie unter den gegebenen Verhältnissen zur Richtschnur seiner

---

[7] In: Die Politik Baierns 1591-1607, bearb. von F. Stieve in: Briefe und Akten zur Geschichte des 30jährigen Krieges, 4, 1878, S. 479 f.

künftigen Politik zu nehmen, um Macht, Autorität und Respekt für das Haus Bayern zu erwerben. Er demonstriert seinem Vater an der Negativerfahrung in der Passauer Angelegenheit mit nicht zu überhörender, wennschon latenter Kritik an dessen Politik, daß Bayern bisher die *ragion di Stato*, „diese Geldsachen" – denn Land in nennenswertem Umfang habe das Haus Bayern nicht – in der politischen Rechnung zu sehr vernachlässigt habe. Es ist durchaus möglich, daß Maximilian die *ragion di Stato* in dem hier gebrauchten engeren und positiveren Sinn aus der Staatslehre des Giovanni Botero übernommen hat, was der *missing link*-Funktion dieser Briefstelle keinen Abbruch tut. Boteros *ragion di Stato* bedeutet ja nur die Erneuerung oder Restauration einer älteren Verwendung des Begriffs, wennschon wie bei aller Restauration der Zustand C eine Synthese aus A und B darstellt, hier bei Botero die neue allgemeinpolitische Weite des Begriffs aus der (machiavellistischen) Zwischenphase herübergenommen erscheint.

Herr Kollege De Maddalena hat schon in seinem Eröffnungsvortrag darauf hingewiesen, daß die italienische *ragione* im Sinne von „Rechnung" gebraucht werden und unmittelbar auf den finanziellen Bereich auch in der Politik deuten kann. Hier fügt sich als weiteres Argument an, daß der zeitweise in Rom tätig gewesene Giovanni Botero den Begriff *ragione di Stato* zum unverfänglichen, ja wie mir scheint: provokativ unverfänglichen Titel seines 1589 zuerst in Venedig erschienenen Werkes „Della ragione di Stato libri dieci" machte und darin einer sehr gemäßigten Machtpolitik (er ist ein erhebliches Stück weiter von Machiavelli entfernt als Lipsius in seinem ebenfalls 1589 erstmals erschienenen politischen Hauptwerk) das Wort redete, unter ausdrücklichem Einschluß wirtschaftspolitischer und ökonomischer Fragen. Diese Konstellation scheint mir die Hypothese von der Herkunft unserer Chiffre eher zu bestätigen als zu widerlegen. Botero brauchte offenbar nicht fürchten, mit seiner *ragion di Stato* mißverstanden zu werden und in ein moralisch schiefes Licht zu geraten. Ja es scheint, als habe er durch die Verwendung des (seit langem odios gewordenen) Ausdrucks *ragion di Stato* in dessen ursprünglichem oder jedenfalls in einem dem Ursprung wieder angenäherten, emotionslosen und unverfänglichen (unverfänglicheren) Wortsinn seinerseits zur Versachlichung der politischen Diskussion und zu ihrer Hinlenkung auf eine modernere Staatlichkeit beitragen wollen. Es scheint aber auch, als habe er den italienischen Ausdruck nicht nur gerne werbewirksam für sein Buch und sein Anliegen verwenden wollen, sondern – tiefgründiger – ihn auch für nützlich und unentbehrlich bei der begrifflichen Erfassung, Ausdifferenzierung und Integration der (z.T. neuen) Aufgaben und Möglichkeiten der damaligen Politik gehalten, als einen das ganze, immer weiter sich auffächernde politische Kalkül umfassenden, aber in seinem Kern fiskalischen, rechenhaften, quantifizierenden Begriff. Es ist bezeichnend, daß eine frühe französische Übersetzung den Begriff als „raison d'etat" in Richtung auf den engeren (und älteren) Wortsinn faßte und den Boteroschen Buchtitel auseinanderfaltend und interpretierend übersetzte „Raison et gouvernement d'estat" (Paris 1599). In einer deutschen Übersetzung von Boteros Schrift (Straßburg 1596) wurde der Begriff *ragion di Stato* inhaltlich im Titel bis zur Unkenntlichkeit entstellt: „Gründlicher Bericht von Anordnung guter Policeyen und Regimente". Hatte der deutsche Übersetzer einen solchen Horror vor dem Begriff und Wort „Staatsräson", daß er sie nicht einmal in der Boteroschen Version zu gebrauchen wagte? Doch weil „Policey" (im damaligen Sinn verstanden) auch Innen- und Wirtschaftspolitik (und alles, was darauf Bezug hatte) umfaßte, blieb ein gewisser Bezug zur Ökonomie und zu den Finanzen auch hier noch wenigstens in Spuren als Ausfluß aus dem Boteroschen Begriff der *ragion di Stato* erkennbar.

Der Einbeziehung oder Nichteinbeziehung des ökonomischen und wirtschaftspolitischen Aspekts in den Begriff der Staatsräson kommt eine ganz wesentliche (wennschon nicht ausschließliche) Bedeutung zu bei der Abgrenzung der extremen machiavellistisch verstandenen Staatsräson einerseits, einer gemäßigten andererseits. Das ist auch ganz natürlich so. Denn wenn machiavellistische Staatsräson definiert ist als Inbegriff des *sacro egoismo* des Herrschers, so gerät der Herrscher mit der Ausweitung seiner Herrschaftsinteressen auf die Wirtschaft des Landes und deren (im herrscherlichen Interesse unternommenen) Förderung folgerichtig, ob er will oder nicht, – hier auf wirtschaftspolitischem Gebiet mehr als auf manchen anderen Gebieten – in ein unentrinnbares dialektisches Verhältnis seiner Interessen zu den Interessen seiner Untertanen (bzw. Stände, Städte usw.). D.h. es kommt zu einem dialektischen Umschlag: Sein eigenes (fiskalisches ökonomisches) Interesse, je mehr es sich steigert, zwingt den Herrscher umso mehr, das Gemeinwohl zu fördern, sein Nutzen wird abhängig vom Wohlstand, von der Förderung, mindestens vom Gewährenlassen des Wohlstands der Bevölkerung. Diese Regel gilt zumindest bei einer mittel- oder langfristig angelegten Politik.

Kehren wir von hier noch einmal zu Lipsius zurück! Ganz im Gegensatz zu Botero formulierte er in einem der grundlegenden Kapitel seiner „Politik" (2. Buch, 1. Kap.): „Societas in duabus rebus, commercio et imperio. Illud alterius argumenti est, hoc mei" („Die Gesellschaft ruht auf zwei Säulen, Wirtschaft und Herrschaft. Jene ist das Thema eines anderen, diese meines"). Warum Lipsius die Wirtschaftspolitik ausklammerte, ist nicht ganz eindeutig zu klären[8]. Hinderte ihn die aristotelische Einteilung: Politik - Ökonomik - Ethik? Oder lag es vielleicht einfach daran, daß er als Philologe von Wirtschaftsfragen nichts verstand, daß er auch in seinen antiken Quellen, auf die er sich stets stützt, darüber wenig und noch weniger für seine Zeit Anwendbares fand? Jedenfalls begab er sich mit dem Verzicht auf die Öffnung der Staatsräson in Richtung auf die (moderne) Wirtschaftspolitik zugleich der realen Chance, den Begriff der Staatsräson in dem von moderner Sachlichkeit geprägten, moderierten und geläuterten Sinn zu verwenden. Vielleicht liegt hier auch einer der Gründe, warum er die Bezeichnung Staatsräson, in der er also nicht wie Botero einen fiskalisch-ökonomischen Sinn mitschwingen lassen konnte, überhaupt

[8] *J. Lipsius*, Politik, lib. 2, cap. 1, S. 36. Zur Problematik vgl. *H. Dollinger*, Maximilian und Lipsius, S. 255; dazu auch *E.-L. Etter*, Tacitus in der Geistesgeschichte; *W.F. Church*, Richelieu and Reason of State, Princeton 1972.

mied und statt dessen lieber einen Terminus aus einem ihm vertrauten Felde, der Fürstenspiegelliteratur bzw. der alten politischen Ethik wählte: die *prudentia civilis*. Auch auf diesem Wege konnte er zu einem gemäßigten Staatsräsondenken, zu einem wohltemperierten Machiavellismus, einer Kompromißformel vorstoßen und so – wenn auch nur für eine relativ kurze Zeit – die Politik und den politischen Stil des späten 16. und des 17. Jahrhunderts mitprägen.

Machiavelli und Lipsius hatten für ihre Werke ganz unverfängliche Titel gewählt. Lipsius betitelte sein hier vor allem einschlägiges politisches Hauptwerk in Analogie wohl zu Aristoteles „Politica", ein kleineres und späteres „Monita et exempla politica" („Politische Ratschläge und Beispiele"). Machiavelli nannte sein epochemachendes Werkchen von 1513 (es wurde erst 1532 in Rom erstmals gedruckt) „Il principe" („Der Fürst") und reihte es damit – gattungstypisch gesehen – in dieselbe Literaturgattung ein, in der des Erasmus von Rotterdam inhaltlich so gegensätzlich zu Machiavelli stehende „Institutio principis christiani" (Löwen 1516) beheimatet war. Alle hier genannten Werke (auch Botero) gehören nach Anlage und (unterstelltem) Adressaten in die Fürstenspiegelliteratur. Erst von diesem gemeinsamen Nenner her läßt sich die extrem realistische, veristische, vom Moralischen her völlig illusions- und schonungslose Konzeption Machiavellis, seine bewußt auch provozierende und desillusionierende Gegenposition zur übrigen (nicht selten schönrednerischen, verschleiernden, nichtssagenden oder unehrlichen) Fürstenspiegelliteratur voll ermessen und bestimmen. Es war bewußt neuer Wein in alten Schläuchen!

Fassen wir zusammen, was die Staatsräsondiskussion des 16. Jahrhunderts, auf einen Nenner gebracht, war: Staatsräson war die Lehre von der Kunst des Regierens, genauer: eine Anleitung, wie man Herrschaft gewinnt, erhält und vergrößert. Sowohl Machiavelli als auch Lipsius wandten sich ausschließlich an Herrschende oder solche, die es werden wollten. Sie betrachten die Politik nur unter dem Blickwinkel des Interesses und des Nutzens der Herrschenden. Die Interessen der Untertanen, der Stände, der Bürger, das Gemeinwohl erscheinen nicht als selbständige Themen, sondern nur untergeordnet als eine Sache, auf die der Machthaber aus verschiedenen Gründen Rücksicht zu nehmen, die er in sein Kalkül einzubeziehen hat, um seine Macht nicht zu gefährden usw. Die Regierten werden mehr als Objekt der Politik, auch als (potentielle) Gefahr für den Herrscher und seine Macht, denn als politische Partner oder als Gegenstand fürstlicher Fürsorge und Pflichterfüllung (um ihrer selbst willen) gesehen. Machiavelli und in abgemilderter Form auch noch Lipsius gehen von einem fundamentalen Gegensatz von Regierenden und Regierten aus (nicht so Botero). Es war diese bewußt gewählte Einseitigkeit des Aspekts, welche so schockierend auf die Mit- und Nachwelt – in der Mehrzahl waren es die passiv davon Betroffenen – gewirkt hat. Freilich konnte nur so Machiavelli – wie man üblicherweise sagt – die Politik in ihrem eigenen Wesen frei und autonom setzen; ich würde statt der abstrakten Formel lieber sagen: er habe die *homines politici*, die Machthaber als Machthaber frei und autonom gegen Religion und Moral, der sie als Menschen sonst unterworfen waren, gemacht. Seine Lehre war den Renaissance-Menschen, die ihre *virtù* (ihre Kraft, ihr Genie, ihre Macht usw.) politisch zur Geltung bringen wollten, auf den Leib geschrieben.

Machiavellis Lehre war nicht rundweg eine neue Erfindung. Neu war daran allerdings, daß er die politische Praxis in ihren schonungslosen Extremen, wie sie sich allenthalben in der Geschichte und in der damaligen Gegenwart dem kritischen Betrachter zeigte, beschrieb und zu einem (aus sich selbst gerechtfertigten) System und Prinzip erhob. Wäre sie etwas völlig Neues gewesen, sie wäre vielleicht viel weniger schockierend gewesen und möglicherweise sogar unbeachtet geblieben; so aber mußten sich die Herrscher in ihren Arcana beobachtet und entlarvt und auf eine geradezu zynisch-tragische Weise bestätigt fühlen.

Machiavellis Denkansatz war – nach heutiger Terminologie – rechtspositivistisch. Die herrscherliche bzw. staatliche Gewalt ging dem Recht und der Ordnung und den übrigen Inhalten des Gemeinwohls (in jeder Hinsicht, wie wir gesehen haben) voraus. Der Herrscher legitimiert sich letztlich aus sich selbst durch seine (reale) Macht und Gewalt. Insofern ist die machiavellistische Staatsräson gleichzusetzen mit Machtpolitik. Notwendigkeit und Nützlichkeit sind die Maximen und zugleich die Legitimationsmechanismen des politischen Handelns.

Der fürstliche Absolutismus des späten 16. und des 17. Jahrhunderts ist zum Teil aus dieser rechtspositivistischen (machiavellistischen) Wurzel entsprossen[9], obwohl auch andere, z.T. gegensätzlich geartete Ahnen in seiner Genealogie zu finden sind. Der fürstliche Absolutismus war ein Syndrom aus sehr heterogenen Elementen.

Alle diese Elemente sind auch als Bestandteile der im Laufe des 16. und 17. Jahrhunderts sich wandelnden Lehre von der Staatsräson nachweisbar; sie haben ihrerseits zum Wandel des Begriffes Staatsräson beigetragen. Die Entwicklung bzw. Veränderung des Herrschertyps und die Entwicklung bzw. Veränderung des Begriffes Staatsräson verliefen analog und parallel zwischen den beiden Grenzmarken Renaissance-Fürstentum einerseits, fürstlichem Absolutismus andererseits. Das ist nicht weiter verwunderlich; denn letztlich handelt es sich um dieselbe Sache. Im jeweiligen Begriff von Staatsräson spiegelt sich das Selbstverständnis der verschiedenen Typen fürstlicher Herrschaft in den neueren Jahrhunderten. Die verschiedenen Ausformungen der Staatsräson suchen die Handlungsspielräume, die Ziele und Methoden des jeweili-

---

9 Vgl. *R. Schnur*, Die französischen Juristen im konfessionellen Bürgerkrieg des 16. Jahrhunderts. Ein Beitrag zur Entstehungsgeschichte des modernen Staates, Berlin 1962; *F. Dickmann*, Rechtsgedanke und Machtpolitik bei Richelieu. Studien an neu entdeckten Quellen, in: Historische Zeitschrift, 196 (1963), S. 265-319; *W.F. Church*, Richelieu; *A.M. Battista*, Morale „privée“ et utilitarisme politique en France au XVIIe siècle, in: Staatsräson, S. 87-120.

gen Herrschaftstypus auf den Begriff zu bringen. Mit der Verselbständigung der Staatsidee gegenüber dem Fürsten, ihrer zunehmenden Abstraktion, Verrechtlichung, Versachlichung (und Komplizierung) wurde nicht nur der fürstliche Absolutismus – mit unterschiedlichem Tempo in den einzelnen Staaten Europas – überwunden, sondern auch die Staatsräson als Gebrauchsanweisung für diesen Herrschaftstypus, als Agende dieses Kultes (um im Bild zu sprechen) hinfällig und gegenstandslos. Obwohl es natürlich immer und auch heute noch, solange Staaten existieren, in gewisser Weise eine Staats-Räson gibt, war doch der Begriff durch die Diskussion des 16. und 17. Jahrhunderts inhaltlich offenbar so sehr auf einen bestimmten Typus bzw. bestimmte Typen fürstlicher Herrschaft fixiert worden, daß er im 19. und 20. Jahrhundert gemieden und nur noch selten und mit Vorbehalt gebraucht wurde und wird. Man kann also zu Recht sagen, daß die Staatsräsonlehre (alle ihre Varianten zusammengenommen) ihre Zeit, ihre Epoche hatte. Ein weiterer Gesichtspunkt kann dies noch verdeutlichen: Die „Staatsräson" als Definition und Gebrauchsanweisung fürstlicher Herrschaft wurde (weitgehend) überflüssig, sobald eine geschriebene Verfassung eine (der Intention nach) vollständige, rechtsverbindliche und mit Sanktionen ausgestattete Definition der Zwecke, Funktionen und Institutionen des Staates lieferte. Ohne die staatstheoretischen Zusammenhänge und Hintergründe hier weiter verfolgen zu können (hinsichtlich des Gegensatzes von Fürsten- und Volkssouveränität usw.), dürfen wir feststellen: Die Staatsräsonlehre hatte ihren geschichtlichen Ort im präkonstitutionellen Raum, die Staats-Räson war als politische Gebrauchsanweisung selbst eine Art Verfassungsersatz. Die Konstitution ist indes, n u r e i n allerdings besonders augenfälliges Konkurrenzphänomen; andere Regel- und Steuermechanismen der seitherigen Innen- und Außenpolitik wirkten in dieselbe Richtung. Die Staatsräson hatte also ihre große Zeit gerade in jenen Jahrhunderten von der Renaissance bis zum Ende des Absolutismus, wo der Herrscher als Herrscher – positiv wie negativ – letztlich ganz auf sich selbst verwiesen war, seiner Entscheidung, seiner Willkür, seiner Macht (bzw. Ohnmacht) anheimgegeben. In dieser Situation trat ihm die Staatsräsonlehre mit ihren Ratschlägen helfend zur Seite, gleichviel ob das im Sinne eines Machiavelli oder Lipsius oder Botero u.a. geschah. Diese Hilfe war in jenen Jahrhunderten umso gefragter und notwendiger, je mehr die alten Kontrollmächte fürstlicher Herrschaft, die Religion bzw. die Kirche und die mittelalterlichen Stände, aus verschiedenen Gründen (jedenfalls nicht nur durch Betreiben der Fürsten selbst) zurücktraten und versagten. Aus dem geistigen und politischen (bzw. gesellschaftlichen) Niedergang und Zusammenbruch der mittelalterlichen Welt erhob sich der frühneuzeitliche Fürstenstaat in seinen verschiedenen Etappen, die bis hin zum aufgeklärten Absolutismus reichen. Die Richtschnur des Fürsten für sein Handeln, wenn er modern und auf der Höhe der Zeit sein wollte, war die Staatsräsonlehre. Sie war ein Leitfaden für die Gewinnung und Behauptung politischer Macht in einem revolutionären Zeitalter. Die Neuerer, die Revolutionäre waren vor allem die Fürsten selbst. Sie bildeten die Avantgarde der politischen Entwicklung. Bei Machiavelli kommt der revolutionäre

Charakter am deutlichsten zum Vorschein, bei den Späteren (z.B. Lipsius) bleibt zwar die Grundintention dieselbe, aber das eruptiv-revolutionäre Element wandelt sich in ein langfristig-evolutionäres.

Machiavelli hat der Emanzipation des politischen Denkens aus den alten Ordnungen sicher einen mächtigen, vielleicht epochemachenden Impuls gegeben. Aber das ist nur die eine Seite. Auf der anderen Seite wird man ihm zugute halten müssen, daß er in einer Zeit schrieb, in der diese emanzipatorischen Tendenzen ohnedies, wenn auch auf eine chaotische Weise, wirksam waren, in der – wie schon gesagt – die alten religiösen, moralischen und politischen (gesellschaftlichen) Ordnungen auch von innen heraus versagten. So kommt ihm das unbestreitbare Verdienst zu, das Chaos aufgefangen, die politische Emanzipation in ein System gebracht und dieses System abgegrenzt zu haben gegen das andere System der Individualethik. Er hat der Politik auf diese Weise zu einem umfassenden, totalen (an antiken Staatsverhältnissen orientierten) Selbstverständnis verholfen, er hat den Herrscher als Herrscher sich selbst bewußt werden lassen (in allen seinen Möglichkeiten und Gefahren) und damit, auf lange Sicht gesehen, in einem freilich revolutionär-destruktiven Akt doch den Grund gelegt für den künftigen Aufbau des Prinzips der absoluten Fürstensouveränität und für den Aufbau der modernen Staatsidee selbst.

Machiavelli hat allen seinen (echten oder vorgeblichen) Gegnern den Gefallen getan, eine so extreme, alle christlich-patriarchalischen Traditionen negierende Position einzunehmen, daß es ein leichtes war, sich darüber zu entsetzen und sich „positiv" dagegen abzuheben, daß es auch ein leichtes war, sich dabei literarisch hervorzutun, sei es auch nur, um literarische politische Stilübungen zu absolvieren. So ist das alle Jahrhunderte hindurch seither geschehen. Sehr viel gewichtiger hebt sich davon die Beobachtung ab, daß Machiavellis Lehre immer dann theoretisch und praktisch wieder aktuell wurde, wenn (alte) politische Institutionen und Denkgewohnheiten versagten und zusammenstürzten und politisch sozusagen nichts übrigblieb als die Menschen, die in diesem Chaos aus welchen Gründen immer gezwungen oder willens waren, politische Macht zu gewinnen und zu stabilisieren. Machiavellis „Principe" ist so – im Gegensatz zur ganzen übrigen in Vergessenheit versunkenen Staatsräsonliteratur – ein politisches Handbuch für revolutionäre Zeiten geblieben.

Machiavellis Lehre ist überhaupt nur im Kontext einer extrem labilen und dynamischen Welt- und Geschichtsauffassung verständlich. Seine Ratschläge gehen von der Voraussetzung aus, der Politiker habe jeden Augenblick um seine Macht und seine Existenz zu kämpfen. Fortuna regierte die Stunde. Diese Ausgangslage hatte sich in der monarchischen Staatenwelt Europas an der Wende zum 17. Jahrhundert in mancher Hinsicht beruhigt. Die Erbmonarchen des Früh- und Hochabsolutismus konnten nicht nur, sondern mußten auch längerfristig planen, in der Regel waren sie politisch nicht jeden Tag in ihrer Macht und Existenz in Frage gestellt. Aber gerade darum mußten sie hinwiederum auch Rücksichten nehmen, die der Fürst Machiavellis, einem anderen politischen Zeittakt unterworfen, nicht zu nehmen brauchte.

Die absolutistische Staatsräson und Maximilian I. von Bayern

Über der zum Topos und zum literarischen Spiel entarteten Polemik gegen Machiavelli, die bis zum „Antimachiavell“ Friedrichs des Großen (1739 anonym in Den Haag erschienen) reicht, dürfen wir nicht übersehen, daß sich im Laufe des 16. und 17. Jahrhunderts sowohl und zwar vorrangig und zuerst in der politischen Praxis des Fürstenstaates als auch in der diese praktischen Ansätze aufgreifenden, reflektierenden und systematisierenden Theorie Entwicklungen anbahnten und durchsetzten, welche die Aufgaben und Möglichkeiten, die Bedeutung, Legitimation und Würde der Staaten, die Fürsten und ihre Politik in einem neuen Lichte zu sehen Anlaß gaben. Die alte Machiavellismus-Diskussion wurde – ohne daß sie von sich aus zu einem Ergebnis und Abschluß gekommen wäre – von den veränderten Verhältnissen einfach überholt und in den Hintergrund gedrängt. Der Begriff der Staatsräson wurde im Zuge dieser Veränderung der Verhältnisse sowohl ausgeweitet als auch seiner machiavellistischen Schärfe beraubt. Dies konnte in verschiedenen Richtungen und auf verschiedenen Wegen erfolgen. Botero bezeichnet eine solche Richtung, Lipsius eine andere. Aber auch diese Phase, die sich mit dem Zeitalter des fürstlichen Absolutismus deckte, wurde durch die Entwicklung der abstrakten Staatsidee, neuer Instrumente, neuer Trägerschaft für dieselbe schließlich überholt.

Der handgreifliche Gegensatz zwischen einem Renaissance-Fürsten (oder -Usurpator) und einem früh- oder hochabsolutistischen Dynasten des späten 16. und des 17. Jahrhunderts macht deutlich, worum es im Wandel der Staatsräson ging. Dem legitimen, d.h. durch Erbrecht und Gottesgnadentum legitimierten Fürsten war *eo ipso* in der Regel soviel Autorität und Macht zu eigen, daß er sich nicht wie ein Usurpator jeden Tag neu durch erfolgreiches Handeln behaupten und legitimieren mußte. Er hatte viel mehr Zeit; seine Politik konnte darum langsamer, sicherer, risikoärmer geplant und durchgeführt werden. Eben deshalb aber konnte die für diese zum Absolutismus aufsteigenden Fürsten bestimmte Staatsräson auf die Radikalität der machiavellistischen Konzeption weithin verzichten und die alten moralischen und religiösen Elemente der traditionellen christlich-patriarchalischen Fürstenspiegel in breitem Strome in sich aufnehmen. Das war aufs Ganze gesehen mehr Gewinn als Verlust, nicht zuletzt weil es dem *status quo*, den Traditionen und Strukturen des durch Erbrecht und Gottesgnadentum legitimierten Fürstentums besser entsprach. Diesem historisch und metaphysisch abgesicherten Fürstentum fielen zudem so viele neue Aufgaben und mithin Möglichkeiten zur legalen Steigerung seiner Macht, zum Ausbau seiner Souveränität zu, daß es auch von da her der machiavellistischen Praktiken, ohne Einbußen an Macht oder Machtgewinn befürchten zu müssen, entraten konnte. Das heißt nicht, daß die Fürsten *de facto* gänzlich auf solche Mittel verzichtet hätten. Weder Wilhelm V. noch Maximilian I. von Bayern haben der gelegentlichen Versuchung ganz widerstanden.

Einige besonders hervorstechende neue Möglichkeiten und Aufgaben, die wir auch im Programm der Staatsräson wiederfinden, seien im folgenden kurz skizziert. In diesem Zusammenhang ist vor allem die kirchliche Reformation zu nennen. Das gilt nicht nur für die der neuen Lehre anhängenden Landesherrn, sondern auch für die im Zuge der Gegenreformation tätig werdenden katholischen Fürsten, wie die Herzöge von Bayern. Das weltliche Fürstentum und seine Politik gewannen in gewisser Weise eine Dimension hinzu. Das „Dei gratia" ihres Titels bekam einen neuen Klang. Sowohl die evangelischen Landesherrn, die nun auch die *summi episcopi* ihrer Territorien waren, als auch die katholischen Fürsten waren bzw. fühlten sich unmittelbar verantwortlich für das reine Evangelium oder den wahren Glauben (sei es der alte oder der neue) und zugleich in einem gegenüber früher gewaltig gesteigerten Ausmaß für das Seelenheil ihrer Untertanen.

In dieselbe Richtung eines Ausbaues der Aufgaben und Rechte der Landesherrn führten die Verbesserung und Intensivierung der staatlichen Rechtspflege, die Policey (im alten Wortsinn verstanden), die Wirtschaftspolitik, die Bildungspolitik, die Pflege von Kunst und Wissenschaft usw. Auch das Engagement in der Türkenabwehr darf wegen der finanzpolitischen Konsequenzen und Implikationen hier gerade im Fall Bayerns erwähnt werden.

Aus welchen z.T. komplexen Motiven heraus auch immer solche Aufgaben jeweils aufgegriffen wurden, sie gestatteten dem Fürsten, an seine Untertanen und Stände seinerseits mit (in der Regel finanziellen) Forderungen heranzutreten. Beides, sowohl die Erweiterung der schließlich auf alle Bereiche des gesellschaftlichen Lebens ausgreifenden Staatsaufgaben als auch die dafür von den Untertanen und Ständen, von Land und Leuten geforderten Gegenleistungen dienten der Steigerung der fürstlichen Souveränität und Plenipotenz (zu deutsch: Vollmacht), ohne daß dabei immer „machiavellistische" Schatten auf diese gewissermaßen durch Angebot und Nachfrage von selbst expandierende, einem schier unvermeidlichen und unaufhörlichen Wachstum folgende Politik hätten fallen müssen. Die Kategorie der politischen (und historischen) Notwendigkeit (was immer darunter im einzelnen sich verbergen mochte) ließ die moralische Verantwortung des Fürsten für das Neue entlastet erscheinen, gerade dann, wenn seine Politik positiv im „Trend" der Zeit lag.

Die Strukturen und Probleme des im 16. Jahrhundert sich kräftig entwikkelnden institutionellen Flächenstaates waren andere als die gerade noch dem Mittelalter verhafteten Zustände der politischen Welt Machiavellis. Den Zeitgenossen war diese glückliche Alternative zum Machiavellismus sehr wohl bewußt. In dem ersten, größten und repräsentativsten politischen Testament Kurfürst Maximilians I. von Bayern aus dem Jahre 1638 ließ er den Verfasser, den Jesuiten Vervaux, formulieren:

> „Ditescendi locuples et *innocentissima ratio* est consulere subjectorum commodis, alere commercia, fovere industriam. Agrum opimum puta civium opulentiam, quae non modo ipsis, sed tibi quoque erit fructuosa. Stare nequeunt opes principis, quas destituit subditorum inopia"[10].

[10] Monita paterna Maximiliani, utriusque Bavariae ducis, s.R.i. electoris et archidapiferi, ad Ferdinandum, utriusque Bavariae ducem, filium adhuc trimulum (1639),

[„Eine üppige und moralisch völlig unverfängliche Methode reich zu werden ist es, für den Wohlstand der Untertanen Sorge zu tragen, den Handel zu fördern, den Gewerbefleiß anzufeuern. Achte den Reichtum der Bürger für einen fetten Acker, der nicht nur ihnen, sondern auch dir Frucht bringen wird. Der Reichtum des Fürsten kann keinen Bestand haben, wenn die Armut des Landes zu ihm in Gegensatz steht“.]

Die Formulierung „innocentissima ratio“ („moralisch unverfängliche Methode“) trat bewußt in Gegensatz zur a-moralischen Räson Machiavellis. Aus solcher Motivation entsprang der Merkantilismus, zu dem sich Maximilian hier eindeutig bekennt. Nicht Lipsius, aber Erasmus von Rotterdam und Giovanni Botero hatten in der Tendenz ähnliche Maximen formuliert. – In der Praxis freilich erwiesen sich die wirtschaftspolitischen Reformen Maximilians in der Regel nicht so großzügig. Sie waren engherziger und kurzatmiger; der fiskalische Gewinn wurde zu ungeduldig erwartet, ganz zu schweigen davon, daß er den benachbarten Reichsstädten einen ebenso kleinlichen wie erbitterten Wirtschaftskrieg lieferte.

Zum Wandel der Beurteilung der Politik im späten 16. Jahrhundert durch von ihr erbrachte positive Leistungen für das Gemeinwohl, für die *res publica*, sei ein Phänomen erwähnt, das der Entwicklung des 17. und 18. Jahrhunderts vorausgriff. In den französischen Konfessionskämpfen bildete sich eine um die Beilegung des Bürgerkriegs, um pragmatische Toleranz bemühte Partei heraus, zu der unter anderen auch Jean Bodin gehörte, die sich im Unterschied zu den Konfessionsparteien der Katholiken und Hugenotten die „Politiker“ nannten. Der Staat und die Politik erscheinen hier über den Konfessionen stehend und als für das Gemeinwohl verantwortliche, Ordnung, Frieden und Toleranz stiftende Mächte. Im Grunde liegt eine positivistische Konzeption vor, die den Ansatz Machiavellis mit der Idee des *bonum commune* verbindet und so den positivistischen Ansatz weiter entwickelt zur abstrakten aber positiv wertigen und unverzichtbaren Staatsidee (mit ihren Funktionen und Funktionären).

Ebenfalls in die Richtung auf eine positive Bewertung der Politik wirkte der durch die humanistische Bildung, insbesondere den Stoizismus und das antike Vorbild Marc Aurels, angeregte und propagierte andere fürstliche Lebens- und Arbeitsstil. Denken Sie z.B. an Philipp II. von Spanien oder die Oranier. Auch Herzog Maximilian von Bayern ist hier zu nennen. Er hatte auf der Landesuniversität Ingolstadt nach dem Willen seines Vaters studiert, er las selbst Bücher oder ließ sie sich vorlesen usw. Vor allem aber folgte er dem neuen Leitbild des arbeitsamen, selbst die Regierungsgeschäfte leitenden, Akten lesenden, aus der Kammer, aus dem Kabinett regierenden Fürsten. Ein solcher Lebens- und Arbeitsstil war sehr wohl geeignet, direkt und indirekt die Macht eines Fürsten zu steigern. Einmal verschaffte er ihm bei seinen Zeitgenossen Ansehen und Respekt; doch was wichtiger war: er hatte die Zügel der Macht

hier zitiert nach: *Fr. Schmidt*, Geschichte der Erziehung der Bayerischen Wittelsbacher von den frühesten Zeiten bis 1750 (Monumenta Germaniae Paedagogica, 14), 1892.

unmittelbar selbst in Händen. Der gelehrte, arbeitsame, in der Zurückgezogenheit seines Arbeitszimmers regierende Fürst verfügte über alle Informationen – aus den Büchern, aus den Akten, aus den Berichten der ihm vortragenden Räte – und, was nicht weniger bedeutsam war, er hielt zugleich Distanz zur Umwelt, er wurde selbst zu einem *arcanum imperii*. Unnahbarkeit und Geheimhaltung steigerten die Macht. War der Fürst Persönlichkeit genug, gewann er sogar die Unabhängigkeit von seinen engsten Ratgebern. Bei Maximilian war das der Fall, er regierte autokratisch. Ohne sich machiavellistischer Mittel bedienen zu müssen (wenn man nicht Mißtrauen und Kontrolle schon dazurechnet, wie Lipsius das tat) konnte der Fürst so durch seinen Lebens- und Arbeitsstil seine Macht steigern und unmittelbar in seinen Händen konzentrieren, seine Souveränität auch insofern zu einer absoluten machen, als er sie de facto ausübte und genoß. Aber obwohl die Autokratie ohne Zweifel (subjektiv und objektiv) einen enormen Souveränitätsgewinn bedeutete, kam es auch in diesem Zusammenhang zu einem merkwürdigen dialektischen Umschlag und Ausgleich: Unversehens wurde der selbst die Regierungsgeschäfte täglich dirigierende und kontrollierende Fürst zum ersten Diener seines Amtes, seines Staates. Doch in jedem Falle war es eine angemessenere, wirksamere und sublimere Art fürstlicher Selbstverwirklichung als z.B. die bloß repräsentativen und kostspieligen Selbstdarstellungen und Vergnügungen vieler Renaissance-Fürsten, zu denen in Bayern – ungeachtet seiner vor allem in den späteren Jahren extremen Religiosität – auch noch der Vater Maximilians, Herzog Wilhelm V. der Fromme, zählte. Diese frühneuzeitliche Autokratie stieß indes sehr bald an zwei prinzipielle Grenzen. Zuerst nahm die Menge der Regierungsgeschäfte so sehr zu, daß sie ein menschliches Individuum mit seiner Arbeitskraft auch bei bestem Willen nicht mehr zu bewältigen vermochte. Später pochte das sich allmählich emanzipierende und zum politischen Selbstbewußtsein aufsteigende Volk immer unausweichlicher auf seine Mitwirkungs- und Kontrollrechte, auf seine politische Souveränität. Doch diese zuletztgenannten Forderungen kommen erst im Zeitalter der Aufklärung zur Geltung.

Als Königin Margarete von Spanien 1611 Herzog Maximilian bat, ihr „in secreto und für sie allein" sein finanzielles Erfolgsrezept mitzuteilen – denn er hatte inzwischen Erfolg gehabt, und dieser Erfolg hatte sich herumgesprochen –, ließ dieser zunächst eine ausweichende Antwort formulieren, offenbar weil er sein Geheimnis nicht preisgeben wollte, fügte aber dann doch eigenhändig u.a. hinzu:

> „Mich hat mörkhlich geholffen ein steiffes propositum, alle vnnotwendikheiten abzustellen, item dass ich selbs zu meinen sachen gesehen, die rechnungen selbs gelesen, vnd was ich für mengl dabei gefunden, geandet, bericht genommen, der sachen remediert, auch den mittlen, das einkhommen debito modo zu uerbössern, selbst nahgedacht; vnd ist in hac materia das sprichwort ganz wahr: oculus domini saginat equum. Ess wird das maiste an i.mt. resolution selbs gelegen sein, dass sie gedenkhen, dass die rehte reputation vnd grandezza nit in dem spendiern, sonder in dem wolspendiern vnd gespärikheit stett; dann vil khlaine machen ein gross vnd von vilen hunderten entspringen vil tausent vnd auss den tausenten werden

die milliones vnd ein fürst, so nit bei dieser itzigen bösen welt reich ist, der het khein authoritet noch reputation, vnd wo dise zwey nit sein, da muss das publicum bruchen leyden"[11]

Autokratie und Sparsamkeit werden in diesem Brief zusammen genannt als die eigentlichen *arcana* seiner finanzpolitischen Erfolge. Sie werden in unmittelbaren Zusammenhang gebracht mit Souveränität (hier Autorität und Reputation genannt) und dem durch Autokratie und Sparsamkeit des Fürsten zu gewährleistenden und gewährleisteten Staats- und Gemeinwohl. Es geht ein asketischer Grundzug durch den Regierungsstil dieses frühabsolutistischen Fürsten. Das lag z.T. sicher begründet im persönlichen Charakter dieses Mannes, aber es war auch, wie immer es durch seinen Charakter, seinen Ehrgeiz, sein Verhältnis zu seinem Vater usw. motiviert gewesen sein mag, zeittypische politische Räson. Die Sparsamkeit wurde zu einem objektivierten und verallgemeinerten finanzpolitischen Prinzip seiner Regierung, seines Staates; und ohne Zweifel waren seine finanzpolitischen Erfolge sehr wesentlich durch diese Sparsamkeit, durch diesen asketischen Geist, den er seinem Staat einzuprägen sich bemühte, begründet. Seiner fürstlichen „grandezza" geschah dadurch kein Abbruch; denn was hier erspart wurde, war ja nicht verloren und entging ihm nicht, mochte es auch – zu einem Teil wenigstens – unmittelbar den Untertanen und Ständen zugutekommen. Es entging ihm nicht; denn der Staat war er. Gerade weil sein Vater noch ganz dynastisch-egoistisch dachte und sich nicht mit seinem Land identifizierte, für das er sich allenfalls mittelbar gegenüber seiner Dynastie und vor Gott verantwortlich fühlte, mußte dieser, wie so viele seinesgleichen, sich versucht sehen, seine letztlich leere Souveränität durch großartigen Lebensstil und aufwendige Repräsentation aufzuputzen – ein gefährlicher *circulus vitiosus*! Weil Maximilian im Gegensatz dazu das *publicum*, das Gemeinwohl, den Staat in sein fürstliches Selbstverständnis integrierte, konnte er sich leisten, sparsam zu sein. Er hatte den *circulus vitiosus* aufgebrochen; seine Sparsamkeit und Askese waren – obwohl es in gewisser Hinsicht paradox erscheint – (auch persönlicher) Macht- und Souveränitätsgewinn. Wenngleich auch hier Berechnung und Kalkül nicht fehlten, war diese Position doch von der Machiavellis sehr weit entfernt. Die Staatsräson war eine andere geworden, die den Bedürfnissen und Zielvorstellungen des frühabsolutistischen Fürstenstaates entsprach. Es sei wenigstens am Rande erwähnt, daß auch bei dieser fürstlichen Sparsamkeit und Selbstbeschränkung der andere Zeittakt der Politik, ein längerfristiges Kalkül, eine andere Relation von jeweiliger Gegenwart und Zukunft von Bedeutung waren.

Maximilian hat selbst zeitgenössische politische Literatur gelesen. Zu seiner Lektüre zählten u.a. des Giovanni Botero „Della ragione di Stato libri dieci" von 1589 und des Justus Lipsius „Politicorum sive civilis doctrinae libri sex" (ebenfalls 1589 zum ersten Mal erschienen und dann in vielen Auflagen neugedruckt). Beider Lektüre scheint für ihn Minuccio Minucci, ein Sekretär am

[11] Herzog Maximilian von Bayern an P.R. Haller, 15. Januar 1611, abgedruckt in: Briefe und Akten zur Geschichte des 30jährigen Krieges, 9 (1903), Nr. 20, S. 51 f.

päpstlichen Hof und Geschäftsträger des bayerischen Herzogs ebendort, empfohlen zu haben, wobei Minucci den jungen Prinzen Maximilian nicht nur „ad Bavariae certum regimen", sondern auch „ad maioris imperii spem", d.h. wohl für die Kaiserwürde – diesen alten wittelsbachischen Wunschtraum – erzogen wissen wollte[12]. Die Vermittlung der zeitgenössischen Staatsräsonliteratur durch Rom verdient in mehrfacher Hinsicht Beachtung und zeigt die enge kulturelle Verbindung des katholisch-gegenreformatorischen Bayern am Nordrand der Alpen mit der romanischen Welt. – Aus späterer Zeit sind die „Politicorum libri decem" des Jesuiten Adam Contzen von 1620 zu nennen. Contzen wurde wegen seines Buches dann Hofbeichtvater des Kurfürsten. Contzen war seinerseits stark von Lipsius abhängig[13]. Die Beziehungen des bayerischen Hofes zu Lipsius waren mannigfaltige. Die verschiedenen politischen Testamente Maximilians sind, wie ich nachweisen konnte[14], in außerordentlichem Maße teils direkt, teils indirekt und mit gewissen Modifikationen von Justus Lipsius und seiner Lehre von der Staatsräson abhängig und geprägt.

An der Wende vom 16. zum 17. Jahrhundert eroberte sich also die zeitgenössische politische Theorie – und zwar vermittelt durch Buchlektüre – einen festen Platz in der politischen Praxis am bayerischen Hof. Sie diente zur Rationalisierung und Systematisierung, zur Stabilisierung und Legitimation seiner Politik, gerade auch im fiskalischen und ökonomischen Bereich, deren Ansätze schon das ganze 16. Jahrhundert durchzogen.

Lassen Sie mich das Kernstück der lipsianischen Staatstheorie, die für Maximilian so große Bedeutung gewonnen hat, im folgenden kurz skizzieren: Obwohl Lipsius nur Machiavelli von allen Staatstheoretikern der neueren Zeit als einen Mann schätzt, der etwas zu sagen habe, korrigiert und mäßigt er Machiavellis Lehre, indem er neben die *prudentia* (das ist die der Opportunität und Utilität verpflichtete Räson) ergänzend die *virtus*, die Tugend setzt: „Illam ex plurium mente sed et hanc ex mea … Sine virtute, calliditas ea sit et malitia, et quidlibet potius quam prudentia"[15] [„Jene nach Meinung der Mehrzahl, aber auch diese nach meiner eigenen … Ohne Tugend wäre die Klugheit Verschlagenheit und Bosheit und alles andere eher als Klugheit"]. Trotz dieser zentralen Kompromißformel hielt sich Lipsius für die Beurteilung und Behandlung unvorhersehbarer historischer Situationen frei und schuf sich mit der Lehre von der sogenannten *prudentia mixta* für Notfälle einen Schleichweg an der Moral vorbei:

---

[12] Zitiert nach *P.Ph. Wolf*, Geschichte Maximilian I. und seiner Zeit, Bd. I, 1807, S. 78 f.

[13] Quellenbelege siehe *H. Dollinger*, Maximilian und Lipsius, S. 284, Anm. 111. Zu Contzen vgl. u.a.: *E.-A. Seils*, Die Staatslehre des Jesuiten Adam Contzen, Beichtvater Kurfürst Maximilian I. von Bayern, Lübeck / Hamburg 1968; *R. Bireley*, Maximilian von Bayern, Adam Contzen S.J. und die Gegenreformation in Deutschland 1624-1635, Göttingen 1975.

[14] Vgl. *H. Dollinger*, Maximilian und Lipsius, passim.

[15] *J. Lipsius*, Politik, lib. 1, cap. 1, S. 21.

„... principem in rebus valde afflictis et adversis ... abire leviter ab humanis legibus, sed non nisi sui servandi causa, augendi numquam ... hoc ipsum timide“[16].

[„Der Fürst kann in sehr bedrängten und widrigen Umständen geringfügig von den menschlichen Gesetzen abweichen, aber nur seiner Rettung wegen, nicht um Machtgewinns willen ... und auch das nur mit Skrupeln“.]

Dabei blieb sich Lipsius des Menschlich-Allzumenschlichen seines Kalküls sehr wohl bewußt: „Deus, deus nonne palam reclamat? qui igneo illo spiritu omnes istas humanas argutiolas difflat“[17] [„Legt nicht Gott, Gott! öffentlich sein Veto ein? Er, der mit seinem Feuergeist all diese lächerlichen menschlichen Spitzfindigkeiten zerstiebt“].

Lipsius hatte mit seiner Betonung der Tugend in mehr als einer Hinsicht recht. Mittel- und langfristig hatte die Staatsräson auch aus der Tugend, d.h. der Gerechtigkeitsliebe, Geduld, Mäßigung, der Rücksicht auf die Untertanen usw., Nutzen und Vorteil. Gerade eine Erbmonarchie konnte durch diesen Tugendkatalog Gewinn ziehen; denn die Mittel der Gewalt und List wirken ja immer nur spontan und kurzfristig und bergen viele Risiken und Gefahren (das Risiko der Rache usw.) in sich. So gesehen war die Synthese von (machiavellistischer) Staatsräson und stoischer Tugendlehre eine Umstellung von kurzfristiger politischer Planung und Handlung auf langfristige (intentional: immerwährende) Herrschaftsstabilisierung. Diese Synthese war also nicht einfach ein fauler, opportunistischer Kompromiß, eine scheinheilige Kapitulation vor zeitgenössischen konservativen christlichen Ideologien, sondern eine auf tieferer Einsicht in die Struktur der menschlichen Gesellschaft und Herrschaft beruhende Verbesserung und Erweiterung der Staatsräson als Regierungskunst. Sowohl historische Erkenntnisse – Lipsius war ein hervorragender Kenner des Tacitus – als auch gewisse Elemente der naturrechtlichen Gesellschafts- und Staatslehre kamen hierbei zur Geltung. Hier blieb Lipsius stehen. Er vollzog schon nicht mehr – wohl mit vollem Bedacht – die Ausdehnung der Staatsräson auf das ökonomische Feld, durch welche der absolutistischen Staatsräson der Weg in die merkantilistische Wirtschaftspolitik eröffnet wurde.

Doch ohne Rücksicht auf solche Details war der klassischen Lehre von der Regierungskunst, dem Typus des Fürstenspiegels, der auf die persönliche Herrschaft zugeschnittenen und beschränkten Staatslehre, in der *ex definitione* das persönliche Verhalten des Fürsten, die Ausbildung der Persönlichkeit des Amtsträgers im Mittelpunkt stand, keine weitere Fortentwicklung mehr vergönnt, weder auf der Schiene des christlich-patriarchalischen Denkens noch auf dem Geleise der machiavellistisch-lipsianischen pragmatischen Gegenposition, die ihren Platz hatte im Spannungsfeld zwischen politischer *ratio* (Rationalität) und persönlicher Moral, von Individualethik und politischem Kalkül. Die personale Herrschaft, die *virtù* des einen (oder auch mehrerer) Regierenden als Inbegriff der Politik verlor im Laufe des 17. und 18. Jahrhunderts ihre Bedeutung, ihr

---

16 Ebd., lib. 4, cap. 16, S. 142.

17 Ebd.

universales Monopol. Auch die Tugend der Autokratie konnte sich nur sehr abgeschwächt und in erheblich modifizierter Form in den kommenden Jahrhunderten und, je größer der Staat war, umso weniger als Positivum behaupten. Die Abstraktion der Staatsidee auf der einen Seite, die Versachlichung, Vermehrung und Komplizierung der Staatsaufgaben im Inneren und die ebenfalls komplexer werdenden außenpolitischen Beziehungen, die ferner immer raffinierter werdende Kriegskunst andererseits lenkten die politische Praxis und Theorie (man beachte die Reihenfolge!) auf ganz andere Probleme und Lösungen. Staatsrechts- und Völkerrechtslehre, Verfassungs- und Organisationslehre, Kameralistik und Nationalökonomie, Geschichtswissenschaft und moderne Kriegskunst machten sich auf dem – größer gewordenen – Feld breit, auf dem einst die Fürstenspiegel ihr moralisches (oder amoralisches) Äckerlein bestellt und ihre Erfahrungen und Exempla feilgeboten hatten. Althusius, Grotius, Hobbes, Locke und später Montesquieu, Rousseau, Adam Smith und Kant, um nur einige zu nennen, übernahmen die theoretische Diskussion. Die Politik erfand als Abwehrmechanismus gegen politische Monopolansprüche und als Schutz für die schwächeren politischen Körper im Bereich der Außenpolitik das sogenannte Gleichgewichtssystem, das ganz mechanistisch konzipiert war und von der Diplomatie auch dementsprechend technisch und rational (man denke an die Unbedenklichkeit der Bündniswechsel) gehandhabt wurde. Ganz analog wurde im innenpolitischen Bereich das Prinzip der Gewaltenteilung als mechanistisches Kontrollsystem gegen Machtmonopole erfunden (Montesquieu). Diese Mechanismen waren wirksamer und zeitgemäßer als die bloßen, auf politisch einfachere Verhältnisse gemünzten moralischen bzw. amoralischen Anweisungen der Politik in der Fürstenspiegelliteratur. Dennoch waren die alten Erfahrungen nicht ganz umsonst. Es waren nicht zuletzt die Negativerfahrungen mit beiden, der christlich-patriarchalischen und der machiavellistisch-lipsianischen Staatsräson, die zu den neuen Lösungen führten. Diese sollten und wollten nicht amoralisch sein, im Gegenteil. Doch wollten sie die Moral auch nicht überfordern, ihr vielmehr mit rationalen, technischen Instrumentarien zu Hilfe kommen, die politische Moral durch politische Strukturen und Institutionen entlasten, die fortan in der Hauptsache die Funktionen der Politik erfüllen, die Politik bestimmen und bewegen sollten. Die rationalen Techniken der Politik sollten die Risiken der (überforderten) menschlichen Moral in der Politik mindern helfen.

Papstfinanz und Kirchenstaat im 16. und 17. Jahrhundert*

Von Wolfgang Reinhard

Im Gegensatz zu Ranke[1] neigt die neuere Forschung dazu, Papsttum und Kirchenstaat in der Neuzeit als *quantité négligeable* zu behandeln; offenbar ist man der Meinung, das Papsttum sei mit der Reformation schlagartig aus der Weltgeschichte ausgeschieden. Delumeau hat von einer „Verschwörung des Schweigens" unter den Historikern gesprochen[2]. Doch spätestens seit dem jüngsten Buch unseres Gastgebers Paolo Prodi wissen wir, daß nicht nur die Kirche, sondern auch der Kirchenstaat eine nicht unbedeutende Rolle im gesamteuropäischen Prozeß der Entstehung des modernen Staates gespielt hat. Nicht zuletzt dank der doppelten Souveränität seines Monarchen im weltlichen wie im geistlichen Bereich konnten hier Problemlösungen und Institutionen entwickelt werden, die sich auch im Vergleich mit westeuropäischen Großstaaten und deutschen Territorien nicht unvorteilhaft ausnehmen und bisweilen durchaus als Vorbild gedient haben dürften, etwa was die Integration des geistlichen Bereichs in das entstehende politische System angeht. Erst im Lauf des 17. Jahrhunderts verwandelt sich der Vorzug der doppelten Souveränität in ein Hindernis der weiteren Entwicklung; der Klerikerstaat kann auf dem Weg zu weiterer politischer „Säkularisierung" nicht mehr mitgehen. Nun erst beginnt jene notorische Rückständigkeit, für die der Kirchenstaat des 18. und 19. Jahrhunderts bekannt ist[3].

Meines Erachtens werden diese Befunde Prodis von der Finanzgeschichte ebenfalls bestätigt. Auch hier haben wir ein unter Ausnutzung der besonderen Möglichkeiten des Papsttums geschaffenes System vor uns, das einen Entwicklungsvorsprung vor anderen „Staaten" aufweist und ihnen nachweislich in

---

* Abkürzungen: AS = Archivio di Stato; AV = Archivio Segreto Vaticano; BV = Biblioteca Apostolica Vaticana. Der folgende Text wurde für die deutsche Fassung des italienischen Originalbeitrags durch Hinweise auf neuere Literatur überarbeitet.

1 *L. von Ranke*, Die römischen Päpste in den letzten vier Jahrhunderten, Berlin 1834.

2 *J. Delumeau*, Rome au XVIe siècle, Paris 1975, S. 7.

3 *P. Prodi*, Il sovrano pontefice. Un corpo e due anime: la monarchia papale nella prima età moderna (Annali dell'Istituto storico italo-germanico in Trento, Monografia 3), Bologna 1982.

Abbildung 1: *Organisation der Papstfinanz um 1600*

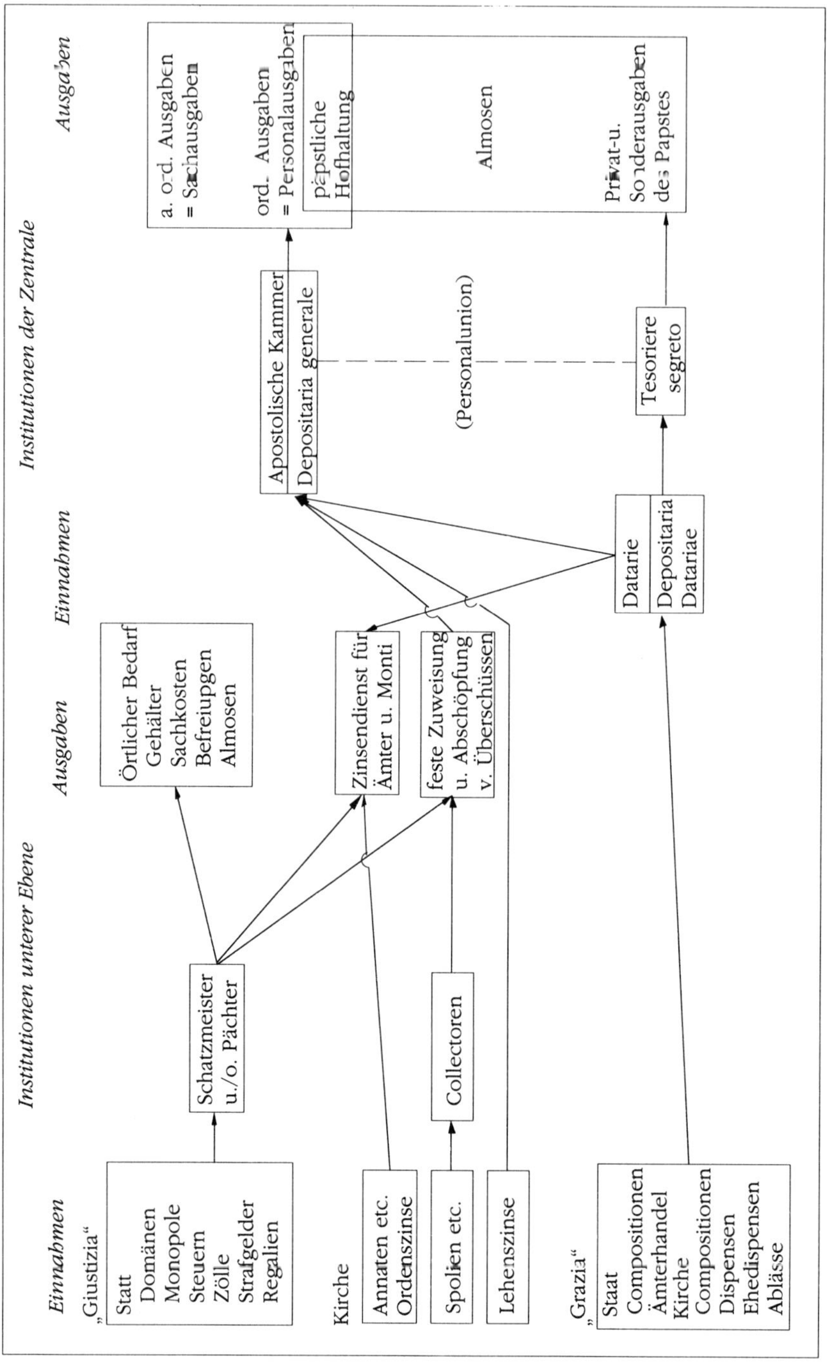

mancher Hinsicht als Vorbild gedient hat[4] – allerdings nicht in seiner im frühneuzeitlichen Rahmen äußerst bemerkenswerten Solidität! Erst im Zuge des 17. Jahrhunderts gelangt es an die Grenzen seiner Möglichkeiten, jedoch ohne seine Glaubwürdigkeit völlig zu verlieren – die Päpste haben es nie zu einem ausdrücklichen Staatsbankrott kommen lassen (es sei denn, man begreift ihre Konversionsaktionen als solchen). Dieses System der Papstfinanz soll zunächst systematisch in seinem Zustand um das Jahr 1600, dann in seiner Entwicklung skizziert werden. Anschließend wird das zentrale Problem des Kreditwesens etwas eingehender untersucht. Zum Schluß soll dann seine Interdependenz mit Wirtschaft, Gesellschaft und Politik des Kirchenstaates beleuchtet und so ein Beitrag zur Erhellung des Zusammenhangs von Finanzwesen und Staatsräson versucht werden.

1. Papstfinanz

Kennzeichnend für die Papstfinanz der Neuzeit ist zunächst einmal die Duplizität ihrer Einnahmen. Zwei Schlüssel führt der Doppelsouverän im Wappen und „erschließt" damit Einnahmen aus der Kirche und aus dem Staat[5]. Im Hinblick auf die Finanzorganisation erscheint es jedoch angebracht, dieser Unterscheidung eine weitere vorzuordnen, diejenige nach „Giustizia"/Zwangsverwaltung und „Grazia"/freiwilliger Verwaltung. Die Einnahmentitel aus dem Bereich der Zwangsverwaltung des Kirchenstaates unterscheiden sich nicht von dem, was anderswo üblich ist[6]. Allerdings werden sie alle kraft päpstlicher Vollmacht ohne jede Zustimmung der Untertanen erhoben. Unter den Domäneneinnahme fällt natürlich am meisten der Ertrag der Alaunminen von Tolfa ins Auge[7], andere Titel wie die Fischerei in den Lagunen von Comacchio nehmen sich daneben bescheiden aus[8]. Faktisch gehören wohl auch die Weiderechte in Lazio zu dieser Gruppe, obwohl sie als „Dogana" bzw. „Zoll"

4 Etwa beim Ausbau des Ämterhandels in Frankreich und anderswo, vgl. *W. Reinhard*, Staatsmacht als Kreditproblem. Zur Struktur und Funktion des frühneuzeitlichen Ämterhandels, in: Vierteljahrschrift für Sozial- und Wirtschaftsgeschichte 61 (1974), S. 289-319.

5 *J. Grisar*, Päpstliche Finanzen, Nepotismus und Kirchenrecht unter Urban VIII., in: Miscellanea Historiae Pontificiae, VII, Roma 1943, 14, S. 205-366, hier S. 238 f., vgl. dazu neuerdings *W. Reinhard*, Finanza pontificia, sistema beneficiale e finanza statale nell'età confessionale, in: *H. Kellenbenz / P. Prodi*, Fisco, religione, Stato nell'età confessionale (Annali dell'Istituto storico italo-germanico in Trento, Quaderno 26), Bologna 1989, S. 459-504.

6 So auch *E. Stumpo*, Il capitale finanziario a Roma fra cinque e seicento. Contributo alla storia della fiscalità pontificia in età moderna (1570-1660), Roma 1985, S. 83.

7 *W. Reinhard*, Papstfinanz und Nepotismus unter Paul V. (1605-1621). Studien und Quellen zu quantitativen Aspekten des päpstlichen Herrschaftssystems, 2 Bde., Stuttgart 1974, Bd. 2, S. 298.

8 Ebd., S. 268.

bezeichnet werden und auch als Regalien aufgefaßt werden könnten[9]. Das „klassische" Staatsmonopol ist hier wie anderswo die Salzversorgung, die allerdings geradezu den Charakter einer Steuer annimmt[10]. Direkte und indirekte Steuern sind ansonsten eine relativ späte „Errungenschaft", die erst mit der Herstellung der päpstlichen Kontrolle über die Barone und Kommunen in größerem Umfang möglich wird. Das 16. und 17. Jahrhundert sind die große Zeit des Ausbaus des päpstlichen Steuerwesens[11]. Um jedoch beurteilen zu können, ob der Kirchenstaat vorher eine „Steueroase" gewesen ist, müßte man die Anforderungen der lokalen Machthaber genauer kennen, als dies heute der Fall ist. Der Ertrag aus Geldstrafen ist nicht unbeträchtlich[12]. Dazu kommen schließlich die Regalien, an der Spitze das Postregal[13].

Im Laufe des 16. Jahrhunderts geht das Papsttum endgültig dazu über, diese Einnahmen nahezu ausnahmslos nicht mehr durch „Beamte" eintreiben zu lassen, sondern sie an Finanziers zu verpachten, um 1600 meistens für je neun Jahre. Dabei werden entweder die „Tesorerie" der Städte und Provinzen Ferrara, Bologna, Romagna, Marca, Camerino, Ascoli, Spoleto, Umbria, Patrimonio, Campagna mit allen oder nahezu allen Einnahmen en bloc oder aber einzelne Einnahmen einer Provinz oder des gesamten Staates als Gegenstand des Pachtvertrages genommen, zum Beispiel die Fleischsteuer der Provinz Campagna[14] oder die päpstliche Post[15]. Sinn der Maßnahme ist nicht die Antizipation des Gesamtbetrages, sondern die regelmäßige Entrichtung von Teilsummen, wie sie durch die Struktur der Ausgaben erforderlich wird. Die meisten dieser Pächter führen nämlich nur noch geringe Summen oder gar nichts mehr an die päpstliche Zentralkasse ab, der Löwenanteil wird vom Verwaltungsaufwand und dergleichen an Ort und Stelle sowie festen Leistungen für den Zinsendienst der Staatsschuld aufgezehrt. So führte der Tesoriere der Marca 1592 von 62.000 Scudi Einnahmen nur 5.000 an die Apostolische Kammer in Rom ab[16], 1619 ergab sich trotz Einnahmen von 191.483 Scudi sogar ein Defizit von 1.701 Scudi, nachdem eine feste Zahlung an die Zentralkasse von 33.000 Scudi vorgesehen war. Daneben waren 118.613 Scudi für den Zinsendienst, 9.964 Scudi für Gehälter ziviler und militärischer Funktionäre, 2.095 Scudi für Ermäßigungen zugunsten von Gemein-

---

9 Ebd., S. 299.

10 Insofern eine bestimmte Menge für den Verbrauch einer besteuerten Einheit unterstellt wird; vgl. ebd., S. 312 f.

11 Vgl. *J. Delumeau*, Vie économique et sociale de Rome dans la seconde moitié du XVIe siècle, 2 Bde., Paris 1957-59, Bd. 2, S. 824-843 und *G. Lutz*, Rom und Europa während des Pontifikats Urbans VIII., in: Rom in der Neuzeit, Wien 1976, S. 72-167, hier S. 120-124, jetzt aber vor allem *E. Stumpo*, Il capitale finanziario, S. 100-124.

12 *W. Reinhard*, Papstfinanz und Nepotismus, Bd. 2, S. 322.

13 Ebd., S. 313.

14 Ebd., S. 305.

15 Ebd., S. 313.

16 Ebd., S. 222.

den, 16.496 Scudi für verschiedenerlei Verwaltungsaufwand und 10.865 Scudi an zentrale Militärkassen zu leisten[17].

Im Bereich der Einnahmen aus der Zwangsverwaltung der Kirche sieht es auf den ersten Blick kaum besser aus. Die alten und neuen Steuern, die der Papst vom Klerus erhebt, werden unmittelbar vom Zinsendienst verbraucht. Die Annaten und andere alte Abgaben der Gesamtkirche sind den Kaufämtern zugewiesen[18] (die ja nichts anderes sind als eine Art von Staatskredit). Neue Steuern vom Klerus ausschließlich zugunsten des Papsttums sind in der Neuzeit nur noch im Kirchenstaat und einigen Teilen Italiens durchzusetzen. Häufiger muß der Ertrag mit den jeweiligen Landesherren geteilt werden, wenn er nicht vollständig in deren Kassen fließt[19]. Doch konnte eine dreifache Besteuerung von zwölf italienischen Ordensgenossenschaften geschaffen werden, ausdrücklich zu dem Zweck, die Verzinsung einer neuen Anleihe zu ermöglichen[20]. Die Collectoren der Apostolischen Kammer, die in Italien, Spanien und Portugal von dem einst über ganz Europa erstreckten Erhebungsapparat der Papstfinanz noch übrig geblieben sind, ziehen Spolien, „fructus non exacti“ und Interkalarfrüchte ein. Von deren jährlichem Durchschnittsertrag von 82.000 Scudi fließen 1619 immerhin noch 47.000 in die Zentralkasse[21], ebenso die Lehenszinse von insgesamt 26.000 Scudi in voller Höhe[22].

Der Bereich der „Grazia“ in Staat und Kirche steht per definitionem zur freien Verfügung des Souveräns; der Ertrag der Datarie, des universalen Gnadenhofes des Papstes wird so zur wichtigsten disponiblen Reserve der Zentrale. Da die Datarie sich mit der Vergabe jener Pfründen befaßt, die nicht im Konsistorium besetzt werden, und Dispensen und Ablässe erteilt, wird sie häufig ausschließlich dem kirchlichen Bereich zugeordnet. Mit dieser Begründung hat etwa der italienische Staat Schadenersatzansprüche von Inhabern von Kaufämtern des ehemaligen Kirchenstaats abgelehnt, denn der offizielle Ämterhandel war Sache der Datarie[23]. In Wirklichkeit war aber ein nicht unbeträchtlicher Teil dieser Kaufämter rein weltlich-staatlicher Natur; der unmittelbare Verkauf rein geistlich-kirchlicher Ämter war außerdem durch das Simonieverbot unmöglich gemacht. Außerdem läßt sich nachweisen, daß die anläßlich päpstlicher Gnadenakte zu leistenden Zahlungen, die sogenannten „compositiones“, nicht nur für geistliche Gnaden, sondern auch in durch und

[17] Ebd., S. 275-279.

[18] Ebd., S. 167, 185, 187-190.

[19] Vgl. *E. Stumpo*, Il capitale finanziario, S. 184-203.

[20] Ebd., S. 318 f.

[21] Ebd., S. 320, 323.

[22] Ebd., S. 317.

[23] *N. Storti*, La storia e il diritto della Dataria Apostolica dalle origini ai nostri giorni, Napoli o.J. (1969), S. 372.

durch weltlichen Fällen entrichtet wurden, etwa für Befreiung von der gesetzlichen Beschränkung der Mitgift oder für den Nachlaß von Kriminalstrafen[24].

Wie die Datarie für die Einkünfte aus der freiwilligen Verwaltung, so ist die Apostolische Kammer in der Zentrale für die Einnahmen aus der Zwangsverwaltung zuständig und zwar ebenfalls für Staat und Kirche. Maßgebend für den Zahlungsverkehr war nicht der Kardinalkämmerer der Kirche als nominelles Behördenhaupt, sondern der „tesoriere generale". Das Kollegium der Kammerkleriker war unter anderem als Rechnungsprüfungsinstanz tätig. Daneben existierte ein umfangreicher Justizapparat der Kammer. Die eigentliche Kassenführung wurde aber nach Weisungen der Kammer von einem römischen Bankier, dem sogenannten „depositario generale", betrieben. Die Inhaber dieses Auftrags pflegten mit den Päpsten zu wechseln; viele Päpste bevorzugten Landsleute in dieser Vertrauensstellung[25]. Vertrauensstellung nicht zuletzt deswegen, weil der jeweilige Generaldepositar in der Regel in Personalunion „tesoriere segreto", Schatzmeister der päpstlichen Privatschatulle, gewesen ist, an den die Kasse der Datarie („Depositaria Datariae") ihre Einnahmen abzuführen hatte. Im Jahre 1619 freilich längst nicht mehr die gesamten Einnahmen, hatte doch die notorische Ebbe in der Kammerkasse dazu geführt, daß von den durchschnittlich 300.000 Scudi Jahreseinnahme der Datarie 160.000 in monatlichen Raten an die Kammer flossen. Außerdem waren 10.000 zur Verzinsung einer Anleihe fest zugewiesen und weitere 66.825 wurden für Almosen und das Personal des päpstlichen Palastes benötigt[26], obwohl der päpstliche Haushalt an sich von der Kammer unterhalten wurde. Im Rahmen der ordentlichen Kammerausgaben von 360.488 Scudi im Jahre 1619 stellen nämlich die 90.000 Scudi für den Haushofmeister den größten Einzelposten dar, vor 53.882 für die Kardinäle und 23.280 für die Nuntien. Die verschiedenen Zahlungen an das Militär in Rom und Avignon zusammen belaufen sich allerdings auf 123.608 Scudi, wobei zu beachten ist, daß die anderswo stationierten Truppen, etwa die Besatzung der wichtigen Festung Ferrara, nicht von der Kammer, sondern vom lokalen *tesoriere* bezahlt werden. Die zusätzlichen außerordentlichen Sachausgaben von 38.800 Scudi nehmen sich daneben fast bescheiden aus, mehr noch die 10.103 Scudi, die die römische Stadtverwaltung kostet, die ja ihre finanzielle wie politische Selbständigkeit längst verloren hat[27]. Mit den Überschüssen aus dem Kirchenstaat sowie festen Zuweisungen der Datarie und der spanischen Collectorie konnte die Kammer diese Zahlungen eben leisten. Dem Papst verblieben nur aus den Mitteln der Datarie einige zehntausend Scudi für private Zwecke und besondere Ausgaben. Zur Finanzierung großer Bauten und großer Politik mußten also entweder die Einnahmen gesteigert, die Ausgaben vermindert oder neue Schulden gemacht werden. Alle drei Wege wurden im 16. und 17. Jahrhundert erfolgreich bis zur Grenze des Möglichen beschritten.

---

[24] *W. Reinhard*, Papstfinanz und Nepotismus, Bd. 1, S. 9, 64.

[25] Ebd., S. 3 f.

[26] Ebd., S. 5.

[27] Ebd., Bd. 2, S. 327 f.

Abbildung 2

Einnahmen, Ausgaben und Zinsendiest 1526-1693 (Partner, Lutz)*

Jahr	Einnahmen	Ausgaben			Saldo	
		Zinsendienst		Gesamtausgaben		
1526	594.986	211.207	50,6%	417.879	+	177.107
1576	945.315	404.227	44,8%	901.660	+	43.665
1592	1.601.195	739.285	48,0%	1.537.819	+	63.376
1599	1.440.842	762.095	52,0%	1.464.547	-	23.705
1619	1.839.683	845.251	44,6%	1.891.600	-	51.917
1654	2.509.558	1.473.676	66,3%	2.223.476	+	286.101
1667	2.632.628	1.530.276	61,7%	2.478.348	+	153.980
1673	2.419.981	1.605.238	61,5%	2.609.006	-	189.025
1678	2.541.039	1.643.573	65,9%	2.493.491	+	47.548
1689	2.452.113	1.264.110	61,6%	2.052.424	+	399.689
1692/3	2.322.781	1.275.577	56,7%	2.247.769	+	75.011

* sämtliche in Scudi di moneta

Statt die Entwicklung der einzelnen Einnahmearten im Detail zu verfolgen, sollen nur die unter dem Aspekt der Staatsbildung wichtigsten Tatsachen Berücksichtigung finden, an erster Stelle die allgemeine Zunahme des Budgetvolumens, das im Jahre 1667 nominell 443% des Wertes von 1526 beträgt. Freilich müßte diese Zahl deflationiert werden, um der sogenannten „Preisrevolution" des 16. Jahrhunderts gerecht zu werden. 1619 beträgt die Indexziffer für das Budget 309%, während nach Delumeau in Rom mit einem generellen Preisanstieg von rund 200% zwischen 1500/1509 und 1600/1609 zu rechnen ist[28]. Die Steigerung des Budgetvolumens würde damit gerade die Inflationsrate aufgefangen haben; immerhin ist die zweite Hälfte des 16. Jahrhunderts, die Periode des rapidesten Preisanstiegs, auch die der stärksten Zunahme des päpstlichen Budgets! Aber diese Zunahme setzt sich in einer Zeit stagnierender oder sogar fallender Preise bis über die Mitte des 17. Jahrhunderts hinaus fort, um erst danach ebenfalls stationär oder sogar rückläufig zu werden. Es ist sicher nicht voreilig, in dieser Periode des Auseinanderscherens von Konjunktur und Budgetentwicklung eine kritische Phase des Staatsbildungsprozesses zu vermuten.

Ein zweites Faktum von grundlegender Bedeutung ist das wachsende Gewicht der staatlichen Einnahmen gegenüber jenen kirchlicher Herkunft. Ob-

[28] *J. Delumeau*, Vie économique et sociale, Bd. 2, S. 750.

wohl auf Grund der geschilderten Organisationstruktur eine reinliche Scheidung beider Gruppen kaum möglich ist, lassen die vorliegenden Zahlen doch keinen Zweifel daran, daß die „geistlichen" Einkünfte zwischen 1525 und 1619 zwar ebenfalls zugenommen haben, vielleicht um ca. 100%, während sich die „weltlichen" Einnahmen vervierfacht haben sollen[29]. Diese Angaben sind aber solange irreführend, als unberücksichtigt bleibt, daß nicht nur sämtliche „weltliche" Einnahmen, sondern auch ein steigender Anteil der „geistlichen" aus dem Kirchenstaat stammt, aus der konsequenten Ausschöpfung der mit der doppelten Souveränität des Fürsten gegebenen Möglichkeiten. Der Beitrag der Weltkirche zur Papstfinanz ist im Gegensatz zum hohen und späten Mittelalter zurückgegangen, und zwar weniger infolge der Reformation als infolge der restriktiven Fiskalpolitik katholischer Mächte. Wenn die „geistlichen" Einkünfte 1619 noch 25% des Budgets bestritten haben[30], dann ist nach den Informationen, die wir über die Zusammensetzung der Einnahmen der Datarie besitzen[31], wahrscheinlich noch nicht einmal die Hälfte dieser Summe außeritalienischen Ursprungs.

Obwohl besonders von Sixtus V. jede nur erdenkliche Geldquelle genutzt wurde, erfolgt die gesteigerte Heranziehung des Kirchenstaates durch die Papstfinanz in erster Linie mit dem „modernen" Mittel der Besteuerung, dessen Anwendung hier nur bedingt durch die öffentliche Meinung begrenzt ist. Nach Partner stammen bereits 1480 88% der „staatlichen" Einnahmen aus direkten und indirekten Steuern, 1623 aber 95%[32]. In den hundert Jahren bis 1623 dürften sich die Steuern vervierfacht, die Löhne aber höchstens verdoppelt haben[33]. Die Einzelheiten des päpstlichen Steuerwesens im Kirchenstaat bedürfen noch genauerer Erforschung. Einstweilen gewinnt man den Eindruck, als sei mit den sauberen Kategorien „direkte" oder „indirekte Steuer", „Repartitionssteuer" oder „Quotitätssteuer" hier nicht sehr viel auszurichten. Quotitätssteuern scheinen sich in der Verantwortung der Kommunen und unter dem Pachtsystem zu Repartitionssteuern gewandelt zu haben, während die zahlreichen indirekten Steuern dadurch den Charakter von direkten annehmen, daß offenbar ein gewisser Mindestverbrauch von Salz oder Fleisch pro Familie zugrundegelegt wird. Außerdem werden die verschiedenen Steuern nicht selten aufgehoben, in veränderter Form neu eingeführt, zusammengelegt und gelten keineswegs immer für den ganzen Bereich des Kirchenstaates[34]. 1619 zahlen zum Beispiel die adriatischen Provinzen eine Steuer

---

[29] *P. Partner*, Papal Financial Policy in the Renaissance and the Counter-Reformation, in: Past and Present, 88 (1980), S. 17-62, hier S. 46-49.

[30] Ebd., S. 49.

[31] *F. Litva*, L'attività finanziaria della Dataria durante il periodo tridentino, in: Archivum Historiae Pontificiae, 5 (1967), S. 79-174 und *G. Lutz*, Zur Papstfinanz von Klemens IX. bis Alexander VIII. (1667-1691), in: Römische Quartalschrift, 74 (1979), S. 32-90, hier S. 53-57.

[32] *P. Partner*, Papal Financial Policy, S. 41.

[33] Ebd., S. 42 u. 45.

[34] Vgl. *M. Caravale*, La finanza pontificia nel Cinquecento. Le province del Lazio, Camerino 1974.

für den Hafen von Ancona, das Patrimonium aber wird für denjenigen von Civitavecchia zur Kasse gebeten[35].

Das Anziehen der Steuerschraube beginnt unter Clemens VII. in der Notlage von 1529, als eine Steuer von einem halben Dukaten pro 100 Dukaten unbeweglichem Besitz sowie von den Gemeinden eine Abgabe zugunsten der Ausstattung der Reiterei mit Pferden erhoben wird. 1531 kommt eine Abgabe von einem Golddukaten von jeder Feuerstelle hinzu[36]. Diese Steuern bleiben nicht bestehen, wohl aber der 1543 von Paul III. zunächst vorläufig eingeführte „sussidio triennale", anscheinend ursprünglich als Repartitionssteuer von 300.000 Dukaten geplant, was sich aber nicht verwirklichen ließ[37]. Ein weiterer Steuerschub findet unter Paul IV. statt, als zu der angeblich auf Clemens VII. zurückgehenden Mahlsteuer des „Macinato"[38] 1555 der „Quattrino a libra de carne" eingeführt wird[39]. Zunächst waren 50 Pfund Schweinefleisch pro Haushalt steuerfrei, bis 1571 oder 1572 auch dieser Freibetrag der „tassa de carne porcina" unterworfen wird[40]. Seit Pius IV. wird wieder stärker auf die Verantwortung der Kommunen für den Steuerertrag zurückgegriffen; vielleicht hatte sich der direkte Zugriff auf die Steuerpflichtigen nicht bewährt[41].

Sixtus V. war wohl der findigste Schöpfer neuer Steuern. 1587 wurde die „tassa della foglietta" auf den Detailverkauf von Wein gelegt[42], ein Quattrino auf einen knappen halben Liter, dazu das Brennholz, die Spielkarten und die Maße und Gewichte besteuert („tassa del bollo, pesi e misure"). 1588 folgen die „tassa dell'archivio" anläßlich der Einrichtung öffentlicher Archive und die „tassa del danno dato"[43], angeblich zur Behebung der von Banditen angerichteten Schäden. Und die „tassa della pelle et cuoi" auf Felle und Leder von 1589 dürfte noch nicht die letzte gewesen sein[44]. Clemens VIII. versuchte trotz hohen Geldbedarfs die Steuerlast zu mindern; die folgenden Päpste hielten sich zurück, bis Urban VIII. zur Finanzierung seiner ehrgeizigen Politik zahlreiche neue Steuern oder Steuererhöhungen einführte. Angesichts der ungünstigen Wirtschaftslage, in der diese gewaltsame Einnahmensteigerung erzwungen wurde, kam es zu einer schweren

---

35 *W. Reinhard*, Papstfinanz und Nepotismus, Bd. 2, S. 270, 276, 285, 294.

36 *J. Delumeau*, Vie économique et sociale, Bd. 2, S. 828 und *H. Caravale*, La finanza pontificia, S. 51-57.

37 *J. Delumeau*, Vie économique et sociale, Bd. 2, S. 829 f.; *M. Caravale*, La finanza pontificia, S. 82; *E. Stumpo*, Il capitale finanziario, S. 102-104.

38 *F. Stumpo*, Il capitale finanzario, S. 115 f.

39 Ebd., S. 116-118.

40 Ebd., S. 103 f., S. 117; *J. Delumeau*, Vie économique et sociale, Bd. 2, S. 831, 833.

41 *M. Caravale*, La finanza pontificia, S. 107.

42 *E. Stumpo*, Il capitale finanziario, S. 105.

43 Ebd., S. 108.

44 *M. Caravale*, La finanza pontificia, S. 125-127; *G. Delumeau*, Vie économique et sociale, S. 835-839.

Krise, die nur langsam bereinigt werden konnte – auch die Papstfinanz hatte sich überanstrengt[45].

Das „Budget" von 1619 nennt 19 verschiedene „tasse" oder „gabelle". Die zehn wichtigsten sind in der Reihenfolge des dort verzeichneten Gesamtertrags[46]:

Tassa del sussidio triennale	186.972,68 Scudi di moneta
Gabella del quattrino a libra de carne	37.350,00
Tassa della foglietta	33.930,00
Tasse delle galere	31.471,64
Tassa della carne porcina	30.631,40
Tassa delle militie	16.262,40
Tassa del archivio	11.373,04
Tassa del Monte del quattrino	8.210,58
Tassa del danno dato	6.412,10
Tassa del porto d'Ancona	5.239,84

Unter den übrigen finden sich Lokal- und Bagatellsteuern wie zum Beispiel die „vigesima" der römischen Juden mit 500 Scudi Jahresertrag[47].

Selbstverständlich ist auch die Papstfinanz ausgabenorientiert; die geschilderte Einnahmenentwicklung läßt sich auf den wachsenden Bedarf zurückführen, der durch den Prozeß der Staatsbildung einerseits, bestimmte politische Aktivitäten des Papsttums auf europäischer Ebene andererseits zustandekommt. Wenn wir mit Prodi diese Aktivitäten ebenfalls stärker an der Kirche in ihrer damaligen „staatlichen" Konkretion anstatt wie üblich an Kirche als universaler Idee orientiert sehen[48], finden wir den Kirchenstaat nicht mehr nur in der Renaissancezeit demselben Gesetz unterworfen wie andere frühneuzeitliche Mächte, das da lautet: der frühneuzeitliche Staat ist ein „Kriegsstaat". Die „steigenden Kosten der Souveränität"[49], die zur Weiterentwicklung von Finanzwesen und Verwaltung führen, werden in erster Linie durch kriegerische Unternehmungen verursacht[50].

---

45 Vgl. *J. Grisar*, Päpstliche Finanzen, und *G. Lutz*, Rom und Europa.

46 *W. Reinhard*, Papstfinanz und Nepotismus, Bd. 2, passim.

47 Ebd., S. 317 und *K.R. Stow*, Taxation, Community and State. The Jews and the Fiscal Foundations of the Early Modern Papal State, Stuttgart 1982.

48 *P. Prodi*, Il sovrano pontefice, S. 295-344.

49 Vgl. *J.F. McGovern*, The Rise of New Economic Attitudes – Economic Humanism, Economic Nationalism – During the Late Middle Ages and the Renaissance, A.D. 1200-1550, in: Traditio, 26 (1970), S. 217-253, hier S. 252.

50 Vgl. u.a. *S.E. Finer*, State- and Nation-Building in Europe: the Role of the Military, in: *C. Tilly*, The Formation of National States in Western Europe, Princeton 1975, S. 84-163 sowie andere Beiträge in diesem Band.

Abbildung 3

Wichtige Ausgabentitel in Prozent der Einnahmen (Partner, Lutz)

	1480	1526	1576	1592	1599	1619	1667	1673	1678	1689	1692/3
Hofhaltung	8,3	8,5	8,5	8,3	13,2	9,5	4,6	6,4	4,8	4,9	5,9
Almosen	0,4	0,1	0,7	0,8	2,8	4,5	4,8	5,2	-	-	-
Militär u. Flotte	35,9	8,1	20,0	15,2	26,3	15,4	13,8	13,2	9,8	9,4	15,4
Verwaltung	17,3	12,4	11,8	9,0	26,3	13,8	2,0	5,5	5,5	5,5	6,1
Diplomatie	1,0	0,8	2,0	1,3	1,7	1,4	0,8	0,8	0,8	0,8	0,9
Zinsen Monti	-	4,2	14,8	29,4	34,8	34,6	51,4	59,0	57,9	44,6	54,9
Zinsen Ämter	?	31,3	27,9	16,8	18,2	11,3	6,6	7,2	6,7	44,6	54,9
Sonstige	34,1	35,6	14,3	19,2	4,6	12,3	16,0	2,7	14,5	34,8	16,8

Seit der Mitte des 15. Jahrhunderts wird das Heer eine der Hauptsorgen der Päpste[51]; im 16. Jahrhundert kommt eine ständige Flotte hinzu[52]. Beides erfordert beträchtliche Geldmittel und zwar auch nach dem Sacco di Roma, als im Rahmen der sinkenden Bedeutung des italienischen Militärs der Niedergang der päpstlichen Kriegsmaschine einsetzt. Vielleicht macht sich an diesem Extremfall „weltlicher“ Aktivität zuerst die unaufhebbare Schwäche eines „geistlichen“ Staates in Konkurrenz mit „säkularen“ Mächten bemerkbar? Der Druck auf die Kammerfinanzen aber blieb. Wenn der Anteil an den Einnahmen (vgl. Abbildung 3) auf den ersten Blick bescheiden anmutet, so verhält es sich ganz anders, wenn man zwischen Friedens- und Krisenzeiten unterscheidet, wenn man die Kosten des Militärs auf die Gesamtsumme der Ausgaben und nicht auf die der Einnahmen bezieht oder (noch besser) auf die Netto-Ausgaben nach Abzug des Zinsendienstes. Dann zeigt sich nämlich, daß die Militärausgaben günstigstenfalls auf ein Drittel der Gesamtausgaben absinken, aber sehr leicht um die Hälfte bis zwei Drittel erreichen können[53].

In Friedenszeiten besteht das päpstliche Heer aus den Garden und den Garnisonen in Rom, Civitavecchia, Ferrara, Avignon und seit den dreißiger Jahren des 17. Jahrhunderts auch im Forte Urbano im heutigen Castelfranco Emilia nebst

---

[51] *P. Prodi*, Il sovrano pontefice, S. 111-114.

[52] Ebd., S. 114 und *A. Guglielmotti*, Storia della marina pontificia nel Medio Evo dal 778 al 1499, Roma 1886-93 sowie *ders.*, La guerra dei pirati e la marina pontificia dal 1500 al 1560, Firenze 1876.

[53] *G. Lutz*, L'esercito pontificio nel 1677. Camera apostolica, bilancio militare dello Stato della Chiesa e nepotismo nel primo evo moderno, in: Miscellanea in onore di Mons. Martino Giusti, Bd. 2, Città del Vaticano 1978, S. 33-95, hier S. 76 und 88.

einer Reihe von Klein-Garnisonen. Einschließlich 300 Mann „Marineinfanterie" an Bord der fünf Galeeren waren dies 1667 rund 5500 Mann[54].

Bei kriegerischen Konflikten kann es sich um „staatliche" (Beispiel: die Eroberung Bolognas durch Julius II.), um „dynastische" (letztes Beispiel: der Versuch Urbans VIII., Castro für seine Familie zu erwerben) oder um „kirchliche" handeln (Beispiel: die Bekämpfung der Hugenotten unter Gregor XIV.). Wie bereits die gewählten Beispiele lehren, sind die drei Typen aber im Einzelfall keineswegs immer reinlich zu scheiden. Doch ist ohne Zweifel im Lauf des 16. Jahrhunderts eine Schwerpunktverlagerung zur Bekämpfung der Türken und „Ketzer" zu beobachten. Dabei bürgert sich aber immer mehr die indirekte Beteiligung des Papsttums durch Subsidienzahlungen an kriegführende „rechtgläubige" Mächte ein, bis hin zur Unterstützung des „roll back" nach der zweiten Belagerung Wiens durch Innozenz XI. Clemens VIII. hat 1,5 Millionen Scudi für den damaligen Türkenkrieg aufgebracht[55], im Dreißigjährigen Krieg flossen über drei Mio Gulden nach Deutschland[56], insgesamt sollen die Päpste 1542-1716 19,6 Mio Scudi Subsidien gezahlt haben[57]. Hatte einst die Weltkirche die Kosten der Kirchenstaatspolitik zu tragen gehabt, so hat sich das Verhältnis nun nahezu umgekehrt! Da die Hilfsgelder, wenn es sich um größere Summen handelte, keinesfalls dem ordentlichen Etat entnommen werden konnten, ist ihre Herkunft nicht leicht nachzuweisen. Sie können nur zum geringeren Teil aus der Datarie stammen, müssen also zum größeren durch Sondersteuern auf den italienischen Klerus und durch Neuverschuldung aufgebracht worden sein. Damit verändert sich freilich das von Delumeau entworfene und bisher allgemein anerkannte Bild vom Kirchenstaat, der sich im Dienste der universalen gegenreformatorischen Politik der Kirche verbluten mußte (nicht zuletzt durch Abfluß von Zinsen für Kredite, die für solche Zwecke aufgenommen wurden). Etwas boshaft spricht Stumpo vom „Opfer Isaaks", wenn der „Heilige Vater" seinen einzigen (noch) vorhandenen „Sohn", den Kirchenstaat mit seinen Untertanen, auf höheres Geheiß „Ad maiorem Dei gloriam" zum Opfer darbringt. Sollte die Forschung hier einem von Kardinal de Luca und anderen interessierten Zeitgenossen kreierten Mythos auf den Leim gegangen sein, der geschaffen wurde, um das römische Herrschaftssystem zu legitimieren und das römische Ausbeutungssystem zu verschleiern? Hat Rom in Wirklichkeit ein gutes Geschäft gemacht? Oder wenn nicht Rom, und schon gar nicht der Kirchenstaat, dann vielleicht doch bestimmte Römer? Stumpo kommt zu dem Schluß, die bisherige Forschung habe die damaligen geistlichen Einkünfte des Papstes aus der Gesamtkirche doch weit unterschätzt. Einem Jahresertrag des

---

[54] Ebd., S. 49-70.

[55] *W. Reinhard*, Papstfinanz und Nepotismus, Bd. 1, S. 1

[56] *D. Albrecht*, Zur Finanzierung des Dreißigjährigen Krieges. Die Subsidien der Kurie für Kaiser und Liga 1618-1635, in: Zeitschrift für bayerische Landesgeschichte, 19 (1956), S. 534-566 und in: Der Dreißigjährige Krieg. Perspektiven und Strukturen, hrsg. von H.U. Rudolf, Darmstadt 1977, S. 368-412.

[57] *G. Marchetti*, Calcolo ragionato del denaro straniero che viene a Roma, e che se ne va per cause ecclesiastiche, Roma 1800.

Kirchenstaates von ca. 2 Mio Scudi seien nämlich nicht weniger als 1,46 Mio Scudi kirchlicher Einkünfte gegenüberzustellen, 760.000 aus Kanzlei, Sekretariaten, Datarie und dergleichen, 700.000 aus Benefizieneinkünften verschiedener Art, die zu 90% in Rom verbraucht worden seien. Zwischen 1570 und 1660 hätten die Päpste also insgesamt 258,4 Mio Scudi zur Verfügung gehabt, von denen 118,5 aus ordentlichen staatlichen Einnahmen, 39,5 aus Kreditaufnahme, 7,7 aus Dezimen und Subsidien, 100,4 aber aus kirchlichen Einkünften gekommen sein sollen. Von dieser Gesamtsumme wäre aber höchstens ein Fünftel für Zinsendienst und Subsidien wieder aus dem Kirchenstaat abgeflossen. Wenn man unterstellt, daß die kirchlichen Einnahmen von außerhalb des Kirchenstaates kamen, in der Tat eine Bilanz zugunsten Roms[58]. Doch in welchem Ausmaß die kirchlichen Einnahmen wirklich von außerhalb des Staates oder gar Italiens gekommen sind, kann angesichts der bereits erwähnten Gemengelage der Daten in den Archivalien letztlich nur die unsäglich mühevolle Aufarbeitung der noch vorhandenen Serienakten endgültig klarstellen. Das gilt für den Ertrag der geistlichen Rechtsgeschäfte an der Kurie so gut wie für den Transfer von Benefizieneinkünften nach Rom[59].

Neben der großen Politik war eine ausgedehnte und kostspielige Bautätigkeit die zweite besonders ins Auge fallende Aktivität der Päpste. Auch diese muß zum größten Teil aus Sondermitteln und nicht zuletzt aus zu diesem Zweck neu aufgenommenen Krediten finanziert worden sein[60].

Die Kosten für Verwaltung und Diplomatie neigen dazu, konstant zu bleiben. Wenn der prozentuale Anteil der Verwaltungskosten bis zur Mitte des 17. Jahrhunderts sinkt, um sich dann nicht mehr zu verändern, dann heißt das nur, daß die Verwaltungskosten der allgemeinen Budgetexpansion nicht gefolgt sind (genau umgekehrt wie heutzutage!). Die an sich bescheidenen Kosten für die Diplomatie steigen mit dem Ausbau des Nuntiaturennetzes durch Gregor XIII. auf das Doppelte, um anschließend dieselbe Entwicklung zu nehmen wie die Verwaltungskosten. Für die Unterstützung der Mission bei den Protestanten und in Übersee hatten die Päpste im ordentlichen Budget nur 1% übrig, 16.770 Scudi im Jahre 1619[61]. (Der Posten erscheint hier seiner Kleinheit wegen unter „Sonstige").

Erheblich höher liegen die von den Päpsten gewährten Almosen; würde man die für die Getreideversorgung Roms eingesetzten Mittel hinzufügen, wäre der Anteil noch größer[62]. Die auffallenden Schwankungen der Höhe des Al-

---

58 *E. Stumpo*, Il capitale finanziario, S. 15, 51, 55, 62, 161-218, 305, 316 f.

59 Vgl. *W. Reinhard*, Finanza pontificia.

60 Ebd. Der Bau von St. Peter wurde nicht nur durch den bekannten Ablaß Leos X., sondern auch durch spezielle Anleihen der Kirchenfabrik finanziert.

61 Ebd., S. 5.

62 Zur Getreideversorgung Roms, ihren exorbitanten Kosten und den Folgen für das päpstliche Herrschaftssystem vgl. *V. Reinhardt*, Überleben in der frühneuzeitlichen Stadt. Annona und Getreideversorgung in Rom 1563-1797, Tübingen 1991.

mosenbetrages sind aber nicht Ergebnis unterschiedlicher Frömmigkeit oder sozialer Gesinnung einzelner Päpste, sondern der Buchungstechnik und der Quellenlage[63]. Auch sonst hat die päpstliche Buchführung ihre Tücken, etwa bei den von Georg Lutz so genannten „Ausgleichszahlungen", die faktisch nichts weiter sind als Einnahmenausfälle, die aber dem jeweiligen Gefällepächter gutgeschrieben werden müssen, so etwa wenn Kardinäle und andere von bestimmten Zöllen befreit sind oder überschuldeten Kommunen Steuernachlaß gewährt wird[64].

Anders verhält es sich mit dem Anteil der päpstlichen Hofhaltung, der eine echte Entwicklung widergibt. Zunächst bleibt der Anteil konstant, das heißt die Summe steigt parallel zum Gesamtvolumen des Budgets, was vielleicht als Spiegelung der Inflation interpretiert werden darf. Clemens VIII. erweist sich als „Verschwender" (1599), was durch Sparmaßnahmen Pauls V. korrigiert wird (1619). Später sorgen gelegentlich wieder Päpste mit aufwendigerem Lebensstil für Ausschläge der ansonsten gleichförmig flach verlaufenden Kurve.

In diesem Zusammenhang erhebt sich die Frage nach dem Nepotismus der Päpste, der im 16. und 17. Jahrhundert fast regelmäßig zu einer schweren Belastung der Papstfinanz geworden ist und sich dennoch in unseren „Budgets" kaum niederschlägt. Wie ist das zu erklären? Erstens stammen die Ausgaben für die Verwandten der Päpste aus Mitteln der Datarie, die sich als die eigentliche „Geheimwaffe" des Nepotismus entpuppt hat. Da dabei zumindest von Paul V. sogar die *tesoreria segreta* mit ihrer Buchführung umgangen wurde, sind die betreffenden Zahlungen nicht leicht nachzuweisen. Zweitens werden die Nepoten mittels kirchlicher Pfründen finanziert, die außerhalb der Staatsfinanz liegen. Drittens werden zu ihrer Ausstattung Manipulationen des Papstkredits durchgeführt, die sich ebenfalls nur mühsam quellenmäßig fassen lassen. Es steht jedoch fest, daß die Papstnepoten unvergleichlich viel besser bedacht wurden als irgendwelche anderen Empfänger päpstlicher Zuwendungen und sich in der Regel im Sinne eines modernen „Spoils system" enorm bereichern konnten. Gewiß, auch andere frühneuzeitliche Dynastien haben ihr Land „ausgebeutet". Aber in der römischen Wahlmonarchie kam in kurzen Abständen jeweils eine neue Dynastie an die Macht, die sich beeilen mußte, reich zu werden, bevor der päpstliche Onkel starb. Erst durch diesen häufigen Wechsel kommen die katastrophalen Auswirkungen des Nepotismus zustande[65].

---

63 *G. Lutz*, Zur Papstfinanz von Klemens IX. bis Alexander VIII., S. 54-59.

64 Ebd., S. 72-76.

65 Vgl. dazu *W. Reinhard*, Bemerkungen zu „Dynastie" und „Staat" im Papsttum, in: Der dynastische Fürstenstaat. Zur Bedeutung von Sukzessionsordnungen für die Entstehung des frühmodernen Staates, hrsg. von J. Kunisch, Berlin 1982, S. 157-161.

2. Papstkredit

Der unbestritten dominierende Ausgabentitel ist wie anderswo der Zinsendienst für die Staatsschuld, für den 1526 bereits ein Drittel der Einnahmen benötigt werden. 1599 ist die Hälfte überschritten, nach vorübergehendem Rückgang werden dann 1673 zwei Drittel erreicht. Sanierungsmaßnahmen vermögen den Anteil gegen Ende des 17. Jahrhunderts aber vorübergehend wieder unter die Hälfte zu drücken. Wir sahen bereits, daß sämtliche größeren Ausgaben vom Krieg über Bauten bis zum Nepotismus nur mit Hilfe eines hochentwickelten Kreditwesens möglich gewesen sind. Zunächst haben auch die Päpste sich einer hochverzinslichen schwebenden Schuld bedient. Mit Bankiers wurde ein „partito" abgeschlossen, über dessen Zinssätze wir infolge des kirchlichen Zinsverbots nicht informiert sind, wohl aber die geleisteten Sicherheiten, etwa die Verpfändung von Juwelen[66]. Doch zwischen der Mitte des 15. und der Mitte des 16. Jahrhunderts entsteht schrittweise eine konsolidierte Schuld, die nicht nur mit dem kirchlichen Zinsverbot vereinbar, sondern strukturell gleichzeitigen Anstrengungen der „großen Mächte" voraus ist. Da die Solidität von Staatskredit vom Entwicklungsgrad einer stabilen Staatsgewalt abhängt, könnte der unbestreitbare Erfolg der Päpste in dieser Hinsicht als Indiz für einen vorübergehenden Vorsprung im Prozeß der Staatsbildung bewertet werden.

Der konsolidierte Papstkredit beruht auf zwei Instrumenten, zunächst den „uffici vacabili" (Kaufämtern) bis Ende des 16. Jahrhunderts, dann seit 1526 bzw. 1550 den „Monti non vacabili" und „vacabili" (Anleihen mit Gläubigerorganisation).

Zum Verständnis der Entwicklung auf der ersten Stufe, die von den Kaufämtern beherrscht wird, muß man sich von dem immer noch weitverbreiteten Vorurteil frei machen, Verkauf von Ämtern durch die „Staatsgewalt" sei eine Art von Korruption. Zumindest in der voll entwickelten Form, wie sie neben Rom in Frankreich, bis zu einem gewissen Grad auch im kastilischen Amerika und in Venedig anzutreffen ist, handelt es sich in Wirklichkeit aber um nichts anderes als um eine Form des Staatskredits. Wer ein Amt kauft, kauft eine Leibrente, unter Umständen sogar eine Ewigrente, mit gewissen zusätzlichen Attributen[67]. Demgemäß werden ganze Gruppen neuer Ämter zum ausschließlichen Zwecke des Verkaufs geschaffen, was nichts anderes ist als eine Rentenemission. In Rom werden nun nacheinander verschiedene Typen solcher Kaufämter entwickelt, die sich immer weiter vom „Amt" entfernen und der reinen „Rente" annähern.

Das Ganze beginnt nach dem heutigen Stand unseres Wissens damit, daß im 14. Jahrhundert die Stellen im Kollegium der „scrittori apostolici" der päpstlichen Kanzlei käuflich werden[68]. Da es sich dabei um ein schon länger beste-

---

[66] Ein Beispiel: AV, Arm. XXXIV 29 fol. 62v.

[67] Vgl. *W. Reinhard*, Staatsmacht als Kreditproblem.

[68] *B. Schwarz*, Die Organisation der kurialen Schreiberkollegien von ihrer Entstehung bis zur Mitte des 15. Jhds., Tübingen 1972.

hendes Kollegium handelt, kann natürlich nicht von Neuemission gesprochen werden. Die erste derartige Neuemission findet vielmehr 1463 statt, als Pius II. zur Finanzierung des geplanten Kreuzzuges das Kollegium der „abbreviatori" gründet[69]. Bei diesem ersten Typ von Kaufämtern handelt es sich um Stellen, die durchaus eine Funktion im Betrieb der Kurie haben, zunächst meistens innerhalb der Kanzlei, und die demgemäß auf Sporteln, Taxen und andere derartige Einkünfte fundiert werden können. Das bedeutet, die Papstfinanz erhält das Kapital, die Verzinsung aber übernimmt das Publikum, ohne daß der Papstfinanz in Zukunft irgendwelche Belastungen entstehen können. Bis gegen 1600 gab es mindestens 19 derartige Kollegien, darunter so wichtige wie die der Kammerkleriker oder der Protonotare, und eine Reihe von Einzelämtern, die demselben Schema folgen[70].

Aber der Bedarf des Publikums an amtlichen Dienstleistungen läßt sich nicht beliebig steigern, sodaß die Papstfinanz sich bei weiteren Neugründungen dazu verstehen mußte, die Verzinsung, sprich Sicherstellung der Amtseinkünfte, selbst zu übernehmen. Auch diese Ämter haben durchaus noch Funktionen, werden aber nicht auf Sporteln, sondern auf Einkünfte aus der Papstfinanz fundiert. Das erste Kollegium dieses zweiten Typs war das 1484 neugegründete der Apostolischen Sekretäre, 1507 folgten die nächsten Gründungen. Bis gegen 1600 waren es sechs Kollegien und eine Reihe von Einzelämtern geworden. Die geringere Zahl zeigt wohl an, daß diesem Typ Grenzen gesetzt waren[71].

Der dritte Typ verzichtet endlich völlig auf Amtsfunktionen, die einzigen Aufgaben des Käufers waren es, den Titel (zum Beispiel „Scudiere apostolico"), etliche Privilegien (unter Umständen den persönlichen Adel) und die Einkünfte entgegenzunehmen. Konsequenterweise war auch keine Qualifikation erforderlich; diese Ämter konnten von vorneherein auch von Minderjährigen und vielleicht sogar von Frauen erworben werden. Im 16. Jahrhundert existiert eine Reihe sehr alter Kollegien, die inzwischen ihre Funktion verloren hatten, aber teilweise noch auf Sporteln und dergleichen fundiert geblieben waren, etwa die „collettori del piombo"[72]. 1507 wird erstmals ein neues Kollegium gegründet, dessen Mitglieder zur einen Hälfte, als „correttori d'archivio", noch echte Beamte waren, wohingegen die andere Hälfte, die „scrittori d'archivio", nichts mehr zu tun hatte – gab es nicht genug Aufgaben für alle? 1513 schuf Leo X. dann

---

69 *B. Schwarz*, Abbreviaturae officium est assistere Vicecancellario in expeditione Litterarum Apostolicarum. Zur Entwicklung des Abbreviatorenamtes vom grossen Schisma bis zur Gründung des Vakabilistenkollegs der Abbreviatoren durch Pius II., in: Römische Kurie. Kirchliche Finanzen. Vatikanisches Archiv. Studien zu Ehren von Hermann Haberg, hrsg. von E. Gatz, Bd. 2, Città del Vaticano 1979, S. 783-823. *B. Schwarz*, Die Abbreviatoren unter Eugen IV. Päpstliches Reservationsrecht, Konkordatspolitik und Kuriale Ämterorganisation, in: Quellen und Forschungen aus italienischen Archiven und Bibliotheken, 60 (1980), S. 200 274.

70 *W. Reinhard*, Papstfinanz und Nepotismus, Bd. 2, S. 182-209.

71 Ebd.

72 Ebd., S. 188.

mit dem großen Kollegium der „presidenti et portioni di Ripa" den ersten „reinen" Vertreter dieser Gattung[73].

Unter Leo X. wurde eine sehr erfolgreiche Variante dieses Typs erfunden, bei der nicht mehr ein Amt, sondern der persönliche Adel mit entsprechenden Vorrechten verkauft wurde: 1520 entstand das Kollegium der „cavalieri di San Pietro"[74]. Bis 1600 folgten Paulus-, Lilien-, Pius- und Loretoritter nebst Ausweitungen der bereits bestehenden Kollegien[75].

Bezeichnenderweise gibt es von beiden Varianten des dritten Typs nur Kollegien und keine Einzelämter – es handelt sich eben nicht mehr um echte Ämter, sondern nur noch um Kreditinstrumente! Von der Anleihe im modernen Sinn sind diese zuletzt behandelten Ämter nur noch durch vier Unterschiede getrennt:

die Vakanz bei Tod des Inhabers,
den vergleichsweise hohen Preis,
die damit verbundenen persönlichen oder fiskalischen Privilegien,
den Titel.

Diese Ämter waren zwar frei verkäuflich, jedoch wurden sie in Rom im Gegensatz zu Frankreich nie erblich. Mit dem Tod des Inhabers, der sein Amt nicht rechtzeitig verkauft hatte, fiel dieses an den Staat zurück. Aus dieser Leibrente wurde also nie eine Ewigrente.

1514 wurde durch eine Bulle die Anwendung der alten handelsrechtlichen Form der „Società" auf die Kaufämter legalisiert; wie an einem Handelsgeschäft so durfte man künftig auch am Eigentum und den Einkünften eines Kaufamtes partizipieren, freilich nicht am Titel und den Privilegien. Durch die „Societas officiorum" sollte zunächst der Anspruch des Gläubigers gesichert werden, falls sich jemand zum Kauf eines Amtes Geld geliehen hatte[76]. Laut Bauer hat diese Möglichkeit aber auch kleine Sparer angezogen und zur anteiligen Geldanlage in ein Amt ermutigt[77]. Zusätzlich wurde die „Societas officiorum" ein Instrument zur Verschleierung von Privatkrediten[78].

Soweit wir die Expansion der Kaufämter, sprich des Papstkredits im einzelnen verfolgen können, finden besondere Schübe wie nicht anders zu erwarten stets im Zusammenhang mit Kriegen oder wenigstens Kriegsrüstungen statt. Paul III. schafft Ämter, als er Karl V. gegen die Protestanten unterstützen möchte,

---

[73] Ebd., S. 189.

[74] Ebd., S. 189 f.

[75] Ebd., S. 190 f.

[76] *G.B. de Luca*, Tractatus de officiis venalibus Romanae Curiae, Roma 1682, Kap. 20.

[77] *C. Bauer*, Die Epochen der Papstfinanz. Ein Versuch, in: Historische Zeitschrift, 138 (1927), S. 457-503 und in: *C. Bauer*, Gesammelte Aufsätze, Freiburg 1965, S. 112-147, hier S. 136.

[78] Vgl. Magnum Bullarium, Bd. 1, Luxemburg 1742, S. 823 f.

Paul IV., als er gegen Spanien Krieg führt[79]. Der größte Schub liegt jedoch in der Zeit Julius II. und Leos X., als kein anderes Instrument der konsolidierten Staatsschuld zur Verfügung stand. 1520 waren es 2.232 einzelne Ämter mit einem Gesamtkapital, einer Staatsschuld, von rund 2,7 Mio Gold Scudi, 1562 3.617 Ämter mit 3,5 Mio Kapital[80]. Die langsamere Zunahme beruht auf der inzwischen vorhandenen Alternative, den Monti.

Den Anstoß gab der Geldbedarf Clemens VII. bei seiner politischen Schwenkung gegen den Kaiser nach der Schlacht von Pavia. Dieser Papst war nicht nur als „avarus" verschrien, sondern verfügte als Abkömmling der Florentiner Bankiersdynastie der Medici auch über hinreichende Erfahrung mit den in Florenz und anderen italienischen Städten seit langem bewährten Formen der konsolidierten Staatsschuld. Das Papsttum konnte daher die Einrichtung eines Monte (was nichts anderes als eine Anhäufung von Geld bedeutet) in bereits ausgereifter Form übernehmen. 1526 wurde der „Monte della Fede" errichtet, im Unterschied zu den Ämtern eine echte und unverschleierte Anleihe von 200.000 Dukaten zu 10%, handlich gestückelt in Anteile (*luoghi*) zu 100 oder 50 Dukaten. Die Errichtung erfolgte in der feierlichen Form der Konsistorialbulle, die die Unterschriften sämtlicher Kardinäle trägt – offenbar sollte so die Kontinuität des Kredits über die Amtszeit des regierenden Herrschers hinaus gesichert werden, ein Problem, das die französische Krone damals bei weitem noch nicht bewältigt hatte[81]. Die Gläubiger erhielten persönliche Privilegien, etwa Sicherheit gegen Konfiskation, und wurden zu einer Korporation zusamengefaßt. Vor allem aber war der Monte „non vacabile"; anders als die Kaufämter fielen seine Anteile beim Tod des Inhabers nicht an die Kammer, sondern an die Erben, selbst wenn kein Testament vorlag. Zur Fundierung wurden Erträge der „Dogana di Roma" fest zugewiesen und für den Fall des Ertragsausfalls die Kammer als Ganzes haftbar gemacht[82].

Die „luoghi del Monte della Fede" wurden aber von der Kammer nicht unmittelbar auf den Markt geworfen, sondern en bloc an Bankiers verkauft, wobei der Kammerdepositar Filippo Strozzi eine strategische Rolle spielte[83]. Dieses Verfahren, das bei späteren Emissionen wiederholt wurde[84], diente nicht nur zur Antizipation des Ertrags, sondern befreite die Kammer von den drückenden Verbindlichkeiten einer schwebenden Schuld gegenüber den Finanziers. Der Absatz beim Publikum zog sich länger hin, 1532 war ein Sechstel noch unveräußert – aber die Bank bezog die Zinsen[85].

---

[79] *F. Litva*, L'attività finanziaria della Dataria, S. 138-145.

[80] Ebd., S. 151.

[81] *W. Reinhard*, Staatsmacht als Kreditproblem, S. 304 f.

[82] Druck der Bulle AV, Misc. Arm. IV/V 41.

[83] Vgl. *M.M. Bullard*, Filippo Strozzi and the Medici. Favor and Finance in Sixteenth-Century Florence and Rome, Cambridge 1980.

[84] *W. Reinhard*, Papstfinanz und Nepotismus, Bd. 1, S. 14.

[85] AS Roma, Luoghi di Monti 227 fol. 3.

Eine Rückkehr zum Prinzip der Leibrente bringt die zweite Gründung eines Monte, diejenige des „Monte Giulio vacabile" im Jahre 1550, als sich Papst Julius III. wegen Parma im Konflikt mit den Farnese und Frankreich befand. Hier wurden die Luoghi wie Kaufämter mit dem Tod des Inhabers vakant, jedoch sollte eine höhere Verzinsung von 12%, ebenfalls auf die „Dogana di Roma" fundiert, die Attraktivität garantieren[86].

Monti beider Typen, „non vacabili" und „vacabili", wurden in der Folgezeit das Hauptinstrument des Papstkredits, mit längerfristiger Bevorzugung der „non vacabili". Offensichtlich war der Kammer der Vorteil einer niedrigeren Verzinsung wichtiger als der Verlust der Vakanzen, während das Publikum die größere Sicherheit zu schätzen wußte. „Luoghi di Monti" der Apostolischen Kammer galten während des ganzen Zeitraums als solide, wir würden heute sagen „mündelsichere" Anlage, die daher auch von zahlreichen religiösen und karitativen Institutonen genutzt wurde[87]. Für den Papstkredit bedeutet dies, daß in Rom trotz aller Schwankungen tendenziell stets mit Abnehmern für neue Luoghi gerechnet werden konnte. Die Manipulationen der Monti haben offenbar nie die Grenze zur Abschreckung potentieller Gläubiger überschritten, wie dies bei der Staatsfinanz anderer Länder nicht selten der Fall war. Das Anleihenkapital eines Monte konnte erhöht (*ampliazione*) oder ein neuer Monte geschaffen werden (*erezione*). Das Anleihenkapital konnte durch teilweisen Rückkauf herabgesetzt (*estrazione*) oder der Monte völlig aufgehoben werden (*estinzione*). Außerdem war die Herabsetzung des Zinsfußes (*riduzione*) beliebt, meistens in Verbindung mit einer Erhöhung des Anleihenkapitals (*ampliazione*) desselben Monte. So wurde die Verzinsung des „Monte della Fede" 1540 auf 7,5%, 1588 auf 6% reduziert und die Anleihe gleichzeitig auf 400.000, dann 600.000 Scudi aufgestockt[88]. Schließlich konnten Luoghi eines Monte auch in solche eines anderen transformiert werden (*conversione*), vielleicht eines niedriger verzinslichen Monte zur Entlastung der Kammer, oder eines Monte mit einem höheren Kurs zur Verbesserung des Absatzes – der „Monte della Fede" blieb in dieser Hinsicht stets besonders beliebt –, oder eines Monte mit einem niedrigen Kurs, wenn es sich um Tilgungsoperationen handelte. Neben der Kammer selbst haben vor allem die Nepoten der jeweiligen Päpste von derartigen Operationen profitiert[89]. Gegenüber den Gläubigern konnten sie mit der Drohung des Rückkaufs (*estrazione*) zum Nennwert durchgesetzt werden; dieses Recht wurde der Kammer stets vorbehalten. Schärfere und abschreckendere Druckmittel scheinen aber wohlweislich nicht eingesetzt worden zu sein!

---

86 *J. Delumeau*, Vie économique, Bd. 2, S. 793 f.

87 Ersichtlich aus den Listen der Estrattioni unter Alexander VII., in: AV, Misc. Arm. IV/V 42 ff.

88 *W. Reinhard*, Papstfinanz und Nepotismus, Bd. 2, S. 172; vgl. AV, Misc. Arm. IV/V 41.

89 Vgl. dazu *V. Reinhardt*, Kardinal Scipione Borghese 1605-1633. Vermögen, Finanzen und sozialer Aufstieg eines Papstnepoten, Tübingen 1984.

Wegen der teilweisen Gegenläufigkeit der genannten Operationen läßt sich die exakte Höhe der Verschuldung nur selten genau ermitteln, doch kann an einer rapiden Steigerung der Zahl der Monti wie der Staatsschuld nicht gezweifelt werden. Anhand der Neugründungen läßt sich verfolgen, wie es vor allem Kriege gewesen sind, die zu neuen Anleihen geführt haben, die Finanzierung des Konzils von Trient bildet eine einsame Ausnahme[90].

Die Emission einer Anleihe in der Form eines Monte blieb nicht der Apostolischen Kammer vorbehalten, mit päpstlicher Genehmigung war sie auch anderen gestattet, zunächst einmal der Stadt Rom, die unter anderem einen „Monte dello Studio" errichtet hat[91]. Dann verschiedenen kirchlichen Institutionen wie der Kirchenfabrik von St. Peter oder dem Ospedale di Santo Spirito[92]. Diese Monti werden noch zu den „Monti pontifici" gerechnet, was für diejenigen der übrigen Kommunen und der Barone des Kirchenstaates nicht ohne weiteres gilt. Soweit es sich um die Entschuldung von Gemeinden oder die Begünstigung von Papstnepoten handelt, war die Papstfinanz aber doch engagiert. Seit die Cesarini 1585 den Anfang gemacht haben, versuchten auch immer mehr römische Adelsfamilien, die päpstliche Erlaubnis für diesen neuen Weg zur Umschuldung zu erhalten[93].

Die Regierungszeit Papst Sixtus' V. (1585-1590) bringt tiefgreifende Veränderungen in die Papstfinanz und den Papstkredit. Anders als die Bedeutung dieses Papstes für den Staatsbildungspozeß im ganzen[94], kann seine finanzpolitische Bedeutung eigentlich kaum überschätzt werden. Kennzeichnend für ihn ist ein hastiger und rücksichtsloser Fiskalismus, eine Einnahmensteigerung um jeden Preis, wobei selbst zweifelhafte Maßnahmen nicht verschmäht werden. Die bereits erwähnten Steuererhöhungen sind dabei aber nicht Selbstzweck, sondern sollen vor allem die Verzinsung neuer Anleihen ermöglichen. Diese dienen aber erstmals nicht zur Finanzierung von Kriegen und auch nicht primär zur Durchführung der bekannten Baumaßnahmen dieses Papstes in Rom, sondern zur Anlage von Reserven im berühmten „Engelsburgschatz".

Die Kaufämter erleben ihre letzte große Expansion. Ämter, die bisher gratis vergeben wurden, wie die Stellen des Generalthesaurars, des Kammerkommissars oder des Kammerdruckers wurden käuflich gemacht. Neue Ämter wuden geschaffen, nicht nur durch Gründung eines neuen Ritter-Kollegiums,

---

[90] Vgl. *J. Delumeau*, Vie économique et sociale, Bd. 2, S. 774-804.

[91] Vgl. *M. Monaco*, Il primo debito pubblico pontificio: il Monte della Fede (1526), in: Studi Romani, 8 (1960), S. 552-569, hier S. 567.

[92] Ebd.

[93] Sanctissimi D.N. Sixti Papae V. Erectio Montis Cesarini non vacabilis, Romae 1585; dazu *J. Delumeau*, Vie économique et sociale, Bd. 2, S. 804-818.

[94] Vgl. meine Rezension von *M. Caravale / A. Caracciolo*, Lo Stato pontificio da Martino V. a Pio IX., Torino 1978, in: Archiv für Reformationsgeschichte- Literaturbericht, 10 (1981), S. 174 f.

sondern auch dadurch, daß bisher halbformell ausgeübte Funktionen wie die Depositarien verschiedener Institutionen in Kaufämter verwandelt wurden. Das Kollegium der Referendare wurde „reformiert", indem man es auflöste, wobei die Mitglieder ihr Amt verloren, und es anschließend neu gründete und die neuen Mitglieder, die anscheinend mit den alten identisch waren, zwang, ihre Stelle zu 2.000 Scudi zu kaufen[95]. Insgesamt konnten so aus dem Ämterhandel binnen fünf Jahren 1,15 Mio Scudi beschafft werden[96].

Elf neue Monti wurden gegründet, davon bezeichnenderweise acht „vacabili" mit zehnprozentiger Verzinsung – vermutlich um kurzfristig Spekulanten anzulocken. Zur Fundierung dienen die neugeschaffenen Steuern und Abgaben. Zusammen mit anderen Operationen im Bereich der Monti brachten diese Neugründungen insgesamt über 2,4 Mio Scudi[97].

Dazu wurde das Spolienwesen forciert und zusätzlich durch Strafgelder und Kompositionen, die bisweilen sehr nach Erpressung aussehen, weitere 400.000 Scudi zusammengebracht[98].

Insgesamt hat Sixtus V. auf diese Weise 4,2 Mio zusätzlich eingenommen[99]. 1585 hatte er einen Schatz von 351.500 Goldscudi und 4.500 Silberscudi in der Engelsburg angetroffen. Bei seinem Tod 1590 lagen dort 3 Mio Goldscudi und 1.159.543 Silberscudi, ein Wert von über 6,1 Mio Silberscudi, von denen Sixtus über 5,5 Mio aufgetrieben hat. Allein das von ihm deponierte Gold entspricht drei Vierteln der 1581-1590 aus Amerika importierten Menge. Der Silberschatz stand zur Disposition seiner Nachfolger, der Goldschatz sollte aber nur in folgenden Fällen angerührt werden: Wiedereroberung des Heiligen Landes, allgemeiner Türkenkrieg, Pest, Hungersnot, Bedrohung eines katholischen Landes, Invasion des Kirchenstaates, Wiedereroberung einer Stadt für den Kirchenstaat. 1793 soll immer noch eine Million übrig gewesen sein[100].

Nach einer Berechnung aus dem Jahre 1592 betrug die Staatsschuld damals 10.520.678 Scudi und war mit 947.607 Scudi, also zu 9%, zu verzinsen. Davon waren 4.880.725 Ämterkapital, das zu 9,9% verzinst wurde, während die Monti sich auf 5.639.953 Scudi zu durchschnittlich 8,2% beliefen[101].

Die Überexpansion der Kaufämter wurde von Sixtus' Nachfolgern rückgängig gemacht. Das System bleibt zwar am Leben, aber seine relative Bedeutung sinkt. Wenn für 1666 ein Ämterkapital von 7,4 Mio[102], für 1667 anderswo ein

95 *W. Reinhard*, Papstfinanz und Nepotismus, Bd. 2, S. 194 f.

96 Ebd., S. 252-255, S. 260.

97 Ebd., S. 256 f., S. 260.

98 Ebd., S. 257-260.

99 Ebd., S. 260.

100 *J. Delumeau*, Vie économique et sociale, Bd. 2, S. 767.

101 *W. Reinhard*, Papstfinanz und Nepotismus, Bd. 2, S. 260.

102 BV, Ottob. lat. 923.

solches von nur 2,7 Mio angegeben wird[103], so handelt es sich im ersten Fall um die ganze Bandbreite der Kaufämter und die Marktpreise, im zweiten nur um den Nennwert jener Ämter, die von der Papstfinanz verzinst werden müssen. Die Größenordnung dieser Summe bleibt hinfort in etwa konstant[104]. Anders bei den Monti. Bereits Clemens VIII. hat für über 4 Mio Scudi neue Monti errichtet, um den Türkenkrieg, die Rückgewinnung von Ferrara für den Kirchenstaat und den Rückkauf von Lehen durch die Kammer zu finanzieren[105]. Für die Zeit Pauls V. ist mit einer Staatsschuld von 15 Mio Scudi zu rechnen, davon mindesten 10,5 Mio Monti[106]. Leider lassen uns für die erste Hälfte des 17. Jahrhunderts, in der die größte Expansion der Staatsschuld stattfindet, die Quellen weitgehend im Stich. Die immensen Summen, die politische Unternehmungen und Nepotismus unter dem langen Pontifikat Urbans VIII. (1623-1644) verschlungen haben – allein die Nepoten sollen 30 Mio Scudi erhalten haben[107], konnten gar nicht anders als durch neue Anleihen aufgebracht werden, die ihrerseits auf Steuererhöhungen und dergleichen fundiert werden mußten. Georg Lutz rechnet mit Monti-Neugründungen für 2,5 Mio, einem Gesamtbetrag der Monti von 20 Mio und einer Staatsschuld von 35-40 Mio Scudi für das Ende des Pontifikats Urbans VIII.[108] – Zahlen, die sich nach unseren Feststellungen zur Struktur der Staatsschuld nicht miteinander vereinbaren lassen. Immerhin, sobald wieder genaue Angaben vorliegen, finden wir als Ergebnis eine Staatsschuld von 36-40 Mio Scudi vor[109].

Abbildung 4

Staatsschuld 1667-1696

	Monti camerali	Uffici vacabili	Gesamtverschuldung
1667	33.792.256	2.713.716	36.505.972
1673	35.269.523	2.923.027	38.192.550
1678	36.846.938	2.828.260	39.675.198
1689	36.649.205	?	?
1696	36.879.381	?	?

[103] *G. Lutz*, Zur Papstfinanz von Klemens IX. bis Alexander VIII., S. 77.

[104] Ebd.

[105] *W. Reinhard*, Papstfinanz und Nepotismus, Bd. 1, S. 20.

[106] Ebd., S. 21.

[107] *G. Lutz*, Rom und Europa, S. 139.

[108] Ebd., S. 119, 132 f.

[109] Nach *G. Lutz*, Zur Papstfinanz von Klemens IX. bis Alexander VIII., S. 77 und AS Roma, Conti della RCA, Busta 3 Nr. 18.

Größere Tilgungen kamen bei einer Belastung des Budgets mit einem Zinsendienst von zwei Dritteln der Einnahmen kaum in Frage; die Päpste mußten sich auf eine Verminderung dieser Last durch Konversionsmaßnahmen beschränken. Bereits Urban selbst hat den Zinsfuß für Monti „non vacabili" generell auf 4,5% gesenkt[110]. Sein Nachfolger Innozenz X. verwandelte Urbans teure Monti „vacabili" zu 8% in „non vacabili" zu 4,5%[111]. Alexander VII. überführte dann 1656 eine ganze Reihe von Monti, ebenfalls vorzugsweise die „vacabili", in einen einheitlichen „Monte ristorato non vacabile" zu 4%[112]. Innozenz XI. führte dann 1684/85 ein „Großreinemachen" durch. Nahezu sämtliche Monti wurden in einen „Monte di San Pietro non vacabile" überführt, neben dem nur noch der „Monte ristorato" Alexanders VII. sowie de „Monte della Fede" und der „Monte novennale" bestehen blieben, aber sämtliche nach dem Vorbild des „Monte San Pietro" auf einen Zinsfuß von 3% reduziert[113]. Gläubiger wie Anleger haben diesen Schritt hingenommen; die päpstlichen Monti blieben auch im 18. Jahrhundert eine geschätzte Anlagemöglichkeit[114].

Die heilsamen Wirkungen dieser Konversionen wurden aber zumindest teilweise wieder aufgehoben, wenn immer wieder politische Konflikte kurzfristige Neuverschuldung nötig machten. Als Beispiel möge Alexander VII. dienen, der 1663 im Konflikt mit Ludwig XIV. gezwungen war, 1 Mio Scudi in einem „Monte vacabile della defensione dello Stato ecclesiastico" zu 7% aufzunehmen. 1664 nach dem Friedensschluß konvertierte er diesen Monte in den „Monte ristorato terza erezione non vacabile" zu 4%[115]. Doch Verhältnisse wie unter Urban VIII. kehrten nicht wieder; die Päpste hatten sich ihren begrenzten finanziellen wie politischen Möglichkeiten angepaßt.

3. Kirchenstaat

Der Zusammenhang der geschilderten finanzgeschichtlichen Entwicklung mit derjenigen des Kirchenstaates als ganzem ist in der Sache mehrdeutig und obendrein noch keineswegs ausreichend erforscht. Daher müssen unsere Überlegungen zu Wirtschaft, Gesellschaft und Politik des päpstlichen Staatswesens notwendigerweise in einigen Fällen Hypothese oder gar nur Frage bleiben. Das trifft besonders für den ökonomischen Bereich zu.

110 *G. Lutz,* Rom und Europa, S. 133.

111 AV, Misc. Arm. IV/V 41 und AS Roma Bandi 472.

112 AV, Misc. Arm. IV/V 41.

113 AS Roma, Conti della RCA, Busta 3 Nr. 18, vgl. *G. Lutz,* Zur Papstfinanz von Klemens IX. bis Alexander VIII., S. 78.

114 *G. Lutz,* ebd. und *G. Felloni,* Gli investimenti finanziari genovesi in Europa tra il Seicento e la Restaurazione, Milano 1971.

115 AV, Misc. Arm. IV/V 41.

Nach allgemeiner Ansicht war der Kirchenstaat ein wirtschaftlich unterentwickeltes Gebiet mit geringer gewerblicher Produktivität, die seitens der Päpste auch nicht besonders gefördert wurde[116]. Da dieser Sachverhalt aber bereits vor dem Anziehen der Steuerschraube zu beobachten ist, kommt staatlicher Steuerdruck kaum als Ursache, sondern höchstens zur Verschärfung in Frage. Und was die Rentner- und Parasitenmentalität der hauptstädtischen Bevölkerung angeht, so dürfte dieser Gesichtspunkt in den nordwestlichen Teilen des Kirchenstaates wohl eine geringere Rolle gespielt haben. Nicht zufällig gewinnen diese Gebiete im Lauf der weiteren Entwicklung in jeder Hinsicht an Gewicht. Daher die große Bedeutung der innerhalb des Kirchenstaates regional differenzierten Forschung!

Vielleicht war die Zahlungsbilanz des Kirchenstaates durch den Abfluß von Zahlungsmitteln belastet, neben den Subsidien an auswärtige Mächte wären auch die Zinszahlungen an auswärtige, besonders genuesische Gläubiger zu nennen. Aber diese Belastung hat offensichtlich nie das katastrophale Ausmaß wie im Königreich Neapel erreicht. Man darf eben nicht übersehen, daß im Unterschied zu Neapel auch ein beträchtlicher Geldzustrom erfolgte, durch auswärtige Geldanleger einerseits – was an vergleichbarem Zustrom in Neapel stattfand, wurde von Spanien „abgesaugt", etwa der Kaufpreis für Lehen – durch den Ertrag auswärtiger Pfründen andererseits, der von Kurialen zum Leidwesen anderer Regierungen nach Rom transferiert und dort verzehrt wurde. Gerade Neapel hat hier einen wesentlichen Beitrag leisten müssen[117].

Nicht zu entscheiden wage ich die Frage, ob die tendenziell deflationäre Politik der Päpste für das Fehlen wirtschaftlichen Wachstums verantwortlich ist. Die päpstliche Währung ist von 1566 bis 1684 stabil geblieben[118], hat also gerade in den Jahren der stärksten Inflation keine Abwertung erfahren – zumindest was den Silbergehalt angeht. Und wenn die gewaltigen Anleihen die Geldmenge vermehrt haben, dann sorgten nicht nur die erwähnten Subsidien moglicherweise für erneuten Abfluß, sondern vor allem die brutale Thesaurierungspolitik Sixtus V. mitten in der Inflation. Der Engelsburgschatz hat zwar auswärtiges Geld angelockt und vielleicht den Zinsfuß gesenkt[119], zugleich aber ungeheuere Geldmengen vom Markt abgesaugt, sollte also eine enorme deflationäre Wirkung entfaltet haben.

Solange die wirtschaftlichen Prozesse ungeklärt bleiben, sind auch die sozialen Folgen nicht richtig einzuschätzen. Am ehesten sind noch brauchbare Aussagen über die Oberschicht möglich. Die Krise des alten römischen Adels ist sicherlich durch das Zusammentreffen der Inflation mit gesteigerten Ansprüchen an den Lebensstandard verursacht[120]. Doch da die letzteren vermutlich durch seine neue Rolle als domestizierter „Hofadel" des Monarchen mit-

---

116 Zuletzt *P. Partner*, Papal Financial Policy, S. 40.

117 Vgl. *W. Reinhard*, Finanza pontificia.

118 *J. Delumeau*, Vie économique et sociale, Bd. 2, S. 659.

119 *P. Partner*, Papal Financial Policy, S. 31.

120 Vgl. *W. Reinhard*, Papstfinanz und Nepotismus, Bd. 1, S. 102 f.

verursacht sind und die soziale Krise mit der fortschreitenden politischen Entmachtung der Barone zusammenfällt, hat der Vorgang auch seine politische Dimension.

Ebenso der Aufstieg einer neuen „classe politica" aus Geldleuten und Nepoten, der man mit Prodi sehr viel mehr modernes säkulares Staats- und Politikverständnis unterstellen darf, als ihr nachtridentinisch-korrektes geistliches Kleid und Gehabe vermuten läßt[121]. Nicht nur für Nepoten erweisen sich Papstfinanz und Papstkredit als strategisches Instrument zum sozialen Aufstieg. Eine im Interesse der Kammer geschaffene besondere Regelung im Rahmen des Ämterhandels hat regelmäßig Spekulanten ins Kardinalskollegium gebracht. Der eine oder andere von ihnen ist sogar Papst geworden wie Paul V. oder Urban VIII. Im Rahmen seiner hemmungslosen Fiskalpolitik hatte Sixtus V. 1585 verfügt, daß Erhebung zum Kommendatarabt oder Bischof die Vakanz der Ämter und Monti „vacabili" des Betreffenden zur Folge haben sollten. Innozenz IX. und erneut Urban VIII. haben diese Regel auf die Kardinalspromotion eingeschränkt[122]. Das bedeutet aber, daß die Inhaber bestimmter teurer Kaufämter wie des „tesoriere generale" oder des Kammerauditors mit Sicherheit damit rechnen können, nach einer angemessenen Amortisationsfrist von sechs Jahren Kardinal zu werden. Die administrative Qualifikation spielt dabei eine Rolle, von der spirituellen aber ist nie die Rede.

Die neue Elite hat sicher ihre Staatsräson, deren Artikulation aber zwischen den Zeilen der „Kirchenräson" gelesen werden muß, wie Prodi dies getan hat[123]. Dennoch ist im 17. Jahrhundert kein Wachstum der Staatsgewalt im Sinne weiterer Machtakkumulation bei der Zentrale mehr festzustellen, obwohl Kommunen und Barone diszipliniert sind und die Steuerschraube scharf angezogen ist. Prodi hat dies auf die unaufhebbare Spannung zwischen der geistlichen und der weltlichen Komponente dieses Staates zurückgeführt, die sich nun wieder negativ bemerkbar macht. Nachdem die Verbindung beider zur doppelten Souveränität sich im konfessionellen Zeitalter als Vorsprung der römischen Staatsgewalt bewährt hat, wird sie nun zum Nachteil, weil das Papsttum deswegen den weiteren Weg zum modernen säkularen Staat nicht mehr mitmachen kann[124].

Ich möchte allerdings zusätzlich zwei handfestere Gründe für die politische Stagnation des Kirchenstaates nennen. Zum einen war das Papsttum im 17. Jahrhundert offensichtlich an der Obergrenze seiner wirtschaftlichen und finanziellen Möglichkeiten angekommen. Die raffinierte Heranziehung auswär-

---

[121] *P. Prodi,* Il sovrano pontefice, S. 209-294, vgl. auch *W. Reinhard,* Reformpapsttum zwischen Renaissance und Barock, in: Reformatio Ecclesiae. Festgabe E. Iserloh, Paderborn 1980, S. 779-796.

[122] AS Roma, Bandi 472.

[123] *P. Prodi,* Il sovrano pontefice, bes. S. 249-254.

[124] Ebd., passim.

tiger Geldquellen wurde zudem von den betreffenden Staaten erneut eingeschränkt. Zum anderen erweist sich der Charakter des Papsttums als einer Wahlmonarchie als nachteilig. Die im Prozeß absolutistischer Staatsbildung erfolgreichen Mächte standen unter Leitung einer Dynastie, deren dynastische Räson sich weitgehend mit der Staatsräson deckte. Die Päpste und ihre Nepotendynastien brauchten aber nur geringes Interesse an der weiteren Entfaltung einer Staatsgewalt zu haben, die in wenigen Jahren nicht mehr die ihrige sein würde[125].

[125] Vgl. dazu *W. Reinhard*, Bemerkungen zu „Dynastie" und „Staat" im Papsttum, und andere Beiträge des betreffenden Bandes.

Verzeichnis der Autoren

Fritz Blaich, verstorben

Karlheinz Blaschke, Universität Leipzig

Aldo De Maddalena, Universität Luigi Bocconi, Mailand

Heinz Dollinger, emerit. Prof. Universität Münster

Giuseppe Galasso, Universität Neapel

Hermann Kellenbenz, verstorben

Giovanni Muto, Universität Salerno

Carla Penuti, Universität Bologna

Wolfgang Reinhard, Universität Freiburg i. Br.

Rodolfo Savelli, Universität Genua

Michael Stolleis, Universität Frankfurt a. Main

Enrico Stumpo, Universität Siena